Uni-Taschenbücher 1462

Eine Arbeitsgemeinschaft der Verlage

Birkhäuser Verlag Basel · Boston · Stuttgart
Wilhelm Fink Verlag München
Gustav Fischer Verlag Stuttgart
Francke Verlag Tübingen
Harper & Row New York
Paul Haupt Verlag Bern und Stuttgart
Dr. Alfred Hüthig Verlag Heidelberg
Leske Verlag + Budrich GmbH Opladen
J. C. B. Mohr (Paul Siebeck) Tübingen
R. v. Decker & C. F. Müller Verlagsgesellschaft m. b. H. Heidelberg
Quelle & Meyer, Heidelberg · Wiesbaden
Ernst Reinhardt Verlag München und Basel
K. G. Saur München · New York · London · Paris
F. K. Schattauer Verlag Stuttgart · New York
Ferdinand Schöningh Verlag Paderborn · München · Wien · Zürich
Eugen Ulmer Verlag Stuttgart
Vandenhoeck & Ruprecht in Göttingen und Zürich

Harm Pinkster

Lateinische
Syntax und Semantik

Francke Verlag Tübingen

Aus dem Niederländischen von Friedrich Heberlein
und Thomas Lambertz.

Revidierte und erweiterte Fassung der niederländischen Originalausgabe »Latijnse Syntaxis en Semantiek«, Amsterdam 1984.

Harm Pinkster ist Inhaber des Lehrstuhls für Lateinische Sprach- und Literaturwissenschaft an der Universität Amsterdam. Sein Forschungsschwerpunkt liegt auf dem Gebiet der Syntax und Semantik. Von seinen philologischen Arbeiten ist der zusammen mit A. D. Leeman verfaßte Kommentar zu Ciceros »De Oratore« am bekanntesten.
F. Heberlein ist Akadem. Oberrat an der Universität Eichstätt; *Th. Lambertz* ist Studienrat am Nürnberg-Kolleg.

CIP-Titelaufnahme der Deutschen Bibliothek

Pinkster, Harm:
Lateinische Syntax und Semantik / Harm Pinkster. [Aus d. Niederländ. von Friedrich Heberlein u. Thomas Lambertz]. – Rev. u. erw. Fassung. – Tübingen: Francke, 1988
 (UTB für Wissenschaft : Uni-Taschenbücher ; 1462)
 Einheitssacht.: Latijnse syntaxis en semantiek <dt.>
 ISBN 3-7720-1743-6
NE: UTB für Wissenschaft / Uni Taschenbücher

© 1988 · Francke Verlag GmbH Tübingen
Dischingerweg 5 · D-7400 Tübingen 5

Einbandgestaltung: Alfred Krugmann, Freiberg am Neckar
Druck: Gulde-Druck GmbH, Tübingen
Verarbeitung: Braun + Lamparter, Reutlingen
Printed in Germany

ISBN 3-7720-1743-6

VORWORT ZUR DEUTSCHEN AUSGABE

Diese Ausgabe ist im wesentlichen mit der niederländischen Originalausgabe (Amsterdam: Grüner 1984) identisch. Ergänzungen sind an der zusätzlichen Paragraphierung erkennbar (z.B. 4.1.5.a).

Der niederländische Text enthielt nicht nur Ungenauigkeiten - solche gibt es natürlich auch jetzt noch - sondern erwies sich manchmal auch als unnötig unklar oder umständlich. Hier hatte ich das Privileg, von den Beobachtungen meiner Studenten an der Universiteit van Amsterdam profitieren zu können und von den Hinweisen von Kolleginnen und Kollegen, die mit dem Buch gearbeitet haben (Machtelt Bolkestein, Daan den Hengst und Elseline Vester); ebenso von den Hinweisen auswärtiger Kollegen, v.a. Christian Lehmann, der eine ausführliche Besprechung für den *Kratylos* [31 (1986), 131-142] geschrieben hat, und J.A.M. v.d. Linden. Ich danke auch Margreet van de Griend und Caroline Kroon für ihre Hilfe bei Korrekturen und Register und Sabine Rummens und Hetty de Schepper für die typographische Gestaltung. Den meisten Dank schulde ich aber Fritz Heberlein und Tom Lambertz, die die Übersetzung dieses Buches übernommen haben und mir zudem ihre Vorschläge für Verbesserungen vorgelegt haben.

Universiteit van Amsterdam
Klassiek Seminarium
Oude Turfmarkt 129
1012 GC Amsterdam

15. November 1987
Harm Pinkster

V

HINWEIS ZUR ÜBERSETZUNG

Die vorliegende Übersetzung schließt sich so eng wie möglich an das Original an. Veränderungen gibt es nur dort, wo niederländische Beispiele nicht in den soziokulturellen Erfahrungshorizont des deutschen Lesers paßten oder den syntaktischen / semantischen Bedingungen des Deutschen nicht entsprachen; sie sind mit Harm Pinkster abgesprochen.

Bei ihm möchten wir uns für seine in jeder Hinsicht großzügige und hilfreiche Kooperation bedanken. Er hat nicht nur das Buch für die deutsche Ausgabe überarbeitet und verschiedene Passagen der Übersetzung mit uns diskutiert, sondern auch für die Herstellung des Computersatzes gesorgt.

Zu danken haben wir auch Henriette van Gelder, Sabine Rummens, Wim Liesker und Pieter Masereeuw in Amsterdam, die das zweifelhafte Vergnügen hatten, ein ganzes Buch in einer fremden Sprache dem Computer einzugeben - was sie mit Geduld und Umsicht gemeistert haben.

Eichstätt / Nürnberg   F.H. / T.L.
Oktober 1986

INHALTSVERZEICHNIS

1. EINLEITUNG

1.1. SATZMODELL

In diesem Buch wird die syntaktische und semantische Struktur lateinischer Sätze untersucht. Auch pragmatische Aspekte werden berücksichtigt, wenn auch in geringerem Maße und weniger systematisch. Eine streng getrennte Behandlung der Syntax und Semantik von Texten, Sätzen und Wortgruppen wird bewußt vermieden, weil dies zu viele Wiederholungen mit sich brächte. Im Vordergrund der Untersuchung steht die Syntax, was seinen Grund auch darin hat, daß die semantische Struktur von Sätzen eher Anlaß zu Meinungsverschiedenheiten und Unsicherheit gibt.

In diesem Buch wird mit einem Satzmodell gearbeitet[1], in dem der als Prädikat fungierende Konstituent als zentrales Element betrachtet wird. Beispiele für Konstituenten mit der Funktion Prädikat sind *laudat* und *simile est* in den Sätzen (1) und (2):

(1)   pater filium laudat ('Der Vater lobt den Sohn')

(2)   ovum ovo simile est ('Ein Ei ist dem anderen Ei gleich')

Als Konstituent mit der Funktion Prädikat treten Lexeme (Lexemgruppen)[2] auf[3], die verschiedenen Kategorien angehören, z.B. Verben (wie in (1)), Adjektive + Kopula (wie in (2)), aber auch Substantive + Kopula (wie in (3)):

(3)   Alexander erat rex Macedonum[4] ('Alexander war König der Makedonier')

---

1 Zur Definition von Satz s. Dik-Kooij (1979, 178).
2 Zum Begriff 'Lexem' s. Dik-Kooij (1979, 176).
3 Statt 'als Konstituent mit der Funktion Prädikat tritt auf' werde ich der Kürze wegen Ausdrücke verwenden wie 'als Prädikat tritt auf' etc.
4 Ich betrachte *rex esse* als ein Ganzes, in dem *esse* keinen eigenen Beitrag zum Inhalt des Satzes liefert, u.a. weil es sich mit dem einfachen Verb *regnare* vergleichen läßt. Die Kopula *esse* kann man am besten als ein Mittel zur Angabe von Tempus, Modus, Numerus (erkennbar an der Endung) auffassen. Somit unterscheide ich sie von:
a.   dem zweistelligen *esse* = 'sich befinden', 'sich aufhalten', wie in *ut ... vos istic commodissime sperem esse* ('so daß ich hoffen kann, daß ihr dort einen besonders angenehmen Aufenthalt habt', Cic. *Fam.* 14,7,2)
b.   dem Hilfsverb *esse* (z.B. in *laudatus est*)
c.   dem identifizierenden *esse*: *(cum) Pylades Orestem se esse diceret* ('Als Pylades sagte, daß er Orestes sei', Cic. *Amic.* 24)
Im Lateinischen ist es nicht immer möglich festzustellen, mit welchem *esse* wir es zu tun haben. Es bedarf einen näheren Untersuchung, um einen syn-

In den gegebenen Beispielsätzen hängen mit dem Prädikat einige andere Konstituenten eng zusammen. In Satz (1) erfüllt das Substantiv *pater* die syntaktische Funktion Subjekt; das Substantiv *filium* erfüllt die syntaktische Funktion Objekt. Keiner der beiden Konstituenten (*pater*, *filium*) kann weggelassen werden (es sei denn in einem spezifischen Kontext oder einer spezifischen Situation); ihre Eliminierung würde unter 'normalen'[5] Umständen den Satz ungrammatisch machen. Die beiden Konstituenten sind beim Verb *laudare* (1) notwendig (obligatorisch) bzw. nicht weglaßbar.

Der Grund, gerade dem Prädikat einen besonderen Status zuzuerkennen, besteht darin, daß die Zahl der notwendigen Konstituenten und deren Art durch das Verb (ggf. Adjektiv / Substantiv + Kopula), das als Prädikat auftritt, bestimmt werden. Jedes Prädikat schafft aufgrund seiner Bedeutung eine oder mehrere Stellen für Konstituenten, die in bezug auf das Prädikat eine bestimmte semantische Funktion haben. M.a.W.: zu jedem Prädikat gehört ein bestimmter 'Prädikatsrahmen' (wenn ein Prädikat mehrere Bedeutungen hat, hat es auch mehrere Rahmen - s. § 2.1.1.). Bei *laudare* sind zwei Konstituenten notwendig, bei *ambulare* nur einer, bei *inicere* drei:

(4)   pater ambulat ('Vater geht spazieren')

(5)   pater hostibus timorem iniecit ('Vater flößte den Feinden Furcht ein')

Anders ausgedrückt: *laudare* ist ein 'zweistelliges' Verb (hat die 'Valenz' zwei), *ambulare* ein 'einstelliges' (Valenz eins), *inicere* ein 'dreistelliges' (Valenz drei)[6]. Auf vergleichbare Weise ist in (2) das Adjektiv *simile* zweistellig; das Adjektiv *niger* ('schwarz') ist dagegen einstellig. So kann man auch das Substantiv *laudator* zweistellig nennen (jemand ist *laudator* von jemandem oder von etwas, z.B. *laudator temporis acti*, Hor. *Ars* 173), das Substantiv *orator* aber einstellig.

In den meisten Sätzen kommen neben dem Prädikat und

---

taktischen Unterschied zwischen kopulativem *esse* und identifizierendem *esse* aufzuzeigen.

5 Der Begriff 'weglaßbar' wird genauer definiert in § 2.1.

6 Anders als Happ (1976) nehme ich für das Lateinische keine vierstelligen Prädikate an. Manche Linguisten betrachten ein Verb wie *kaufen* als vierstellig (jemand, etwas, von jemandem, für einen bestimmten Preis kaufen). Für manche Sprachen mag das angebracht sein (Bossong 1980, 360). Ebensowenig nehme ich fünfstellige Verben an. Zu nullstelligem *pluit* s. S. 33.

einem oder mehreren notwendigen Konstituenten noch andere Konstituenten vor. Diese können ohne weiteres weggelassen werden, ohne daß der Restsatz ungrammatisch wird. Beispiele hierfür sind *interea* und *ea legione quam secum habebat* in Satz (6):

(6) interea ea legione quam secum habebat ... murum ... fossamque perducit ('Unterdessen errichtete er mit der Legion, die er bei sich hatte, eine Mauer und einem Graben', Caes. *Gal.* 1,8,1)

Derartige Konstituenten nennt man 'weglaßbar' oder 'fakultativ'. Die Tatsache, daß sie im Satz weglaßbar sind, bedeutet natürlich nicht, daß sie im gesamten Kontext überflüssig wären. Solche Konstituenten geben die Zeit, den Ort, den Begleitumstand, *Adverb.* den Grund, die Bedingung, den Zweck, die Art und Weise oder das Mittel an, wodurch die durch das Prädikat und die zugehörigen Konstituenten bezeichnete Handlung (bzw. der Zustand etc.) näher bestimmt wird. Eine andere Gruppe von weglaßbaren Konstituenten umfaßt Ausdrücke, die eine Stellungnahme (ein Werturteil) des Sprechers (Schreibers) beinhalten (*iure, ut opinor*) oder etwas über die gewählte Formulierung aussagen (*breviter* 'um es kurz zu machen'). Beispiele für diese letztgenannten zwei Konstituententypen sind (7) und (8):

(7) num *stulte* anteposuit exilii libertatem domesticae servituti ('War es etwa töricht von ihm, die Freiheit in der Verbannung der Knechtschaft zu Hause vorzuziehen?', Cic. *Tusc.* 5,109)

(8) Narbonensis provincia ... amplitudine opum nulli provinciarum postferenda *breviterque* Italia verius quam provincia ('Die provincia Narbonensis, die angesichts der Größe ihres Reichtums nicht einer einzigen Provinz nachgesetzt werden darf und - kurzum - eher Italien als eine Provinz ist', Plin. *Nat.* 3,31)

1.2. SEMANTISCHE, SYNTAKTISCHE UND PRAGMATISCHE FUNKTIONEN

Im folgenden werden wir die zum Prädikat gehörenden notwendigen Konstituenten 'Argumente', die fakultativen demgegenüber 'Satelliten' nennen. In einem Satz (Prädikation)

3

werden wir unterscheiden zwischen einem (Satz-)Kern (Kernprädikation), bestehend aus einem Prädikat + Argumenten, und - sofern vorhanden - einer Peripherie, bestehend aus einem oder mehreren Satelliten. Die Argumente stehen in einer bestimmten semantischen Beziehung zum Prädikat (s. § 2.3.), oder anders formuliert, sie haben eine bestimmte 'semantische Funktion', z.B. die des Agens, wie *pater* in (1), oder die des Patiens, wie *filium* in (1). Welche semantischen Funktionen bei einem Prädikat vorkommen können, wird durch die Bedeutung des Prädikats festgelegt. Im Satz haben die Argumente, wie wir bereits zu Beginn sagten, auch eine bestimmte syntaktische Funktion, z.B. die des Subjekts (*pater* in (1)). Die syntaktischen Funktionen der Argumente werden in § 2.2. behandelt.

Vorhin wurden zwei Arten von Satelliten unterschieden. Die zur ersten Gruppe gehörenden Satelliten leisten eine Spezifizierung der Kernprädikation (des Satzkerns); ihre syntaktische Funktion wird meist 'Adverbial' oder 'Adjunkt' genannt. Wir gebrauchen künftig den Begriff 'Adverbial'. Adverbialia sowie die semantischen Funktionen der Satelliten werden in Kap. 3 behandelt. Die zur zweiten Gruppe gehörenden Satelliten leisten eine Spezifizierung des aus der Kernprädikation und eventuellen Adverbialia gebildeten Ganzen. Die englische Linguistik hat hierfür den Begriff 'Disjunkt' eingeführt, im Deutschen ist vielfach der Begriff 'Satzadverbial' üblich, der im folgenden verwendet wird. Den Satzadverbialia und ihren semantischen Funktionen ist Kap. 4 gewidmet. Die soeben gemachten Unterscheidungen lassen sich durch die folgende Abbildung wiedergeben:

Abb. 1.

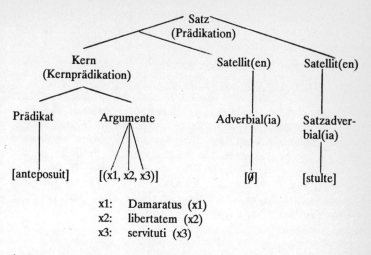

x1:   Damaratus (x1)
x2:   libertatem (x2)
x3:   servituti (x3)

(= Damaratus stulte anteposuit libertatem servituti)[7]

Außer einer semantischen und einer syntaktischen Funktion erfüllen Konstituenten in einem Satz auch 'pragmatische' Funktionen. Die folgenden zwei deutschen Sätze unterscheiden sich voneinander weder in der syntaktischen noch in der semantischen Struktur:

(9) *Háns* hat ein Haus gekauft (nicht Peter)

(10) Hans hat ein *Háus* gekauft (nicht ein Boot)

Den Unterschied zwischen diesen Sätzen (der sich z.B. im Deutschen durch die Intonation verdeutlichen läßt) nennen wir einen pragmatischen Unterschied. Der erste Satz gibt Auskunft über die Identität des Käufers, der zweite Satz über die Art des Gekauften. Von pragmatischen Funktionen ist in einer Reihe jüngener linguistischer Strömungen die Rede, jedoch sind die zwischen diesen feststellbaren Differenzen beträchtlich u.a. deswegen, weil die Erforschung dieses Gebietes noch in

---

7 Der Vergleich des Schemas mit dem Satz aus Cic. *Tusc.* macht deutlich, daß zur vollständigen Beschreibung eines Satzes, wie er in einem Text vorkommt, weitaus mehr Angaben nötig sind, z.B. daß es sich um einen Aussage- (und nicht um einen Frage-) Satz handelt und daß die Handlung in der Vergangenheit situiert wird.

den Kinderschuhen steckt. In diesem Buch werden folgende Begriffe verwendet: Topic: 'der Konstituent, über den die Prädikation Auskunft gibt'; Fokus: 'der Konstituent mit der vergleichsweise wichtigsten Information'. Die kursiv gedruckten Konstituenten in (9) und (10) haben die pragmatische Funktion Fokus. Ein Beispiel für Topic ist *den Hut* in:

(11) Wo hast du den Hut gekauft? :: Ich habe *den Hut/ihn* auf dem Flohmarkt gekauft. (Dik-Kooij 1979, 237)

Der in der Antwort wiederaufgenommene Konstituent *den Hut/ihn* enthält eine bekannte Information, während der Konstituent *auf dem Flohmarkt* die neue Information (Fokus) enthält. Im Lateinischen kann der Topic-Konstituent öfters ausgelassen werden. Fokus-Konstituenten lassen sich gelegentlich an der Anwesenheit intensivierender Wörter erkennen (z.B. *et ... et*, *quidem*, *sane*)[8]. Namentlich in Kap. 9 (Wortstellung) wird von den Begriffen Topic und Fokus die Rede sein[9]. Zur pragmatischen Funktion 'Thema' s. Kap. 4[10].

BIBLIOGRAPHISCHE INFORMATION

Das in diesem Buch verwendete Satzmodell, das auf die zentrale Rolle des Prädikats besonderen Nachdruck legt, schließt sich vor allem an Dik (1978) und Pinkster (1972c) an. In die Linguistik wurde es namentlich eingeführt von Tesnière (1959) (eine präzisierte Fassung des Tesnièreschen Modells bietet Lambertz (1982)). In der lateinischen Sprachwissenschaft wird das Modell angewendet von Happ (1976) und Scherer (1975). Als Vertreter dieses Modells im Rahmen der allgemeinen Sprachwissenschaft lassen sich nennen Chafe (1970), Helbig (1971), Korhonen (1977), Lyons (1980, 160-167; 1983, 106-112), Matthews (1981, Kap. 6). Eine elementare Einführung bietet Allerton (1982). Ansätze dieses Modells sind auch zu finden bei K.-St. (I, 1f; 250f). Von den gymnasialen Unterrichtswerken weist

---

8 Vgl. Panhuis 1982, 52; 89-92. (Er nennt sie 'rhematizers').
9 Näheres hierzu s. auch Bolkestein (1981a) über den NcI und Kap. 12 über Aktiv/Passiv.
10 Zu den verschiedenen Bedeutungen des Begriffs Topic s. Chafe (1976) und Dooley (1982). Dik (1978, 153-156) nimmt auch noch die Funktion 'Tail' an für Fälle wie 'He is a nice chap, *your brother*'. Letztere lasse ich außer Betracht.

u.a. *Redde Rationem* eine gewisse Ähnlichkeit mit unserem Modell auf. Auch mit Arbeiten aus der Logik kann man in manchen Punkten eine Übereinstimmung feststellen.

Anstelle der Begriffe 'Argument' und 'Satellit' (die hier im Anschluß an Dik (1978) gewählt wurden) sind auch andere Begriffe im Gebrauch, z.B. 'actant' ('Aktant') und 'circonstant' ('Zirkumstant') bei Tesnière sowie 'Ergänzung' und 'Erweiterung' bzw. 'freie Angabe' bei Scherer und Happ.

Zum Gebrauch pragmatischer Funktionen im Lateinischen vgl. Bolkestein (1981a) und Panhuis (1982). Die hier verwendete Terminologie ist die von Dik (1978).

2. SATZKERN (KERNPRÄDIKATION)

In diesem Kapitel gehen wir zunächst auf die Schwierigkeiten ein, die sich bei der Ermittlung der Valenz(en) eines Prädikats ergeben, sowie auf die Tatsache, daß zahlreiche Prädikate mehr als einen Prädikatsrahmen haben. Sodann behandeln wir die syntaktischen Funktionen der Argumente und die semantischen Funktionen, die sie erfüllen können. Schließlich geben wir Beispiele für Prädikatsrahmen.

2.1. ENTSCHEIDUNG DARÜBER, WAS EIN ARGUMENT IST; NEBENEINANDERBESTEHEN MEHRERER PRÄDIKATSRAHMEN

2.1.1. PROBLEME

(a) Fehlen von Native Speakers

In einer lebenden Sprache läßt sich die Valenz eines Lexems, das als Prädikat auftritt, z.B. eines Verbs oder Adjektivs, häufig durch den Rückgriff auf die Intuition von Native Speakers feststellen. Für das Lateinische entfällt diese Möglichkeit selbstverständlich. Eine andere Möglichkeit besteht indes darin, derartige Lexeme in einem 'Korpus' angemessenen Umfangs zu untersuchen, um so auf statistischer Grundlage zu entscheiden, welches die Valenz eines solchen Lexems ist. Hierin unterscheidet sich das Lateinische nicht von modernen Sprachen, mit der Einschränkung, daß das zur Verfügung stehende Korpus in hohem Maße stilistisch gefärbte Texte enthält (viel 'Literatur') und daß es ausschließlich aus geschriebenen Texten besteht. Andererseits ist das Korpus mithilfe der zahlreichen Wörterbücher zu einzelnen Autoren und mithilfe des Thesaurus Linguae Latinae sehr gut zugänglich.

(b) Die Rolle des Kontextes

Wenn im Kontext oder in der Situation eine Person oder Sache als bekannt vorausgesetzt werden kann, braucht der Schreiber

(Sprecher) diese nicht nochmals explizit zu nennen. Das gilt auch für Personen oder Sachen, die in bezug auf ein bestimmtes Prädikat als Argument aufgefaßt werden müssen, z.B.:

(1)   orabo ut mihi pallam reddat quam dudum dedi (sc. *ei*) ('ich werde sie bitten, mir den Mantel zurückzugeben, den ich ihr neulich gegeben habe', Pl. *Men*. 672)

Auf dieses Phänomen stoßen wir in einer Reihe von Kontexttypen[1]:

(2)   (C. Piso orator) minime ... tardus in excogitando ('C.Piso, ein Redner, der keineswegs schwach war im Erfinden', Cic. *Brut*. 239; vgl. *defensionem/causam* excogitare)

(3)   ne quis te invitum polliceri ... cogat ('Damit niemand dich gegen deinen Willen Versprechungen zu machen zwingt', Cic. *Ver*. 2,148)

(4)   nullo hoste prohibente aut iter demorante ('Da ihn hieran kein Feind hinderte oder den Marsch aufhielt', Caes. *Gal*. 3,6,5)

(5)   at enim veteranis suspectum nomen est M. Bruti? ... equidem non arbitror ('Aber ist denn der Name M. Brutus den Veteranen verdächtig? ... Ich jedenfalls glaube das nicht', Cic. *Phil*. 10,15)

(6)   suscepi causam, Torquate, suscepi ('Ich habe die Sache auf mich genommen, T., auf mich genommen', Cic. *Sul*. 20)

Für all diese Fälle gilt, daß der Kontext die Information enthält, die ausreicht, um den Leser begreifen zu lassen, worauf sich das Prädikat bezieht. Ältere Grammatiken und Wörterbücher bezeichnen diese Erscheinung als 'absoluten Gebrauch'. Zur Weglaßbarkeit in einem zusammenhängenden Text vgl. Kap. 12.

(c) Mehrere Prädikatsrahmen, mehrere Valenzen
Manche Verben haben verschiedene Bedeutungen und im Zusammenhang damit oft verschiedene Prädikatsrahmen und/oder Valenzen. Bisweilen hat ein Verb auch verschiedene Prädikatsrahmen, aber der Bedeutungsunterschied ist, wenn auch vor-

---

1 Zu Kontexttypen s. Happ (1976, 239-261) und die Kritik von Bolkestein (1977a). In einer Vielzahl der von Happ angeführten Fälle, wie z.B. (2) und (3), geht es nicht um Kontextfaktoren, sondern um den Unterschied zwischen 'spezifisch' und 'nicht-spezifisch' etc. (s. weiter unten S. 13).

handen, so doch gering. Auf einige dieser Probleme gehe ich im folgenden ein.

(i) Einige Prädikate haben mehr als einen Prädikatsrahmen, ohne daß von zahlenmäßig unterschiedlichen Valenzen die Rede ist. Dies steht oft im Zusammenhang mit zwei verschiedenen Bedeutungen, z.B. im Falle von *reddere*:

(7) ut mihi pallam reddat quam dudum dedi ('Daß sie mir den Mantel zurückgibt, den ich ihr neulich gegeben habe', Pl. *Men.* 672)

(8) haec itinera infesta reddiderat ('Er hatte diese Wege unsicher gemacht', Caes. *Civ.* 3,79,4)

In (7) bedeutet *reddere* 'zurückgeben'; es ist offenkundig, daß *reddere* hier - wie alle Verben des 'Übertragens' - ein dreistelliges Prädikat ist. In (8) dagegen bedeutet *reddere* 'machen zu'; es läßt sich mit dreistelligen Verben wie *facere* und *creare* vergleichen, bei denen neben dem Subjekt und dem Objekt ein mit dem letzteren kongruierendes Komplement vorkommt[2]. In anderen Fällen, in denen verschiedene Prädikatsrahmen vorliegen, ist der Unterschied subtiler: obgleich zwischen den Rahmen kein Bedeutungsunterschied besteht, sind sie dennoch nicht ohne weiteres austauschbar (s. auch § 5.1.4. (b) und § 12.3.3.):

(9) arma umeris circumdare ('Waffen um die Schultern legen') (vgl. Verg. *A.* 2,510)

(10) filo collum circumdare ('einen Faden um den Hals legen') (vgl. Catul. 64, 377)

(ii) Manche Prädikate haben mehr als eine Valenz und mehr als einen Prädikatsrahmen im Zusammenhang mit einem Bedeutungsunterschied. Ein gutes Beispiel hierfür ist *dicere*. Hierbei kann unterschieden werden zwischen zweistelligem *dicere* (= 'sprechen'[3]) und dreistelligem *dicere* (= 'mitteilen'):

(11) est oratoris proprium apte, distincte, ornate dicere ('Es ist Aufgabe des Redners, angemessen, deutlich und geschmackvoll zu sprechen', Cic. *Off.* 1,2)

---

2 Eine andere Analyse besteht darin, *reddere* als Kausativ von *infesta esse (itinera)*, d.h. als zweistelliges Prädikat aufzufassen (vgl. S. 2).

3 Ich gehe davon aus, daß bei diesem Gebrauch von 'sprechen' ein modales Adverbial notwendig ist. Zu (obligatorischen) Argumenten mit der semantischen Funktion 'Art und Weise' s. auch § 3.2.

(12) tum mihi Roscius ... alia multa ... dixit ('Da teilte Roscius mich vieles andere mit', Cic. *Quinct.* 78)

Jedoch kommen wir bei *dicere* mit der Unterscheidung zweier Prädikatsrahmen nicht aus. Es gibt noch ein dreistelliges *dicere*, nämlich in der Bedeutung 'ernennen zu'. Ferner treffen wir neben dem zweistelligen *dicere* in (11) ein anderes zweistelliges *dicere* an:

(13) prooemium dicere 'aussprechen' [4]

Die Frage, die sich im Anschluß an dieses Beispiel stellen läßt, lautet, welchen Sinn es hat, die Valenz eines Prädikats, in diesem Fall eines Verbs, zu ermitteln, wenn es offenbar Verben gibt, bei denen mehrere Valenzen angenommen werden müssen. Welcher Zusammenhang besteht zwischen den Prädikatsrahmen und welcher Zusammenhang besteht zwischen den Bedeutungen?

In erster Linie erweist sich die Unterscheidung mehrerer Prädikatsrahmen mit möglicherweise verschiedenen Valenzen, wie z.B. bei *dicere*, dadurch als sinnvoll, daß mit Hilfe dieses Unterschieds Erscheinungen bei anderen (Gruppen von) Verben in gleicher Weise erklärt werden können. So läßt sich *dicere* in (11) mit *loqui*, in (13) mit *pronuntiare* vergleichen. Durch einen derartigen paradigmatischen Vergleich ist es möglich, einen Unterschied in den Prädikatsrahmen sowie in der Anzahl der Stellen ('Stelligkeit') eines Verbs festzustellen und in Zusammenhang mit der Valenz bzw. den Valenzen von (Gruppen von) Verben zu bringen, die nicht (genau) die gleiche Aufgliederung in Prädikatsrahmen aufweisen. So ist es möglich, bei dem deutschen *essen* einen Unterschied zu machen zwischen einstelligem *essen* (b) (vergleichbar mit *schmausen* und *futtern*) und zweistelligem *essen* (a) (vergleichbar mit *verzehren* und *aufessen*). Wenn wir uns auf ein Beispiel wie (14) beschränkten, dann würden wir vermutlich nur annehmen können, daß *essen* einstellig sei (denn *ein Brötchen* ist weglaßbar):

(14) a Hans aß ein Brötchen

b Hans aß

In zweiter Linie erweist sich die Unterscheidung von Prädikatsrahmen und von Valenzen deswegen als sinnvoll, weil sie es in manchen Fällen sehr gut ermöglicht zu erklären,

---

4 Man beachte, daß in (11) und (13) kein Adressat hinzugefügt werden kann.

welche Systematik dem Nebeneinanderbestehen zweier Prädikatsrahmen zugrunde liegt: es fällt z.B. auf, daß viele Verben einmal als 'neutrale/unspezifizierte', zum anderen als 'spezifische/spezifizierte' Aktivität auftreten können, z.B. *Hans singt/singt ein Lied*; *Hans pfeift/pfeift eine Melodie*; *Hans ißt/ißt ein Brötchen*. Der Parallelismus von unspezifizierter und spezifizierter Aktivität zeigt sich auch bei abgeleiteten Substantiven, z.B. *Liebe ist etwas Schönes* vs. *Liebe zur Weisheit ist etwas Schönes*. Ein weiterer systematischer Unterschied ist bei Verben erkennbar, die einstellig sind, wenn sie eine gewohnheitsmäßige oder berufliche Aktivität bezeichnen (*Hans trinkt/Hans malt*), während sie sonst zweistellig sind.

(d) Beziehung zwischen Aktiv und Passiv.

In den meisten Sprachen wird beim Passiv der Agens oder die Ursache, der (die) beim Aktiv in der Regel anzutreffen ist, meist nicht explizit ausgedrückt. Häufig geht auch aus dem Kontext nicht hervor, welches der Agens oder die Ursache beim Passiv ist. Neuere Untersuchungen für das Deutsche und Englische zeigen, daß in ca. 80% der Sätze, in denen das Prädikat ein Passiv ist, der Agens oder die Ursache nicht angegeben wird. Auch in den lateinischen Texten fehlt meist die Angabe des Agens oder der Ursache beim Passiv. Hiervon ausgehend könnte man zu der Auffassung gelangen, die passivischen Formen hätten eine andere Valenz als die aktivischen und der Agens im Passiv-Satz habe als Satellit zu gelten. Da für das Lateinsiche zu dieser Frage meines Wissens bisher noch keine Untersuchung vorliegt, lasse ich einige Beispiele aus dem Englischen folgen, um zu zeigen, daß zwar in vielen Fällen der Agens oder die Ursache weggelassen werden kann (z.B. wenn der Kontext deutlich genug ist), daß dies aber nicht immer der Fall ist[5]:

(A)   (15)   An irresistible desire to run away possessed me

       (16)   *I was possessed

       (17)   I was possessed by an irresistible desire to run away

Der die Ursache angebende Konstituent kann nicht weggelassen werden.

(B)   (18)   Somebody followed me

---

5 Die Beispiele sind entnommen aus Stein (1979, 126-129).

(19)   I was followed

(20)   Curse one followed curse two

(21)   *Curse two was followed

Die Ursache (Lexem der Klasse 'unbelebt') kann nicht wegge-lassen werden, wohl aber der Agens.

(C)   (22)   His parents brought him up

(23)   He was brought up by his parents

(24)   *He was brought up

(25)   He was brought up in Cambridge

Der Agens kann nur weggelassen werden, wenn irgendein Ad-verbial hinzutritt.

(D)   (26)   This sonnet was written by Shakespeare

(27)   *This sonnet was written

Daß ein Sonnet geschrieben wurde, ist so selbstverständlich, daß die Mitteilung ohne weitere Angaben inhaltslos ist. Auf die Aktiv-Passiv-Relation komme ich in § 2.4. noch zurück.

(e) Akkusativ des Inhalts

Das Lateinische besitzt ein Verfahren, um einstellige Prädikate zu zweistelligen zu erweitern. Ein Beispiel ist *mirum somnium somniare. mirum somnium* wird in den Grammatiken meist als 'inneres Objekt' bezeichnet. Das Substantiv mit der Funktion Objekt ist seiner Bedeutung nach mit dem Prädikat eng verwandt und steht häufig auch morphologisch in Beziehung zu ihm. Meistens wird es durch ein Attribut näher bestimmt. Beispiele bei K.-St. I, 274-278.

2.1.2. TESTS ZUR BESTIMMUNG DER VALENZ

In Kap. 1 wurden 'Argumente' als diejenigen Konstituenten bei einem Prädikat definiert, die nicht weglaßbar sind, ohne daß der Restsatz 'ungrammatisch' wird. Diese Definition des Begriffes 'Weglaßbarkeit' führt nicht immer zu befriedigenden Ergebnissen. Am Beispiel (14) sahen wir, daß essen aufgrund der Weglaßprobe als einstelliges Verb aufgefaßt werden müßte, obwohl ein semantischer Unterschied vorhanden zu sein scheint ('nichtspezifische' vs. 'spezifische Aktivität'), und auch der paradigmatische Vergleich deutet darauf hin, daß es ein einstelliges und ein zweistelliges *essen* gibt. 'Weglaßbar' muß auf jeden Fall präziser definiert werden: 'Ein Konstituent ist weglaßbar, wenn a) der Restsatz grammatisch bleibt, b) die lexikalische Bedeutung der übrigen Konstituenten sich nicht ändert und c) die semantischen Beziehungen zwischen den Konstituenten die gleichen bleiben'.

In (14 a) betrachten wir den Konstituenten *ein Brötchen* als nicht weglaßbar, weil im Falle seiner Eliminierung *aß* anders interpretiert wird. Es gibt noch ein anderes Verfahren, um zu zeigen, daß *ein Brötchen* in (14 a) zu *aß* in engerer Verbindung steht als etwa *schmatzend* in (28):

(14) a   Hans aß ein Brötchen

(28)   Hans aß schmatzend

Wenn in den Sätzen (14 a) und (28) die Konstituenten *ein Brötchen* bzw. *schmatzend* weggelassen werden, dann bleibt der Rest grammatisch korrekt (*Hans aß*). *Schmatzend* und *ein Brötchen* scheinen mithin den gleichen Weglaßbarkeitsstatus zu haben. Daß dennoch ein Unterschied zwischen ihnen besteht, kann dadurch plausibel gemacht werden, daß man danach fragt, ob es möglich ist, das Verb *essen* durch ein 'Allerwelts-' oder 'Proverb' wie 'machen'/'tun' zu ersetzen. Letzteres ist z.B. bei Satz (28) möglich:

(29)   Hans aß und das tat er schmatzend

Demgegenüber läßt sich in Satz (14 a) der Konstituent *ein Brötchen* nicht von *essen* abspalten:

(30)   *Hans aß und das tat/machte er ein Brötchen

Vgl. auch:

(31)   Was hat Hans schmatzend getan/gemacht? : gegessen

(32)   *Was hat Hans ein Brötchen getan/gemacht? : gegessen

Mit diesem Test ist es möglich, plausibel zu machen, daß *ein Brötchen* in einer anderen, und zwar engeren Beziehung zu *aß* steht als *schmatzend*. Dieser Test -der *do so*- ('machen'-)Test wurde vor allem im Rahmen der generativen Transformationsgrammatik entwickelt und angewendet. Er ist m.E. auf das Lateinische anwendbar, wenn auch die Zahl der Belege begrenzt ist, in denen mit *facere* auf eine vorhergehende Handlung Bezug genommen wird und zugleich nähere Bestimmungen zu *facere* vorkommen, von denen man annehmen kann, daß sie fakultativen Status haben, vgl. Beispiel (33).

(33) istam rem inquisitam certum est non amittere :: edepol
me lubente facies ('Ich werde diese Sache bestimmt nicht
ununtersucht dahingehen lassen :: Das wirst du bei Gott
zu meiner Freude machen', Pl. *Am.* 848)

Daraus, daß *me lubente* zu *facies* (das auf *istam rem inquisitam
... amittere* verweist) hinzugefügt wird, ist ersichtlich, daß *me
lubente* fakultativ ist. In (33 a) dürfte *te lubente* gleichfalls
fakultativ sein:

(33) a istam rem te lubente non amittam inquisitam

Auch die folgenden Beispiele weisen Verbindungen eines Proverbs mit einem Satelliten auf:

(34) ego perfodi parietem ... et *sene sciente* hoc feci ('Ich
habe ein Loch in die Wand gebohrt und das habe ich
mit Wissen des Greises gemacht', Pl. *Mil.* 144)

(35) exora, blandire, palpa :: faciam *sedulo* ('Flehe sie an,
schmeichle ihr, streichle sie :: Das werde ich gründlich
tun', Pl. *Poen.* 357)

(36) amat a lenone hic :: facere *sapienter* puto ('Dieser hält
sich eine Geliebte von einem Kuppler :: das macht er,
mein' ich, gescheit', Pl. *Poen.* 1092)

(37) dotem dare te ei dicas, facere id *eius ob amicitiam patris*
('Sag', daß du ihr eine Mitgift gibst und daß du das aus
Freundschaft zu ihrem Vater machst', Pl. *Trin.* 737)

(38) suscepi causam ... et feci *libenter* ('Ich habe die Sache
auf mich genommen und das habe ich gerne gemacht',
Cic. *Sul.* 20)

Mithin sind folgende Sätze möglich:

(34) a ego perfodi parietem sene sciente

(35) a exora sedulo

(36) a sapienter a lenone hic amat

(37) a dotem dare te ei dicas eius ob amicitiam patris

(38) a suscepi causam libenter

Aus diesen Beispielen geht hervor, daß auch im Lateinischen das Proverb *facere* die Kernprädikation zu ersetzen vermag und zugleich noch Satelliten hinzutreten können: Begleitumstand

- sog. Abl. abs. - in (33) und (34), Art und Weise in (35), (36), (38), Grund in (37). Argumente dagegen lassen sich auf diese Weise nicht mit *facere* verbinden. Z.B. finden wir nicht:

(38) b   *... et feci causam

Mithilfe des *facere*-Tests können Zweifelsfälle bei anderen Prädikaten gelöst werden. Meistens jedoch wird man über die Stelligkeit eines Prädikats aufgrund von statistischen Daten bezüglich seines Gebrauchs in Texten entscheiden müssen: wenn bei einem Prädikat bestimmte Typen von Konstituenten häufig vorkommen oder aus dem Kontext als zu ihm gehörend verstanden und nicht als Satelliten (die bei allen Verben vorkommen können - vgl. aber § 3.1.) aufgefaßt werden können, dann haben wir es vermutlich mit Argumenten zu tun.

2.2. DIE SYNTAKTISCHEN FUNKTIONEN DER ARGUMENTE

In diesem Paragraphen werde ich die syntaktischen Funktionen aufzeigen, in denen Argumente bei einem Prädikat vorkommen. Die semantischen Funktionen werden in § 2.3. behandelt. Ich lasse hier die sog. unpersönlichen Verben und unpersönlich gebrauchten Verbformen (*pluit*, *licet*, *miseret* einerseits und *concurritur*, *parcitur* andererseits) außer Betracht. Ich verweise auf die Abbildung S. 33.

(i) Subjekt. Bei einstelligen Verben, z.B. bei *ambulare*, erfüllt das eine Argument, das hierbei im Aktiv auftritt, die Funktion Subjekt. Dieser Konstituent kongruiert im Numerus und in der Person mit der finiten Verbform, z.B. *pater* mit *ambulat* in *pater ambulat*. Bei mehrstelligen Verben ist derjenige Konstituent Subjekt, der die finite Verbform in der Person und im Numerus, im Falle der zusammengesetzten Verbformen (z.B. *laudaturus est*) auch im Genus bestimmt.

> N.B. 1.   Die finite Verbform kongruiert im Lateinischen auch mit Sachen oder Personen, die durch die Situation/den Kontext gegeben sind, z.B. laudat (laudatu*rus est*). Man spricht in diesem Fall zu Recht von einem 'internen Subjekt'.

> N.B. 2.   Bei der AcI-Konstruktion ist natürlich nur in

beschränktem Maße von dergleichen formalen Kennzeichnungen die Rede (lediglich Numerus und Genus bei periphrastischen Formen).

(ii) Objekt. Bei zwei- und dreistelligen Verben nennen wir denjenigen Konstituenten Objekt, der im Passiv zum Subjekt wird.

(iii) Indirektes Objekt. Bei dreistelligen Verben kommen - in der Regel - ein Subjekt und ein Objekt vor. Das dritte Argument wird im allgemeinen indirektes Objekt genannt, wenn das dreistellige Verb ein 'Übertragen' bezeichnet: 'übertragen' im Sinne von 'Auskunft erteilen', 'zur Verfügung stellen' ('sagen' und 'geben').

(iv) Komplement. Dieser Begriff wird im vorliegenden Buch zur Bezeichnung von Argumenten gebraucht, die zwar bei dreistelligen Verben vorkommen, aber nicht der in Punkt (iii) gegebenen Umschreibung entsprechen, z/B. *filo* in *filo collum circumdare*. Daneben bezeichnen wir mit dem Begriff Komplement diejenigen bei zweistelligen Verben auftretenden Argumente, die bei der Passivkonverse nicht zum Subjekt werden (anders ausgedrückt: die weder als Subjekt noch als Objekt fungierenden Argumente bei zwei- und dreistelligen Verben).

In der Sprachwissenschaft werden zur Bezeichnung der syntaktischen Funktionen verschiedene Terminologien benutzt. Allein der Begriff Subjekt hat eine mehr oder weniger eindeutige Verwendung. Die Begriffe Objekt und Komplement werden auch zur allgemeinen Bezeichnung aller Nicht-Subjekt-Argumente gebraucht. So spricht man von Dativobjekt, Ablativobjekt u.dgl. Den Begriff indirektes Objekt verwenden manche in einem umfassenderen Sinn, als wir es hier tun, z.B. auch um das Komplement im Dativ bei zweistelligen Verben zu bezeichnen (z.B. *favere alicui*). Die hier gewählte Terminologie versucht soweit wie möglich objektive Kriterien zugrunde zu legen: die Kongruenz als Kriterium für das Subjekt (die jedoch, wie oben angemerkt, beim AcI kein völlig ausreichendes Kriterium ist), die Passivierung als Kriterium zur Unterscheidung von Objekt und Komplement. In Wirklichkeit ist auch dieses Kriterium nicht in jeder Beziehung hinreichend. Schließlich bedarf auch die Definition des indirekten Objekts zur Abgrenzung gegen die des Komplements einer Erläuterung. Auf einige Probleme gehe ich nun ein.

(a) Wenn wir die Passivierung als ausschlaggebendes Kriterium nehmen, um ein Argument als Objekt zu klassifizieren, dann ist klar, daß die kursiv gedruckten Konstituenten in (39) kein Objekt sein können. Wir nennen sie Komplement.

(39) nimis *plebem* amplecti videbatur ('Er schien das Volk zu sehr ins Herz zu schließen')

pater *gladio* utitur ('Der Vater gebraucht ein Schwert')

pater *litteris* studet ('Der Vater beschäftigt sich mit der Literatur')

pater *filii* miseretur ('Der Vater hat Mitleid mit seinem Sohn')

me paenitet *imperii nostri* ('Ich bin unzufrieden mit unserem Reich')

Demgegenüber ist der kursiv gedruckte Konstituent in (40) Objekt, weil hier die Passivtransformation möglich ist:

(40) *hostes* in custodia habebant Romani ('Die Römer hielten die Feinde gefangen')

(40) a   hostes in custodia habebantur a Romanis

Wenn aber *habere* nicht 'halten', sondern 'besitzen' bedeutet, werden wir den im Akkusativ stehenden Nichtsubjektkonstituenten als Komplement auffassen müssen; denn zu (41) finden wir kein Passiv (41 a):

(41) *librum* habeo ('Ich habe das Buch')

(41) a   ?liber habetur (in der Bedeutung: *'das Buch wird gehabt')

Das Kriterium der Passivierung zwingt uns so, bei ein und demselben Verb im Zusammenhang mit der Bedeutung verschiedene Funktionen anzunehmen. Eine weitere Schwierigkeit besteht darin, daß nicht immer ganz eindeutig ist, was wir als passive Verbformen auffassen müssen: im letzten Satz von Bsp. (39) *me paenitet imperii* betrachten wir *imperii* als Komplement, wir treffen aber durchaus auch einen Ausdruck wie *res paenitenda* an. Wenn wir - wie manche es tun - das Gerundivum als eine passivische Form auffassen, so kommen für die Funktion Objekt nur die finiten Passivformen als Kriterium in Betracht.

(b) Bei dreistelligen Verben habe ich zwischen indirektem

Objekt und Komplement unterschieden. Bei der Definition dieser Funktionen spielt ein semantisches Element eine Rolle, während bei der Definition der übrigen syntaktischen Funktionen die semantische Seite außer Betracht blieb. Die Funktion 'indirektes Objekt' teilen wir einem (weder als Subjekt noch als Objekt fungierenden) Argument bei einer Gruppe von Verben zu, die hinsichtlich ihrer Bedeutung eng zusammenhängen (es handelt sich um Verben des 'Übertragens' und des 'Mitteilens' (*dare, adimere, dicere*), des 'Besorgens' und des 'Veranlassens'/'Zustandebringens' (*necem moliri, copiam facere*)). Wir könnten also ebensogut von einem Komplement mit der semantische Funktion 'Empfänger' bzw. 'Adressat' sprechen. Ferner ist das indirekte Objekt formal durch den Dativ gekennzeichnet.

2.3. DIE SEMANTISCHE FUNKTIONEN DER ARGUMENTE

Im vorigen Paragraphen wurden die syntaktischen Funktionen besprochen, in denen Argumente auftreten können. In diesem Paragraphen wird von den semantischen Funktionen der Argumente (auch 'Rollen' genannt) die Rede sein. Ich gebe folgende semantische Funktionen an:

Agens: die Person, die eine bestimmte Handlung oder einen bestimmten Zustand kontrolliert.

(42) egredere ex urbe, Catilina, libera rem publicam metu; in exsilium ... proficiscere ('Verlaß die Stadt, C., befreie den Staat von der Angst; geh in die Verbannung', Cic. *Catil.* 1,20)[6]

(43) rem tene, verba sequentur ('Halte fest, worüber du sprechen willst, dann werden die Worte von selbst folgen', Cato fr. 80,2 J.)

(44) Romani hostes in custodia habebant ('Die Römer hielten die Feinde gefangen')

Patiens: die Person oder Sache, welche die Handlung erleidet oder mit der etwas geschieht.

---

6 In (42) und (43) ist der Agens in der Verbform implizit enthalten. Die Kontrollierbarkeit geht aus dem Imperativ hervor (vgl. S. 23).

(45) s.o. rem publicam in (42)

(46) veteres leges aut ipsa sua vetustate consenuisse aut novis
legibus esse sublatas ('Daß alte Gesetze entweder durch
ihr eigenes Alter außer Kraft getreten oder durch neue
Gesetze aufgehoben worden sind', Cic. *de Orat.* 1,247)

Weitere semantische Funktionen von Argumenten sind o.a.:

Ursache (Force)	(z.B. *der Wind* blies das Kleid weg)
Empfänger (Recipient)	(bei *dare*)
Adressat	(bei *dicere*)
Richtung (Direction)	(bei *se conferre*)
Ort (Location)	(bei *versari, habitare*)[7]

Nach Dik (1978) kann ein Argument auch die semantische
Funktion 'Null' haben, z.B. *Alexander* in *Alexander erat rex
Macedonum*. Übrigens gehen in der gegenwärtigen Linguistik
die Meinungen über die Anzahl der semantischen Funktionen
und ihre Definition auseinander.

Es besteht keine Eins-zu-Eins-Relation zwischen syntaktischen
und semantischen Funktionen. Die oben gegebenen Beispiele
lassen erkennen, daß sowohl ein Argument mit der semantischen
Funktion Agens als auch ein Argument mit der semantischen
Funktion Patiens die syntaktische Funktion Subjekt erfüllen
kann: nicht jedes Subjekt ist Agens und umgekehrt ist auch
nicht jeder Agens Subjekt. So ist es z.B. durchaus sinnvoll zu
sagen, daß in (47) der Agens von *pultando* und der von *confregi*
identisch sind:

(47) pultando ... confregi fores ('Ich habe die Tür dadurch
zerbrochen, daß ich dagegen schlug', Pl. *Mos.* 456)

Bei *pultando* ist zwar ein Agens für *pultare* verantwortlich,
aber dieser wird nicht explizit ausgedrückt. Satz (47) enthält
folglich keinen Konstituenten, der als Subjekt bezeichnet werden
kann.

---

7 In Wirklichkeit ist dies etwas komplizierter, s. § 3.2.

2.4. SEMANTISCHE KLASSEN VON KERNPRÄDIKATIONEN

Der Inhalt der Kernprädikation setzt sich zusammen aus der Bedeutung des Prädikats und der (den) Bedeutung(en) der zum Prädikat gehörenden Argumente, die in bezug auf dieses eine bestimmte semantische Funktion erfüllen. Das aus dem Prädikat und den Argumenten bestehende Ganze verweist auf einen bestimmten Zustand oder ein bestimmtes Geschehen. Hierfür gebrauche ich den Begriff 'Sachverhalt' (engl.: state of affairs). Der Inhalt wird vor allem von der Bedeutung des Prädikats bestimmt. Zugleich mit seiner Bedeutung hat jedes Prädikat einen Prädikatsrahmen, in dem festgelegt ist, welche semantischen Funktionen erfüllt werden können. Ferner muß ein Lexem, um bei einem bestimmten Prädikat in einer bestimmten Funktion vorkommen zu können, bestimmte 'semantische Merkmale' haben. Anders formuliert: für jedes Prädikat (und jeden Prädikatsrahmen) liegen 'Selektionen' oder 'Restriktionen' fest im Hinblick auf die Klassen von Lexemen, die als Argument bei dem Prädikat auftreten können. So können in der semantischen Funktion Agens nur solche Lexeme vorkommen, die ein lebendes Wesen bezeichnen[8]. Die Wechselbeziehung zwischen der Bedeutung des Prädikats und den Argumenten läßt sich anhand folgender Beispiele verdeutlichen:

(48) puer mature dentiit ('der Junge bekam früh Zähne')

(49) puer sibilabat ('der Junge pfiff')

(50) ventus sibilabat ('der Wind pfiff')

dentire unterscheidet sich von *sibilare* dadurch, daß das Bekommen oder Nicht-Bekommen von Zähnen ohne Zutun der durch *puer* bezeichneten Person stattfindet: *puer* hat darüber keine 'Kontrolle'; bei *sibilare* dagegen hat *puer* (bzw. kann wenigstens haben) die Kontrolle darüber, ob das Pfeifen stattfindet oder nicht. Das Kind kann also in (48) nicht als Agens interpretiert werden, während das bei (49) durchaus der Fall ist. In (50) läßt sich *ventus* nicht als Agens auffassen, weil der Wind keine *Kontrolle* über jemanden oder etwas ausüben kann. Die semantische Funktion Agens ist lebenden Wesen vorbehalten. *ventus* läßt sich eher als 'Ursache (Force)' interpretieren. Beim Prädikat *sibilare* kann offensichtlich ein Agens oder eine Ursache vorkommen.

---

8 Naturkräfte gleichen in mancherlei Hinsicht lebenden Wesen, besonders in der Poesie.

Wir wenden uns nun den verschiedenen Arten der Inhalte von Kernprädikationen zu. Mit Dik (1978) unterscheide ich hier vier Klassen, die auf zwei Eigenschaftspaaren beruhen: kontrolliert/nicht-kontrolliert und dynamisch/nicht-dynamisch. Auf jede dieser Eigenschaften gehe ich nun im einzelnen ein. Eine weitere Subklassifizierung wird in Kapitel 11 vorgenommen.

(a) Der Begriff 'Kontrollierbarkeit'. Aus der Erörterung der oben genannten Beispiele (48) und (50) folgt, daß wir eine Sache kontrollierbar nennen, wenn eine Person es selbst in der Hand hat, sie zu tun oder zu unterlassen. So ist das Prädikat *pfeifen* kontrollierbar, *Zähne bekommen* nicht-kontrollierbar. So ist es auch möglich, jemanden zu ersuchen oder jemandem aufzutragen, etwas, worüber er Kontrolle hat, auszuführen oder zu unterlassen; ebenso ist es möglich, daß eine Person die Verpflichtung auf sich nimmt (oder: verspricht), etwas zu tun oder zu unterlassen. Im Falle der Kontrollierbarkeit kann man jemandem etwas in der Form eines Imperativs auftragen, da man erwarten kann, daß er imstande ist, dieses auszuführen. Dagegen ist der Imperativ ausgeschlossen, wenn man vernünftigerweise nicht davon ausgehen kann, daß jemand das, worum man ihn ersucht, auszuführen imstande ist. Beispiele sind:

(51)   Hans, komm hierher!

(52)   *Hans, schlaf ein![9]

Dasselbe gilt für Prädikate, die in abhängigen bzw. Nebensätzen bei bestimmten Verbtypen vorkommen können (vgl. § 7.0.3.). Lateinische Beispiele hierfür sind:

(53)   Is (Orgetorix) sibi legationem ad civitates suscepit. In eo itinere persuadet Castico ... *ut regnum in civitate sua occuparet* quod pater ante habuerat ('Dieser unternahm eine Gesandtschaftsreise zu den [anderen] Stämmen. Auf dieser Reise überredete er C., die Herrschaft in seinem Stamm an sich zu reißen, die vorher sein Vater besessen hatte', Caes. *Gal.* 1,3,3)

(54)   *persuadet Castico ut regnum haberet ('Dieser überredete C., die Herrschaft zu besitzen')

---

9 In Ausdrücken, die weniger eine Aufforderung oder einen Befehl als vielmehr eine Verwünschung beinhalten, können gelegentlich auch Kernprädikationen des Typs 'nicht-kontrolliert' auftreten, z.B. *Geh zum Teufel!-Krieg die Pest!* Imperative kommen im Passiv bis auf vereinzelte Ausnahmen nicht vor (Bergh 1975).

Aus den Beispielen (49) und (50) können wir ablesen, daß aus der Tatsache, daß das Prädikat *sibilare* kontrollierbar ist, nicht notwendig folgt, daß die Kernprädikation[10] als ganze kontrollierbar ist. Dazu bedarf es eines Agens, der wirklich eine Kontrolle ausübt. Den Unterschied kontrolliert / nicht-kontrolliert kann man verhältnismäßig gut feststellen mithilfe des Imperativtests oder des Tests, bei dem eine Kernprädikation einem Verb des Befehlens untergeordnet (bzw. als Nebensatz 'eingebettet') wird. Diese Zweiteilung von Kernprädikationen in kontrollierte und nicht-kontrollierte erweist sich auch bei der Untersuchung der Kombinationsmöglichkeiten von Kernprädikationen mit spezifischen Satelliten als sinnvoll. So scheint ein sog. Dat. commodi nur bei kontrollierten Kernprädikationen möglich. In Kapitel 3 gehen wir hierauf näher ein.

(b) Dynamisch/nicht-dynamisch. Im Beispielsatz (48) wird eine Veränderung beschrieben:

(48) puer mature dentiit ('der Junge bekam früh Zähne')

Das Kind hatte zunächst keine Zähne, und mit *dentiit* wird das (allmähliche) Verlassen dieses zahnlosen Stadiums bezeichnet, das vielleicht sogar zur Ausbildung eines vollständigen Gebisses führen wird. In (55)

(55) puer mature dentes habebat ('der Junge hatte früh Zähne')

wird nicht der Prozeß des stetigen Wachstums von Zähnen beschrieben, sondern das Endergebnis dieses Prozesses: der Zustand, in dem sich jemand befindet, der ein - wenn auch noch nicht vollständiges - Gebiß hat. *dentire* nennen wir dynamisch (in Veränderung begriffen), *dentes habere* dagegen nicht-dynamisch. Dieser Unterschied ist, ebenso wie der Unterschied kontrolliert/nicht-kontrolliert, wichtig für die Arten von Satelliten, die einer Kernprädikation hinzugefügt werden können. An nicht-dynamische Kernprädikationen lassen sich Satelliten anfügen, die eine Dauer angeben: (56); dies ist bei dynamischen Kernprädikatonen nicht immer möglich:

(56) duodequadraginta annos tyrannus Syracusanorum fuit
      Dionysius, cum ... ('38 Jahre war D. Herrscher über die
      S., da ...', Cic. *Tusc.* 5,57)

---

10 'Kernprädikation' wird hier etwas unscharf für 'Sachverhalt' (den die Kernprädikation bezeichnet) gebraucht.

(57) *tres menses opus perfecit ('Drei Monate lang vollendete
er das Werk')

An dynamische Kernprädikationen läßt sich demgegenüber ein
Adverbial anschließen, das angibt, wieviel Zeit der Verände-
rungsvorgang in Anspruch nahm ('die Zeit innerhalb welcher')
(58):

(58) ipse ... Tarraconem paucis diebus pervenit ('Er selbst
erreichte in wenigen Tagen T.', Caes. *Civ.* 2,21,4)

(59) tribus mensibus opus perfecit ('Binnen drei Monaten
vollendete er das Werk')

(Näheres zur Opposition 'dynamisch/nicht-dynamisch' s. § 11.1.1.)

Mithilfe der Unterscheidungen $\pm$ kontrolliert und $\pm$ dynamisch
können Kernprädikationen gemäß der folgenden Abbildung in
vier Klassen eingeteilt werden.

Abb.1: Typologie der Sachverhalte (states of affairs)

	SACHVERHALT (STATE OF AFFAIRS)	
	+ dynamisch (+ dyn)	-dynamisch(-dyn)
	EREIGNIS	SITUATION
+ kontrolliert (+ co)	Aktion (action, Handlung)	Position (position, Lage)
- kontrolliert (-co)	Prozeß (process, Vorgang)	Zustand (state)

(aus: Dik 1978, 34)

Lateinische Beispiele für Aktion: (42), Position: (44), Prozeß:
(46), Zustand: (56).

Ein in vielen Sprachen vorhandenes Mittel, um ein und
dasselbe Verb gleichsam verwendbar zu machen für mehr als
einen Sachverhalt, ist die morphosemantische Kennzeichnung
des Verbs durch die Diathese Aktiv/Passiv. Oft wird die Be-

ziehung zwischen den Argumenten bei einer Kernprädikation im Passiv als der Beziehung zwischen den Argumenten bei derselben Kernprädikation im Aktiv entgegengesetzt aufgefaßt:

(60) pater filium laudat ('Der Vater lobt den Sohn')

(61) filius a patre laudatur ('Der Sohn wird vom Vater gelobt')

In derartigen Fällen scheint diese Beschreibung zu stimmen: es handelt sich um dieselbe Handlung, wenn auch in verschiedener Perspektive. Doch vermitteln dergleichen Beispiele ein einseitiges Bild. Wir haben weiter oben (S. 13) bereits gesehen, daß in den meisten Fällen eine explizite Angabe des Agens beim Passiv fehlt. Oft wird sogar ein Agens nicht vorausgesetzt, z.B. in (62):

(62) Gallia est omnis divisa in partes tres ('Das Gesamtgebiet Galliens ist in drei Teile geteilt', Caes. *Gal.* 1,1,1)

Hier ist die Rede von einem Zustand, in dem sich Gallien befindet. Ferner ist auch bei Verben, bei denen kein Objekt vorkommen kann, eine 'Passivierung' möglich, z.B. *itur* ('man geht'), *acriter pugnatum est* (sog. 'unpersönlicher Gebrauch des Verbs'). Man kann das Passiv als ein Mittel betrachten, den Agens unerwähnt zu lassen, oder - allgemeiner formuliert - als ein Mittel, die Zahl der Argumente bei einem Prädikat zu reduzieren[11].

2.5. BEISPIELE FÜR KERNPRÄDIKATIONEN

Im vorigen Paragraphen haben wir gesehen, daß Kernprädikationen beschrieben werden können
- nach der Zahl der Argumente, die bei einem Prädikat vorkommen müssen; wir sahen, daß ein und dasselbe Prädikat mehrere Valenzen haben kann;

---

11 Zu dieser Funktion des Passivs vgl. Flobert (1975, 564), Comrie (1977), Siewierska (1984). Außer flexivischen Mitteln wie Aktiv/Passiv besitzt das Lateinische auch 'derivative' Mittel zur Änderung der Sachverhaltsbezeichnung, z.B. das 'Infix' -*sc*- : *ardere* ('brennen') vs. *ardescere* ('in Brand geraten', 'entbrennen'). Näheres hierzu s. Sz.(287-300). Weiterhin gibt es Fälle wie: tradux bimus *onerat* vetustate ('Eine zweijährige Weinranke wird durch ihr Alter schwer', Plin. *Nat.* 17,211). Normalerweise ist *onerare* zwei- oder dreistellig. Vgl. auch Ausdrücke wie engl. 'This book reads easily' (vgl. Flobert 1975, 408f; Feltenius 1977). Außerdem werden die Passivformen auch zur Wiedergabe des sog. Mediopassivs gebraucht, dem im Deutschen die reflexive Form des Verbs entspricht (*movetur*: 'er bewegt sich').

- nach der Konstruktion, die zu einem Prädikat gehört (Prädikatsrahmen), wobei sich feststellen läßt, daß manche Prädikate mehr als einen Rahmen haben; hierbei können wir z.B. die syntaktischen Funktionen beschreiben, welche die Argumente erfüllen (z.B. *misereri* ist ein zweistelliges Prädikat mit dem Rahmen SUBJEKT + KOMPLEMENT: *pater filii miseretur*), aber auch eine Beschreibung ihrer semantischen Funktionen ist möglich.

In den weiter unten aufgeführten Abbildungen lasse ich einige Beispiele für Kernprädikationen folgen jeweils mit Angabe der quantitativen Valenz, des Prädikatsrahmens und der syntaktischen Funktion eines jeden Arguments. Die Passivierung u.dgl. werden dabei außer Betracht gelassen[12]. Meiner Beschreibung, die im wesentlichen der von Scherer (1975) gegebenen entspricht, liegt eine Einteilung in drei Gruppen zugrunde:

(i)   'normale' Kernprädikationen mit Verben, die Aktionen, Prozesse, Positionen und Zustände bezeichnen.

(ii)   Kernprädikationen mit einer Kopula und solche mit Verben wie *putare* und *appellare*.

(iii)   sog. unpersönliche Ausdrücke

Eine vollständige Beschreibung der Kernprädikationen wird auch außer der schon erwähnten Angabe der Zahl und der syntaktischen Funktionen der Argumente zugleich eine Angabe der *syntaktischen Kategorie* enthalten müssen, zu der die Konstituenten gehören, die eine syntaktische Funktion innerhalb der Kernprädikation erfüllen (z.B. daß der Objektkonstituent bei *dicere* ein Substantiv, ein Pronomen, ein Nebensatz (AcI) sein kann etc. (s. Kap.7)). Als drittes muß bei jedem Prädikat angegeben werden, welche semantischen Funktionen die Argumente erfüllen. Als viertes müßte die *semantische Kategorie* angegeben werden, zu der die Konstituenten gehören (z.B. 'belebt' / 'nicht-belebt').

> N.B. Die oben genannten vier Angaben gehören auch in ein sinnvoll aufgebautes Wörterbuch. Daneben sind in einem Wörterbuch folgende Angaben wichtig:
> - welche Satelliten einer Kernprädikation hinzugefügt werden können (s. § 3.1.)
> - die relative Häufigkeit von eventuell zu unterscheidenden Bedeutungsnuancen und Prädikatsrahmen

---

12 Ich beschränke mich bei den weiter unten gegebenen Beispielen auf die aktiven Formen der Verben, die auch im Passiv vorkommen können.

- die diachronische Entwicklung
- die Gattungsgebundenheit von Prädikaten und speziellen Prädikatsrahmen.

Abb. 2: Aktionen, Prozesse, Positionen, Zustände

Prädikat	Argumente		
	(1)	(2)	(3)
Prädikat	Subjekt	Objekt / Komplement	Komplement / Ind.Obj.
dormit	pater		
oritur	sol		
mutantur	omnia		
sunt	qui dicant		
sunt	bis septem nymphae	mihi[a]	
condidit	Romulus	Romam	
risit[b]	pater	filium	
miseretur	pater		filii
nupsit	Sempronia		Scipioni
utitur	Cicero		bona valetudine
abundat	Germania		fluminibus
queritur	pater		calamitatem
contendunt	Romani		cum Germanis
iubet	Caesar	pontem rescindi[c]	
dedit	pater	librum	filio
commonefecit	pater	me	mortis Caesaris
accusavit	pater	me	avaritiae
affecit	pater	me	dolore
communicabis	tu	curam	cum illis
iussit	Caesar	milites	suum adventum[c] adspectare
hortatur	Caesar	suos	ne animo deficiant
flagitabat	Caesar	Gallos	frumentum[d]
docet	magister	me	linguam Latinam

29

Anmerkungen:

a. Scherer (1975, 126) betrachtet den sog. Dativus possessivus als eine freie Hinzufügung zur Kernprädikation: *sunt mihi bis septem ... nymphae* (Verg. *A*. 1,71). Die gleiche Analyse bietet das Oxford Latin Dictionary. Jedoch sollte man der Auffassung, daß hier eine Konstruktion mit zwei Argumenten vorliege, den Vorzug geben. So Bolkestein (1983a, 79-81), Happ (1976, 497) und Lambertz (1982, 340). Es ist nicht ohne weiteres klar, welche semantische Funktion der Dativkonstituent hat ('Experiencer'?: Bolkestein 1983a, 81-84).

b. Ein passivisches Pendant findet sich z.B. bei Ov. *Pont*. 4,12,16 *ridear*.

c. Zur Konstruktion bei *iubere* s. auch § 7.3.3.

d. Bei dieser Gruppe von Verben mit einem sog. doppelten Akkusativ ist es oft schwierig zu bestimmen, welcher Konstituent weglaßbar ist und welcher bei der Passivkonverse Subjekt wird. Der Grund hierfür ist, daß neben der dreistelligen Konstruktion eine zweistellige vorkommt, in der als Objekt sowohl die Person als auch die Sache auftreten kann. In der dreistelligen Konstruktion kann bei einigen Verben (z.B. *docere*) nur die Person im Passiv Subjekt werden; bei *flagitare* ist das weniger eindeutig :

  - Petreius atque Afranius cum stipendium ab legionibus ... flagitarentur (Caes. *Civ*. 1,87,3; mss. *flagitaretur*)

  - Consules ... ut referrent, flagitati sunt (Cic. *Red.Pop*. 11)

  - flagitabatur ab eis cotidie cum querellis bonorum omnium, tum etiam precibus senatus, ut meam causam susciperent (Cic. *Sest*. 25; mit *eis* sind die Konsuln gemeint).

Im allgemeinen fällt es leicht, nachzuweisen, daß ein- und zweistellige Prädikate tatsächlich ein- bzw. zweistellig sind; bei dreistelligen Prädikaten ist das schwieriger. Subjekt und Objekt nehmen insofern eine besondere Stellung ein, als die diese Funktionen erfüllenden Konstituenten für die Passivierung von Bedeutung sind[13]. Bei den hier als dreistellig klassifizierten

---

13 Eine Ausnahme bietet der sog. Akkusativ der Beziehung (Accusativus Graecus) beim Passiv: Verg. *A*. 3,81 *sacra redimitus tempora lauro* (cf. *alicui tempora redimire* (sog. Dativus sympatheticus)). Beispiele bei Flobert (1975, 485-494).

Prädikaten erscheinen in einem konkreten Text oft nur zwei Argumente, weil das dritte Argument häufig im Kontext enthalten ist und daher nicht explizit genannt zu werden braucht. Auffälligerweise fehlt der durch den Akkusativ gekennzeichnete Konstituent seltener als der durch den Dativ oder Ablativ gekennzeichnete. Bei den Verben mit einem sog. doppelten Akkusativ (z.B. *docere*) herrscht in diesem Zusammenhang auch Unklarheit darüber, welcher Konstituent eher 'weglaßbar' ist (s. auch Anmerkung d.).

Abb. 3: Kopula u.dgl.

Prädikat		Argumente	
Prädikat		(1)	(2)
Verbaler Teil	Prädikatsnomen	Subjekt	Komplement
sunt	proditores	illi	
sunt	capillo promisso	Britanni	
est	nullius momenti	res	
est	in integro[14]	res	
est	sic	vulgus	
mansere	invicti	Scythae	
sum	natus	ego	viginti annos
est	digna	virtus	imitatione
est	cara	mater	mihi
erat	odio	Hannibal	Romanis
fuit	referta	Italia	Pythagoreorum
erat	rex	Alexander	Macedonum

14 Allerdings ist es fraglich, ob *in integro* und *sic* hier als Prädikatsnomen zu klassifizieren sind: ist *esse* hier noch Kopula? (S. auch Kap. 1, Anmerkung 4).

Abb. 4: Kausative Verben u. dgl.

Prädikat	Argumente		
	(1)	(2)	(3)
Prädikat	Subjekt	Objekt	Komplement
habebat	Cicero	eum	fidelem sibi
putavit	Matius	id	pro certo
constituit	Caesar	eum	regem
effecit	virtus	vitam	beatam
facit	Homerus	Laertem	agrum colentem[15]
cognoverant	( )	eum	magni animi / parato animo

Diese beide Abb. enthalten Verben verschiedener Klassen, z.B. intransitive wie *esse* (Kopula), *fieri*, *manere*, transitive wie *habere* und *putare* sowie kausative wie *reddere* und *appellare*. Scherer spricht hierbei von 'Bestimmungssätzen': der Subjektkonstituent bei *esse* etc. oder der Objektkonstituent werden durch ein Substantiv, ein Adjektiv oder eine vergleichbare Wortgruppe näher bestimmt. Die Kernprädikationen gehören verschiedenen Typen von Sachverhalten an. In der ersten Gruppe (*esse*, *fieri*, *manere* etc.) haben wir es mit Kernprädikationen zu tun, die gemäß der Klassifizierung auf S. 25 (s. Abb. 1) als Positionen (*contentus esse*), Prozesse (*fieri*) und Zustände (*carus esse*) charakterisiert werden können. Bei *habere* und *putare* handelt es sich um Positionen, bei *facere* und *constituere* um Aktionen.

---

15 Parallelen zu diesem *facere* (= *fingere*) im TLL s.v. 117, 40ff. Lambertz (1982, 375) sieht hierin eher eine Kausativkonstruktion, wie sie im Beispiel (32 e) auf S. 168 mit einem Infinitiv vorliegt. Er verweist auf *Tusc.* 5,115 Polyphemum Homerus cum immanem ... finxisset, cum ariete ... *colloquentem* facit eiusque *laudare* fortunas.

Abb. 5: 'Unpersönliche' Ausdrücke

| Prädikat | Argumente | | |
	(1)		(2)
Prädikat	Subjekt	Komplement	Komplement
pluit concurritur			
parcitur licet licitum est }abire fas est licet	me isto tanto bono uti	templis	}mihi
miseret paenitet placuit	castra defendere	nos me	pauperum vixisse exercitui

Die sog. unpersönlichen Ausdrücke gehören sehr verschiedenen Klassen an. Unter diese traditionelle Bezeichnung fallen sowohl subjektslose Prädikate (*pluit, concurritur*) als auch Prädikate, die nur in der dritten Person Singular vorkommen. *Pluit, tonat* und andere meteorologische Verben betrachte ich als nullstellig, mag es auch poetische und volksetymologische[16] Ausdrücke geben wie *Iove tonante* (Cic. *Phil.* 5,7). Hierzu veranlassen mich zwei Gründe: (a) bei abgeleiteten Substantiven kommen keine 'notwendigen' (obligatorischen) Attribute vor, wie z.B. *amor patris*; (b) wir finden derartige Ausdrücke nicht in einem AcI bei unpersönlichen Ausdrücken wie *molestum est*, was bei ein- und zweistelligen Prädikaten jederzeit möglich ist[17].

---

16 Schon seit der Antike wird bei dem unpersönlichen (subjektslosen) *pluit* ein nicht ausgedrücktes Subjekt (*Iuppiter*) angenommen.
17 Zahlreich sind Ausdrücke wie *lapidibus pluisse*. Ausnahmsweise finden wir ein Subjekt bei *pluere* in zwei parallelen AcI-Konstruktionen: Liv. 28,27,16 lapides pluere et fulmina iaci de caelo ... portenta esse putatis und 10,31,8 (*terram*).

Über die Frequenz der oben unterschiedenen Arten von Kernprädikationen sind nur wenige Daten bekannt. Aus der Untersuchung der Kasus, auf die wir in Kap. 5 eingehen werden,
können wir folgern, daß zweistellige Prädikate beträchtlich
häufiger sind als dreistellige. Untersuchungen haben gezeigt,
daß zweistellige Prädikate auch häufiger sind als einstellige[18].

Was die lexikalische Kategorien der Argumente betrifft,
so können wir feststellen: Lexeme der Klasse 'belebt' zeigen
eine klare Vorliebe für die syntaktische Funktion Subjekt,
und zwar am deutlichsten bei zwei- und dreistelligen Prädikaten.
Das hängt natürlich mit der Neigung der Menschen zusammen,
darüber zu sprechen, was Menschen sind, tun etc.[19].

BIBLIOGRAPHISCHE INFORMATION

Die ausführlichsten Untersuchungen zur Bestimmung der Valenz
lateinischer Verben wurden von Happ (1976) vorgelegt. Mehr
oder weniger scharfe Kritik an Happs Werk übten in ihren
Rezensionen Bolkestein (1977a), Guiraud (1978), Serbat (1978)
und Vester (1981). Zum Begriff 'Weglaßbarkeit' s. Pinkster
(1972c, 76); zur 'Erweiterung von Valenz' s. Korhonen (1977,
194-196). Der machen-(do-so-)Test wurde von Happ behandelt
(1976, 401-410). Für das Lateinische ist Material zu finden im
Lexicon Plautinum von Lodge, s.v. *facere*, p. 590-592; TLL,
s.v. *facere* 107, 31ff; Thesleff (1960, 20f). Zu Kontexttypen,
in denen die Auslassung von Argumenten möglich ist, s. Happ
(1976, 239-261). Zu einem statistischen Ansatz des Valenz-
problems s. Greule (1982, 206-219). Wörterbucher zur Valenz
im Deutschen sind Helbig-Schenkel (1969), Sommerfeldt-Schreiber
(1977; 1980).

Zum Begriff 'Sachverhalt' ('state of affairs') vgl. Dik

---

18 Aus P. Masereeuws Bericht über die von ihm als Assistent 1980
vorgenommenen Untersuchungen geht hervor, daß in Cic. *de Orat.* 1,1-73 unter
den Prädikatsrahmen mit expliziten nominalen Argumenten 220 zweistellige
Rahmen gegenüber 80 dreistelligen vorkommen.

19 Es trifft nicht nur zu, daß bei der Beschreibung von Sachverhalten
Menschen die 'Hauptrolle' spielen; vielmehr bezeichnet auch bei zweistelligen
Prädikaten das zweite Argument oft ein menschliches Wesen. Menschen reden
nun einmal gern über das, was Menschen tun etc. Das hat Konsequenzen für
das Ausmaß, in dem es notwendig (bzw. kommunikativ hilfreich ist), die
Funktionen Subjekt und Objekt/Komplement bei lebenden und unbelebten Wesen
formal (durch einen Unterschied im Kasus) voneinander zu unterscheiden; s.
Kap. 5 und Plank (1979b).

(1978). Listen mit Kernprädikationen im Lateinischen finden sich bei Happ (1976, 548-580) und Scherer (1975, 126-145). Zu nullstelligen Verben vgl. Rosén (1983, 195).

Zu den von mir unterschiedenen semantischen Funktionen vgl. Dik (1978) (er gebraucht den Begriff 'Goal' anstelle von 'Patiens'). Zum Passiv vgl. Bolkestein-Risselada (1987), Flobert (1975, 534-565), Pinkster (1984a; 1985a).

3. PERIPHERIE

In diesem Kapitel gehe ich auf einige Probleme ein, die sich auf die Satelliten beziehen. Diese unterscheiden sich - wie bereits gesagt - von den Argumenten dadurch, daß sie in einem Satz weggelassen werden können, ohne daß der Restsatz ungrammatisch wird und ohne daß sich gleichzeitig (a) die lexikalische Bedeutung der verbleibenden Konstituenten und (b) die semantischen Beziehungen zwischen den verbleibenden Konstituenten ändern. In diesem Kapitel wird zuerst dargelegt, daß sich nicht jeder beliebige Satellit jeder beliebigen Kernprädikation hinzufügen läßt (§ 3.1.). Sodann (§ 3.2.) wird darauf eingegangen, daß bestimmte Lexeme und Lexemgruppen in derselben semantischen Funktion sowohl in der Kernprädikation als auch in der Peripherie auftreten können. Ferner wird eine summarische Übersicht über die semantischen Funktionen der Satelliten gegeben (§ 3.3.). In einem abschließenden Kapitel wird eingegangen auf die enge Beziehung, die zwischen der semantischen Funktion eines Satelliten und der Bedeutung des Lexems besteht; in diesem Zusammenhang wird erwogen, ob es überhaupt sinnvoll ist, eine Vielzahl semantischer Funktionen zu unterscheiden.

3.1. RESTRIKTIONEN HINSICHTLICH DER HINZUFÜGBARKEIT VON SATELLITEN

Nicht jede Kernprädikation läßt sich mit jeder beliebigen Art von Satellit verbinden. Ganz evident ist zum Beispiel, daß einer Kernprädikation mit dem Prädikat *habitare* nicht ein Satellit mit der semantischen Funktion Richtung hinzugefügt werden kann. Die Kernprädikation muß irgendeine 'Ortsveränderung' bezeichnen, um einen Satelliten mit der Funktion Richtung zulassen zu können[1]. In diesem Fall ist die Bedeutung

---

1 Es gibt auch notwendige Richtungskonstituenten, z.B. bei *se conferre* (s. § 3.2.). Ein besonderer Fall liegt vor in Ausdrücken wie *fui Romam* (wörtl. : 'Ich bin nach Rom gewesen'), vgl. García-Hernandez (1983), Petersmann (1977, 104), Siegert (1959).

des Prädikats maßgebend. In anderen Fällen ist für die Hinzufügbärkeit eines Satelliten die Art der Kernprädikation als ganzer ausschlaggebend. In § 2.4. haben wir schon gesehen, daß bei bestimmten Klassen von Kernprädikationen bestimmte Arten von Satelliten vorkommen können, andere dagegen nicht: Satelliten mit den semantischen Funktionen Instrument, Nutznießer ('Beneficiary'), Zweck/Absicht und (zum Teil) Art und Weise können nur bei Kernprädikationen auftreten, die kontrollierbar sind (also bei Aktionen und Positionen, vgl. S. 25). Ich gebe nun einige geläufige Beispiele für diese Arten von Satelliten: Instrument (1) - (2); Nutznießer (sog. Dativus commodi) (3) - (4); Zweck/Absicht (5) - (6)[2].

(1)   (lituo) ... regiones vineae terminavit ('Er markierte die Grenzen des Weingartens mit seinem Stab', Cic. *N.D.* 2,9)

(2)   arcumque manu celerisque sagittas corripuit ('Den Bogen und die schnellen Pfeile ergriff er mit seiner Hand', Verg. *A.* 1,187)

(3)   haec ... ego non multis sed tibi (scribo) ('Dies schreibe ich nicht für viele, sondern für dich', Sen. *Ep.* 7,11)

(4)   cui flavam religas comam ('Wem zuliebe bindest du dir das blonde Haar zurück', Hor. *Carm.* 1,5,4)

(5)   me a portu praemisit ... ut haec nuntiem uxori suae ('Er schickte mich vom Hafen voraus, damit ich dies seiner Frau melde', Pl. *Am.* 195)

(6)   esse oportet ut vivas, non vivere ut edas ('Du mußt essen, um zu leben, nicht leben, um zu essen', *Rhet. Her.* 4,39)

All diesen Fällen ist gemeinsam, daß ein lebendes Wesen die Handlung ausführt (Agens), welche durch das Hauptverb bezeichnet wird. Die Verben erfüllen die im Zusammenhang mit der Kontrollierbarkeit genannten Kriterien (Vorkommen beim Imperativ, in eingebetteten Befehlssätzen sowie in Sätzen, die ein Versprechen beinhalten). Für zahlreiche Satelliten der Art und Weise (modale Adverbialia) gilt ebenfalls, daß sie nur bei kontrollierten Kernprädikationen vorkommen, manche jedoch

---

2 Es gibt auch Beispiele wie: 'Das Gemälde hängt hier, um besser betrachtet werden zu können'. In diesem Fall muß man annehmen, daß jemand das Gemälde absichtlich an die betreffende Stelle gehängt hat.

kommen auch bei Prozessen vor, z.B. Satelliten, die das Tempo[3] angeben:

(7) paulatim licentia crevit ('Allmählich nahm die Sittenlosigkeit zu', Sal. *Cat*. 51,30)

(Subjekt: unbelebtes Wesen, Prädikat: nicht-kontrollierbar)

Auf S. 24 wurde schon darauf hingewiesen, daß das Vorkommen von Satelliten mit der Funktion 'Zeitdauer' zum Teil davon abhängt, daß die Kernprädikation nicht-dynamisch ist. Die Hinzufügung eines Satelliten mit der Funktion 'Zeitdauer' ist u.a. bei Verben ausgeschlossen, die das Zustandekommen einer Sache ausdrücken (die ein 'effiziertes Objekt' haben, die sog. 'terminativen Verben'), vgl. § 11.1.1.. So läßt sich z.B. nicht sagen:

(8) *tres menses opus perfecit[4]

Auch andere Faktoren spielen bei der Hinzufügbarkeit von 'Dauer'-Satelliten eine Rolle, z.B. der Unterschied 'definit/indefinit', vgl.

(9) Hans aß eine Stunde lang Brötchen

(10) *Hans aß eine Stunde lang die Brötchen

Andererseits können Satelliten mit der semantischen Funktion 'Zeitraum' ('Innerhalb welcher Zeit?') bei nicht-dynamischen Kernprädikationen gerade nicht, wohl aber bei Kernprädikationen wie der in (8) vorkommen (s. auch Kap.11).

Soeben war von Satelliten die Rede, die aufgrund ihrer semantischen Funktion nur bei bestimmten Klassen von Kernprädikationen auftreten können. Dabei scheinen die schon früher genannten Faktoren 'kontrolliert' und 'dynamisch' eine bedeutende Rolle zu spielen. Bevor ich einige Arten von Satelliten vorstelle, die dergleichen Restriktionen nicht unterliegen, weise ich darauf hin, daß die Tatsache, daß die Kernprädikation als ein Ganzes fungiert (d.h. von der Kernprädikation ein wesentlicher Einfluß auf die Hinzufügung von Satelliten ausgeht), wieder ein wichtiges Argument für die Unterscheidung von

---

3 Vielleicht ist es besser, die semantische Funktion 'Art und Weise' ('modal') in mehrere Subkategorien aufzugliedern, wie ja auch bei der Funktion 'Ort' ('lokal') mehrere Subkategorien unterschieden werden ('wohin', 'woher/von wo', 'wo'). S. aber Vester (1983).
4 *Tres iam menses villam suam aedificabat, cum subito...* und ähnliche Sätze sind natürlich möglich. Näheres zum Imperfekt s. Kap. 11, insbesondere § 11.2.1.1.4.

Kernprädikation und Peripherie innerhalb der Satzstruktur darstellt.

Neben Satelliten, die nur bei bestimmten Kernprädikationen auftreten können (wie Instrument und Nutznießer), gibt es auch solche Arten von Satelliten, deren Vorkommen nicht an eine oder mehrere bestimmte semantische Klassen von Kernprädikationen gebunden ist. Beispiele für die letztgenannten sind kausale (11) - (12) und konsekutive Satelliten (13) - (14):

(11) (sues), *quarum odore* praeterire nemo pistrinum potest ('Wegen des Gestanks der Schweine kann niemand an der Mühle vorbeigehen', Pl. *Capt*. 808)

(12) *aetate* hoc corpus putret ('Dieser Leib ist aufgrund seines Alters morsch', Pac. *trag*. 340)

(13) si quando non pluet, *ut terra sitiat* ('Wenn es einmal nicht regnet, so daß die Ende trocken ist', Cato *Agr*. 151,4)

(14) (Romani) ex loco superiore ... strage ac ruina fudere Gallos, *ut nunquam postea nec pars nec universi temptaverint tale pugnae genus* ('Die Römer zermalmten von ihrer höher gelegenen Stellung aus die Gallier völlig, so daß sie später nie mehr einzeln oder zusammen eine solche Art des Kampfes versuchten', Liv. 5,43,3)[5]

3.2. ARGUMENTE UND SATELLITEN MIT DER GLEICHEN SEMANTISCHEN FUNKTION

Konstituenten, die eine 'Richtung' angeben, können in der Satzstruktur auf zwei Weisen vorkommen: bei bestimmten Prädikaten sind sie obligatorisch (folglich Argumente), bei anderen sind sie es nicht (folglich Satelliten). Beispiele sind jeweils (15) und (16):

(15) *quo* me miser conferam ('Wohin soll ich Unglücklicher mich begeben?', Cic. *de Orat*. 3,214)

(16) *quo* ambulas tu ('Wohin machst du einen Spaziergang?', Pl. *Am*. 341)

---

5 Ein Argument für die Annahme, Konsekutivsätze hätten eher den Status von selbständigen (unabhängigen) Sätzen (im Gegensatz zu Finalsätzen unterliegen sie keinen Restriktionen seitens der Kernprädikation), kann darin gefunden werden, daß Konsekutivsätze nicht so sehr an die sog. consecutio temporum gebunden sind.

In gleicher Weise ist eine Ortsbestimmung beim Prädikat *versari* integrierender Bestandteil der Kernprädikation (also ein Argument), während sie bei vielen anderen Kernprädikationen als Satellit auftreten kann. Daß Konstituenten mit ein und derselben semantischen Funktion syntaktisch verschieden sind, zeigt sich auch innerhalb von Klassen (nahezu) synonymer Prädikate. Beim Prädikat *aestimare* scheint der den Wert bezeichnende Konstituent eher weglaßbar als bei dreistelligem *habere*, *putare* und *ducere* in der Bedeutung 'schätzen'. Im vorigen Kapitel haben wir gesehen, daß auch modale Konstituenten Bestandteil der Kernprädikation sein können, z.B.

(17) est oratoris proprium *apte*, *ornate*, *distincte* dicere (vgl. S. 11)

Beim Prädikat *habitare* steht gewöhnlich ein Argument mit der semantischen Funktion Ort; jedoch fehlt dieses oft bei Anwesenheit eines modalen Konstituenten:

(18) habitare *laxe* et *magnifice* voluit ('Er wollte geräumig und prachtvoll wohnen', Cic. *Dom*. 115)

Bisweilen unterscheidet man Argumente auch nach den semantischen Funktionen 'Separativus' (bei *privare* u.a.) und 'Instrumentalis' (bei *uti*, *frui*, *fungi*, *potiri*, *vesci*, *niti* sowie bei Verben, die 'versehen mit' und 'ausgestattet sein mit' bedeuten, z.B. *complere*, *abundare*)[6]. Die semantische Funktion 'Ursache' kann durch ein Argument, das im Satz als Subjekt fungiert, oder durch einen Satelliten mit der Funktion Adverbial erfüllt werden:

(19) *mors* eius me dolore affecit ('Sein Tod erfüllte mich mit Schmerz')

(20) *odore* praeterire nemo pistrinum potest (= Bsp. (11))

3.3. DIE SEMANTISCHEN FUNKTIONEN DER SATELLITEN

In diesem Paragraphen beschränke ich mich auf Satelliten, die eine Spezifizierung der Kernprädikation angeben. Auf Satelliten,

---

6 S. Dönnges-Happ (1977, 37). Auf den Ablativ bei diesen Verben und die Unangemessenheit, in diesem Fall von einem Ablativ mit der semantischen Funktion Instrument(alis) zu sprechen, komme ich in § 5.1.4.(e) zurück.

die eine nähere Bestimmung des ganzen Satzes leisten (Satzadverbialia), gehe ich nicht ein; s. hierzu Kap. 4. Auch bleiben Fällen wie (21) - (23) außer Betracht:

(21) mihi *domino servus* tu suscenses ('Zürnst du, ein Sklave, mir, deinem Herrn?', Pl. *Ps.* 472)

(22) hinc *flens* abiit ('Weinend ging er von hier weg')

(23) *tristis* incedit ('Traurig schreitet er voran')

Die kursiv gedruckten Wörter in (21) - (23) werden häufig prädikative Bestimmungen genannt. Mit Adverbialia (und Satzadverbialia) haben sie gemeinsam, daß sie weglaßbar sind. Sie werden in Kap. 8 behandelt. Ich nehme hier aber einen einzelnen Beleg des sog. Ablativus absolutus auf.

Satelliten präzisieren den durch die Kernprädikation bezeichneten Sachverhalt auf verschiedene Weisen. Die unten in Gruppe (a) aufgeführten Typen von Satelliten geben eine Spezifizierung des Geschehens oder des Zustandes, auf das (den) die Kernprädikation, v.a. das Prädikat verweist; die in Gruppe (b) aufgeführten Typen von Satelliten stellen das durch die Kernprädikation bezeichnete Geschehen bzw. den Zustand in einen größeren Rahmen (Begleitumstände, Bedingungen, Folgen, Zeitpunkt, Zweck etc.)[7]. Die folgende Liste erhebt nicht den Anspruch auf Vollständigkeit.

(a) (i)   Art und Weise (modal):
           eloquenter ('beredt'), *summa audacia* ('mit größter Verwegenheit'), *prospere* ('mit günstigem Ergebnis')

     (ii) Instrument:
           gladio aliquem necare ('jemanden mit einem Schwert töten'), *per litteras* ('durch einen Brief/brieflich')

     (iii) Grad:
           valde ('sehr'), *multum* ('viel')

(b) (i)   Es besteht eine Beziehung des 'Mitbetroffenseins' zwischen Satellit und Kernprädikation:
           Nutznießer:
           ut *maioribus natu* adsurgatur ('daß man für Ältere

---

7 Diese Einteilung in zwei Hauptgruppen von Satelliten geht zurück auf Scherer (1975, 196). Sie ist in einigen Punkten anfechtbar: in der Gruppe (b) müßten etwa die Funktionen 'Zeitraum' und 'Passierter Bereich' als 'zentraler', d.h. eher zum Verb gehörend betrachtet werden. Man beachte, daß viele semantische Funktionen aus der Gruppe (b) auch durch (adverbiale) Nebensätze erfüllt werden können. Eine ähnliche Zweiteilung findet sich bei Hoberg (1981, 132-134).

aufsteht', Cic. *Inv*. 1,48 - sog. Dativus commodi)

Betroffener:

hic *tibi* rostra Cato advolat ('da rannte dir Cato zur Rednerbühne', Cic. *Att*. 1,14,5 - sog. Dativus ethicus)

Begleitung:

degrediente eo *magna prosequentium multitudine* ('während er mit einer großen Schar von Anhängern wegging', Tac. *Ann*. 13,14,1); *cum magnis copiis* adventare ('mit großen Truppen ankommen')

(ii) Situierung in der Zeit (temporal):

Zeitpunkt:

in illa tempestate ('in dieser Zeit'); *feriis Latinis* ('zur Zeit der Feriae Latinae')

Zeitdauer:

diem unum supplicatio fuit ('einen Tag lang gab es ein Dankfest')

Zeitraum:

tribus mensibus villam suam aedificavit ('binnen drei Monaten baute er sein Landhaus)

(iii) Situierung im Raum (lokal):

Ort ('wo?'):

terra marique ('zu Wasser und zu Lande'); *in locis idoneis* ('an geeigneten Stellen')

Passierter Bereich:

illo ascensu Haeduos mittit ('er schickt die Haeduer jenen Hang entlang')

Richtung ('wohin?'):

in mensam manum porrigit ('er streckt seine Hand nach dem Tisch aus')

Richtung ('woher?'):

Roma venire ('aus Rom kommen')

(iv) Umstände, Bedingungen etc.:

Begleitumstände:

degrediente eo ('während er wegging' - sog. Abl. abs.); qui potuisset *assensu omnium* dicere Ennius ('Wie hätte Ennius mit Zustimmung aller sprechen können?', Cic. *N.D.* 2,4)

Ursache:

aetate in Bsp. (12)

(Beweg)grund (Motiv):

ei vel *aetate* vel *curae similitudine* patres appellabantur ('diese wurden Väter genannt entweder aufgrund ihres Alters oder aufgrund der Ähnlichkeit ihrer Aufgabe mit der eines Vaters', Sal. *Cat.* 6,6)

Zweck/Absicht:

ut edas ('um zu essen') in Bsp. (6); *admonitum* venimus te ('wir kommen, um dich daran zu erinnern', Cic. *de Orat.* 3,17 - sog. Supinum I)

Folge:

ut terra sitiat ('so daß die Erde trocken ist') in Bsp. (13)

3.4. SEMANTISCHE FUNKTIONEN UND WORT(GRUPPEN)BEDEUTUNG

In § 3.1. haben wir gesehen, daß Satelliten einer Kernprädikation hinzugefügt werden können, wenn die Kernprädikation keine semantischen Eigenschaften hat, die das verhindern. Als Satellit mit der semantischen Funktion 'Zeitpunkt' können fast nur Substantive auftreten, die aufgrund ihrer lexikalischen Bedeutung einen 'Zeitpunkt' angeben (s. aber auch *feriis Latinis* in § 3.3.). Ferner werden Adverbialia des Zeitpunkts häufig durch Präpositionen markiert, die ausschließlich oder mit großer Regelmäßigkeit einen 'Zeitpunkt' bezeichnen. Falls Nebensätze in der semantischen Funktion 'Zeitpunkt' auftreten, ist diese Funktion an der betreffenden Konjunktion erkennbar. Was hier über die semantische Funktion 'Zeitpunkt' gesagt wird, gilt z.B. auch für die semantische Funktion 'Ort'. Auf den Zusammenhang von Wortbedeutung und semantischer Funktion komme ich in § 5.1.4.(f) zurück.

Obgleich die Bedeutung von Substantiv, Präposition und Konjunktion häufig einen Hinweis auf die semantische Funktion eines Satelliten enthält, besteht dennoch keine Eins-zu-Eins-Relation zwischen der Bedeutung eines Konstituenten und der semantischen Funktion, welche dieser erfüllt. Daher ist es auch angebracht, semantische Funktionen zu unterscheiden. Daß es Unterschiede in den semantischen Funktionen gibt, geht u.a. aus folgenden Beobachtungen klar hervor:

(i) Das Lateinische verfügt - wie das Deutsche - über ein Repertoire von Fragewörtern, die mit verschiedenen semantischen

Funktionen korrespondieren, z.B. *quo modo, cur, ubi, quando*[8].

(ii) Ein zweites Argument für die Unterscheidung semantischer Funktionen von Satelliten kann darin gefunden werden, daß mehrere Konstituenten mit derselben syntaktischen Funktion (nämlich Adverbial) in ein und demselben Satz vorkommen können, ohne daß es möglich oder nötig ist, diese zu koordinieren. Z.B. können Satelliten des Zeitpunkts und der Art und Weise in ein und demselben Satz unkoordiniert auftreten:

(24) confiteretur nunc libenter ('Er würde es jetzt gerne zugeben')

Koordination ist notwendig zwischen Konstituenten mit derselben semantischen (und oft auch mit derselben syntaktischen) Funktion und ausgeschlossen zwischen Konstituenten mit unterschiedlicher semantischer Funktion[9]. Daher finden wir (24) und (25), aber nicht (26) und (27):

(25) confiteretur ... si fecisset, et magno animo et libenter ... ('Wenn er es getan hätte, würde er es mit Großmut und gerne zugeben', Cic. *Mil.* 80)

(26) *confiteretur et nunc et libenter

(27) *confiteretur magno animo libenter

BIBLIOGRAPHISCHE INFORMATION

Zur Klassifizierung der semantischen Funktionen von Satelliten vgl. Scherer (1975, 195-197). Eine verfeinerte Aufgliederung geben Bartsch (1972) und Hoberg (1981). Zu Konstituenten mit der Funktion 'Zeitdauer' vgl. Verkuyl (1972), zum Koordinationstest Pinkster (1972c, § 7.3.3.) und Dik (1980, 191-209).

---

8 Einige Fragewörter korrespondieren jedoch mit mehr als einer semantischen Funktion, z.B. *quo modo*? sowohl mit 'Instrument' als auch mit 'Art und Weise'.

9 Abweichungen von der Koordinationsregel lassen sich bei Zeit- und Ortsbestimmungen feststellen: zwei Orts- oder Zeitbestimmungen können in ein und demselben Satz unkoordiniert vorkommen, z.B.
- in Lysandri ... statua in capite corona subito exstitit ('Auf Lysanders Statue erschien plötzlich eine Krone auf dem Kopf', Cic. *Div.* 1,75)
Bedingung hierfür ist, daß eine der beiden Bestimmungen präziser ist als die andere (s. Pinkster 1972c, 93-95). Eine weitere Abweichung zeigt sich bei finalen und kausalen Satelliten sowie bei instrumentalen und modalen: diese können koordiniert werden. (Nichtsdestoweniger lassen sie sich mithilfe anderer Kriterien voneinander unterscheiden.)

4. SATZADVERBIALIA UND THEMA-KONSTITUENTEN

In Kap. 1 wurden als Satzadverbialia diejenigen Konstituenten eines Satzes bezeichnet, die eine nähere Bestimmung der gesamten Prädikation darstellen. Derartige Konstituenten geben den Standpunkt bzw. die Stellungnahme des Sprechers oder Lesers in bezug auf den Inhalt der Aussage wieder, die der Komplex 'Kernprädikation + Adverbialia' als ganzer enthält. Satzadverbialia werden auch als 'metakommunikative Äußerungen' bezeichnet. Über die Eigenschaften der Satzadverbialia im Lateinischen liegen bisher nahezu keine Untersuchungen vor. Die Übersicht in § 4.1. erhebt keineswegs Anspruch auf Vollständigkeit; auch geht es nicht in erster Linie darum objektive Testverfahren aufzuzeigen.

In diesem Kapitel gehe ich außerdem auf sog. Thema-Konstituenten ein. Diese haben mit den (bisher bekannten) Satzadverbialia gemeinsam, daß sie außerhalb der eigentlichen Prädikation stehen (§ 4.2.).

4.1. SATZADVERBIALIA

4.1.1. SOG. MODALADVERBIEN

Kühner-Stegmann (I, 793) führen als Subklasse der Adverbien unter dem Begriff 'Modaladverbien' solche Adverbien auf, die ein Urteil des Sprechers über den Inhalt des Satzes ausdrücken. Innerhalb dieser Subklasse wird wiederum unterschieden zwischen Adverbien, die ausdrücken

- eine Bejahung: *sane, vero* u.a.
- eine Verneinung: *non, haud* u.a.
- eine Bekräftigung: *profecto, certe, scilicet* u.a.
- eine Ungewißheit: *fortasse* u.a.
- eine Frage: *num, utrum* u.a.

Bei diesen in K.-St. I, 795ff der Reihe nach behandelten Gruppen handelt es sich in Wirklichkeit um eine recht heterogene Zusammenstellung; in längst nicht allen Fällen kann von Satzadverbialia die Rede sein: manche der genannten Adverbien können z.B. selbständig auftreten, etwa als Antwort auf eine Frage (vgl. *fortasse* in (1), *certe* in (2)), während die erwähnten Fragepartikeln nie selbständig auftreten können (sie sind nicht 'satzwertig').

(1) frugi tamen sum ... :: fortasse ('Ich bin dennoch rechtschaffen :: vielleicht', Pl. *As*. 499)

(2) miser ergo Archelaus? :: Certe, si iniustus ('War Achelaus also unglücklich? :: Gewiß, wenn er ungerecht war', Cic. *Tusc*. 5,35)

In neueren Arbeiten werden zu den Satzadverbien allein die Adverbien gerechnet, die in der Tat als Antwort auf eine neutrale Frage (eine ja/nein-Frage) erscheinen können. Gerade darin unterscheiden sie sich von den 'gewöhnlichen Adverbien', die nur als Antwort auf bestimmte Fragewörter wie *wann*, *wo* etc. auftreten. Ein weiteres Kennzeichen der Satzadverbien, wie sie zur Zeit aufgefaßt werden, ist, daß sie nicht alle in jeder Satzart (Frage, Befehl, Mitteilung) vorkommen können. Ein Teil der von K.-St. genannten Adverbien, nämlich die der Bekräftigung und der Ungewißheit (z.B. *haud dubie*, *scilicet*, *fortasse*, *nimirum*), kommen nicht in Befehlssätzen vor (vgl. § 7.0.2.). Die Gruppe *sane*, *vero*, *haud* und *non* (Bejahung/Verneinung) verhält sich unter Zugrundelegung dieser Kriterien anders als die soeben genannten Wörter[1].

4.1.2. SOG. URTEILSADVERB

In § 4.1.1. wurden Adverbien wie *fortasse*, *haud dubie* u.a. als Adverbien klassifiziert, die als Satzadverbial fungieren. Sie geben einen Hinweis auf die Einstellung des Sprechers gegenüber dem 'Wahrheitswert' des Satzes. Neben diesen Adverbien werden aber auch solche Adverbien, die normalerweise als Adverbial der Art und Weise (d.h. als nähere Bestimmung des Prädikats)

---

1 Zur Klasse der von K.-St. erwähnten Modaladverbien gehören auch Wörter, die gegenwärtig unter den 'Modalpartikeln' (zum t.t. vgl. u.a. Franck (1980)) aufgeführt werden. Ein dt. Beispiel ist *vielleicht* in 'Fühlst du dich vielleicht nicht wohl?'.

fungieren, gebraucht, um ein subjektives Urteil des Sprechers zu kennzeichnen. Sz. (827) weist darauf hin, daß dies namentlich bei Adverbien der Fall ist, die 'gut' und 'schlecht' bedeuten, und daß das Lateinische hierbei über eine - im Vergleich mit den modernen Sprachen - auffallend prägnante Ausdrucksweise verfügt. (Aus neueren Studien geht allerdings hervor, daß diese Prägnanz auch in modernen Sprachen üblich ist.) Nicht nur Adverbien können zur Wiedergabe der Stellungnahme des Sprechers gebraucht werden, sondern auch Ausdrücke, die anderen Kategorien angehören, z.B. eine nominale Gruppe im Ablativ wie in (5) und (6):

(3) male reprehendunt ('Sie tadeln zu Unrecht ...', Cic. *Tusc.* 3,34)

(4) miseram pacem vel bello bene mutari ('Der Krieg anstelle eines jämmerlichen Friedens sei immer noch ein guter Tausch', Tac. *Ann.* 3,44)

(5) non mea culpa ... ad vos oratum mitto ('Es ist nicht meine Schuld, daß ich Leute schicke, euch zu bitten', Sal. *Jug.* 24,2)

(6) leviore flagitio legatum interficietis ('Einen Legaten zu ermorden wird ein kleineres Verbrechen sein', Tac. *Ann.* 1,18)

Vgl. auch Beispiel (7) auf S. 3 (*stulte*) nebst Anmerkung.

Obwohl es angesichts der Tatsache, daß derartige Adverbialphrasen (scheinbar Adverbien der Art und Weise) in modernen Sprachen zur Wiedergabe eines subjektiven Urteils verwendet werden, nicht unwahrscheinlich ist, daß dieselben auch im Lateinischen als Satzadverbialia auftreten, fehlen hierfür bisher objektive Beweise (von der Art der in § 4.1.1. genannten), abgesehen von den Möglichkeiten, sie zu paraphrasieren. Man könnte z.B. auch behaupten, in (5) sei *mea culpa* ein Satellit mit der syntaktischen Funktion Adverbial und der semantischen Funktion Ursache und auffälligerweise mit Nachdruck (Fokus) an die Spitze des Satzes gestellt[2].

---

2 Ein Satzadverbial liegt auch dort vor, wo in einem Satz neben einem Adverbial noch ein Konstituent vorkommt, der an und für sich auch als Adverbial mit der gleichen oder einer ähnlichen semantischen Funktion auftreten könnte, z.B. *stulte* in: stulte miles celeriter aufugit (vgl. die Ausführungen zum Koordinationstest auf S. 45).

4.1.3. SOG. STYLE DISJUNCTS

Beispiel (8) auf S. 3 enthält einen dritten Typ von Satzadverbial. Während sich die vorhin erwähnten Satzadverbien auf den Inhalt des Satzes beziehen (Wahrheitswert, subjektive Beurteilung), sagt *breviter* ('kurzum') etwas über die vom Sprecher gewählte Ausdrucksweise aus. Einige englische Grammatiker bezeichnen derartige Bestimmungen als 'Style Disjuncts', um sie gegen die sog. 'Attitudinal Disjuncts' (vgl. § 4.1.2.) abzusetzen. Häufiger als ein Adverb tritt in dieser Funktion im Lateinischen ein durch *ut* eingeleiteter Nebensatz auf, wie z.B. in (7):

(7) denique ut breviter includam quod sentio ... tam intemperantes in ipsis miseriis quam sunt ante illas ('Mit einem Wort, um kurz abzuschließen, was ich meine, sie sind mitten in ihrem Elend genauso zügellos wie zuvor', Sen. *Ep*. 98,8)

Ein etwas anderer Typ besteht aus *ut*-Sätzen, welche das Fortschreiten der Erzählung (Argumentation) oder die Struktur des Textes markieren, wie z.B. in (8):

(8) ut vero iam ad illa summa veniamus, quae vis alia potuit ... homines ... congregare ('Um aber nun zum eigentlichen Thema zu kommen, welche andere Kraft hätte die Menschen zusammenbringen können', Cic. *de Orat*. 1,33)

4.1.4. PSEUDOFINALE SATELLITEN

Im Deutschen gibt es Ausdrücke wie *um die Wahrheit zu sagen, ich bin gar nicht krank*; ihnen entsprechen im Lateinischen Ausdrücke folgender Art:

(9) ut verum tibi dicam, pater, ea res me male habet ('Um dir die Wahrheit zu sagen, Vater, diese Sache macht mich fertig', Pl. *As*. 843)

Hier ist eine Paraphrase: '*Diese Sache macht mich fertig, mit der Absicht dir die Wahrheit zu sagen' unmöglich. Mit *ut verum tibi dicam* will der Sprecher zu verstehen geben, daß er mit seiner Mitteilung (*ea res me male habet*) die Wahrheit zu sagen beabsichtigt. Das in dem *ut*-Satz Gesagte ist eine Art

Erläuterung oder Kommentar zum Inhalt des Hauptsatzes. Ein derartiger *ut*-Satz kann ebensowie die *ut*-Sätze in (7) und (8) als eine nähere Bestimmung der Äußerung als solcher, nicht aber des Satzinhalts aufgefaßt werden. Man beachte, daß der *ut*-Satz in (9) nicht als Antwort auf die Frage *cur ea res te male habet?* auftreten kann - im Gegensatz zu einem Satelliten mit der semantischen Funktion Zweck/Absicht. *Ut*-Sätze wie in (9) werden häufig erklärt als Finalsätze in Abhängigkeit von einem nicht ausgedrückten Verb des Sagens[3]. Ich lasse noch zwei Beispiele folgen:

(10) ego adeo, ut tu scias, prorsum Athenas ... abibo ('Ich gehe bald nach Athen, mußt du wissen', Pl. *Mil.* 1192)

(11) Carthagini ego sum gnatus, ut tu sis sciens ('Ich bin in Carthago geboren, mußt du wissen', Pl. *Poen.* 1038)

Daß diese Gruppe von Nebensätzen (sog. Pseudofinalsätze) einen anderen Status aufweist als die 'echten' finalen Satelliten, geht u.a. daraus hervor, daß beide in einem Satz zugleich auftreten können: *Um dir die Wahrheit zu sagen, ich bin auf dem Weg zum Markt, um Gemüse zu kaufen.* Im Deutschen bestehen zwischen echten Finalsätzen und Pseudofinalsätzen auch Unterschiede in der Wortstellung. Im Lateinischen habe ich noch keinen dem soeben angeführten deutschen Beispielsatz vergleichbaren gefunden.

4.1.5. PSEUDOKONDITIONALE SATELLITEN

Den in § 4.1.4. genannten Ausdrücken gleichen folgende: *Wenn du mich fragst, er ist gar nicht krank.* Hier versetzt sich der Sprecher gewissenmaßen in die Lage des Hörers. Wie die Pseudofinalsätze von den echten Finalsätzen, so unterscheiden

---

3 Scherer (1975, 240) spricht von 'umgangssprachlicher Ersparung einer Wendung wie *hoc tibi dico*'. Vgl. auch K.-St. II, 233f, Lodge, *Lexicon Plautinum* s.v. *ut* (S. 930, Spalte 2), und Vairel (1981, 252). Eine ähnliche Analyse gibt R. Bartsch (1972, 65-67); vgl. auch den Begriff 'Hypersatz'. Weitere Beispiele aus Scherer: *sed ad rem ut veniam* (Cic. *Att.* 14,16,1); *illaec tibi nutrix est, ne matrem censeas* (Pl. *Cist.* 558). Weitere Beispiele s. TLL s.v. *atque* 1078, 55ff; Merguet *Phil.* s.v. *dico* 667a; TLL s.v. *dico* 975, 82ff; Hey (1908); Beispiele mit *ne* bei Lebreton (1901, 302f); Vairel (1981, 252f). Nach K.-St. (II, 278) wären Ausdrücke wie *dico* etc. zu ergänzen in Fällen wie *quod Salas te cum Clodio loqui vult, potes id mea voluntate facere* ('Was Salas' Wunsch betrifft, daß du mit Clodius sprichst, so wisse, daß du das von mir aus tun kannst', Cic. *Att.* 12,30,1).

sich die Pseudokonditionalsätze von den echten Konditionalsätzen im Deutschen u.a. dadurch, daß bei den ersteren die Inversion von Subjekt und finitem Verb im Hauptsatz nicht eintritt. Aber auch unter semantischem Gesichtspunkt ist es nicht korrekt zu sagen, die Aussage *er ist gar nicht krank* werde durch *wenn du mich fragst* näher bestimmt. Ich habe für diesen Typ bisher nur wenige Parallelen im Lateinischen gefunden. Scherer (1975, 240) weist darauf hin, daß es 'parentheseartige' Nebensätze gibt, mit denen der Sprecher den Gebrauch eines bestimmten Ausdrucks rechtfertigen will, z.B. (12) und (13):

(12) cives, inquam, si eos hoc nomine appellari fas est ('Bürger, sage ich, wenn ich sie so nennen darf', Cic. *Mur.* 80)

(13) quodsi componere magnis parva mihi fas est, et me dilexit Anapis ('Wenn ich Großes mit Kleinem vergleichen darf, auch mich liebte Anapis', Ov. *Met.* 5, 416f)

Man vergleiche hiermit auch Ausdrücke wie *nisi erro* ('wenn ich mich nicht irre') und *ac si quaeritis* ('wenn ihr mich fragt') (Cic. *de Orat.* 1,119; 2,254). Der Nebensatz in (12) erläutert das Wort *cives*, der in (13) den gesamten Inhalt des Hauptsatzes.

4.1.5.a PSEUDOKAUSALE SATELLITEN[4]

Nebensätze, die durch *quoniam* eingeleitet werden, enthalten des öfteren weniger eine Begründung für die (das) durch den Hauptsatz ausgedrückte Handlung (Geschehen) - so z.B. in (13 p) -als vielmehr den Grund, warum der Sprecher/Schreiber eine bestimmte Behauptung aufstellt, eine Frage stellt oder einen Befehl gibt, ein bestimmtes Wort gebraucht etc. In diesem Fall könnte man von Pseudokausalsätzen sprechen. Beispiele für diese Art von Nebensätzen sind (13 q) - (13 s):

(13) p quod ... in labris ideo non est necessarium, quoniam excidere commodius est ('Bei den Lippen ist dies nicht nötig, da es hier bequemer ist, sie (die Geschwulst) herauszuschneiden', Cels. 6,15,4)

(13) q et quoniam hoc reprehendis, quod solere me dicas de me ipso gloriosius praedicare, quis umquam audivit

---

4 Pseudokausale Satelliten werden behandelt von Fugier (1988). Auf Bsp. (13 q) wurde ich von D. den Hengst hingewiesen.

cum ego de me nisi coactus ac necessario dicerem
('Und da du mir nun einmal vorwirfst, ich würde
allzu prahlerisch über mich selbst zu sprechen pflegen,
wer hat mich je über mich sprechen hören, es sei
denn, ich tat es gezwungenermaßen und weil es nötig
war?', Cic. *Dom.* 93)

(13) r   tu, quoniam iturum te in Asiam esse putas, ... facias
me certiorem velim ... ('Da du ja glaubst, du wirst
nach Asien gehen, so laß mich bitte wissen ...', Cic.
Att. 4,16,9)

(13) s   equidem vobis, quoniam ita voluistis, fontes unde
hauriretis atque itinera ipsa ... putavi esse demonstranda
('Ich jedenfalls glaubte, euch - ihr habt es ja so
gewollt - die Quellen, aus denen ihr schöpfen könnt,
und die Wege dorthin zeigen zu müssen', Cic. *de Orat.*
1,203)

4.1.6. EINSCHRÄNKUNG DER GÜLTIGKEIT VON AUSSAGEN

Die gemeinsame Funktion der in den vorigen Paragraphen
beschriebenen Ausdrücke besteht darin, daß der Sprecher mit
ihrer Hilfe auf die eine oder andere Weise zum Inhalt der
Prädikation einen gewissen Abstand wahrt. Das gleiche gilt
auch für Wendungen wie *mea sententia* ('meiner Meinung nach'),
quod sciam ('soweit ich weiß') (K.-St. II, 307) sowie für Nebensätze mit *quod* ('was die Tatsache betrifft, daß') und für
den sog. Dativus iudicantis[5].

(14) qui (Epicurus) se unus, quod sciam, sapientem profiteri
sit ausus ('der es als einziger, soweit ich weiß, wagte,
sich in der Öffentlichkeit als ein Weiser zu bezeichnen',
Cic. *Fin.* 2,7)

(15) quod vero securi percussit filium, privavisse se etiam
videtur multis voluptatibus ('was aber die Tatsache betrifft,
daß er seinen Sohn enthaupten ließ, so scheint er sich

---

5 Weitere Beispiele zum Dativus iudicantis bei K.-St. I, 322. Scherer (1975,
153f) faßt verschiedene Subklassen von Satzadverbien unter der Rubrik 'Einschränkung der Gültigkeit' zusammen, u.a. *fortasse, spero, quod sciam, nisi
erro, ut ita dicam* und den Dativus iudicantis.

dadurch auch vieler Freuden beraubt zu haben', Cic. *Fin.*
1,23)

(16) ceterum vere aestimanti Aetolicum magis ... bellum quam
regium fuit ('Doch ging der Krieg für jemanden, der es
ehrlich beurteilt, eher gegen die Ätolier als gegen den
König', Liv. 37,58,8)

4.2. THEMA-KONSTITUENTEN

Unter einem Konstituenten mit der pragmatischen Funktion
'Thema' verstehen wir einen Konstituenten, der keinen Teil
der Prädikation ausmacht, sondern dieser vorangeht, indem er
eine Art Rahmen schafft, innerhalb dessen die Prädikation
verstanden werden soll. Beispiele hierfür sind:

(17) de Pompeio, et facio diligenter et faciam quod mones
('Was Pompeius betrifft, so tue ich mein Bestes und werde
tun, wozu du mich aufforderst', Cic. *Q.fr.* 3,1,9)

(18) de forma, ovem esse oportet corpore amplo ('Was die
Gestalt angeht, so muß ein Schaf einen großen Körper
haben', Var. *R.* 2,2,3)

In (17) und (18) spielt der Konstituent mit *de* keine Rolle
innerhalb der Prädikation - im Gegensatz zu den folgenden
Beispielen:

(19) de hoc homine ... sic scriptum accepimus, summam fuisse
eius .. temperantiam ('Was diesen Mann betrifft, so haben
wir erfahren, daß geschrieben wurde, seine Selbstbeherr-
schung sei sehr groß gewesen', Cic. *Tusc.* 5,57)

(20) homines maritimi Syracusis ... cum eius cruciatu atque
supplicio pascere oculos ... vellent, potestas aspiciendi
nemini facta est ('Die Seeleute von Syrakus, als sie ihre
Blicke an seiner Folterung und Hinrichtung weiden wollten,
wurde niemandem von ihnen die Gelegenheit zuzuschauen
geboten', Cic. *Ver.* 5,65)

In (19) wird *de hoc homine* durch *eius* innerhalb der Prädikation
wiederaufgegriffen. In (20) wäre anstelle des Nominativs eigentlich ein Genitiv erforderlich, abhängig von dem erst viel
später im Satz auftauchenden *nemini*. Derartige Phänomene

werden in den Grammatiken auf verschiedene Weise beschrieben, u.a. als Anakoluth und als Nominativus pendens[6], wobei häufig suggeriert wird, hier liege etwas Ungewöhnliches vor. In Wirklichkeit haben wir es hier mit einer regelmäßigen und grammatisch durchaus korrekten Erscheinung zu tun.

BIBLIOGRAPHISCHE INFORMATION

Untersuchungen über Satzadverbialia in einigen modernen Sprachen liegen vor bei Greenbaum (1969), Meier-Fohrbeck (1978) und Quirk et al. (1972, 507-520): Englisch; Hansén (1982): Französisch; Booij (1974): Niederländisch; Bartsch (1972) und Hoberg (1981): Deutsch. Zu Satzadverbialia im Lateinischen vgl. Pinkster (1972c, 96-101). Zum Begriff 'Satzwertigkeit' und zur Klasse der Modaladverbien vgl. Pinkster (1972c, 136-141). Zu Thema-Konstituenten vgl. Bolkestein (1981a) und Dik (1978, 132-140).

---

6 Eine präzise Abgrenzung von Thema und Topic ist nicht immer möglich. Chausserie-Laprée (1969, Kap. 1) macht darauf aufmerksam, daß bei den lateinischen Geschichtsschreibern häufig Personennamen zur Markierung eines Paragraphen an den Satzanfang gestellt werden. Beispiele bei K.-St. II, 586f; Sz. 29, 401; TLL s.v. *de* 76, 64ff; Bolkestein (1981a, 65-69).

5. RELATOREN

Unter 'Relatoren' verstehe ich formale Mittel, die dazu dienen, die Beziehungen zwischen Konstituenten auf der Ebene des Satzes (Satzniveau) oder auf der Ebene der Wortgruppe (Wortgruppenniveau) zu kennzeichnen. Die formalen Mittel, welche die Beziehung zwischen Sätzen explizit markieren (z.B. 'Konnektoren' wie *enim*, *itaque*), lasse ich in diesem Zusammenhang außer Betracht (vgl. Kap. 12), ebenso die Koordinatoren (vgl. § 7.0.1.). Im Lateinischen unterscheide ich folgende Relatoren:

- Kasus
- Präpositionen
- Subordinatoren
- Kongruenz in Numerus und/oder Genus

In diesem Kapitel werden Kasus, Präpositionen und Subordinatoren untersucht (§ 5.0. - § 5.3.); auf die Kongruenz brauche ich nur kurz einzugehen (§ 5.4.).

5.0. KASUS, PRÄPOSITIONEN UND SUBORDINATOREN

Kasus, Präpositionen und Subordinatoren haben eine Eigenschaft gemeinsam: sie können ebensogut Argumente wie Satelliten formal kennzeichnen. Ich gebe zuerst drei Beispiele für Argumente, die jeweils durch eines dieser Mittel markiert werden, dann ebenso drei Beispiele für Satelliten:

(1)   nostrae laudi dignitatique favisti ('Du hast meinen Ruhm und mein Ansehen gefördert', Cic. *Fam*. 1,7,8)

(2)   versabor in re difficili ('Ich werde mich bei einem schwierigen Thema aufhalten', Cic. *Leg*. 3,33)

(3)   insperanti mihi ... cecidit ut in istum sermonem ... delaberemini ('Ohne daß ich damit rechnete, geschah es, daß ihr in diese Diskussion hineingerietet', Cic. *de Orat*. 1,96)

(4)   cui flavam religas comam ('Wem zuliebe bindest du dir das blonde Haar zurück?', Hor. *Carm*. 1,5,4)

(5) in maximis meis doloribus excruciat me valetudo Tulliae
nostrae ('In meiner größten Trauer bereitet mir der Ge-
sundheitszustand meiner Tullia quälende Sorgen', Cic.
Fam. 14,19)

(6) esse oportet ut vivas, non vivere ut edas ('Du sollst
essen, um zu leben, nicht leben, um zu essen', *Rhet.
Her.* 4,39)

Im folgenden wird für jede dieser Kategorien dargelegt, daß
es wenig sinnvoll ist, ihnen einen eigenen semantischen Wert
zuzuschreiben, wenn sie innerhalb der Kernprädikation auftreten;
dagegen ist dies durchaus angebracht, wenn sie in der Peripherie
gebraucht werden. Ein spezieller Paragraph wird sich mit der
Beziehung zwischen Präpositionen und Kasus befassen. Bei
manchen Verben kann ein notwendiger Konstituent sowohl als
Präpositional-wie als Nominalgruppe, die ausschließlich durch
einen Kasus markiert wird, auftreten:

(7) hoc me libera miserum metu ('Befreie mich Unglücklichen
von dieser Angst', Ter. *An.* 351)

(8) multos ... a summo discrimine mortis liberavit ('Viele
befreite er aus höchster Todesgefahr', Larg. 70)

Auch bei Satelliten besteht bisweilen die Wahl zwischen Prä-
positional- und Nominalgruppe.

5.1. KASUS[1]

In diesem Paragraphen verfolge ich nicht das Ziel, für jeden
einzelnen Kasus alle Gebrauchsweisen zu beschreiben, sondern
lediglich ein Bild vom lateinischen Kasussystem in seiner Ganz-
heit zu vermitteln. Die im folgenden gegebene systematische
Beschreibung erhebt auch nicht den Anspruch, jede in den
Texten auftauchende Erscheinung, die mit der Kasuslehre zu
tun hat, zu erfassen. Ich gehe nämlich davon aus, daß in dem
uns vorliegenden Korpus von Texten eine Zahl von Erscheinungen vorkommt, die sich nicht in einem System allein unterbringen lassen, z.B. aus dem einfachen Grunde, weil sie

---

1 § 5.1. deckt sich teilweise mit Pinkster (1980).

idiomatischen Charakter haben. In diesem Paragraphen geht es also nur um den Gebrauch von Kasus als formalen Kennzeichen nominaler Konstituenten, die nicht von einer Präposition regiert werden.

Zunächst gebe ich eine Übersicht über die Distribution der Hauptfunktionen der Kasus. Daraufhin versuche ich, einige Eigenschaften des Systems zu beschreiben. Zum Schluß gehe ich auf Probleme ein, die sich aus meiner Darstellung des Kasussystems ergeben.

5.1.1. DISTRIBUTION DER KASUS; HAUPTEIGENSCHAFTEN DES SYSTEMS

Die unten angeführte Abbildung 1 gibt Aufschluß darüber, wie die sog. obliquen Kasus auf verschiedenen Ebenen (Wortgruppenniveau, Satzniveau - Kernprädikation, Peripherie) gebraucht werden[2]. In dieser Tabelle erscheint der Nominativ nicht, da sich seine relative Häufigkeit aus Abb. 2 ablesen läßt, das über den Gebrauch von Kasus *und* Präpositionen in Cic. *de Orat*. 1, 1-73 Aufschluß gibt. Auch der Vokativ (die durch ihn gekennzeichnete Lexeme gehören ja syntaktisch nicht zum Satz) und der Akkusativ des Ausrufs wurden nicht aufgenommen.

---

2 Das Korpus umfaßt insgesamt 250 Textseiten, entnommen aus:
Caes. *Gal*. 1, 1-40
Catul. 1-14b; 69-102
Cic. *Mil*. 1-64; *N.D.* 2, 1-32; *Fin*. 1, 32-39; *Rep*. 6, 1-21
Hor. *Carm*. 1, 1-34
Livius 21, 1-25
Ov. *Met*. 2, 1-339; 11, 410-748
Sal. *Jug*. 5, 4-16; *Cat*. 5-22
Sen. *Ep*. 1, 2, 5, 6, 7, 10, 12, 17, 18, 23, 26
Tac. *Ann*. 13, 1-43
Verg. *A.* 1
Details finden sich in Bolkestein et al. (1976; 1978); einige relativierende Anmerkungen zu einzelnen Teilen von Abb. 1 in Pinkster (1980, 113).

Abb. 1: Häufigkeit der obliquen Kasus

Kasus	Kern							Peripherie	Wortgruppenniveau
	Subj AcI	Obj³ 2-st.	Obj 3-st.	Kompl 2-st.	Kompl 3-st.	Ind Obj	Pass.		
Gen. (20,4)				$0,2^a$	$0,1^a$			0^b	20,1
Dat. (12,2)				2,5		4,8	$0,5^c$	$3,1^d$	1,2
Abl. (21,7)				1,2	1,8		0,9	$15,7^e$	2,1
Akk. (45,6)	4,8	24,4	9,4	4,9	1,0			1^f	0^g
Total 11303									

(Quelle: Pinkster 1980, 114)

N.B. a   2-st.:   *oblivisci*, etc., aber auch *esse* + sog. Gen. pretii

         3-st.:   Gen. pretii bei *aestimare* etc.; Gen. criminis bei *absolvere* etc.; *commonefacere* etc.

N.B. b   Das Korpus enthält keine Fälle wie *Germanicus Aegyptum proficiscitur cognoscendae antiquitatis* (Tac. *Ann.* 2,59; vgl. K.-St. I, 741)

N.B. c   Dativus auctoris

N.B. d   Hierzu werden gerechnet: (i) verschiedene Verbindungen eines Dativkonstituenten mit *esse* (vgl. Bolkestein et al. 1976, 365-368); (ii) der sog. Dativus finalis; (iii) der Dativus commodi, ethicus etc. Als Dativus commodi werden sowohl Konstruktionen betrachtet wie *ne aut paupertas mihi oneri sit* (Sen. *Ep.* 17,1; vgl. Bolkestein et al. 1976, 368f:

---

3 In der von Bolkestein et al. (1978, 294) vorgelegten statistischen Übersicht ist bei manchen Autoren die Zahl der Strukturen 'Obj./Kompl.2-st.' erstaunlich niedrig. Diese Übersicht enthält weniger Kasus, als hier unten angegeben wird. Die Rubrik 'OBJ.Aanv.' (prädikative Ergänzung zum Objekt) in Pinkster (1980, 114) ist im vorliegenden Schema in die Rubrik 'Kompl.3-st.' eingegliedert worden.

'prädikativer Dativ') als auch *auxilio mittere*. Fraglich ist, ob der prädikative Dativ weglaßbar ist; m.E. nicht (vgl. auch Scherer 1975, 140)

N.B. e Einschl. Abl. Abs. (402 von 1773 Fällen)

N.B. f Hierzu werden gerechnet: (i) Akk. der Beziehung (*artem callebat*, Tac. *Ann.* 13,3); (ii) Akk. der Raum- und Zeiterstreckung; (iii) Akk. der Richtung; (iv) sog. adverbialer Akk. Vor allem bei dieser letztgenannten Gruppe ist es vertretbar, von nicht-produktiven, idiomatischen Wendungen zu sprechen (z.B. *nil studeo tibi velle placere*, Catul. 93,1)

N.B. g In Wirklichkeit gibt es 9 Fälle, nämlich (i) Akk. der Beziehung: *os umerosque similis* (Verg. *A.* 1,589); (ii) Akk. der Raum- und Zeiterstreckung

Abb. 2: Distribution von Nominalgruppen (nur Kasus) und
Präpositionalgruppen in Cic. de Orat. *1, 1-73*

Kasus der Nominalgruppe / Funktion	NOM.	GEN.	DAT.	AKK.	ABL.	PRÄPOSITIONALGRUPPE
SUBJEKT	277 22,1%	-	-	61(AcI) 4,8%	-	-
PRÄD.-NOMEN	53 4,2%	-	-	17(AcI) 1,4%	-	-
KPL. 2-STELLIG	-	-	32 2,6%	19 1,5%	11 0,9%	88 7%
KPL. 3-STELLIG	-	-	33 2,6%	3 0,2%	11 0,9%	48 3,8%
OBJ. 2-STELLIG	-	-	-	86 6,9%	-	-
OBJ. 3-STELLIG	-	-	-	52 4,2%	-	-
SATELLIT	-	-	2 0,2%	1 0,1%	85 6,7%	119 9,5%
WORTGRUPPE:						
Subst.	-	170 13,6%	2 0,2%	-	-	6(oblig.) 0,5%
Adj.	-	22 1,8%	12 1%	-	13 1%	29(wegl.) 2,3%

Gesamtzahl der ausgewerteten Sätze: 1252.

(Quelle: Bericht P. Masereeuw, Assistentenarbeit 1980)

Bei der Interpretation von Abb. 1 muß man sich über
einige Punkte im klaren sein. Zunächst einmal verdeckt die
Gesamtübersicht das Maß, in dem die Kasus auf das Konto
des Autors bzw. der Gattung gehen. Ferner bestimmt die Wahl
des Korpus zum Teil die Schlußfolgerungen, die wir aus der
Übersicht ziehen können. Verschiedene Faktoren spielen eine
Rolle, in erster Linie der Stoff: daß etwa bei Caesar der Akk.
der Raumerstreckung recht häufig vorkommt, ist dadurch bedingt, daß im Verlauf des von ihm beschriebenen Feldzuges
regelmäßig Entfernungen zurückgelegt werden müssen. Ein

weiterer Faktor ist das literarische Genus: es ist z.B. bekannt, daß in der Dichtung die Zahl der Substantive relativ hoch ist (viele 'inhaltsreiche Wörter'). Das bedeutet, daß (i) mehr Nomina u.dgl. vorkommen und (ii) zur Markierung der Funktion der Nomina u.dgl. in einem Satz seltener Präpositionen verwendet werden. Das geht aus Abb. 3 hervor[4]:

Abb. 3: Prozentsatz der durch eine Präposition markierten Nominalgruppen in Caes. *Gal.* 1, 3-10 und Verg. *A.* 1, 1-156

	Zahl der Nominal-gruppen (nur Kasus)	Zahl der Präposi-tionalgruppen
Caesar (1034 Wörter)	307	97
Vergil (1095 Wörter)	411	53

Obgleich sich nicht präzise feststellen läßt, wie sich die genannten (und andere) Faktoren auf den Kasusgebrauch ausgewirkt haben, ist es doch nicht bloß eine Einbildung, daß der Kasusgebrauch in der Dichtung freier ist als in der Prosa; der römische Leser war bereit (und auch in der Lage), hierauf Rücksicht zu nehmen[5].

Aus Abb. 1 können wir folgende globale Schlußfolgerungen im Hinblick auf die Funktion der obliquen Kasus ziehen:

(i) der Genitiv ist der typische Kasus auf Wortgruppenniveau;
(ii) der Dativ kommt verhältnismäßig selten vor und zeigt ein breites Spektrum von Verwendungsweisen; seine geläufigste Funktion besteht in der Kennzeichnung von Argumenten, d.h. von Konstituenten, die zur Kernprädikation gehören;

---

4 In Abb. 3 fallen unter die Bezeichnung 'Nominalgruppen' u.a. alle Fälle des sog. substantivischen Gebrauchs von Substantiven, Pronomina, Adjektiven etc. Zum vergleichsweise geringen Gebrauch von Präpositionen bei Vergil s. Görler (1982, 72f). Ein Faktor für den in Abb. 3 aufgezeigten Unterschied kann auch sein, daß bei Vergil und Caesar (relativ gesehen) unterschiedlich viele Satelliten vorkommen (Bolkestein).
5 Vgl. Stankiewicz (1960, 75-77); Sanders (1973, 31).

(iii)   der Ablativ ist in erster Linie der Kasus, durch den Satelliten, d.h. zur Peripherie gehörende Konstituenten, markiert werden;

(iv)   der Akkusativ ist vor allem der Kasus zur Kennzeichnung von Konstituenten, die einen Teil der Kernprädikation ausmachen.

Im folgenden Paragraphen werde ich auf 'Abweichungen' von diesen globalen Regeln eingehen. Ich behandele zuerst das Auftreten der Kasus als Kennzeichen von Argumenten (§ 5.1.2.), dann das Auftreten der Kasus als Kennzeichen von Satelliten (§ 5.1.3.). § 5.1.4. befaßt sich mit Detailproblemen, § 5.1.5. mit dem Unterschied Satzniveau/Wortgruppenniveau. In § 5.1.6. weise ich auf Unterschiede zwischen meinem Ansatz und dem üblichen, wie er in den traditionellen Grammatiken zu finden ist, hin sowie auf Argumente, die für meinen Ansatz sprechen.

5.1.2. DIE KASUS IN DER KERNPRÄDIKATION

(a) Die in Abb. 1 enthaltenen Fakten erscheinen in Abb. 4 in etwas veränderter Anordnung.

Abb. 4:   Häufigkeit (in Prozenten) der Kasus als Kennzeichen notwendiger Konstituenten bei ein-, zwei- und dreistelligen Verben[6]

Art des Verbs \ Stelle	1.	2.	3.
1-st.	Nom.		
2-st.	Nom.	Akk. 88,3 Dat. 7,6 Abl. 3,6 Gen. 0,5	
3-st.	Nom.	Akk.[7]	Dat. 70,3 Abl. 26,6 Gen. 1,7 Akk. 1,4

Anhand von Abb. 4 können wir in bezug auf das Auftreten der Kasus als Kennzeichen von Konstituenten, die zur Kernprädikation gehören, folgende Tendenz feststellen: 'Wenn nur ein Konstituent vorhanden ist, wird dieser durch den Nominativ markiert; sind zwei Konstituenten vorhanden, so wird der zweite Konstituent durch einen anderen Kasus als den Nominativ (in der Regel durch den Akkusativ) markiert; sind drei Konstituenten vorhanden, dann sind Nominativ und Akkusativ für den ersten und zweiten Konstituenten reserviert (Passivierung ist stets möglich), während der dritte Konstituent durch einen von Nominativ und Akkusativ verschiedenen Kasus gekennzeichnet wird'. Es gibt offenbar eine feste Hierarchie der Kasus, und die Wahl des Kasus scheint vor allem negativ bestimmt: 'Sorge stets für einen anderen als den schon gebrauchten Kasus'. Diese Aussage gilt nicht für die Kasus in der Peripherie.

(b) Ausnahmen

---

6 Gegenstand der Analyse sind Sätze mit aktivischer, finiter Verbform (unpersönliche Konstruktionen wie *taedet me laboris* werden als dreistellige Prädikate ohne Nominativ behandelt).
7 Zu *interdicere* + Dat. + Abl. s. S. 66.

Von der soeben beschriebenen Regel lassen sich einige Abweichungen feststellen. Dies hängt in erster Linie damit zusammen, daß auch 'positive' Faktoren einen Einfluß darauf haben, welcher spezielle Kasus innerhalb der Kernprädikation für Argumente mit der Funktion Komplement gebraucht wird. Hierauf komme ich auf S. 76 f. zurück. Außerdem ist die Regel, wie sie vorhin formuliert wurde, zu streng. Hierauf gehe ich nun zunächst ein.

(i) Abb. 4 verführt zu der Annahme, es gebe keine dreistelligen Prädikate, bei denen der auf Platz 2 erscheinende Konstituent durch einen anderen Kasus als den Akkusativ gekennzeichnet wird. Das ist nicht richtig. Zwar ist die Abbildung hinsichtlich des ihm zugrundeliegenden Faktenmaterials korrekt, aber wir wissen aus den Grammatiken, daß es einige Ausnahmen gibt, z.B. *interdicere*. Bei diesem Verb steht die Person im Dativ und die Sache im Ablativ[8].

> (9) cum ... interdictum (nobis) externis bellis ('Da es uns verboten wurde, mit anderen Ländern Krieg zu führen', Liv. 30,44,7)

> (10) quasi non omnes quibus aqua et igni interdictum est exsules appellentur ('Als ob nicht alle, denen Feuer und Wasser untersagt wurden, Verbannte genannt würden', *Rhet. Her.* 2,45)

Man kann diese abweichende Konstruktion als eine Kreuzung der Konstruktion mit Verben des Mitteilens (z.B. *dicere*) und des Hinderns (z.B. *arcere*) betrachten. Das gleiche gilt für *invidere* + Dat. + Abl. (vgl. Sz. 90).

(ii) Eine Ausnahme von der Regel, daß die Kasus innerhalb der Kernprädikation lediglich eine unterscheidende Funktion haben, bilden die Verben mit einem sog. doppelten Akkusativ. Hierbei handelt es sich, wie wir sehen werden, um eine im

---

8 Wir finden übrigens auch den 'normalen' Gebrauch, vgl. die folgenden (von K.-St. I, 336 'vereinzelt und unklassisch' genannten) Belege:
- quotiens hoc tibi ... interdixi, meam ne sic vulgo pollicitere operam ('wie oft hab' ich dir verboten, meine Unterstützung so in aller Öffentlichkeit zu versprechen', Pl. *Mil.* 1056)
- interdixit histrionibus scaenam 'Er verbot den Schauspielern den Zugang zur Bühne', Suet. *Dom.* 7,1)
Zur Konstruktion Akk. + Abl. vgl. TLL 2175, 62ff. TLL s.v. 2174, 77 erwähnt auch Liv. 9,43,24 (Interpretation problematisch) und 34,7,7 (Konjektur). Zu *stare* und *constare* + Dat. + Abl. s. Anmerkung 30.

Rahmen des Systems erklärbare Abweichung. Die Verben, welche einen sog. doppelten Akkusativ regieren, lassen sich in drei Gruppen einteilen; für jede dieser Gruppen gebe ich ein Beispiel:

(11) malitiam sapientiam iudicant ('Sie halten Schlechtigkeit für Weisheit', Cic. *Off.* 2,10)

(12) quid? nunc te ... litteras doceam? ('Soll ich dich lesen und schreiben lehren?', Cic. *Pis.* 73)

(13) equitum magnam partem flumen traiecit ('Er setzte einen Großteil der Reiter über den Fluß', Caes. *Civ.* 1,55,1)

Bei (11) handelt es sich um eine Konstruktion mit einem Objektkonstituenten und einem Komplement (vgl. S. 32). *Sapientiam* sagt etwas über *malitiam* aus, wie auch bei der Kopula *esse*, bei *fieri* und anderen 'kopulaartigen' Verben der Konstituent mit der Funktion Prädikatsnomen etwas über den Subjektkonstituenten aussagt. In diesem Fall gilt im Lateinischen die Regel, daß die betreffenden Konstituenten im Kasus und, sofern möglich, im Numerus und Genus miteinander kongruieren. Weitere Beispiele bei K.-St. I, 292-297. Als Beispiel für eine 'kopulaartige' Konstruktion läßt sich (14) anführen:

(14) (Gyges) repente anuli beneficio rex exortus est ('Dank des Ringes wurde Gyges auf einmal König', Cic. *Off.* 3,38)

Bei den Verben mit einer doppelten Akkusativ-Konstruktion des Typs 'Objekt + Komplement' treten bei der Passivierung sowohl der Objekt- als auch der Komplement-Konstituent in den Nominativ, vgl. (15) und (16):

(15) me ... universa civitas ... consulem declaravit ('Mich erklärte der ganze Staat zum Konsul', Cic. *Pis.* 3)

(16) consules declarantur M. Tullius et C. Antonius ('Zu Konsuln werden M. Tullius und C. Antonius erklärt', Sal. *Cat.* 24,1)

Diese Gruppe von Verben ist also 'unregelmäßig' von der diskriminierenden (unterscheidenden) Funktion der Kasus innerhalb der Kernprädikation her gesehen, aber 'regelmäßig' von der Kongruenz her gesehen.

Satz (12) ist ein Beispiel für die zweite Gruppe von Verben mit einem 'doppelten Akkusativ'. Diese Gruppe enthält Verben, die 'unterrichten', 'bitten', 'fragen', 'fordern', 'benachrichtigen' bedeuten. Weitere Beispiel bei K.-St. I, 297-305, u.a.:

(17) te hoc beneficium rogo ('Ich bitte dich um diesen Gefallen',

Ant. in Cic. *Att.* 14,13A,3)

(18) Racilius ... me primum sententiam rogavit ('R. fragte mich als ersten nach meiner Meinung', Cic. *Q. fr.* 2,1,3)

(19) non ... te celavi sermonem T. Ampii ('Das Gespräch mit T.A. habe ich dir nicht verheimlicht', Cic. *Fam.* 2,16,3)

Im Unterschied zur erstgenannten besteht bei dieser Gruppe von Verben keine Kongruenz zwischen beiden Konstituenten. Bei der Passivtransformation kongruiert (sofern möglich) die finite Passivform mit dem die Person bezeichnenden Konstituenten, vgl. (20)[9]:

(20) nosne hoc celatos tam diu! ('Daß man uns dies so lange verheimlicht hat!', Ter. *Hec.* 645)

Bei der letzteren Gruppe von Verben kommt gelegentlich auch eine Kasuskonstruktion vor, die mit dem System übereinstimmt:

(21) Socraten fidibus docuit nobilissimus fidicen ('Den Sokrates unterrichtete ein sehr berühmter Zitherspieler im Zitherspiel', Cic. *Fam.* 9,22,3)

(22) litteris ... docta ('literarisch gebildet', Sal. *Cat.* 25,2)

Bei Petron (46,7) begegnet uns sogar der Genitiv als Kennzeichen des dritten Arguments. Man beachte, daß bei diesen Verben nicht selten eine präpositionale Konstruktion als Alternative auftritt:

(23) nunc a te illud ... rogabo ('Nun werde ich dich bitten, daß ...', Cic. *Fam.* 13,1,2)[10]

(24) cum ... ex eo de me percontaretur ('Als er sich bei ihm über mich erkundigte', Cic. *Att.* 11,10,1)

Die durch die Beispiele (17) - (24) repräsentierte Gruppe von Verben ist dadurch gekennzeichnet, daß außer dem dreistelligen noch ein zweistelliger Prädikatsrahmen vorkommt. Bei allen Verben dieser Gruppe fungiert in der zweistelligen Konstruktion der die Sache bezeichnende Konstituent als Objekt. Sehr häufig, aber nicht immer tritt in der zweistelligen Konstruktion der die Person bezeichnende Konstituent als Objekt auf. Der Kasus,

---

9 Eine Ausnahme ist:
- cur haec ... celata me sunt ('Warum ist mir das verheimlicht worden?', Pl. *Ps.* 490)
Beispiele für diese Verbgruppe bei Flobert (1975, 400f).
10 Der Ablativ *fidibus* in (21) wird von K.-St. I, 379 zu Unrecht als Ellipse von *docuit fidibus canere* gedeutet. Die Präposition *a* in (23) wird von den meisten Editoren als unciceronianisch getilgt.

der in der dreistelligen Konstruktion das dritte Argument markiert, findet seine Erklärung in der Tatsache, daß bei diesen Verben auch zweistellige Konstruktionen vorkommen, in denen das zweite Argument durch den Akkusativ gekennzeichnet wird. Dagegen gibt es bei semantisch verwandten Verben, bei denen der dritte Konstituent durch den Ablativ markiert wird, keine zweistelligen Konstruktionen, in denen das zweite Argument durch den Akkusativ gekennzeichnet wird: neben *erudire/instituere aliquem aliqua re* finden wir nicht *erudire/instituere aliquid*[11]. Auf den Zusammenhang zwischen zwei- und dreistelligen Konstruktionen kommen wir noch zurück (S. 76)[12]. Es bedarf einer eingehenden Untersuchung der Verben mit 'Sach- und Personen-' Objekt, um auch bei dieser Gruppe sagen zu können, daß sich die 'Unregelmäßigkeit' letztlich auf eine 'Regelmäßigkeit' zurückführen läßt.

Satz (13) ist ein Beispiel für die dritte Gruppe von Verben mit einem 'doppelten Akkusativ'. Diese Gruppe umfaßt Komposita, die mithilfe eines Präverbs gebildet werden. Das Präverb steht in Beziehung zu einer Präposition, die den Akkusativ regiert[13]. Bei der Passivierung bleibt der mit dem Präverb zusammenhängende Konstituent unverändert, vgl. (25):

(25) ne maior multitudo Germanorum Rhenum traducatur ('Daß nicht noch eine größere Zahl Germanen über den Rhein gebracht werde,' Caes. *Gal.* 1,31,16)

---

11 In Analogie zu *docere* kommt *erudire aliquem aliquid* in einer einzigen Wendung vor (vgl. K.-St. I, 299 A. 5):
-     (Daedalus) damnosas erudit artes (natum) 'Daedalus lehrt seinen Sohn die schädliche Kunst (des Fliegens)', Ov. *Met.* 8,215)
TLL s.v. *erudire* 830,7ff; *instituere* 1990, 46ff. Zu den Verben des Unterrichtens vgl. auch Dik et al. (1981).
12 Ein 'doppelter Akkusativ' kommt auch bei *donare* und *condonare* vor; diese Verben haben im klassischen Latein zwei Konstruktionen:
-     Obj. der Person (Akk.) + Kompl. der Sache (Abl.)
-     Ind.Obj. der Person (Dat.) + Obj. der Sache (Akk.)
Im älteren Latein finden wir folgendes Beispiel:
-     argentum quod habes condonamus te ('Das Geld, das du hast, schenken wir dir', Ter. *Ph.* 947)
(Vgl. K.-St. I, 302f). Da es sowohl die Konstruktion mit dem Objekt der Person als auch die mit dem Objekt der Sache gibt, gibt es auch die Kombination 'Obj. der Person + Obj. der Sache'. Belege (hauptsächlich späte) hierfür bei Svennung (1936, 226ff).
13 Man beachte, daß auch bei Komposita, die mit Hilfe von Präverben wie *de-* und *e-* gebildet werden, ein Komplement in dem Kasus vorkommt, den die verwandten Präpositionen regieren:
- decurrere monte (Hor. *Carm.* 4,2,5)
- vox horrenda edita templo (Liv. 6,33,5)
Dieser Gebrauch ist vor allem dichterisch. Vgl. K.-St. I, 362f; Lehmann (1983).

Das Auftreten des Akkusativs bei dieser - begrenzten - Gruppe von Verben wird meist als Relikt eines älteren Sprachzustandes erklärt; eine synchronische Erklärung fehlt[14]. Weitere Beispiele bei K.-St. I, 305.

Abschließend können wir über die Klasse von Verben, die einen 'doppelten Akkusativ' regieren, sagen, daß

(a)   diese Konstruktion bei der ersten Subklasse erklärbar ist;

(b)   diese Konstruktion in der zweiten Subklasse gegen andere Konstruktionen bei denselben Verben mit einer gewissen Systematik austauschbar ist (z.B. neben *rogare aliquem aliquid* auch *rogare aliquid ab aliquo*) und gelegentlich sogar durch 'ungrammatikalische' Verbindungen ersetzt wird, die aber in das Kasussystem passen (z.B. statt *docere aliquem aliquam rem* auch *docere aliquem aliqua re*);

(c)   diese Konstruktion schließlich bei einer (begrenzten) Gruppe von Komposita vorkommt, bei der sie wenigstens diachronisch erklärt werden kann.

Angesichts der kleinen Zahl dieser Ausnahmen und im Anschluß an die soeben gegebene Zusammenfassung (a) - (c) brauchen wir auf die auf S. 65 formulierte Behauptung, daß Kasus in der Kernprädikation eine unterscheidende Funktion haben, nicht mehr näher einzugehen.

5.1.3. DIE KASUS IN DER PERIPHERIE

Abb. 5 gibt an, wie häufig die einzelnen Kasus in der Peripherie vorkommen.

---

14 Beim doppelten Akk. könnte man auf den Gedanken kommen, einem nicht-kausativen Ausdruck (z.B. *transire flumen*) stehe ein kausativer (*transducere flumen*) gegenüber, vgl. die Ausführungen zu 'Mangel haben (an)' vs. 'berauben' auf S. 77. S. hierzu Flobert (1975, 404-408).

Abb. 5:   Häufigkeit (in Prozenten) der Kasus als Kennzeichen
peripherer Konstituenten

Abl.	79
Dat.	15,8
Akk.	5,2
Gen.	0

Im Gegensatz zu den Konstituenten der Kernprädikation ist
nicht jeder periphere Konstituent durch einen eigenen Kasus
gekennzeichnet, der ihn von anderen peripheren Konstituenten
unterschiede. Auch wird die Zahl der peripheren Konstituenten
nicht vom Prädikat bestimmt. Jedoch können einige semantische
Funktionen in der Peripherie nur in Verbindung mit bestimmten
Typen von Kernprädikationen vorkommen. Die semantischen
Funktionen 'Nutznießer', 'Instrument', 'Art und Weise' sind
z.B. nur möglich, wenn in der Kernprädikation eine nominale
Gruppe, die auf ein lebendes Wesen verweist, zusammen mit
einem Prädikat auftritt, das eine von einem lebenden Wesen
kontrollierbare Handlung bezeichnet. In gleicher Weise sind
Adverbialia der Zeitdauer nur bei Kernprädikationen zugelassen,
die eine nicht-dynamische Handlung beschreiben (vgl. § 3.1.).
Ferner wird der Kasus eines peripheren Konstituenten ausschließlich von der semantischen Funktion bestimmt, welche
dieser erfüllt. Aus Abb. 5 geht klar hervor, daß der Ablativ
der am häufigsten in der Peripherie erscheinende Kasus ist
und daß die durch ihn markierten Satelliten wenigen Beschränkungen unterliegen sowohl (a) im Hinblick auf die Lexemklassen,
die vorkommen können (beim Akkusativ ist dagegen nur eine
sehr begrenzte Gruppe von Lexemen möglich), als auch (b) im
Hinblick auf die Art der übrigen Konstituenten, mit denen sie
zusammen im Satz auftreten.

Es besteht eine sehr enge Beziehung zwischen der Bedeutung eines Lexems, das in der Peripherie auftritt, und der
semantischen Funktion, die es erfüllt (vgl. § 3.4.). Früher hat
man des öfteren versucht, sämtliche Verwendungsweisen des
Ablativs auf eine möglichst kleine Anzahl von 'Bedeutungen'

zu reduzieren. Dies führte dazu, daß im Grunde ziemlich heterogene Verwendungsweisen zum Teil gewaltsam in ein und derselben Rubrik zusammengefaßt wurden (s.u. S. 96). Gerade die enge Beziehung zwischen der Bedeutung des Lexems und seiner semantischen Funktion ermöglicht den Gebrauch ein und desselben Kasus, um eine Vielzahl semantischer Funktionen zu kennzeichnen, die alle nur so viel gemeinsam haben, daß sie eine nähere Bestimmung dessen leisten, was durch die Kernprädikation ausgedrückt wird. Wir gelangen so zu der paradox anmutenden Schlußfolgerung, daß die semantischen Beziehungen zwischen den Konstituenten eines Satzes nur in sehr begrenztem Maße durch die Kasus sichtbar gemacht werden, weil
- innerhalb der Kernprädikation in erster Linie das Verb maßgebend dafür ist, welche Lexeme als Argument bei diesem Verb auftreten können (Zahl und Art der semantischen Funktionen sind durch das Verb festgelegt);
- außerhalb der Kernprädikation die Lexembedeutung selbst in sehr hohem Maße darüber entscheidet, ob ein Lexem in einer bestimmter semantischen Funktion auftreten kann.

Ich habe im vorhergehenden zu zeigen versucht, daß die Kasus in der Kernprädikation und in der Peripherie jeweils eine andere Funktion haben. Diese Auffassung weicht von der in den herkömmlichen lateinischen Grammatiken gemeinhin vertretenen insofern ab, als letztere sich darum bemühen, etwa aufgrund der Tatsache, daß der Ablativ sowohl in der Kernprädikation als auch in der Peripherie vorkommt, diesem Kasus eine semantische Grundfunktion an sich zuzuschreiben. Gegen die Verwendung ein und desselben Kasus sowohl in der Kernprädikation als auch in der Peripherie erheben sich aber im Grunde keine Bedenken. Zum Vergleich verweise ich auf die Doppelfunktion der Farbkontraste in geographischen Atlanten: auf der einen Seite gibt es den kennzeichnenden, identifizierenden Gebrauch von Farben, um bestimmte Eigenschaften hervorzuheben (z.B. die verschiedenen Nuancen des Brauns geben die Höhe der Berge wieder; grün ist das Zeichen für Niederungen); auf der anderen Seite werden Farben willkürlich gebraucht, um z.B. Provinzen voneinander zu unterscheiden. Der Gebrauch verschiedener Kasus in der Peripherie hat identifizierende Funktion, der Gebrauch verschiedener Kasus in der Kernprädikation dagegen hat diskriminierende Funktion.

5.1.4. PROBLEME IM ZUSAMMENHANG MIT DEM POSTULIERTEN KASUSSYSTEM AUF SATZNIVEAU

Im vorigen Paragraphen habe ich versucht, die Hauptmerkmale des lateinischen Kasussystems aufzuzeigen; dabei habe ich Ausnahmeerscheinungen, die statistisch vernachlässigt werden können, außer Betracht gelassen. In diesem Paragraphen werde ich einigen Fragen nachgehen, die sich im Zusammenhang mit derartigen Erscheinungen erheben, bei dem hier vorgeschlagenen Ansatz aber zunächst einmal ausgeklammert werden mußten. Bei einem Teil dieser Ausnahmefälle werde ich versuchen zu zeigen, daß sie nicht schwerwiegend genug sind, um die oben skizzierten Grundlinien des Kasussystems in Frage zu stellen. Es wird sich herausstellen, daß die oben aufgezeigten Regelmäßigkeiten durch andere Regelmäßigkeiten ergänzt werden. Die zu behandelnden Probleme sind:

(a) scheinbare Opposition zwischen zwei verschiedenen Kasus, z.B. *metuere aliquem/alicui*.

(b) dreistellige Verben mit zwei Konstruktionen, wie z.B. *donare*.

(c) bei zwei- und dreistelligen Verben, zwischen denen eine bestimmte semantische Beziehung zu bestehen scheint (z.B. *cedere loco/movere aliquem loco*), wird häufig derselbe Kasus zur Kennzeichnung des Komplements gebraucht (in diesem Falle der Ablativ); steht eine Regelmäßigkeit dahinter?

(d) gibt es eine semantische Erklärung für das Auftreten eines speziellen Kasus (Nicht-Akkusativ) in der Kernprädikation, z.B. des Ablativs bei *uti*?

(e) besteht ein Zusammenhang zwischen dem Auftreten eines Kasus in der Kernprädikation und in der Peripherie?

(f) in der herkömmlicherweise als Ablativus pretii bezeichneten Rubrik erscheinen fast ausschließlich Wörter, die 'Preis', 'Wert' bedeuten; als Komplement bei einem (dreistelligen) Verb wie 'kaufen' können jedoch Lexeme mit sehr unterschiedlicher Bedeutung vorkommen. Besteht ein Zusammenhang zwischen lexikalischer Bedeutung, semantischer Funktion und Kasus?

(g) welchen Platz nimmt der AcI im System ein?

(a) Zur 'Opposition' Dativ/Akkusativ bei *metuere, cupere* etc.:
Die zweistelligen Verben lassen sich, was den Kasusgebrauch in bezug auf den zweiten Konstituenten (Nicht-Subjekt) betrifft, in drei Gruppen einteilen: (a) Verben, die sich nur mit einem Kasus verbinden; dies ist die größte Gruppe. Bei *laudare* z.B. kommt etwa nur der Akkusativ, bei *favere* nur der Dativ vor. Mit einem Begriff aus der Phonologie kann man hier von 'komplementärer Distribution' sprechen. (b) Daneben gibt es Verben, die sich mit zwei Kasus ohne Bedeutungsunterschied verbinden können, z.B. *potiri* + Genitiv oder Ablativ. Hier könnte man von 'freier Variation' sprechen. (c) Verben, bei denen sowohl eine Konstruktion mit Dativ als auch eine mit Akkusativ (oder eine präpositionale Konstruktion) vorkommt, vgl. K.-St. I, 336-341. Hier wird meist ein Bedeutungsunterschied angenommen und von einer 'Opposition' gesprochen. Beispiele für die dritte Gruppe sind:

(26) a *quem* metuunt oderunt ('Wen sie fürchten, hassen sie', Enn. *scen.* 418)

b etiamsi nos *nobis* non timeremus, tu *tibi* metuere deberes ('Auch wenn wir nicht um uns besorgt waren, hättest du um dich besorgt sein müssen', Sen. *Con.* 1,2,3)

c nullam maiorem *pupillo* metuunt calamitatem ('Sie befürchten kein größeres Unglück für ihr Mündel', Cic. *Ver.* 1,141)

(27) a se ... cupere *pacem* ('Daß er Frieden wünsche', Cic. *Att.* 14,20,4)

b *te* ... *ipsum* cupio ('Ich verlange danach, dich zu sehen', Cic. *Fam.* 1,9,9)

c quod *ipsi* cupio *Glycerio* ('Daß ich mit Glycerium selbst das Beste vorhabe', Ter. *An.* 905)

Fälle wie (26 a - b) und (27 b - c) werden gelegentlich als Beweis für die These angeführt, daß der Kasus für den Bedeutungsunterschied der betreffenden Sätze verantwortlich sei. Ich habe die Sätze (26 c) und (27 a) hinzugefügt, um zu zeigen, daß noch mehr dabei im Spiel ist. Was *metuere* betrifft, so sind wir nicht unbedingt gezwungen, den Dativkonstituenten als notwendigen Konstituenten zu betrachten: (26 c) läßt erkennen, daß bei *metuere* ein Akkusativ- und ein Dativkonstituent zusammen auftreten können. Der Dativkonstituent läßt sich hier als ein Satellit mit der semantischen Funktion 'Nutznießer' (sog. Dativus incommodi) auffassen. Dasselbe können wir von dem Dativkonstituenten in (26 b) behaupten, statt von einer Opposition zwischen (26 a) und (26 b) zu sprechen. Der Unterschied zwischen (26 c) und (26 b) besteht lediglich darin, daß im ersten Fall eine spezifische (konkrete), im zweiten Fall eine eher allgemeine (nicht-spezifische) Furcht ausgedrückt wird.

Bei *cupere* liegt der Fall etwas anders. Aus den im TLL angeführten Belegen schließe ich, daß *cupere* in der Bedeutung *favere* nur mit einem Argument (Komplement) der Klasse 'belebt' vorkommen kann (vgl. ego Fundanio ... cupio, Cic. *Q.fr.* 1,2,10). Dies spricht dafür, dem Verb *cupere* zwei verschiedene Bedeutungen mit jeweils einer eigenen Konstruktion zuzuschreiben. Bei anderen Verben dieser Gruppe ist es erst recht angebracht, davon auszugehen, daß ein jedes von ihnen verschiedene Bedeutung hat und mit dem Unterschied in der Bedeutung ein Unterschied in der Konstruktion Hand in Hand geht, so z.B. *consulere alicui* ('sorgen für', *consulere aliquem* (*de aliqua re*) ('um Rat fragen') und *consulere aliquid* ('sich beraten über')[15]. Daraus, daß der Bedeutungsunterschied auch in der Art der Lexeme, die bei einem Verb auftreten können, zum Ausdruck kommt, dürfen wir folgern, daß der Bedeutungsunterschied nicht durch den Unterschied im Kasus verursacht wird und daß folglich von einer 'Opposition' zwischen den Kasus nicht die Rede sein kann. Vielmehr ist der Unterschied im Kasus stets mit einem Unterschied in der Bedeutung gekoppelt und in diesem Sinn 'positiv motiviert'. Offen bleibt meine Frage, warum im einem Fall der eine, im anderen Fall der andere Kasus gewählt wird. Unter Punkt (d) werde ich darlegen, daß diese Frage vorläufig noch nicht beantwortet werden kann[16].

(b) Zu dreistelligen Verben mit zwei Konstruktionen, z.B. *donare*:
Der Dativ tritt innerhalb der Kernprädikation bei aktivischer Verbform auf als Kennzeichen des notwendigen dritten Kon-

---

15 Bei *consulere alicui/aliquem* kommen die gleichen Lexeme vor. Der Bedeutungsunterschied zeigt sich an der Hinzufügbarkeit eines *de-* Satelliten (nur bei *consulere aliquem*).

16 Zu *cupere* s. TLL s.v. 1435, 33ff. *cupere* + Dat. ist gleichbedeutend mit *favere*, das stets den Dativ regiert. Zufall? Diese Art von scheinbarer Opposition kommt nur bei Argumenten im Dativ und bei solchen im Akkusativ vor.

stituenten bei dreistelligen Verben des 'Übertragens' und 'Mitteilens'. Der durch den Dativ markierte Konstituent hat immer die semantische Funktion 'Empfänger' bzw. 'Adressat'[17]. Ein Teil der Verben, die einen Akkusativ und einen Dativ regieren, haben auch die Konstruktion 'Abl.+ Akk.'. Ein Beispiel hierfür ist *donare*:

(28) anulus aureus quo tu istum in contione donavisti ('Der goldene Ring, mit dem du jenen in der Versammlung beschenkt hast', Cic. *Ver.* 3,185)

(29) Gabinii, cui regna omnia Syrorum ... donaras ('Gabinius, dem du alle Königreiche der Syrier geschenkt hattest', Cic. *Dom.* 124)

Wenn auch beide Konstruktionen in vielen Fällen möglich sind, so sind sie dennoch nicht austauschbar. Schon K.-St. (I, 334) weisen darauf hin, daß der Dativ stehen muß, 'wenn von solchen Gaben die Rede ist, bei welchen die subjektive Tätigkeit (die Annahme) der Person wesentlich ist'. Es bestehen in der Tat subtile Unterschiede zwischen beiden Konstruktionen: die Konstruktion 'Akk.+Abl.' bei *donare* z.B. wird nicht verwendet, wenn die Person, der etwas zuteil wird, beispielsweise ein Gott oder ein König ist; in diesem Fall ist die Konstruktion 'Dat.+Akk.' erforderlich. Götter und Könige können offenbar kaum als Patiens (Akk.+Abl.), wohl aber als Empfänger (Dat. + Akk.) auftreten. Bei anderen Verben mit beiden Konstruktionsmöglichkeiten scheint es von Bedeutung zu sein, was für eine Konstruktion der unmittelbar vorhergehende Satz hat[18]. Dabei handelt es sich um einen pragmatischen Unterschied.

(c) Zu Übereinstimmungen zwischen Konstruktionen bei zwei- und dreistelliger Verben:
Beim Gebrauch der Kasus innerhalb der Kernprädikation muß noch eine Regelmäßigkeit erwähnt worden, welche die These, der Kasus in der Kernprädikation sei in erster Linie negativ

---

17 Ich nehme eine eigene semantische Funktion 'Adressat' bei Verben des Mitteilens an. Dik (1978, 70) betont, daß 'Empfänger' eine ziemlich zentrale semantische Funktion ist (es gibt Sprachen in denen nicht nur Konstituenten mit der semantischen Funktion Patiens, sondern auch Konstituenten mit der semantischen Funktion Adressat/Empfänger die syntaktische Funktion Subjekt übernehmen können, z.B. engl. *John was given the book*). - Meiner Meinung nach besteht keine Übereinstimmung zwischen den semantischen Funktionen 'Empfänger' und 'Nutznießer' (sog. Dat. commodi).

18 Zu *donare* vgl. R. Risselada: Arbeitsbericht Oktober 1979. Zu dieser Gruppe von Verben im allgemeinen s. Bolkestein (1985a, b) und Bolkestein-Risselada (1985). Vgl. S. 386ff.

motiviert, ein wenig verändert. Es ist bekannt, daß antonyme Verben häufig den gleichen Kasus regieren (z.B. *dare : adimere* +Akk.+Dat.) und daß sich zahlreiche Komposita mit einem Dativ verbinden, wobei allerdings nicht klar ist, ob zwischen ihnen ein Bedeutungszusammenhang besteht. Auf S. 69 habe ich vorgeschlagen, den sog. doppelten Akk. bei Verben wie *docere* damit zu erklären, daß es ein zweistelliges Pendant gibt, bei dem ebenfalls der den 'Lehrstoff' bezeichnende Konstituent im Akkusativ steht. Auf derartige Übereinstimmungen gibt es noch mehr Hinweise. Wie bekannt, erscheint der Ablativ bei einigen Gruppen von Verben, sowohl zwei- als auch dreistelligen, zwischen denen ein semantischer Zusammenhang besteht. Beispiele hierfür sind:

zweistellig	dreistellig
'sich entfernen' 'Mangel haben', 'frei sein von' 'voll sein mit'	'hindern', 'entfernen' 'berauben' 'anfüllen', 'versehen mit'

Die zweistelligen Verben lassen sich als die nicht-kausativen Pendants der dreistelligen auffassen. Man beachte, daß die semantisch verwandten Adjektive ebenfalls den Ablativ regieren (können). Für einen Teil der Fälle, in denen der Genitiv innerhalb der Kernprädikation auftritt, kann man eine vergleichbare Abbildung erstellen. Der Ablativ bei den erwähnten Gruppen zweistelliger Verben wird oft 'Instrumentalis' bzw. 'Separativus' genannt. Jedoch fehlen hierfür überzeugende Argumente (vgl. weiter unten Punkt (e)). Vielmehr läßt sich der Ablativ im Rahmen des Systems gut erklären als der Kasus, welcher angesichts der Tatsache, daß Nom., Gen. und Dat. positiv motiviert sind - bei dreistelligen Verben der nächstliegende Kasus zur Kennzeichnung bestimmter semantischer Funktionen in der Kernprädikation ist. Davon hängt wiederum der Gebrauch des Ablativs bei den semantisch verwandten zweistelligen Verben ab.

(d) Zum Kasus des Komplements bei zweistelligen Verben:
Wie wir gesehen haben, gibt es gewisse Anzeichen dafür, daß bei bestimmten Verben, darunter bei bestimmten Gruppen von

semantisch verwandten Verben, der sich mit dem betreffenden Verb verbindende Kasus semantisch motiviert ist. Bei den meisten zweistelligen Verben aber ist es nicht möglich, bestimmte semantische Merkmale anzugeben, aufgrund derer sie einen anderen Kasus regieren als den Akkusativ. Noch viel schwieriger läßt sich erklären, warum sie einen speziellen Kasus regieren, durch den sie vom 'Normalschema' abweichen. Unlängst hat Heilig (1978) bei einer großen Anzahl lateinischer Verben untersucht, ob ein Zusammenhang zwischen den bei notwendigen Konstituenten gebrauchten Kasusmorphemen einerseits und den semantischen Klassen, in die er diese Verben eingeteilt hat, andererseits besteht. Er kommt zu einer positiven Schlußfolgerung, was den Gegensatz zwischen Verben mit akkusativischer und nicht-akkusativischer Rektion betrifft[19]. Grob zusammengefaßt läuft seine Schlußfolgerung darauf hinaus, daß die meisten Verben 'der außersubjektiven Relation' den Akkusativ, die meisten Verben 'der subjektiven Befindlichkeit' dagegen einen anderen Kasus regieren (Heilig 1978, 53; 119; 126). Diese Zweiteilung verfeinert die Klassifizierung von Chafe (1970) und läßt sich in etwa mit der hier vorgenommenen Einteilung in Sachverhalte vergleichen (vgl. Kap. 2). In Chafes Terminologie lautete Heiligs Aussage, daß die Gegenüberstellung Akk. vs. Nicht-Akk. im großen und ganzen übereinstimme mit der Gegenüberstellung von 'Aktion' und 'Aktion-Prozeß' einerseits und 'Zustand' und 'Prozeß' andererseits. Beispiele für die Einteilung der Verben nach Heilig sind:

---

19 S. insbesondere Heilig (1978, 53; 119; 126). Heiligs Schlußfolgerung beruht auf einer Untersuchung von 800 Sätzen aus Ciceros philosophischen Schriften; sie ist breiter angelegt, als ich an dieser Stelle andeuten kann. Ebeling (1957, 135f) schlägt vor, den 'gewöhnlichen' Akkusativ semantisch zu erklären: Transivität sei semantisch zu definieren; jedoch führt er hierfür keine weiteren Argumente an.

Aktion u. Aktion-Prozeß	Zustand u. Prozeß
(1) habeo, contineo, coerceo, sentio	(1) sum, deficio, iaceo
(2) reprehendo, fateor, tracto	(2) discedo, excedo, labor
(3) facio, fingo, tollo	(3) maereo, maestus sum, haereo
	(4) maestus fio, adhaeresco, succedo
+ AKKUSATIV	- AKKUSATIV

Überträgt man die bei der Klassifizierung der Sachverhalte in Kap. 2 erarbeiteten Begriffe auf diese Tabelle, so müßten die in der Rubrik -Akk. aufgeführten Verben nicht-kontrollierbar, die in der Rubrik +Akk. aufgeführten kontrollierbar sein. Dies ist nachweisbar unzutreffend[20]. Aber selbst wenn Heiligs Schlußfolgerungen richtig wären, dann wäre immer noch nicht klar, warum bei einem bestimmten Verb ein bestimmter vom Akkusativ verschiedener Kasus steht.

Auch in den herkömmlichen Erklärungen fehlen Hinweise auf die Gründe, warum sich bestimmte Verben mit bestimmten Kasus verbinden, Hinweise im Sinne von Angaben über sämtliche semantische Merkmale der Verben. Diese Erklärungen beruhen in erster Linie auf der Annahme, daß der Kasus einen mehr oder weniger selbständigen semantischen Wert besitze. Wie so oft, sind K.-St. auch in diesem Punkt sehr explizit (und dadurch auch am leichtesten zu kritisieren); im Zusammenhang mit unserem Problem verdienen ihre Ausführungen in I, 253, 307, 346f besondere Aufmerksamkeit. An der letztgenannten Stelle (S. 346f) erwähnen K.-St. als gemeinsames Kennzeichen des Dativs und des Ablativs, daß sie eine 'nähere Bestimmung des ganzen Satzes' darstellen und einen 'bei der Handlung beteiligten Gegenstand' ausdrücken. Der Unterschied zwischen beiden Kasus bestehe darin, daß 'der Dativ ein persönliches oder persönlich gedachtes, also mit Willenskraft begabtes, der Tä-

---

20 Die von Heilig nach semantischen Gesichtspunkten unterschiedenen Verbklassen müßten näher definiert werden; die von Chafe zugrunde gelegten Kriterien sind meines Erachtens nicht zureichend. Das in diesem Paragraphen angesprochene Problem wird ausführlicher behandelt in Pinkster (i. Ersch.).

tigkeit des Subjektes tätig entgegentretendes, mit dem Subjekt in tätiger Wechselbeziehung stehendes, der Ablativ hingegen ein sächliches oder als Sache gedachtes, also willenloses Objekt bezeichnet'. Es ist zweifellos richtig, daß die Mehrzahl der semantischen Funktionen, welche der Dativ zu erfüllen vermag, von Lexemen übergenommen wird, die ein lebendes Wesen bezeichnen, und daß in den durch den Ablativ markierten semantischen Funktionen nur wenige Lexeme auftreten, die lebende Wesen bezeichnen. Aber gerade bei den zweistelligen Verben, die den Dativ regieren, geraten wir mit der von K.-St. gegebenen Erklärung in arge Bedrängnis. Man bemerke, wie sie versuchen, das Problem zu lösen: 'So werden z.B. in *legibus paremus* die Gesetze ebenso persönlich aufgefaßt, wie in *regi paremus* der König' (K.-St. I, 307).

Ich komme zu dem Schluß, daß es für das Auftreten eines speziellen Kasus bei zweistelligen Verben - sowohl bei denen, die in Opposition zu einander zu stehen scheinen, als auch bei anderen Verben - bisher keine befriedigende synchronische Erklärung gibt. Uns liegen vereinzelte Hinweise vor, daß auch den Römern die Tatsache, daß z.B. ein Verb wie *utor* den Ablativ regiert, als ein isoliertes, idiomatisches Faktum galt. Es lassen sich nämlich Beispiele für *utor* + Akk. anführen (nicht bei Cicero und Caesar); auch das sog. persönliche Gerundivum (*utendus*) spricht dafür[21].

(e) Zum Zusammenhang zwischen dem Auftreten von Kasus in der Kernprädikation und in der Peripherie:
In den gängigen Grammatiken werden der Ablativ bei *utor* und der Ablativ als Kennzeichen eines peripheren Konstituenten mit der semantischen Funktion Instrument gleichgesetzt. Dies erklärt sich aus dem Bestreben, jedem Kasus eine möglichst leine Zahl semantischer Grundfunktionen zuzuschreiben, am liebsten nur eine. So spricht man dann auch bei *utor* von einem 'Abl. instrumenti'. Verschiedene Linguisten haben jedoch klargestellt, daß es nicht immer nötig ist, die semantische Funktion, die ein Lexem in einem bestimmten Satz erfüllt, stets ein und demselben Wert des Kasus zuzuschreiben, durch

---

21 Vgl. K.-St. I, 383; Väänänen (1981, 112) zu den Pompejanischen Inschriften; Harris (1975, 184-186) zur Weiterentwicklung in den romanischen Sprachen. In bezug auf den Unterschied zwischen Dativ und Ablativ beachte man, daß der sog. Dativus auctoris und der Ablativus causae beim Passiv hinsichtlich des lexikalischen Kennzeichens 'belebt':'unbelebt' miteinander kontrastieren (Bolkestein 1980, 138f).

den das Lexem markiert wird. Denn auch der Kontext, in dem solch ein Lexem erscheint, enthält Hinweise auf dessen semantische Funktion, und nicht zuletzt spielt die Bedeutung des Lexems selbst hierbei eine wichtige Rolle. Eine mehr dem heutigen Stand der Sprachwissenschaft angepaßte Formulierung könnte so lauten: 'Der Ablativ kommt vor sowohl als Kennzeichen notwendiger wie peripherer Konstituenten mit der semantischen Funktion Instrument'. Angewendet auf die Sätze (30) und (31) würde diese Aussage beinhalten, daß *eorum beneficio* und *officio et fide* zwar syntaktisch voneinander verschieden seien (Komplement in der Kernprädikation bzw. Adverbial in der Peripherie), ihre semantische Funktion aber die gleiche sei.

(30) multi eorum *beneficio* perverse uterentur ('Viele Menschen machen von ihrer Wohltat falschen Gebrauch', Cic. *N.D.* 3,70)

(31) amici ... *officio et fide* pariuntur ('Freunde gewinnt man durch Gefälligkeiten und Treue', Sal. *Jug.* 10,4)

In der Tat verteidigen manche Linguisten die semantische Gleichwertigkeit der Ablativkonstituenten in (30) und (31). In der gleichen Weise erfülle der Ablativ bei *complere* die semantische Funktion Instrument[22]. Tatsächlich begegnen uns einige semantische Funktionen sowohl in der Kernprädikation als auch in der Peripherie[23], vgl. z.B. Sätze (32) und (33) mit einem notwendigen bzw. einem peripheren Konstituenten in der Funktion Richtung (vgl. auch S. 40):

(32) quo me miser conferam? (Gracchus in Cic. *de Orat.* 3,214)

(33) quo ambulas tu? (Pl. *Am.* 341)

Erfüllt nun *eorum beneficio* in (30) die semantische Funktion Instrument? Die Antwort lautet nein. Der Unterschied zwischen den Ablativkonstituenten in (30) und (31) läßt sich mithilfe einiger Testverfahren verdeutlichen. Noch schwieriger dürfte es sein, plausibel zu machen, daß der Ablativkonstituent bei *potiri* in (34) die semantische Funktion Instrument erfülle.

(34) (Augustus) *Alexandrea* ... brevi potitus est ('Er nahm A.

---

22 Z.B. Dönnges-Happ (1977, 37). Meines Erachtens ist dies nachweisbar unrichtig. Vgl. auch Touratier (1978, 114f); nach Dönnges-Happ kommt die semantische Funktion 'Separativus' auch innerhalb der Kernprädikation vor, was meines Erachtens ebenfalls nicht richtig ist.
23 Pinkster (1972c, 78-82). Zu den Funktionen innerhalb der Kernprädikation im allgemeinen s. Dik (1978, 36-38).

in kurzer Zeit ein', Suet. *Aug.* 17,3)

(i) Schon intuitiv empfindet man die Annahme, daß die kursiv gedruckten Konstituenten in (30) und (34) die semantische Funktion Instrument erfüllten, als befremdend. Dieser Eindruck wird dadurch bestätigt, daß es nicht möglich ist, (30) und (34) durch eine Paraphrase wiederzugeben, die den instrumentalen Charakter der Ablativkonstituenten deutlich hervorhebt, z.B. durch die Paraphrase mit 'sich einer Sache bedienen':

(30) a *Viele Menschen bedienen sich auf falsche Weise ihrer Wohltat, um ... (?) zu gebrauchen[24]

(31) a Man bedient sich Gefälligkeiten und der Treue, um Freunde zu gewinnen[25]

(34) a *Er bediente sich der Stadt Alexandrea, um ... (?) einzunehmen

(ii) *Alexandrea* in (34) und vergleichbare Substantive können nicht so leicht als (peripheres) instrumentales Adverbial vorkommen. Ebensowenig können Personennamen, die bei *utor* als Komplement fungieren - vgl. (35) -, (in der Peripherie) als instrumentales Adverbial auftreten[26].

(35) *his Fabriciis* semper est usus Oppianicus familiarissime ('Mit diesen F. hatte Oppianicus immer sehr freundschaftlichen Umgang', Cic. *Clu.* 46)

M.a.W.: es besteht ein Unterschied in den semantischen Restriktionen zwischen denjenigen Lexemen, die bei der genannten Gruppe von Verben als Komplement auftreten können, und denjenigen Lexemen, die als instrumentales Adverbial fungieren können.

In (i) - (ii) habe ich einige Gründe genannt, die gegen die Annahme sprechen, daß zwischen einem zweistelligen Verb der Gruppe *utor*, *potior* und dem von ihm geforderten Ablativkonstituenten (Komplement) eine instrumentale Relation bestehe. Es ist nicht richtig, den Ablativ bei diesen Verben damit zu erklären, daß der Ablativ (hauptsächlich) gebraucht wird, um

---

24 Ich füge das Beispiel mit *potiri* hinzu, weil es aufgrund der Bedeutung von *uti* ('gebrauchen') bei der Paraphrase mit 'sich bedienen' zu Mißverständnissen kommen könnte.

25 Die Paraphrase wirkt etwas befremdend, weil wir es hier mit Abstrakta zu tun haben.

26 Es sei denn, daß ein Feldherr seine Truppen als Instrument einsetzt, z.B. Interea ea legione, quam secum habebat, militibusque, qui ex provincia convenerant ... murum ... fossamque perducit (Caes. *Gal.* 1,8,1).

(periphere) Adverbialia mit der semantischen Funktion Instrument zu kennzeichnen. Ähnliche Einwände ließen sich gegen die Behauptung anführen, der Dativ bei Verben wie *favere* müsse damit erklärt werden, daß der Dativkonstituent (Komplement) die semantische Funktion 'Nutznießer' erfülle[27].

(f) Zu semantischen Restriktionen bei Argumenten und Satelliten im Zusammenhang mit der Bedeutung des Prädikats:

In § 3.2. habe ich darauf hingewiesen, daß Argumente und Satelliten die gleiche semantische Funktion erfüllen können. Weiter wurde erwähnt (§ 3.4.), daß in der Peripherie eine Beziehung besteht zwischen der semantischen Funktion und der lexikalischen Bedeutung eines Konstituenten. So werden als Satellit mit der semantischen Funktion 'Preis/Wert' (ihm entspricht in den Grammatiken - grob gesagt - der Ablativ pretii) die Wörter auftreten, welche 'Kaufsumme' bedeuten. In diesem Paragraphen möchte ich näher eingehen auf die Beziehung zwischen der lexikalischen Bedeutung und der semantischen Funktion, insofern diese Beziehung durch die Bedeutung des Prädikats bestimmt wird. D.h. in concreto: gelten für Argumente mit der semantischen Funktion 'Preis/Wert', 'Richtung' etc. in größerem oder in geringerem Maße semantische Restriktionen als für Satelliten, die in der gleichen semantischen Funktion auftreten? Ich werde diese Frage anhand dessen beantworten, was in den gängigen Grammatiken über den Abl. pretii geschrieben steht[28]. K.-St. (I, 389f) führen als Beispiel für einen Abl. pretii u.a. die Sätze (36) - (39) an:

(36) emi virginem *triginta minis* ('Ich habe für 30 Minen eine Frau gekauft', Pl. *Cur.* 344)

(37) (Caelius) conduxit in Palatio non *magno* domum ('Caelius mietete auf dem Palatin ein Haus für wenig Geld', Cic. *Cael.* 18)

(38) cum *mercede* doceret ('obgleich er gegen Bezahlung Unterricht gab', Cic. *de Orat.* 1,126)

---

27 Andere Tests zur Aufdeckung von Unterschieden im semantischen und syntaktischen Status von Konstituenten könnten sein: Welches Fragewort korrespondiert mit dem betreffenden Konstituenten? / Gibt es Restriktionen bezüglich der semantischen Funktion des Subjektkonstituenten? Man beachte, daß der Dat. comm. und der Abl. instrumenti (strenggenommen) nur bei Kernprädikationen mit einem Agens vorkommen können; bei *favere* und *frui* dagegen ist auch ein Subjektkonstituent der Klasse 'unbelebt' möglich.

28 Der Gen. pretii bleibt hier außer Betracht.

(39) locavit ... omnem (agrum) *frumento* ('Er verpachtete das gesamte Land für Getreide als Gegenleistung', Liv. 27,3,1)

Die meisten Verben, bei denen der Abl. pretii vorkommt, werden nach den Bedeutungen '(ver)kaufen', '(ver)mieten', 'verdingen', 'feilbieten' (*liceri*) gruppiert; jedoch steht der Abl. pretii auch bei anderen Verben (38). Bei diesen Verben kann man die Wertangabe als weglaßbar betrachten[29].

Aber auch nicht-weglaßbare Konstituenten, z.B. das Komplement bei Verben des 'Kostens', werden herkömmlicherweise als Abl. pretii klassifiziert. Beispiele hierfür sind (40) und (41):

(40) *multo sanguine ac volneribus* ea Poenis victoria stetit ('Viel Blut und Wunden kostete dieser Sieg die P.', Liv. 23,30,2)[30]

(41) Caesar ... edocet, *quanto detrimento et quot virorum fortium morte* necesse sit constare victoriam ('C. erklärte, welch großen Verlust und den Tod wie vieler tapferer Männer der Sieg notwendigerweise kosten würde', Caes. *Gal.* 7,19,4)

Die Satelliten in (36) - (39) bezeichnen einen 'Preis/Wert' aufgrund der lexikalischen Bedeutung der Substantive; auch bei einem Verb wie *docere* (Bsp. (38)) kann wegen der eindeutigen Bedeutung von *mercede* kein Mißverständnis entstehen[31]. Jedoch lassen sich zwischen den Beispielen (36) - (39) auch Unterschiede feststellen. In (39) drückt *frumento* aufgrund seiner lexikalischer Bedeutung nicht ohne weiteres eine Wert /Preisangabe aus. Daß es dennoch so interpretiert wird, hängt mit der Bedeutung von *locare* zusammen, das selbst schon dem 'kommerziellen Bereich' angehört[32]. So können auch bei *emere* sehr verschiedene Lexeme als Satelliten auftreten, wenn auch statistisch die Gruppe der Substantive mit der Bedeutung

---

29 Manche halten die Preisangabe demgegenüber für einen notwendigen Konstituenten, z.B. Fillmore (1972, 9).

30 Bei obligatorischen Dativkonstituenten (*Poenis* in Bsp. (40)) haben wir es mit dem eigentümlichen Prädikatsrahmen Nom. - Dat. - Abl. zu tun (vgl. *interdicere alicui aliqua re* auf S. 66).

31 Als Abl. pretii wird zu Unrecht auch der durch den Ablativ markierte Komplement-Konstituent bei (*com)mutare* klassifiziert, z.B.:
- nemo nisi victor pace bellum mutavit ('nur der Sieger hat je Krieg gegen Frieden getauscht', Sal. *Cat.* 58,15).

32 Bsp. (39) läßt sich aufgrund des Kontextes erklären:
- Capuae interim Flaccus dum bonis principum vendendis agro qui publicatus erat locando - locavit autem omnem frumento - tempus terit

Daß *locare* hier eine Transaktion bezeichnet, geht aus dem Kontext hinreichend deutlich hervor.

'Wert/Preis' dominiert[33].

(42) quid enim erat quod discessu nostro emendum putaremus
('Was war es denn, wovon ich glaubte, daß es mit meinem
Weggang erkauft werden müsse?', Cic. *Q. fr.* 3,6(8),1)

Bei einem Verb wie *docere*, das keine 'kommerzielle' Bedeutung
hat, kann aber ein Konstituent nur dann als Satellit mit der
semantischen Funktion 'Wert/Preis' interpretiert werden, wenn
das in dieser Funktion auftretende Lexem einen Wert/Preis
bezeichnet. Schematisch können wir das Gesagte wie folgt
wiedergeben:

Abb. 6: Kombinationen von Prädikation und Satellit, bei
denen die Interpretation 'Wert/Preis' möglich bzw.
nicht möglich ist.

Satellit ⟍ Prädikation	'kommerzielles' Substantiv u.dgl.	'nicht-kommerzielles' Substantiv u.dgl.
'kommerzielles' Prädikat	+	+
'nicht-kommerziel-les' Prädikat	+	−

(+ : Interpretation 'Wert/Preis' möglich;
 - : Interpretation 'Wert/Preis' nicht möglich)[34]

Derartigen semantischen Restriktionen unterliegen die (obligatorischen) Ablativkonstituenten bei Verben des 'Kostens' nicht.

Aus der Untersuchung des Abl. pretii und der Abb. 6
können wir folgende Schlußfolgerungen ziehen:
- innerhalb der Kernprädikation werden die semantischen Funktionen durch das Prädikat festgelegt; daher sind weniger
starke Beschränkungen erforderlich im Hinblick auf die
Bedeutung der Lexeme, die beim Prädikat in einer bestimmten
semantischen Funktion vorkommen;

---

33 Ich lasse offen, ob man den Ablativkonstituenten bei *emere* nicht
ebensogut als instrumentale Bestimmung auffassen kann.
34 Abb. 6 wurde als Matrix aus Verb + Substantiv aufgestellt; das gleiche
Schema ist jedoch auch bei Kernprädikation + peripherem Konstituenten möglich.

- außerhalb der Kernprädikation sind ganz bestimmte lexikalische Merkmale erforderlich, damit ein Lexem in einer speziellen semantischen Funktion auftreten kann. Wir sehen, daß zur Kennzeichnung peripherer Funktionen mehr Kasus gebraucht werden als allein der Ablativ. Das hat möglicherweise seinen Grund darin, daß manche Lexeme aufgrund ihrer lexikalischen Merkmale mehr als eine semantische Funktion in der Peripherie erfüllen können.

(g) Zum AcI:

Unter AcI verstehen wir den AcI im strengen Sinn (vgl. § 7.3.2.).

(43) quis ignorabat Q. Pompeium fecisse foedus ('Wer wußte nicht, daß Q. Pompeius einen Vertrag geschlossen hatte?', Cic. *Rep.* 3,28)

(44) iam tempus est me ipsum a me amari ('Es wird Zeit, daß ich mich selbst liebe', Cic. *Att.* 4,5,3)

In § 7.5.2. werden wir auf die historische Erklärung des Akkusativs als Kennzeichen des Subjekts innerhalb der AcI-Konstruktion eingehen. Hier geht es nun um die Frage, wie die Tatsache, daß der Subjektkonstituent des AcI durch den Akkusativ markiert wird, mit dem Kasussystem in synchronischer Sicht vereinbar ist. Ein wesentlicher Unterschied zwischen dem AcI einerseits und anderen eingebetteten Prädikationen sowie Hauptsätzen andererseits besteht darin, daß in der AcI-Konstruktion die explizite Kennzeichnung der Subjekt-Prädikat-Relation (Kongruenz in der Person und meist auch im Genus und Numerus) fehlt. Gleichzeitig sind die Möglichkeiten, durch den Infinitiv (als Prädikat des AcI) Tempus und Modus auszudrücken, im Vergleich zu der (finiten) Verbform bei Nebensätzen erheblich begrenzt. Dem AcI fehlen formale Kennzeichen, wie z.B. die Konjunktionen, welche die 'normalen' Nebensätze, d.h. solche mit finiter Verbform, als eingebettete Prädikationen und damit als syntaktisch untergeordnete Sätze klar markieren. Dennoch besteht ein deutlicher formaler Unterschied zwischen dem AcI und dem 'Hauptprädikat'. Auf ähnliche Weise wird dadurch, daß der Nominativ nicht auch noch als Kennzeichen des Subjekts im AcI auftritt, sichergestellt, daß das Subjekt des regierenden Verbs klar erkennbar ist.

Theoretisch stehen zur Kennzeichnung des Subjekts im AcI anstelle des Nominativs der Akkusativ, der Genitiv, der

Dativ und der Ablativ in gleicher Weise zur Verfügung. Das Lateinische gebraucht hierzu nun einmal den Akkusativ. Dies ist unter einigen Gesichtspunkten mit dem im vorhergehenden beschriebenen Kasussystem vereinbar (s. weiter unten Punkte (i) - (iii)), bringt aber andererseits einige Probleme mit sich (Punkte (iv) u. (v)). Aufgrund der folgenden Überlegungen erscheint der Akkusativ im Rahmen des lateinischen Kasussystems doch eher als die übrigen Kasus geeignet, den Subjektkonstituenten in der AcI-Konstruktion zu kennzeichnen:

(i)   Nach dem Nominativ ist der Akkusativ der häufigste Kasus innerhalb der Kernprädikation.

(ii)   Der Genitiv dient innerhalb des Systems in erster Linie der Kennzeichnung von Konstituenten auf Wortgruppenniveau. Der Unterschied zwischen diesen beiden Niveaus ist sehr wichtig (s. S. 93); in genauso eindeutiger Weise dient der Ablativ der Kennzeichnung von Satelliten. Ferner gilt sowohl für den Genitiv als auch für den Ablativ, daß die durch diese Kasus markierten Konstituenten neben einem AcI im Hauptsatz vorkommen können. Der Dativ schließlich dient auf Satzniveau hauptsächlich der Kennzeichnung des dritten Arguments bei einer aufgrund ihrer Bedeutung ziemlich gut identifizierbaren Gruppe von Verben, zu denen die Verben des Mitteilens gehören; gerade bei diesen Verben aber kommt der AcI häufig vor.

(iii)   Der AcI erfüllt sehr oft die Funktion des Objekts in einer Prädikation; diese Funktion könnte auch durch eine nominale Gruppe repräsentiert werden, die dann im Akkusativ stände. Der Wegfall dieser Akk.-NP macht den Akk. frei für eine andere Funktion, nämlich die, das Subjekt des AcI zu markieren.

(iv)   Das unter (iii) Gesagte gilt freilich nicht für den AcI nach Verben wie *docere*, die einen doppelten Akkusativ regieren, noch für den AcI nach unpersönlichen Verben und nach Kopula + Adjektiv u.a., d.h. nach Prädikaten, bei denen der AcI als Subjekt fungiert.

(v)   Ein weiteres Problem besteht natürlich darin, daß in der eingebetteten Prädikation der formale Unterschied zwischen dem Subjektkonstituenten und dem Konstituenten mit der Funktion Objekt/Komplement wegfällt. Wie groß dieser Nachteil ist, läßt sich eigentlich nur anhand von

Prosatexten feststellen, die nicht mehr dem literarischen Latein angehören. K.-St. (I, 699f) erachten diesen Nachteil für gering. An den Abbildungen 1 und 2 auf S. 60 und 62 können wir den prozentualen Anteil der Fälle ablesen, in denen der Akkusativ als Kennzeichen des Subjektkonstituenten im AcI auftritt. Nur in wenigen Fällen kommt bei einem Prädikat zugleich ein zweites oder drittes Argument im Akkusativ vor. Genaue Angaben gibt es (noch) nicht. K.-St. weisen darauf hin, daß das gleichzeitige Auftreten von zwei Akkusativen nicht störend ist, wenn der Subjektkonstituent vorangeht:

(45) eo se periculo posse liberare eos ('Daß er sie von dieser Gefahr befreien könne', Liv. 23,2,8)

Auch in der direkten Rede steht der Subjektkonstituent meist vor dem Konstituenten mit der Funktion Objekt / Komplement. Außerdem machen K-St. auf die Möglichkeit aufmerksam, eine Zweideutigkeit durch die passive Konstruktion auszuschließen (Überwiegt das Passiv in Fällen, in denen Ambiguität möglich wäre?); nicht zuletzt ergebe sich auch aus dem Kontext die richtige Beziehung, wie z.B. in (46):

(46) totiens te senatum ... adisse supplicem ('Daß sich der Senat so oft demütig bittend an dich gewandt hat', Cic. Ver. 5,21)

5.1.5. KASUS AUF WORTGRUPPENNIVEAU

Aus Abb. 1 auf S. 60 können wir schließen, daß der Genitiv vornehmlich der Kasus zur Kennzeichnung von Konstituenten auf Wortgruppenniveau ist. Dies gilt mit Sicherheit für Konstituenten, die als Attribut zu einer anderen nominalen Gruppe fungieren, die dann als Kern (head) bezeichnet wird (Typ: domus patris). Ausnahmen wie die in (47) können statistisch außer acht bleiben:

(47) quid tibi hanc curatiost rem? ('Was hast du dich um diese Angelegenheit zu kümmern?', Pl. Am. 519)

Zwischen dem als Kern fungierenden Nomen und der attributiven

Nominalgruppe können mannigfache semantische Beziehungen bestehen. Die Handbücher führen hierbei eine Vielzahl verschiedener 'Genitive' auf und versuchen, diese gegeneinander abzugrenzen (Gen. materiae, possessivus, partitivus etc.). In Wahrheit sind diese Etikette ebenso überflüssig wie die vielen, die wir beim Ablativ gesehen haben. Die semantische Beziehung wird nicht durch eine bestimmte 'Art von Genitiv', sondern durch die Bedeutungen der betreffende Lexeme bestimmt.

Bei der Kennzeichnung von Konstituenten, die von einem Adjektiv abhängen, ist der Genitiv nicht so dominierend. Was die von Adjektiven abhängenden Argumente betrifft, ist festzustellen, daß deren Kennzeichnung mit einer gewissen Regelmäßigkeit derjenigen von Argumenten zu den mit diesen Adjektiven semantisch eng verwandten Verben entspricht. Beispiele hierfür sind:

liber/liberare + Abl.

(48) animus ... omni est liber cura et angore ('Die Seele ist frei von jeglicher Sorge und Angst', Cic. *Fin.* 1,49)

memor/memini + Gen.

(49) se ... eorum facti memorem fore ('Daß er ihrer Tat immer gedenken werde', Caes. *Civ.* 1,13,5)

Diese Regelmäßigkeit gleicht der in Punkt (c) auf S. 76f beschriebenen. Es besteht ein offenkundiger Zusammenhang zwischen Adjektiven und Verben; können doch auch Adjektive sich mit einer Kopula zu einem Prädikat verbinden; die semantische Funktionen ihrer Argumente ändern sich dabei nicht.

Auch fakultative Konstituenten bei Adjektiven werden häufig durch den gleichen Kasus markiert wie die Konstituenten auf Satzniveau, die in einer vergleichbaren semantischen Beziehung zum Prädikat stehen. Ein Beispiel hierfür ist der Akkusativ bei Adjektiven, die eine Entfernung oder Ausdehnung bezeichnen (weitere Beispiele bei K.-St. I, 282):

(50) clausi lateribus altis pedem ('abgeschlossen durch einen Fuß hohe Kanten', Sal. *Hist. fr.* 4,79)

(51) negat umquam se a te ... pedem discessisse ('Er behauptet, niemals einen Fuß von deiner Seite gewichen zu sein', Cic. *Deiot.* 42)

Das gleiche gilt für den sog. Ablativus respectus / limitationis (mehr Beispiele bei K.-St. I, 392):

(52) non ... tota re, sed ... temporibus errasti ('Du hast dich
    nicht in der Sache als ganzer, sondern in den Umständen
    geirrt', Cic. *Phil*. 2,23)

(53) quidam .. voce absoni ('bestimmte Menschen, die in bezug
    auf ihre Stimme abstoßend sind', Cic. *de Orat*. 1,115)

Natürlich haben gerade diese Übereinstimmungen dazu geführt,
daß die Verfasser der herkömmlichen Grammatiken hinsichtlich
der Konstruktion einander entsprechende Verben und Adjektive
in derselben Rubrik vereinigen und daher den Unterschied
Satzniveau/Wortgruppenniveau nicht beachten. Der Genitiv - er
ist ja der Kasus auf Wortgruppenniveau par excellence - erweist
sich, wie man an vielen Beispielen zeigen kann, in all diesen
Fällen als konkurrierende Konstruktion, namentlich in der
Poesie[35]:

(54) libera fortunae mors est ('Der Tod ist frei von Fortunas
    Macht', Lucan. 7,818)

(55) alta novem pedum ('Neun Fuß hoch', Col. 8,14,1)

(56) celer nandi ('Schnell im Schwimmen', Sil. 4,585)

Die Tatsache, daß der Genitiv auch dort als Konkurrent auftritt,
wo die Wahl eines anderen Kasus innerhalb des Systems semantisch ausreichend motiviert wäre, beweist, wie fundamental
innerhalb dieses Systems die Opposition Wortgruppenniveau /
Satzniveau ist. S. auch den folgenden Paragraphen sowie den
Hinweis auf die neueren Arbeiten von Plank (1979a, 1979b).

5.1.6.   ZUR RELATION ZWISCHEN KASUSSYSTEM UND
         SATZSTRUKTUR

Die Frage nach der Funktion der Kasus ist beantwortet im
Rahmen des in Kapitel 1 dargelegten Satzmodells. Für die
Wahl dieses Satzmodells gibt es eine Reihe von Argumenten:
z.B. läßt sich mit Hilfe eines solchen Modells erklären, warum
einerseits bei bestimmten Prädikaten bestimmte Arten von
Konstituenten vorkommen und warum andererseits bei anderen

---

35 Zur Ausbreitung dieser Verwendungsweise des Genitivs vgl. K-St. I,
444ff. Der Acc. respectus erscheint nur in der Dichtersprache, in der Prosa
erst bei Tacitus und ist mit großer Sicherheit unter griechischem Einfluß
entstanden (Beispiele bei K.-St. I, 285ff). Vgl. Coleman (1975).

Prädikaten bestimmte Arten von Konstituenten nicht vorkommen können. Bei meinem Ansatz ging ich davon aus, daß die lexikalische(n) Bedeutung(en) des Prädikats und der bei ihm (in bestimmten semantischen Funktionen) auftretenden Argumente einerseits und die Bedeutung der Satelliten andererseits den Inhalt des Satzes bestimmen. Kasus, Wortfolge etc. haben die Aufgabe, den Inhalt formal zu strukturieren, freilich gemäß bestimmten Regeln[36]. Die Funktion der Kasus als Kennzeichen von Argumenten ist um so bedeutsamer, je mehr Argumente derselben lexikalischen Klasse bei ein und demselben Prädikat auftreten können: für die richtige Interpretation von (57) ist es weniger wichtig, daß das Subjekt durch den Nominativ und das Objekt durch den Akkusativ markiert wird, als z.B. für diejenige von (58):

(57) is illius laudare infit formam virginis ('Dieser beginnt die Schönheit jenes Mädchens zu loben', Pl. *Rud.* 51)

(58) laudat Africanum Panaetius, quod ... ('P. lobt A., weil ...', Cic. *Off.* 2,76)

Es ist nun einmal so, daß *forma virginis* nicht eine Person *laudare* kann[37]. In (58) dagegen kann grundsätzlich sowohl A. als auch P. diejenige Person sein, die lobt bzw. gelobt wird. Im vorhergehenden habe ich Satzniveau und Wortgruppenniveau systematisch unterschieden. Auf Wortgruppenniveau wird die Beziehung zwischen Substantiven durch den Genitiv eindeutig gekennzeichnet.

Gerade dadurch, daß die Funktion der Kasus im Zusammenhang mit der syntaktischen und semantischen Struktur, worin sie auftreten, untersucht wird, entsteht ein Gesamtbild des Kasussystems, das sowohl genauer als auch durchsichtiger ist als das in den herkömmlichen Darstellungen gebotene (s. weiter unten). Dadurch, daß der Satzstruktur und der Lexembedeutung eine wichtige Rolle zuerkannt wird, wird gleichzeitig verständlich, warum das Lateinische mit wenigen Kasus dennoch eine Vielzahl von semantischen Relationen markieren kann. Dieser Ansatz wird u.a. gestützt (i) durch eine Untersuchung

---

36 Bei diesen Regeln handelt es sich um sog. 'expression rules' im Sinne Diks (1978, Kap. 7).

37 Zum Vergleich kann man hinweisen auf Untersuchungen, die gezeigt haben, daß die Wortstellung eine eher unmaßgebliche Rolle dabei spielt, daß Sätze wie (58) von jungen englischsprachigen Kindern richtig verstanden werden, vgl. Clark-Clark (1977, 501f).

möglicher Ambiguitäten in zusammenhängenden Texten und (ii) durch die Betrachtung der diachronischen Entwicklung.

(i) Die Untersuchung möglicher Ambiguitäten (sie bedarf noch weiterer Ausarbeitung) wurde auf folgende Weise durchgeführt: in einer Gruppe von Texten[38] wurden alle Nominalgruppen so untersucht, als ob keine Information über den Kasus bekannt wäre; die Information über Genus und Numerus wurde hingegen als bekannt vorausgesetzt[39]. Außer Betracht blieben 1) die Information, über die ein Leser, sei es durch den vorhergehenden Kontext, sei es aufgrund seiner allgemeinen Kenntnis(se) verfügt; 2) mögliche Information aufgrund der Wortstellung; 3) das Auftreten des Kasus in Präpositionalgruppen.

Der weiter unten dargelegte Befund bedarf noch einer ausführlicheren Untermauerung, doch sind die Ergebnisse interessant genug. In weitaus den meisten Fällen scheint die durch den Kasus gegebene Information nicht unbedingt erforderlich zu sein. Dies liegt auf jeden Fall daran, daß das Prädikat aufgrund seiner Bedeutung die Wahl der Argumente in starkem Maße einschränkt. Ein weiterer Faktor besteht darin, daß insbesondere durch die Angabe des Numerus (Singular und Plural) sowohl in Nominalgruppen als auch im (regierenden) Verb (Kongruenz) bei einem Großteil der Sätze ohne weiteres klar wird, welcher Konstituent z.B. das Subjekt sein muß und welcher folglich das Objekt sein wird[40]; natürlich spielt bei den zusammengesetzten Verbformen auch die Angabe des Genus eine Rolle. Schließlich wird Verwirrung auch dadurch vermieden, daß die Zahl der Satelliten pro Satz oder Gliedsatz niedrig ist. Dies hängt damit zusammen, daß Satelliten sehr oft die neue oder wichtigste Information im Satz enthalten. Offenbar vermeidet es die Sprache, mehrere Konstituenten dieser Art in einem einzigen Satz unterzubringen, und dosiert das Neue, Wichtige auf andere Weise.

Unentbehrlich ist die Kasusmarkierung der Konstituenten in folgenden Fällen:

---

38 Die Textstellen stammen aus Caes. *Gal.*, Catul. 64 und Verg. *G.* 1.

39 Freilich hat dieser Ansatz den Nachteil, daß eine Sprache untersucht wird, als sei das Kasussystem eine Randerscheinung, wo doch ebensogut angenommen werden kann, daß das Kasussystem einerseits bestimmte Zwänge, andererseits aber auch bestimmte Freiheiten schafft.

40 Es fällt auf, daß mit ziemlicher Systematik ein formaler Unterschied im Numerus (Singular/Plural) bei gleichem Kasus besteht (z.B. *filium/filios*), aber längst nicht immer ein formaler Unterschied im Kasus bei gleichem Numerus (z.B. *hortis/hortis*); eine Ausnahme ist *res/res*.

(a) Unklarheit über die semantische und syntaktische Funktion eines Konstituenten entsteht möglicherweise dort, wo bei einem Verb zwei oder mehr semantisch gleichartige nominale Gruppen vorkommen können, z.B. zwei Lexeme der Klasse 'belebt' oder 'unbelebt':

(59) nunc iam nulla viro iuranti femina credat ('Nun soll keine Frau mehr einem schwörenden Mann vertrauen', Catul. 64, 143)

(60) sancte puer, curis hominum qui gaudia misces ('Heiliger Knabe, der du Freuden mit den Sorgen der Menschen vermischst', Catul. 64,95)

(61) ulmisque adiungere vites ('Weinreben an Ulmen festbinden', Verg. *G.* 1,2)

Letzteres ist häufiger bei Catull der Fall als bei Caesar, was sich mit großer Wahrscheinlichkeit auf die unterschiedliche Thematik ihrer Werke zurückführen läßt.

(b) Vor allem bei Caesar (d.h. bei komplexeren Sätzen) würde das Fehlen eines Kasusmerkmals den Unterschied zwischen Wortgruppenniveau und Satzniveau aufheben:

(62) trium mensum molita cibaria sibi quemque domo efferre iubent ('Sie befahlen, daß jeder für drei Monate gemahlenes Getreide von zu Hause mitnehmen solle', Caes. *Gal.* 1,5,3)

(63) viderunt ... mortales oculis ... Nymphas ('Sterbliche sahen mit ihren Augen die Nymphen', Catul. 64, 16) (oculi mortalium)

(64) alius ... funda ... verberat amnem ('Der eine peitscht den Strom mit einem Wurfnetz', Verg. *G.* 1,141)

(c) Dadurch, daß im Lateinischen das Subjekt oft nicht explizit ausgedrückt wird, wenn es aus Kontext oder Situation bekannt ist, wird bei Abwesenheit eines Kasusmerkmals der Unterschied zwischen Abl. abs. und konjunktem Partizip möglicherweise aufgehoben (womit zugleich eine Verschiebung in der syntaktischen Ebene stattfindet), so daß nicht mehr deutlich ist, worauf sich das Partizip bezieht.

(65) Helvetii ea spe deiecti ... operis munitione et militum concursu et telis repulsi hoc conatu destiterunt ('Die Helvetier sahen sich so in ihren Erwartungen getäuscht; da sie an der Befestigung scheiterten und durch die

Wurfgeschosse der schnell zusammenkommenden Soldaten zurückgeschlagen worden waren, nahmen sie von ihrem Vorhaben Abstand', Caes. *Gal.* 1,8,4)

Jedoch schließt der weitere Kontext in der Regel eine Zweideutigkeit aus.

(d) Im AcI können aufgrund der fehlenden Numerus-Kongruenz bei nicht zusammengesetzten Formen Mißverständnisse eintreten.

Zusammenfassend können wir im Augenblick feststellen, daß die Kennzeichnung der syntaktischen und semantischen Funktion durch einen Kasus in weniger als 5 - 10% der Fälle wirklich notwendig ist. Dies kann aber nicht als ein Beweis für die Unwichtigkeit der Kasus im Gebrauch der Sprache gedeutet werden. Es ist ein bekanntes Phänomen, daß die Elemente einer Sprache mehr Information enthalten, als strenggenommen notwendig ist (der Fachausdruck hierfür lautet 'Redundanz'). Dieser Überfluß an Information ist jedoch erforderlich, um eine einwandfreie Kommunikation zu gewährleisten, sobald sich schlechte Verständlichkeit, nachlassende Aufmerksamkeit etc. einstellen, oder um in der geschriebenen Sprache das Fehlen nicht-verbaler Kommunikationsmittel zu kompensieren. Doch können wir aus der oben erwähnten Feststellung den Schluß ziehen, daß die Kasus nur einer von den Bausteinen einer Sprache sind und daß dieser Baustein eine weit weniger bedeutende Rolle für das Gelingen der Kommunikation spielt als z.B. die Bedeutung der Lexeme, aus denen die Sätze gebaut werden[41].

(ii) Eine zweite Stütze für den von mir gewählten Ansatz ist in der diachronischen Entwicklung zu finden. Für die Entwicklung des klassischen Lateins zum Altfranzösischen erweist sich der systematische Unterschied zwischen Satzniveau und Wortgruppenniveau als sehr bedeutsam, was daraus ersichtlich ist, daß sich der Genitiv lange halten konnte. Außerdem blieb die Opposition Nominativ/Akkusativ ziemlich lange bestehen, in erster Linie bei Lexemen, die lebende Wesen bezeichnen. Denn diese können eine Vielzahl von semantischen Beziehungen zum Prädikat aufnehmen, z.B. als Agens und als Patiens. Dies stimmt wiederum mit der Feststellung überein, daß die Kasus

---

41 Zur Redundanz vgl. Calboli (1965, 72-81).

innerhalb der Kernprädikation hauptsächlich unterscheidende Funktion haben.

Der von mir gewählte Ansatz unterscheidet sich wesentlich von den üblichen Beschreibungen. In den Handbüchern werden die Kasus eher als funktionale Einheiten betrachtet, und es wird ihnen eine in viel stärkerem Maße 'steuernde' Rolle zugeschrieben, als ich es tue. Dort werden dann auch der Reihe nach die verschiedenen Kasus in all ihren Gebrauchsweisen behandelt und mit semantischen Etiketten versehen, die diesen Gebrauchsweisen jeweils entsprechen. Man verzichtet - außer beim Genitiv - auf eine systematische Unterscheidung der syntaktischen Ebenen (Satzniveau/Wortgruppenniveau; Kernprädikation/Peripherie), auf denen die Kasus jeweils gebraucht werden. Man setzt für die verschiedenen Verwendungsweisen der einzelnen Kasus in der Regel einen gemeinsamen semantischen Nenner fest, beim Ablativ sogar mehrere gemeinsame Nenner, und betrachtet diese(n) gemeinsame(n) Nenner entweder als einen historischen Vorläufer, aus dem sich die verschiedenen Gebrauchsweisen entwickelt hätten, oder als einen in synchronischer Sicht gemeinsamen semantischen Wert (in deutschen Grammatiken findet sich hierfür der Begriff 'Grundbedeutung'). Ein anschauliches Beispiel für die von Kühner-Stegmann gegebene Beschreibung der lateinischen Kasus ist Abb. 7 (eine derartige Klassifizierung kehrt in den meisten Schulgrammatiken wieder):

Abb. 7: Ablativ bei K.-St.(I, 346-412)

Grundbedeutung	Gebrauchsweise (Ablativus ...)
Vertreter des Lokativs	loci temporis
als eigentlicher Ablativ	separativus originis comparationis
Vertreter des Instrumentalis	instrumenti pretii limitationis materiae causae mensurae sociativus modi qualitatis

Daß eine solche Darstellung den verschiedenen syntaktischen Ebenen nicht Rechnung trägt, geht u.a. aus der folgenden Zusammenstellung von Beispielen für den Ablativus causae klar hervor:

Abb. 8: Ablativus causae bei K.-St. (I, 394-401)

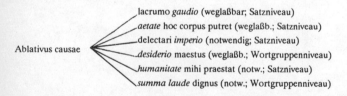

Ablativus causae
lacrumo *gaudio* (weglaßbar; Satzniveau)
aetate hoc corpus putret (weglaßb.; Satzniveau)
delectari *imperio* (notwendig; Satzniveau)
desiderio maestus (weglaßb.; Wortgruppenniveau)
humanitate mihi praestat (notw.; Satzniveau)
summa laude dignus (notw.; Wortgruppenniveau)

Aus Abb. 7 können wir schließen, daß die Etikette, die den Gebrauchsweisen zugeordnet werden (und damit auch die Unterscheidung der Gebrauchsweisen), nicht selten überflüssig sind:

Ablativus originis:	*parentibus natus humilibus* ('von einfachen Eltern abstammend'): der 'Ursprung' wohnt der Wortbedeutung von *natus* inne
Ablativus materiae:	*eadem materia fiunt* ('Sie werden gemacht / entstehen aus demselben Stoff'): Der 'Stoff' wohnt der Wortbedeutung des Substantivs *materia* inne

Vergleiche hierzu die Ausführungen zum Abl. pretii weiter oben (§ 5.1.4.(f))[42].

Der entscheidende Einwand gegen den kurz charakterisierten Ansatz von K.-St. besteht darin, daß vor allem die undifferenzierte Benennung der Verwendungsweisen der einzelnen Kasus sowohl bei Konstituenten in der Kernprädikation als auch bei Konstituenten in der Peripherie bisweilen recht künstlich wirkt und daß es keine stichhaltigen Argumente für die Annahme gibt, jeder (oblique) Kasus besitze einen einheitlichen semantischen Grundwert ebenso in der Kernprädikation wie in der Peripherie. Ein prominentes Beispiel hierfür ist die Darstellung des sog. Ablativus instrumenti, auf die bereits in § 5.1.4.(e) eingegangen wurde. Natürlich erhebt sich dann die knifflige Frage, warum derselbe Kasus sowohl in der Kernprädikation als auch in der Peripherie vorkommt. Es gibt mindestens zwei Erklärungen: (i) die diachronische Entwicklung und (ii) die der Sprache innewohnende Ökonomie: es ist nicht wünschenswert, mehr Kasusformen als innerhalb des ganzen Systems erforderlich zu gebrauchen. Die Sprache verfügt über andere, wichtigere Mittel, um den Zusammenhang zwischen den Wörtern zu wahren, z.B. über die Bedeutung der Verben und der Substantive.

In den traditionellen Beschreibungen der Kasus (sog. Kasuslehre) werden die Tatsachen - grob gesagt - geradezu auf den Kopf gestellt: dort gelten die semantischen Funktionen der Lexeme als abhängig von den Kasusformen und die lexi-

---

42 So werden als Beispiele für den Abl. temporis von K.-St. fast ausschließlich Substantive angeführt, die an sich schon eine Zeit(spanne) (z.B. *dies*) oder ein Amt (z.B. *consulatus*) bezeichnen. Eine Ausnahme bilden bestimmte Substantive, die ein Ereignis bezeichnen, z.B.
- servili tumultu
- proscriptione (Suet. *Iul.* 11)
Jedoch sind mir Beispiele für den Abl. temp., die sich mit Zeitbestimmungen wie dt. *bei/nach der Suppe* vergleichen lassen, nicht bekannt.

kalische Bedeutung der nominalen Lexeme ebenso wie die des Prädikats als zweitrangig. Eine Erklärung hierfür ist u.a. in folgenden fünf Punkten zu suchen:

- Implizit oder explizit ging man von dem Prinzip aus 'pro Form (möglichst nur) eine Bedeutung' (und umgekehrt), einem Prinzip, das der Realität nicht gerecht wird[43].
- Morphologische Kennzeichen (wie z.B. die Kasus) wurden isoliert betrachtet, losgelöst von der Syntax und der Semantik.
- Man postulierte eine möglichst große Einheitlichkeit in den verschiedenen Entwicklungen der indogermanischen Sprachen. Dies führte wiederum zu der Annahme, es müßten sich für diese Sprachen sehr globale gemeinsame semantische Grundbedeutungen feststellen lassen[44].
- Den meisten Menschen, die mit einer modernen westeuropäischen Sprache aufwachsen, fällt es ziemlich schwer, sich im Kasusgebrauch einer stark flektierenden Sprache wie des Lateinischen zurecht zu finden. Daher liegen der Darstellung des lateinischen Kasussystems in den großen Grammatiken auch didaktische Überlegungen zugrunde.
- Das Blickfeld der Klassischen Philologie war dadurch eingeengt, daß man nicht-indogermanische Sprachen mit oftmals viel komplizierteren Kasussystemen noch zu wenig kannte.

5.1.7. SCHLUSSFOLGERUNG

Aus dem Gesagten können wir schließen, daß den Kasus eine weit weniger bedeutende Funktion zukommt, als es bisweilen in wissenschaftlichen und meist in didaktischen Grammatiken suggeriert wird. Viel wichtiger für das Verständnis eines Satzes sind die Bedeutungen des Verbs und der Substantive, die in ihm vorkommen. Daß die Kasus eine im Vergleich zur Lexembedeutung eher untergeordnete Rolle spielen, ist mit eine Erklärung dafür, warum die Entwicklung zu den Strukturen der romanischen Sprachen, die (nahezu) ohne Kasus auskommen,

---

43 Zu Problemen, die sich im Zusammenhang mit dem Postulat einer eins-zu-eins-Relation zwischen Form und Bedeutung (dem sog. universalen Prinzip Humboldts) stellen, vgl. van Marle-Koefoed (1980). Dieses Prinzip liegt übrigens auch zahlreichen strukturalistischen Ansätzen zugrunde, vgl. u.a. De Groot (1956a; b).
44 Zu einigen Grundzügen der traditionellen Beschreibung der Kasus s. § 5.2.

hat stattfinden können, ohne daß dadurch Kommunikationsstörungen großen Ausmaßes entstanden. Was sich änderte, war das System der formalen Kennzeichnung der semantischen Struktur, die in erster Linie auf der Bedeutung der Prädikate und der Nominalgruppen beruht. Das lateinische Kasussystem machte einem System der Kennzeichnung syntaktischer und semantischer Beziehungen Platz, in dem vor allem die Wortstellung und die Präpositionen eine entscheidende Rolle spielen.

5.2. PRÄPOSITIONEN

In diesem Paragraphen gehe ich der Reihe nach auf folgende Punkte ein:
- Distribution der Präpositionen (§ 5.2.1.)
- (historische) Beziehung zwischen Präpositionen und Kasus (§ 5.2.2.)
- idiomatischer Gebrauch von Präpositionen (§ 5.2.3.)
- interne Struktur der Präpositionalgruppe (§ 5.2.4.).

5.2.1. DISTRIBUTION DER PRÄPOSITIONEN

Aus Abb. 2 auf S. 62 können wir ableiten, daß sich der Gebrauch der Präpositionen (+ zugehöriger Kasus) als Kennzeichen nominaler Gruppen auf Satzniveau gegenüber dem Gebrauch der obliquen Kasus wie folgt verhält:

		Kasus	Präp.
Obj./Komplement	(2-st.)	148	88
Kompl.	(3-st.)	47	48
Satelliten		88	119

Auf Wortgruppenniveau werden Nominalgruppen natürlich viel seltener durch eine Präposition gekennzeichnet als durch den Genitiv, aber dennoch immer etwas häufiger durch eine Präposition als durch den Dativ und den Ablativ zusammen. Präpositionen werden in der Prosa häufiger gebraucht als in der Dichtung (s. Abb. 3 auf S. 63).

Zur Verdeutlichung der oben angegebenen Verteilung der Präpositionen sollen Beispiele für die Präposition *de* auf den verschiedenen syntaktischen Ebenen folgen.

(a)   *de* als Kennzeichen von Satelliten:

(66)   de vehiculo ... dicebat ('Er sprach von einem Wagen herab', Nep. *Timol.* 4,2)

(67)   non bonust somnus de prandio ('Schlaf unmittelbar nach dem Essen ist nicht gut', Pl. *Mos.* 697)

(68)   (Regulus) de captivis commutandis Romam missus esset ('R. war zwecks Austausches von Gefangenen nach Rom geschickt worden', Cic. *Off.* 1,39)

(69)   de talento nulla causa est quin feras ('Was das Talent betrifft, du kriegst es ohne weiteres', Pl. *Rud.* 1397)

(b)   *de* als Kennzeichen des Komplement-Konstituenten:

(70)   qui ... de veneficiis accusabant ('Diese erhoben Anklage wegen Giftmischerei', Cic. *S. Rosc.* 90)

(71)   de Hortensio te certo scio dolere ('Ich bin sicher, daß du Hortensius betrauerst', Cic. *Att.* 6,6,2)

(72)   cum ... senatus de annona haberetur ('als wegen des Getreidepreises eine Senatssitzung stattfand[45]', Cic. *Att.* 4,1,6)

(73)   ut de istius facto dubium esse nemini possit ('Damit niemand an dessen Tat zweifeln könne', Cic. *Ver.* 4,91)

(74)   his de rebus conscium esse Pisonem ('Daß P. hieran mitschuldig war', Cic. *Att.* 2,24,3)

(c)   *de* als Kennzeichen von Konstituenten auf Wortgruppenniveau (abhängig von einer Nominalgruppe):

(75)   horrifico lapsu de montibus adsunt ('mit schrecklichem Flug vom hohen Gebirge sind sie da', Verg. *A.* 3,225)

(76)   nullus umquam de Sulla nuntius ad me (pervenit) ('Niemals erreichte mich eine Nachricht über Sulla', Cic. *Sul.* 14)

---

45 Bsp. (72) läßt sich auch anders analysieren: *de annona* ist präpositionales Attribut zu *senatus*.

(77) ut aliquam partem de istius impudentia reticere possim ('Daß ich irgendeinen Teil von seiner Unverschämtheit verschweigen kann', Cic. *Ver.* 1,32)

(78) de collegio quis tandem adfuit? ('Wer von dem Kollegium war denn überhaupt da?', Cic. *Dom.* 117)

(79) de tribus enim quae proposui hoc extremum est ('Von den drei Punkten, die ich genannte habe, ist dieser der letzte', Cic. *Phil.* 7,21)

5.2.2. BEZIEHUNG ZWISCHEN KASUS UND PRÄPOSITIONEN

Es ist eine weit verbreitete Ansicht, in den indogermanischen Sprachen hätten sich die Präpositionen (und Postpositionen) aus Adverbien entwickelt, die zur Verdeutlichung der durch den jeweiligen Kasus bereits vermittelten Information hinzugefügt worden seien[46]. Die Entwicklung der Adverbien zu Präpositionen läßt sich schematisch auf folgende Weise wiedergeben:

(Verb + Adverb) + Kasus > Verb + (Adverb + Kasus)

[= Verb + (Präposition + Kasus)]

Beispiele für die Entwicklung von Präpositionen aus Adverbien sind in zahlreichen Sprachen zu finden. Die Annahme, daß eine solche Entwicklung stattgefunden habe, muß aber nicht die häufig vertretene Auffassung implizieren, daß es ein Stadium gegeben habe, in dem keine Prä- und/oder Postpositionen, sondern ausschließlich Kasus vorgekommen seien. Der wichtigste Vorbehalt gegen diese Hypothese ist, daß sich unter den uns bekannten Sprachen nahezu kein einziges Beispiel für eine Sprache *ohne* Präpositionen (bzw. Postpositionen), aber *mit* Kasus finden läßt. Selbst Sprachen mit äußerst komplexen

---

46 Vgl. Sz. 214f; Baldi (1979); Calboli (1965, 74); Dressler (1971); Lehmann (1982, 90-94). Weitere Literaturhinweise bei Pinkster (1972c, 148). Nach Calboli manifestiert sich in der Hinzufügung von Präpositionen das Bedürfnis nach Redundanz (vgl. Anmerk. 41).

Kasussystemen - wie das Ungarische und Tabassaranische-besitzen Präpositionen. Die postulierte Struktur ist m.a.W. typologisch weniger befriedigend. Glaubhaft ist dagegen die Annahme, daß in einem Vorstadium des Lateinischen die Kasus eine wichtigere Rolle gespielt haben und die Präpositionen eine weniger wichtige[47]. Häufig wird die Auffassung vertreten, daß auch im klassischen Latein die Präpositionen dazu dienten, den angenommenen semantischen Grundwert der einzelnen Kasus zu spezifizieren. Ich gehe auf zwei Phänomene ein, nämlich zum einen auf Präpositionen, die sich mit zwei verschiedenen Kasus verbinden, wobei die Präpositionalgruppe jeweils unterschiedliche Bedeutung hat, zum anderen auf Verben, bei denen die Präposition fakultativ zu sein scheint (z.B. *liberare*).

(i) Die Präpositionen *in* und *sub* können sich mit zwei verschiedenen Kasus verbinden:
- *venire in* + Akk. (*urbem*) gibt die Richtung an
- *habitare in* + Abl. (*urbe*) gibt den Ort an
Dieses synchronische Phänomen versuchen viele damit zu erklären, daß die Präposition den semantischen Unterschied, der in erster Linie schon durch den Kasus gekennzeichnet werde, lediglich verdeutliche bzw. zusätzlich unterstreiche. Mit dieser

---

47 Andere Argumente, die zur Untermauerung der 'Spezifizierungs-Hypothese' angeführt werden, beziehen sich zum einen auf die Tmesis, zum anderen auf die Inversion:
-    per te, ere, obsecro, deos immortales ('Ich flehe dich an, Herr, bei den unsterblichen Göttern', Pl. *Bac*. 905f)
-    nec ... demimus ... hilum tempore de mortis ('Und nichts nehmen wir weg von der Dauer unseres Todes', Lucr. 3,1087)
Jedoch sind beide Erscheinungen stark stilistischer Natur und nicht produktiv. Ferner wird auf Wörter wie *extra* verwiesen, die sowohl zur Klasse der Adverbien als auch zur Klasse der Präpositionen gehören. Das kann aber niemals ein Beweis für die Annahme sein, daß es eine dieser Kategorien ursprünglich nicht gegeben habe. Nach Dressler (1971, 9) ist die Tatsache, daß sich nicht feststellen läßt, ob das Indogermanische Präpositionen oder Postpositionen besaß, ein Argument dafür, keins von beiden anzunehmen. Sprachen ohne Prä- und Postpositionen, aber mit Kasus sind beispielsweise Djerbal (Australien), Mojavi und Dieguêno (Yuma), möglicherweise auch Hethitisch (Mitteilung von Chr. Lehmann). Bisweilen ist es schwierig zu entscheiden, ob wir es mit einem Kasus oder einem anderen morphologischen Kennzeichen zu tun haben. Wie sich das lateinische *causa* vom Substantiv zur Postposition entwickelt hat (z.B. *rei publicae causa*), so läßt sich in anderen Sprachen die Tendenz zur Bildung von Präpositionen aus anderen Wortarten feststellen, vgl. dt. *aufgrund/anhand*. Zum Zusammenhang von Kasus und Präpositionen vgl. Kilby (1981) und Lehmann (1982, 74-106). Für das Indogermanische vgl. Boley (1985) und Horrocks (1981). Dik (1983) versucht zu erklären, warum das System mit Kasus von einem System mit *Präpositionen* (und nicht mit Postpositionen) abgelöst wurde. Zur Frage nach dem Nutzen derartiger typologischer Betrachtungen vgl. Dressler (1971) und Strunk (1977).

Erklärung kommt man aber bei *intra* nicht weiter:
- *venire intra* + Akk. (*urbem*) gibt die Richtung an
- *habitare intra* + Akk. (*urbem*) gibt den Ort an
Vgl. auch *ante murum* und *pro muro*.

(ii) Bei manchen dreistelligen Verben wird der Komplement-Konstituent entweder durch den bloßen Ablativ oder durch eine Präposition in Verbindung mit dem Ablativ markiert[48], vgl.

(80) te a quartana liberatum gaudeo ('Ich bin froh, daß du von dem Wechselfieber befreit bist', Cic. *Att.* 10,15,4)

(81) febri quartana liberatus est ('Er ist von dem Wechselfieber befreit worden', Plin. *Nat.* 7,166)

Im allgemeinen werden parallele Konstruktionen wie die in (80) und (81) vorliegenden als Beweis für die These angeführt, daß Präpositionen die durch die Kasus selbst bereits gekennzeichneten semantischen Relationen nur noch (zusätzlich) verdeutlichen. Ich habe schon in vorigen Paragraphen dargelegt (S. 96), daß es wenig Sinn hat zu behaupten, die 'separative' Beziehung in Beispiel (81) beruhe auf dem Kasus (Ablativ). Vielmehr ist diese semantische Relation der Bedeutung von *liberare* inhärent. Genauso anfechtbar ist die Auffassung, daß die Präposition *a(b)* in (80) die semantische Funktion des Kasus (*quartana*) lediglich 'präzisiere'. Vielmehr scheinen beide Ausdrücke, *a quartana* (80) und *quartana* (81), synonym[49], wobei die Präposition *a(b)* kraft ihrer Bedeutung gewissermaßen genau zu der semantischen Relation paßt, die das Verb *liberare*

---

48 Man beachte, daß dieses Phänomen nur bei dreistelligen Verben und dem Ablativ anzutreffen ist.
49 Wenn beide Konstruktionen synonym genannt werden, so braucht das noch nicht zu bedeuten, daß sie in gleichem Maße verwendet werden. Aus TLL s.v. 1309, 23 schließe ich, daß es zulässig ist, folgendes Schema aufzustellen:

	Nominalgruppe + menschlich	Nominalgruppe - menschlich
liberare + Abl.	−	+
liberare + *ab* + Abl.	+	+

Vgl. zu dieser Erscheinung im Griechischen Moreux (1976). Daß das Bedürfnis nach expliziter Kennzeichnung der semantischen Funktion von Konstituenten, die Menschen bezeichnen, größer ist als bei Konstituenten der Klasse 'unbelebt', ist zu erwarten; denn 'Menschen' können in einer Vielzahl von semantischen Funktionen auftreten. Vgl. jetzt auch Théoret (1982), der einen Zusammenhang zwischen Konkreta und Präposition einerseits, Abstrakta und 'bloßen' Kasus andererseits konstatiert (vgl. oben S. 34).

aufgrund seiner Bedeutung ohnehin schon vorsieht. Auffälligerweise gibt es außer *a(b)* entweder gar keine oder nur sehr
wenige Präpositionen, welche die 'separative' Relation verdeutlichen: die Verbindung mit *a(b)* ist stark idiomatisiert[50]. Statt
aus Beispielen wie (80) und (81) die allgemeine Schlußfolgerung
zu ziehen, daß Präpositionen lediglich dazu dienten, die durch
den betreffenden Kasus an sich schon gekennzeichneten Relationen zu verdeutlichen, dürfte es eine viele interessantere
Beobachtung sein zu sagen, daß bei Verben wie *liberare* die
'separative Relation' ebensogut implizit in der Verbbedeutung
enthalten sein wie explizit durch eine Präposition markiert
werden kann. Daß die Nominalgruppe in beiden Fällen im Ablativ
steht, ist Zufall[51]. Es stehen sich Fälle gegenüber, in denen
die Gruppe 'Präp. + Kasus X' mit einer durch einen anderen
Kasus (Y) gekennzeichneten Gruppe konkurriert, vgl.

(77) aliquam partem de istius impudentia

(82) ne residere in te ullam partem iracundiae suspicemur
      ('Damit wir nicht vermuten, daß in deinem Herzen irgendein
      Rest von Zorn zurückbleibt', Cic. *Deiot.* 8)

Der Genitiv ist, wie wir gesehen haben, der häufigste auf
Wortgruppenniveau verwendete Kasus; durch ihn läßt sich eine
Vielzahl semantischer Relationen formal kennzeichnen, die
infolge der Bedeutungen der jeweils als Kern und Attribut
auftretenden Lexeme zustandekommt. Daß es sich in (82) um
eine sog. partitive Beziehung handelt, kann - wie in (77)-
durch die Präposition *de* (+ Abl.) explizit angezeigt werden[52].
Eine ähnliche Konkurrenz findet auf Satzniveau statt zwischen
dem Dativ und der Verbindung '*ad* + Akk.' zur Kennzeichnung
des Adressaten[53]:

(83) tibi ... praetor ... palam dicit ('Der Prätor sagt dir öf-
      fentlich', Cic. *Quinct.* 85)

---

50 Zu *liberare ex* vgl. Cic. *Ver.* 5,23: *ex his incommodis* pecunia se
liberasse. Hier ist die Substitution durch *ab* oder durch den bloßen Ablativ
vielleicht möglich, jedoch mit Sicherheit nicht in dem anderen Beleg aus
klassischer Zeit (Vitr. 7,3,6). *liberare de* findet sich nicht im klassischen
Latein. TLL s.v. *liberare* 1309, 23ff.
51 'Zufällig' bedeutet hier, daß es keine synchronische Erklärung gibt.
52 Wenn die Präpositionen in synchronischer Hinsicht lediglich Präzisierungen der durch den Kasus bereits markierten Relationen wären, dann dürfte
man in der Tat auch Verbindungen wie '*de* + Gen.' etc. erwarten. Zu *de* vgl.
die Entwicklung im Romanischen.
53 Vgl. die Kennzeichnung des Adressaten durch eine Präposition in den
romanischen Sprachen (frz. *dire à*) und K.-St. I, 519.

(84) respondebat se ad recuperatores esse dicturum ('Er antwortete, daß er es den Richtern sagen werde', Cic. *Ver.*
3,68)

Somit können wir generell feststellen, daß in einer Reihe von
Fällen, in denen die semantische Beziehung aus der Bedeutung
(eines) der betreffenden Lexeme klar genug hervorgeht, eine
Wahl besteht zwischen einer sozusagen 'analytischen' Ausdrucksweise (Gebrauch einer semantisch verwandten Präposition
und des dazugehörigen Kasus) und einer sog. 'synthetischen'
Ausdrucksweise (formale Kennzeichnung erfolgt ausschließlich
durch einen Kasus). Bisweilen, z.B. bei *liberare*, stimmt der in
der 'analytischen' Ausdrucksweise erscheinende Kasus mit dem
in der 'synthetischen' Ausdrucksweise gebrauchten überein.
Bekanntlich hat sich die analytische Ausdrucksweise im Verlauf
der Entwicklung vom Lateinischen zu den romanischen Sprachen
allgemein durchgesetzt[54].

5.2.3. IDIOMATISCHER GEBRAUCH VON PRÄPOSITIONEN

Am Schluß des vorigen Paragraphen wurde hervorgehoben, daß
sich Präpositionen und Kasus dadurch unterscheiden, daß erstere
die zwischen den Wortern bestehende semantische Relation
explizit zum Ausdruck bringen. Jedoch läßt sich die semantische
Seite einer Präposition nicht immer leicht beschreiben. Dies
ist namentlich dort sehr schwierig oder gar unmöglich, wo die
Präposition ein Argument (innerhalb der Kernprädikation)
markiert, z.B. bei *bene mereri de, communicare cum*. Dieses
Phänomen begegnet uns natürlich auch im Deutschen: man
vergleiche *Hans rechnet mit dem Besuch* und *Hans rechnet
mit dem Rechenschieber*. Im Falle des sog. Präpositionalobjekts
(bei *rechnen mit*) läßt sich die Bedeutung von *mit* kaum bestimmen und in synchronischer Sicht mit der Bedeutung von
mit in dem Ausdruck *mit dem Rechenschieber (rechnen)* wohl
kaum in Verbindung bringen. Weiterhin haben gerade die meist
gebrauchten Präpositionen eine ziemlich breite Skala verschiedener semantischer Aspekte, wie man z.B. an der Inhaltsüber-

---

54 Um hiervon einen Eindruck zu vermitteln, weise ich darauf hin, daß
in der französischen Übersetzung der Textstelle aus Caesar, welche der auf
S. 63 abgebildeten Abb. 3 zugrunde liegt, (i) viel mehr Wörter (ca 20%) und
(ii) ca 40% mehr Präpositionen vorkommen als im lateinischen Original.

sicht des Artikels *de* aus dem TLL sehen kann:

(aus: TLL s.v. *de*, p. 44)

Schon aus dieser Vielzahl von semantischen Aspekten geht klar hervor, daß die in § 5.2.2. kritisierte Auffassung, Präpositionen leisteten lediglich eine 'Präzisierung' der Kasus, zu simpel ist. Manche dieser unterschiedenen semantischen Aspekte können als 'konkret' oder 'lokal', andere müssen eher als 'abstrakt' bezeichnet werden. Einige scheinen in einer engen Beziehung zueinander zu stehen (z.B. örtliches 'von-her' und zeitliches 'unmittelbar nach'). Manchmal wirkt allerdings die Herstellung einer solchen Beziehung sehr unnatürlich (z.B. zwischen lokalem *de* und sog. kausalem *de*, vgl. *fessus de via* 'von der Reise müde'). In anderen Fällen erhebt sich die Frage, ob es überhaupt angeht, der Präposition eine (eigene) Bedeutung zuzuschreiben, z.B. dort, wo die Bedeutung des durch sie markierten Substantivs für die Bedeutung der Präpositionalgruppe ausschlaggebend ist (z.B. kommt temporales *de* nur bei Wörtern vor, die eine 'Zeit' oder einen 'Zeitpunkt' angeben). Das aber heißt, daß die in § 5.1.6. aufgezeigte Problematik in bezug auf die Mannigfaltigkeit der Gebrauchsweisen der Kasus in begrenztem Maße auch für die Präpositionen gilt.

5.2.4. DIE INTERNE STRUKTUR DER PRÄPOSITIONALGRUPPE

Die Präpositionalgruppe (PP) besteht aus einer Präposition und - in der Regel - einer Nominalgruppe[55]. Die Präposition fungiert als Relator, die Nominalgruppe als (präpositionales) Komplement[56].

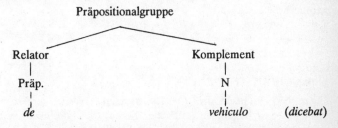

Die Präpositionalgruppe unterscheidet sich hinsichtlich ihrer internen Struktur von der Nominalgruppe u.a. darin, daß die Präposition und das 'präpositionale Komplement' voneinander abhängig sind. Einerseits kann in einem Beispiel wie (66) *de* nicht weggelassen werden, ohne daß der Satz ungrammatisch wird:

(66) a   de vehiculo ... dicebat

b   *vehiculo ... dicebat

(Ausnahmen von der Regel, daß die Präposition der PP nicht weglaßbar ist, ergeben sich bei Verben wie *liberare*, bei denen das Argument sowohl durch eine NP als auch durch eine PP repräsentiert sein kann (vgl. S. 103)). Andererseits vermag die Präposition normalerweise nicht selbständig den Platz der PP

___

55 Ein besonderer Fall ist (80) *a quartana* (S. 103): hier nimmt ein substantiviertes Adjektiv den Platz der Nominalgruppe ein.
56 Der Terminus 'präpositionales Komplement' wird hier in Anlehnung an Quirk et al. (1972, 299) gebraucht. Der Terminus 'Relator' stammt aus der tagmemischen Grammatik. Zum Begriff 'Relator' in der Functional Grammar (FG) s. Van Limburg (1985).

als ganzer einzunehmen, ein Phänomen, dem wir beim sog. substantivischen Gebrauch von Adjektiven begegnen werden (s. S. 137). Das präpositionale Komplement kann nur weggelassen werden in Fällen wie (85):

(85) et in corpore et extra esse quaedam bona ('Daß es sowohl innerhalb des Körpers als auch außerhalb gewisse Güter gebe', Cic. *Fin.* 2,68) (vgl. K.-St. I, 579)

Extra kommt nicht nur als Präposition, sondern auch als Adverb vor. Häufiger ist jedoch folgende Struktur anzutreffen:

(86) in urbe et extra eam

Werden zwei Präpositionalgruppen, bei denen sich die Präpositionen mit jeweils einem anderen Kasus verbinden, koordiniert, so ist bei beiden Präpositionen ein explizites Komplement erforderlich[57].

5.2.5. SCHLUSSFOLGERUNG

Kasus und Präpositionen (+ Kasus) sind einander ergänzende Systeme, die beide die Aufgabe haben, die Beziehungen zu markieren, in denen Argumente und Satelliten oder auch Glieder von Nominalgruppen auftreten. Präpositionen besitzen im allgemeinen (jedoch nicht immer) einen eigenen semantischen Wert; bei den Kasus dagegen kann höchstens in ganz bestimmten Strukturen von einem globalen semantischen Eigenwert die Rede sein.

5.3. SUBORDINATOREN

In der Einleitung dieses Kapitels haben wir gesehen, daß Subordinatoren sowohl in Nebensätzen auftreten, die ein Argument in bezug auf das (regierende) Prädikat darstellen, als auch in solchen, die als Satellit fungieren. Es begegnen uns etliche Subordinatoren in beiden Typen von Nebensätzen, vgl. die auf S. 57/58 angeführten Beispiele (3) und (6):

---

57 Vgl. K.-St. I, 579; Pinkster (1972c, 146f) und Mallinson-Blake (1981, 202).

(3)   insperanti ... mihi ... cecidit ut in istum sermonem ...
       delaberemini ('Ohne daß ich damit rechnete, geschah es,
       daß ihr in diese Diskussion hineingerietet', Cic. *de Orat.*
       1,96)

(6)   esse oportet ut vivas, non vivere ut edas ('Du sollst
       essen, um zu leben, nicht leben, um zu essen', *Rhet.
       Her.* 4,39,4)

Was wir bei den Kasus und den Präpositionen festgestellt
haben, gilt auch für Subordinatoren, die einen als Argument
fungierenden Nebensatz markieren: es ist schwierig, ihnen
eine spezifische semantische Funktion zuzuerkennen. Dies ist
u.a. daraus ersichtlich, daß sich ein solcher Subordinator durch
einen anderen ersetzen läßt, ohne daß ein Unterschied in der
Bedeutung eintritt. Z.B. kann in (3) an die Stelle von *ut* der
Subordinator *quod* treten, dem sich ebensowenig ein bestimmter
semantischer Aspekt zuschreiben läßt:

(87)   hoc tamen cecidit ... peropportune, quod ... ad Antonium
       audiendum venistis ('Dies kam mir sehr gelegen, daß ihr
       gekommen seid, um Antonius zu hören', Cic. *de Orat.* 2,15)

Dagegen konstrastiert *ut* in Satellitsätzen mit einem anderen
Subordinator, z.B. mit *cum*. Die Beziehung zwischen dem Gebrauch desselben Subordinators in Argument- und Satellitsätzen
ist schwer zu beschreiben. Auf zwei Punkte komme ich später
zu sprechen: in § 7.2.3. wird auf die Schwierigkeit hingewiesen,
die Kategorien der Subordinatoren und der relativen Adverbien
voneinander zu unterscheiden; § 7.5.1. befaßt sich mit der in
einigen Fällen vorliegenden historischen Beziehung zwischen
Subordinatoren einerseits und Konnektoren (z.B. *enim*) und
Adverbien (z.B. *ideo*) andererseits.

5.4. KONGRUENZ (INNERHALB DER NOMINALGRUPPE)

Nomina und Pronomina werden im Lateinischen außer durch
den Kasus auch durch den Numerus gekennzeichnet. Das Nu-
merusmorphem richtet sich in der Regel nach der Zahl der
Entitäten, auf die die Nominalgruppe verweist (z.B. *unus filius
/ duo filii*); allerdings kommen Ausnahmen vor (pluralia tantum:

z.B. *tenebrae* 'Finsternis', singularia tantum: z.B. *lac* 'Milch'[58]).
Der Numerus ist somit eine semantische Kategorie.

Die Nomina besitzen im allgemeinen kein Merkmal, an dem sich das sog. grammatische Geschlecht (Genus) ablesen ließe. Ausnahmen sind bestimmte Substantive, die lebende Wesen bezeichnen, z.B. *filius/filia*; produktiv sind Suffixe wie *-tor/-trix*. Über Wesen und Ursprung des Genus der Substantive liegt eine umfangreiche Literatur vor. Die meisten Linguisten vertreten die Auffassung, daß trotz produktiver Bildungen wie derjenigen auf *-tor/-trix* und trotz solcher Regeln wie 'Baumnamen sind im Lateinischen weiblich' keine Beziehung zwischen dem natürlichen Geschlecht (sexus) und dem grammatischen Geschlecht der Substantive bestehe[59] und daß es im allgemeinen keine semantische Basis für das Geschlecht der Substantive gebe[60]. Viel auffallender sei beispielsweise die Beziehung zwischen Deklinationsklasse und Genus (vgl. z.B. 'Wörter der 3. Deklination auf *-s* sind in der Regel weiblich'.

Die Kongruenz von Adjektiven, Pronomina etc. besteht darin, daß explizite (Kasus, Numerus) und implizite Merkmale der als Kern fungierenden Nomina an der Form dieser Adjektive etc. erkennbar sind. Die Kongruenz der Adjektive ist ein grammatisches Phänomen, das dazu dient, den Zusammenhang innerhalb der Nominalgruppe sichtbar zu machen, vor allem dort, wo die Nominalgruppe - in der linearen Abfolge des Satzes - kein kontinuierliches Ganzes bildet.

BIBLIOGRAPHISCHE INFORMATION

Meine Auffassung vom lateinischen Kasussystem ist nachzulesen in Pinkster (1972a, 1980, 1985). Bibliographische Übersichten

---

58 Späte Ausnahmen in TLL s.v. 816, 6ff.
59 Vgl. Matthews (1974, 45-47). Eine Ausnahme ist De Groot (1948, 451; 460f; 463), der folgende Einteilung bietet (460f):

without lifelessness		with lifelessness
without female	with female	
masculine	feminine	neuter

60 Semantisch besteht natürlich ein Unterschied bei *bonus/bona sum*.

über die gigantische Menge an Literatur zum Thema 'Kasus' bieten Calboli (1972, 1983) und Serbat (1981). Statistische Daten sind zu finden in Bolkestein et al. (1976, 1978). Zur diskriminierenden und identifizierenden Funktion der Kasus vgl. Dik (1978, 157-170) und Harris (1975, 186). Zur Möglichkeit, denselben Kasus in verschiedenen Funktionen (sowohl diskriminierend als auch identifizierend) zu gebrauchen, vgl. Ebeling (1957), De Groot (1956a, b), Kurylowicz (1949). Zu Kontextfaktoren, welche die Wahl der Kasuskonstruktion bei Verben wie *donare* bestimmen, vgl. Bolkestein (1985 a, b) und Bolkestein-Risselada (1985). Zur Erklärung des Akk. als Kennzeichen des Subjekts im AcI vgl. Baldi (1983). Die ausführlichste Darstellung des Genitivs bietet De Groot (1956b). Zur Entwicklung des lateinischen Kasussystems vgl. Plank (1979a, 1979b).

Zur Beziehung zwischen Präpositionen und Kasus vgl. Pinkster (1972c, 145-152). Die traditionelle Auffassung ist zu finden in Sz. 214f. Zur Vielfalt der Gebrauchsweisen von Präpositionen vgl. Kooij (1971, 57-115) und Vester (1983).

Über die Funktion des grammatischen Geschlechts gibt Gerlach-Royen (1929) die ausführlichste Information. Vgl. auch Ibrahim (1973).

6. NOMINALGRUPPEN

In Kapp. 1-5 wurde die Struktur von Sätzen und die Rolle von nominalen Konstituenten in diesen besprochen. Im Mittelpunkt dieses Kapitels steht nun die interne Struktur nominaler Gruppen, d.h. nominaler Konstituenten, die nicht nur aus einem einzelnen Substantiv oder Pronomen usw. bestehen. Beispiele für Nominalgruppen (künftig 'NP' abgekürzt)[1] sind die kursiv gedruckten Konstituenten in Bsp. (1):

(1) oblitaque *ingenitae erga patriam caritatis ... consilium migrandi ab Tarquiniis* cepit ('Sie vergaß die ihr eingeborene Liebe zum Vaterland und faßte den Entschluß, von Tarquinii auszuwandern', Liv. 1,34,5).

Bsp. (1) enthält zwei NP, nämlich

(1) a   ingenitae erga patriam caritatis

(1) b   consilium migrandi ab Tarquiniis

Die NP in (1 a) wird von *oblita* regiert; die interne Struktur von (1 a) ist folgende: *caritas* ist der 'Kern' der NP; dieser Kern-Konstituent ist syntaktisch notwendig (vgl. aber § 6.5.) und bestimmt das Genus eines kongruierenden Adjektivs. Vom Kern-Substantiv hängt die Präpositional-Gruppe *erga patriam* ab. *Caritas* ist aufgrund seiner Bedeutung ein zweistelliges

---

1 Der englische Ausdruck ist 'Noun Phrase' (NP). In der transformationellen Grammatik wird der Begriff NP im weiteren Sinne gebraucht, nämlich für jeden Konstituenten, der z.B. als Subjekt oder Objekt in einem Satz auftreten kann. Ein AcI etwa wird aufgefaßt als eine NP in der Funktion Objekt; sie wird realisiert in Form einer eingebetteten Prädikation, vgl. das folgende Stemma:

Cicero dixit Catilinam civem pestiferum esse ('Cicero sagte, daß Catilina ein verderbenbringender Bürger sei')

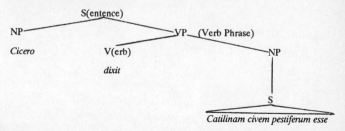

113

Substantiv (vgl. S. 2), bei dem 'jemand, von dem die Liebe ausgeht' und 'jemand (oder etwas), auf den sich die Liebe erstreckt' ausgedrückt werden müssen, sofern nicht bereits der Kontext hinsichtlich dieser prinzipiell notwendigen Konstituenten vollkommene Klarheit schafft. In (1) etwa geschieht das dadurch, daß die *caritas* als eine Eigenschaft des Satzsubjektes verstanden wird. Die ganze Gruppe *erga patriam caritatis* wird bestimmt durch das 'Attribut' *ingenitae*; Attribut definieren wir dabei als weglaßbaren Konstituenten auf Wortgruppen-Niveau[2]. Bislang außer Betracht geblieben ist die syntaktische Funktion von *erga patriam*. In den Grammatiken wird in solchen Fällen meist ebenfalls von 'Attribut' gesprochen; es wird also kein Unterschied gemacht zwischen notwendigen und nicht notwendigen 'Attributen'. Ich halte mich an die gängige Terminologie, spreche aber gegebenenfalls von 'notwendigen Attributen'[3]. Die Struktur der Wortgruppe (1 a) kann nun wiedergegeben werden wie folgt:

---

2 Zum Begriff 'Weglaßbarkeit' vgl. S. 9ff.
3 Ein anderer Begriff für Attribut ist 'Modifikator' (modifier).

Abb. 1

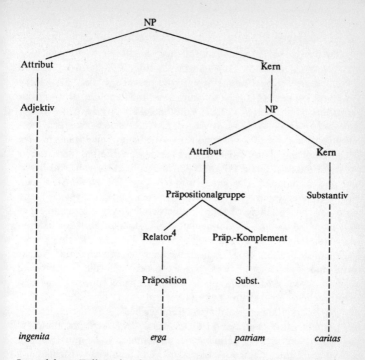

In solchen Fällen, in denen die NP aus einem Attribut besteht und einer zweiten, hierarchisch tieferen NP mit der Funktion Kern, die ihrerseits wieder ein Attribut besitzt, sprechen wir von 'Nesting' ('Einschließung', vgl. K.-St. I, 240f).

Die NP (1 b) erfüllt die Funktion Objekt gegenüber dem Prädikat *cepit.* Innerhalb der NP ist *migrandi ab Tarquiniis* eine 'eingebettete' Prädikation; diese ist ein notwendiges Attribut zum Kern *consilium.* Innerhalb der eingebetteten Prädikation ist *ab Tarquiniis* ein Satellit.

Ein Sonderfall ist die Apposition. Ein Beispiel einer Apposition bietet (2):

(2) cum ... legio ... Albae constiterit, in municipio fidelissimo ... ('Da die Legion in Alba Quartier genommen hatte, einem äußerst zuverlässigen municipium', Cic. *Phil.* 3,39)

---

4 Zum Begriff 'Relator' vgl. S. 107.

In (2) ist *in municipio fidelissimo* Apposition zu *Albae.* Vgl. hierzu weiter § 6.8..

In den folgenden Paragraphen soll auf eine Reihe von Problemen der Nominalgruppen eingegangen werden. Zunächst werden verschiedene Konstituententypen besprochen, die als Kern auftreten können (§ 6.1.), sodann Konstituenten, die als Attribut auftreten können (§ 6.2.). Vollständigkeit wird dabei nicht angestrebt. In § 6.3. wird auf den Unterschied zwischen notwendigen und nicht notwendigen Attributen eingegangen. Im Zusammenhang damit behandle ich auch den Einfluß der syntaktischen Funktion einer NP auf die Weglaßbarkeit von Attributen und auf komplexe Attribute. In § 6.4. werden Nominalgruppen mit zwei oder mehr Attributen besprochen, die eine verschiedene hierarchische Stellung haben, außerdem deren Reihenfolgebeziehungen und, im Zusammenhang damit, die Subklassifikation von Adjektiven. § 6.5. handelt vom fallweisen Fehlen eines Kern-Konstituenten (sog. substantivischer Gebrauch von Adjektiven und Partizipien). In § 6.6. bespreche ich die semantische Struktur von Nominalgruppen, die Entsprechungen zu den semantischen Strukturen auf Satzniveau und die diese Beziehungen markierenden formalen Kennzeichen, v.a. die Kasus. § 6.7. befaßt sich mit dem Unterschied zwischen 'bestimmten' und 'unbestimmten' ('definiten' : 'indefiniten') Nominalgruppen und dem Fehlen eines Artikels im Lateinischen. Abschließend (§ 6.8.) gehe ich auf die Apposition ein.

6.1 KERN-KONSTITUENTEN

Der am häufigsten auftretende Konstituententyp, der als Kern in einer NP fungiert, ist das Substantiv. Beispiele dafür sind oben (1) und (2). Abgesehen von Fällen substantivischen Gebrauchs (die in § 6.5. behandelt werden), kommen als Kern manchmal auch Pronomina (3) und gelegentlich der Infinitiv (4) vor (Beispiele bei K.-St. I, 666; Sz. 343f).

(3) di *te* ament cum irraso capite ('Mögen dich die Götter

lieben mit deinem ungeschorenen Kopf', Pl. *Rud.* 1303)[5]

(4) me ... hoc ipsum *nihil agere et plane cessare* delectat
('Gerade dieses Nichtstun und dieser Müßiggang gefallen
mir', Cic. *de Orat.* 2,24)

6.2. KONSTITUENTEN IN DER FUNKTION ATTRIBUT

Die am häufigsten vorkommenden Attribute sind Adjektive
(z.B. *bonus* in *vir bonus*), bestimmte Pronomina (*ille, quidam*)
und Nomina oder Nominalgruppen im Genitiv (z.B. *praedae* in
spes praedae). Eine weitere Illustration dieser 'Normalfälle'
erübrigt sich. Außerdem kommen als Attribut vor:

(a) Nominalgruppen in anderen Kasus als dem Genitiv
(b) Präpositionalgruppen
(c) Adverbien
(d) eingebettete Prädikationen (Nebensätze) verschiedener
Form.
Es folgen Beispiele für jeden dieser Typen.

6.2.1. NP ALS ATTRIBUT

Der Genitiv ist bekanntlich auf Wortgruppenniveau der 'gewöhnliche' Kasus (vgl. § 5.1.1.5), doch trifft man hier auch vereinzelt
Beispiele für Dativ (5), Akkusativ (6) und Ablativ (7) an. (7
b) ist ein Beispiel für den sog. Abl. qualitatis[6].

(5) a quid mihi scelesto *tibi* erat auscultatio ('Warum mußte
ich auf dich Schurken hören?', Pl. *Rud.* 502)

b receptui signum aut revocationem a bello audire non
possumus ('Von einem Signal zum Rückzug oder einer
Abberufung aus dem Krieg können wir nichts hören', Cic.
Phil. 13,15)

---

5 Sofern nicht *cum irraso capite* als Prädikativum aufgefaßt werden muß
(vgl. Kap.8). Entsprechende Fälle bei Fraenkel (1968, 67). Zu den Attributen
im Dat. vgl. K.-St. I, 346; Sz. 91, 95, 99. Zum Akkusativ K.-St. I, 260; Sz.
34; zum Ablativ Sz. 128; zum Ablativus qualitatis K.-St. I, 454-457; Sz. 117-
119.
6 Zum Genitivus qualitatis vgl. K.-St. I, 454-457; Sz. 68-71. Siehe auch
Sz. 34 zu den Substantiven auf -*tor*.

(6)   quid tibi hanc curatiost rem ('Wozu mußt du dich um diese Sache kümmern?', Pl. *Am.* 519)

(7) a   quid tibi hanc digito tactio est ('Warum streckst du die Finger nach ihr aus?', Pl. *Poen.* 1308)

   b   Aristoteles, vir summo ingenio, scientia ... dicere docere ... coepit adulescentes ('Aristoteles, ein hochbegabter Mann, begann die Jugend in der Redekunst zu unterweisen', Cic. *Tusc.* 1,7)

Auf Nominalgruppen als Attribut und die Rolle der Kasus gehe ich in § 6.6. ein.

6.2.2. PRÄPOSITIONALGRUPPE ALS ATTRIBUT

Beispiele für Präpositionalgruppe als Attribut liegen bereits vor in (1), (3) und (5 b). Zu vergleichen sind auch noch die folgenden:

(8)   sequebatur raeda cum lenonibus ('Es folgte ein Wagen mit Zuhältern', Cic. *Phil.* 2,58)

(9)   Auli autem filius, o di immortales! quam ignavus ac sine animo miles ('Der Sohn des Aulus aber, du lieber Himmel! Welch feiger und unbeherzter Soldat!', Cic. *Att.* 1,18,5)

(10) quoius modi reliqui ... filium? :: cum pedibus, manibus, cum digitis, auribus, oculis, labris ('Welche Art von Sohn ließ ich zurück? :: Einen mit Füßen, Händen, Fingern, Ohren, Augen, Lippen', Pl. *Mos.* 1117f)

(11) L. Sullae, C. Caesaris pecuniarum translatio a iustis dominis ad alienos ('Die Übertragung von Geldern durch L. Sulla und C. Caesar von den rechtmäßigen Eigentümern an fremde', Cic. *Off.* 1,43)

Für Beispiele vgl. auch K.-St. I, 213-218[7]. In (9) finden wir den Fall einer Koordination zwischen attributivem Adjektiv und attributiver Präpositionalgruppe (vgl. Sz. 817). Man beachte, daß in diesem Beispiel beide Attribute durch das intensivierende

---

7 Weitere Belege mit Präpositionalgruppe als Attribut finden sich bei Nägelsbach (1905, 306ff); Scherer (1975, 206f); Sz. 428; Väänänen (1977).

quam bestimmt werden. (11) ist ein gutes Beispiel für mehrere von einem Kern-Konstituenten (*translatio*) abhängige Attribute; zu diesem Bsp. vgl. auch weiter unten § 6.3.1.. Hervorzuheben ist, daß in (1) die Präpositionalgruppe *erga patriam* durch *ingenitae* und *caritatis* umrahmt wird. Aus dieser Wortstellung ist so die enge Relation von *erga patriam* zu *caritatis* ersichtlich.

6.2.3. ADVERB ALS ATTRIBUT

(12) neque ictu comminus neque coniectione telorum ... magnas copias pulsas esse ('Daß große Heere weder durch Hieb und Stich aus der Nähe noch durch das Werfen von Geschossen verjagt worden sind', Cic. *Caec.* 43)

(13) intuemini enim horum deinceps annorum vel secundas res vel adversas ('Betrachtet nämlich Glück und Unglück der vergangenen Reihe von Jahren', Liv. 5,51,5)

(14) fugam magis retro quam proelium aut hostem spectante milite ('Während die Soldaten eher an Rückzug dachten als an das Gefecht und den Feind', Liv. 8,19,7)

(15) neque enim ignari sumus ante malorum ('Wir wissen nämlich um früheres Unheil', Verg. *A.* 1,198)

Für Beispiele vgl. K.-St. I, 218-220[8]. Die Beispiele, welche die Handbücher für attributiven Gebrauch von Adverbien bieten, umfassen in Wirklichkeit drei Verwendungsweisen.

(i) Die erste Gruppe betrifft im eigentlichen Sinne den Gebrauch des Adverbs als Attribut; (12) - (15) sind hierfür gute Beispiele. In (12) steht *ictu comminus* auf derselben Ebene wie *coniectione telorum*, in (14) *fugam retro* auf derselben wie *proelium* und *hostem*. In (13) finden wir die Rahmung des Adverbs durch ein anderes Attribut und den Kern-Konstituenten (vgl. § 6.2.2. zu Bsp. (1)).

(ii) Eine zweite Verwendungsweise wird belegt durch Fälle wie Bsp. (16), das etwa bei K.-St. als Beispiel eines attributiv gebrauchten Adverbs betrachtet wird.

(16) non tu nunc hominum mores vides? ('Siehst du nicht, wie die Sitten der heutigen Menschen sind?', Pl. *Per.* 385)

---

8 Weitere Beispiele Sz. 171; Adams (1976b, 82f); Scherer (1975, 208).

Es gibt indes keinen überzeugenden Beweis dafür, daß *nunc* Bestandteil einer NP mit dem Kern *hominum* ist. Ein formales Kennzeichen wie die Rahmung in (13) fehlt. Man könnte *nunc* auch als Zeitadverbial auf Satzniveau auffassen ('Siehst du nun nicht, wie die Sitten der Menschen sind?'), wenn das auch im vorliegenden Kontext nicht sehr sinnvoll ist[9]. Auch *ante* in (15) wird manchmal als Adverbial aufgefaßt ('Wir wissen schon lange Bescheid über das Unheil', vgl. Austin z.St.).

(iii) Eine dritte Gruppe wird gebildet durch Fälle wie (17).

(17) matrem in Biturigibus homini illic nobilissimo ac poten-
    tissimo collocasse ('Daß er seine Mutter bei den Biturigern
    mit einem dort sehr angesehenen und mächtigen Mann
    verheiratet habe', Caes. *Gal.* 1,18,6)

Illic gehört zu *nobilissimo* und ist somit eine fakultative Erweiterung des Attributs und nicht selbst ein Attribut des Kern-Konstituenten *homini* (weiteres vgl. § 6.3.). Anders gesagt: *illic* ist sicher Bestandteil der NP und unterscheidet sich insofern von *nunc* in (16), hat aber innerhalb der NP eine andere Funktion als etwa *deinceps* in (13).

Der attributive Gebrauch der Adverbien verbreitet sich unter dem Einfluß des Griechischen. Dort ist die Erscheinung produktiver, da Doppeldeutigkeiten wie die soeben beschriebenen wegen der Existenz eines Artikels (οι νυν ανθρωποι) nur in geringem Maße möglich waren.

6.2.4.   EINGEBETTETE PRÄDIKATIONEN AUF WORT-
            GRUPPENNIVEAU

In Kap. 7 werden wir die verschiedenen Arten von Nebensätzen (im folgenden eingebettete Prädikationen genannt) auf Satzniveau (Argumente oder Satelliten) behandeln. Aber auch auf Wortgruppenniveau begegnen verschiedene Arten eingebetteter Prädikationen; Beispiele sind (18) - (20):

(18) cum ... nuntium accepissem te mihi quaestorem obtigisse
    ('Als ich die Nachricht erhielt, du seist mir als Quaestor
    zugewiesen', Cic. *Fam.* 2,19,1)

---

9 Woytek (z.St.) gibt eine griechische Übersetzung.

(19) omnia ... bene sunt ei dicenda, qui hoc se posse profitetur ('Wer dafür einsteht, dies zu können, der muß über alles gut reden können', Cic. *de Orat.* 2,5)

(20) me ... exspectatio tenet, quibusnam rationibus quibusque praeceptis ea tanta vis comparetur ('Ich bin voll Erwartung, mit welchen Methoden und Vorschriften diese so bedeutende Fertigkeit erworben wird', Cic. *de Orat.* 2,74)

In (18) liegt eine AcI-Konstruktion vor (*te ... obtigisse*), die von *nuntium* abhängt, in (19) ein durch *qui* eingeleiteter Relativ-Satz; in (20) haben wir es mit einem sog. 'abhängigen Fragesatz' zu tun, der bei dem Substantiv *exspectatio* eingebettet ist. Ich führe im folgenden zunächst einige Beispiele zur Erläuterung des Typs (18) an. Anschließend behandle ich einige Aspekte des Relativsatzes. Auf den abhängigen Fragesatz gehe ich nicht weiter ein.

(i) Nebensätze mit einem Subordinator; Infinitivkonstruktionen.

(21) uterer mea consuetudine ut vobis nulla in re molestus essem ('Ich hielte an meiner Gewohnheit fest, euch in keiner Hinsicht beschwerlich zu sein', Cic. *Fam.* 13,76,1) [*ut (non)*: vgl. K.-St. II, 244-246]

(22) de voluntate tua ut simul simus ... non dubito ('An deinem Wunsch, mit mir zusammen zu sein, zweifle ich nicht', Cic. *Att.* 12,26,1) [*ut (ne)*: vgl. K.-St. II, 226]

(23) et cum ... quoque religio obstaret ne non posset nisi ab consule dici dictator ('Und da auch noch das Bedenken im Wege stand, daß ein Diktator nur von einem Konsul ernannt werden könne', Liv. 4,31,4) [*ne (non)*: vgl. K.-St. II, 254]

(24) percipietis etiam illam ... laetitiam ... quod ... tum facillime intellegetis ('Ihr werdet auch jene Freude empfinden, daß ihr dann am leichtesten verstehen werdet ...', Cic. *de Orat.* 1,197)[10]

(25) nullam moram interponendam putavimus quin videremus hominem ('Wir glaubten, keinen Aufschub dulden zu dürfen, um einen Freund zu begrüßen', Cic. *Ac.* 1,1) [*quin*: vgl. K.-St. II, 259]

(26) (Galli) consilium ceperunt ex oppido profugere ('Die Gallier

---

10 Der *quod*-Satz kann auch als explikativ zu *illam* aufgefaßt werden.

faßten den Plan, aus der Stadt zu entfliehen', Caes. *Gal.* 7,26,1) [Inf.: vgl. K.-St. II, 670]

Von den Beispielen für eingebettete Prädikationen in (21)-(26) unterscheiden sich die folgenden Bsp. (27) und (28) insofern, als sie selbst die Form einer NP in einem bestimmten Kasus haben:

(27) sibi enim bene gestae, mihi conservatae rei publicae dat testimonium ('Sich selbst gibt er das Zeugnis, den Staat gut geleitet, mir, ihn erhalten zu haben', Cic. *Att.* 2,1,6) [Dominantes Partizip: vgl. K.-St. I, 767]

(28) eadem natura cupiditatem ingenuit homini veri videndi ('Die Natur hat dem Menschen das Verlangen eingepflanzt, die Wahrheit zu sehen', Cic. *Fin.* 2,46) [Gerundiv: vgl. K-St. I, 737]

Wie bei verbalen Prädikaten, so können auch bei manchen Substantiven verschiedene Kategorien eingebetteter Prädikationen vorkommen. Dabei ergibt sich manchmal ein semantischer Unterschied, manchmal auch nicht. Ersteres ist der Fall etwa beim Austausch einer dominanten Partizipialkonstruktion gegen eine Gerundivkonstruktion, vgl. (29) und (30):

(29) suspicio acceptae pecuniae ('Der Verdacht, Geld genommen zu haben', cf. Cic. *Ver.* 38)

(30) suspicio regni adpetendi ('Der Verdacht, die Königsherrschaft anzustreben', cf. Cic. *Phil.* 2,114)

In (29) wird der Verdacht auf eine bereits erfolgte Geldannahme formuliert, in (30) dagegen der Verdacht, daß die im Kontext genannten Personen die Absicht hegen, die Macht an sich zu bringen. Bei der dominanten Partizipialkonstruktion geht es um eine Tatsache (einen faktiven Sachverhalt), beim Gerundi(v)um um einen nicht-faktiven Sachverhalt. Manche Substantive, wie *suspicio*, können mit beiden Konstruktionen vorkommen, andere nur mit einer von beiden, vgl. Abb. 2. Wir kommen in § 7.3.7. auf diese Erscheinung zurück.

Abb.2

	quod	domnt. Part.	AcI	Gerund.	ut	Inf.
fama	–	+	+	–	–	–
dolor	+	+	+	–	–	–
mandatum	–	–	+	+	+	+
occasio	–	–	–	+	+	+

(Quelle: Bolkestein 1980b, 90-92).

Die bis hierher behandelten eingebetteten Prädikationen (mit Ausnahme von Bsp. (19)) sind vergleichbar mit eingebetteten Prädikationen auf Satzniveau. Manchmal ist es schwierig zu bestimmen, ob wir es mit einer Prädikation auf Wortgruppenniveau zu tun haben oder mit einer eingebetteten Prädikation, die selbst Argument im Satz ist, vgl. (31):

(31) di eam potestatem dabunt ut beneficium bene merenti nostro merito muneres ('Die Götter werden uns die Möglichkeit verschaffen, daß du unserem Wohltäter seine Wohltat nach Verdienst vergelten kannst', Pl. *Capt.* 934f)

Dare kommt mit einer großen Zahl vergleichbarer Substantive vor, so daß wir *potestam dare* möglicherweise als ein komplexes Prädikat betrachten könnten, dem gegenüber *ut* ... die Funktion Komplement erfüllt. Vgl. auch (26) und (27).

(ii) Relativsätze. Folgende Probleme sollen hier behandelt werden:
(a) der Unterschied zwischen einschränkenden und erläuternden Relativsätzen
(b) Der sog. relative Anschluß
(c) die möglichen Funktionen des Relativpronomens
(d) die historische Erklärung des Relativsatzes.
In § 6.5.1. wird die Frage der Beschreibung von Relativsätzen ohne Antezedent gesondert behandelt.

(a) Einschränkende und erläuternde Relativsätze. In sehr vielen Sprachen existiert ein Unterschied zwischen einschränkenden (restriktiven) und erläuternden (explikativen) Attributen. Dieser

123

Unterschied besteht dann z.B. bei Adjektiven, Partizipien und Relativsätzen. Wir beschränken uns hier auf die letzeren. Ein Beispiel für einen einschränkenden Relativsatz im Deutschen ist (32); eines für einen erläuternden Relativsatz ist (33):

(32) Der (= derjenigen) Königin, die eine blaue Robe trug, wurde laut zugejubelt.

(33) Der *Königin*, die eine blaue Robe trug, wurde laut zugejubelt.

Im Gegensatz zu anderen Sprachen berücksichtigen die dt. Interpunktionsregeln den Unterschied zwischen den beiden Satzarten nicht; in mündlicher Rede wird dagegen der Unterschied durch Intonation und Sprechpause markiert. Der semantische Unterschied zwischen den beiden Beispielen ist der, daß (32) die Existenz mehrerer Königinnen voraussetzt, von denen derjenigen in der blauen Robe zugejubelt wurde. Diese Interpretation beinhaltet zugleich, daß der Leser/Hörer in der Lage ist, eindeutig festzustellen, wer gemeint ist. In (33) ist es dagegen nicht so, daß der Relativsatz die Zahl von Kandidatinnen, auf welche *die Königin* verweisen könnte, auf eine einzige einschränkt. Es gibt nur eine einzige Königin, von der außerdem ausgesagt wird, daß sie zu einer bestimmten Zeit eine blaue Robe trug. Man nimmt an, daß der soeben beschriebene semantische Unterschied auch im Lateinischen existiert; hier besteht aber das Problem, daß sich über die formalen Kennzeichen wie Intonation und Sprechpause wenig sagen läßt[11]. Allgemein ist aber darauf hinzuweisen, daß nur wenige Sprachen eine formal-syntaktische oder morphologische Kennzeichnung für den genannten semantischen Unterschied haben (Comrie 1981a, 131f und Mallinson-Blake 1981, 359-367[12] bringen einige Beispiele). Es lassen sich jedoch Situationen anführen, in denen eine erläuternde Interpretation auf der Hand liegt. So ist neben einem Eigennamen ein Attribut fast immer als erläuternd aufzufassen, da ein Eigenname in den

_____

11 Wir haben zwar einige Zeugnisse aus der Antike zum Phänomen der Pause, z.B. Quintilians Anmerkung (11,3,35ff) zu den von ihm angenommen Pausen in Verg. *A.* 1,1-3 *arma virumque cano, Troiae qui primus ab oris/Italiam fato profugus Laviniaque venit*, aber diese Art von Bemerkungen hilft uns nicht viel. Vgl. hierzu Touratier (1980a, 267); Ruijgh (mündl.) bemerkt, daß man anstatt von 'Pause' auch von 'terminaler Verzögerung' sprechen könnte.
12 Mallinson-Blake a.O. weisen darauf hin, daß in den erläuternden Nebensätzen des Englischen das Relativum (*that*, *who*) nicht weggelassen werden kann. Im Griechischen kann das Relativum in einem erläuternden Nebensatz nicht attrahiert werden (vgl. Punkt c), vgl. Rijksbaron (1981, 240 mit Lit.). Vgl auch Quirk et al. (1972, 864f) und Touratier (1980a, 272-274).

meisten Fällen auf eine bestimmte Person verweist[13].

(34) armaverat contraxeratque eos Didas Paeon, qui adulescen-
tem Demetrium occiderat ('Bewaffnet und angeworben
hatte sie der Päonier Didas, der den jungen Demetrios
getötet hatte', Liv. 42,51,6)

Von erläuternder Interpretation ist auch zu sprechen bei Relativsätzen, in denen ein das Urteil des Sprechers/Schreibers
zum Ausdruck bringendes Satzadverbial vorkommt, vgl. (35)-
(36)[14]:

(35) tegentibus tumulis, qui *peropportune* circa viae flexus
oppositi erant, occultus processit ('Da ihn die Hügel
deckten, die sehr günstig beiderseits der Windungen des
Weges lagen, rückte er unbemerkt vor', Liv. 29,34,9)

(36) causam tibi exposuimus Ephesi; quam tu *tamen* coram
facilius meliusque cognosces ('Ich habe dir die Sache in
Ephesos erklärt; du wirst sie aber leichter und besser
kennenlernen, wenn du persönlich anwesend bist', Cic.
Fam. 13,55,1)[15]

Für das Deutsche vgl. (37):

(37) Der Königin, die *natürlich* eine blaue Robe trug, wurde
laut zugejubelt.

(b) Relativer Anschluß. Im Lateinischen wird das Relativum
auch zur Verbindung von Sätzen gebraucht; auch im Deutschen
ist das möglich, doch bevorzugt es das Nebeneinander selbständiger Sätze. Beispiele für diesen sog.'relativen Anschluß' sind
(38) - (39). Weitere Beispiele bei K.-St. II, 319-323.

(38) multas ad res perutiles Xenophontis libri sunt, quos legite,
quaeso, studiose, ut facitis ('Die Bücher Xenophons sind
in vieler Hinsicht sehr nützlich. Lest diese weiterhin
eifrig, bitte', Cic. *Sen.* 59)

(39) L. Cornelius Lentulus ... rediit. qui cum in senatu res ...
gestas exposuisset, ... res triumpho dignas esse censebat
senatus ('Lentulus kehrte zurück. Als er im Senat von

---

13 Vgl. Vester (1977, 257). Touratier (1980a, 278) weist darauf hin, daß
in Fällen, wo ein bestimmter Eigenname mehreren Personen zukommt, durch
Zufügung des Pronomens *ille* deutlich gemacht wird, welche Person gemeint
ist.

14 Vgl. auch Touratier (1980a, 284).

15 K.-St. I, 320 behandeln diesen Fall unter 'Relativischer Anschluß'; s.
Punkt b.

seinen Unternehmungen Bericht erstattet hatte, war der Senat der Meinung, daß diese einen Triumphzug rechtfertigten', Liv. 31,20,1-3)

Man beachte, daß in (38) in dem relativisch angeschlossenen Satz ein Imperativ vorkommt. Der Imperativ kommt normalerweise in Nebensätze nicht vor. In (39) ist das Relativum Bestandteil eines mit *cum* eingeleiteten Nebensatzes. Das Relativum kann überdies stets durch eine Form von *is* ersetzt werden; außerdem kann ein mittels relativischen Anschlusses verbundener Satz nicht durch *et*, *autem* o.ä. eingeleitet werden. Hieraus geht hervor, daß der sog. relative Anschluß eine grundsätzlich andere Erscheinung ist als der 'echte' relative Nebensatz (das bedeutet natürlich nicht, daß es keine Zweifelsfälle gäbe, bei denen unklar ist, ob wir es mit der einen oder mit der anderen Erscheinung zu tun haben). Der relative Anschluß, der im klassischen Griechisch selten ist, nimmt im Lateinischen einen recht großen Raum ein; in Caesars *Bellum Civile* macht er z.B. mehr als 1/5 aller durch Relativum eingeleiteter Sätze aus[16].

(c) Die syntaktische und semantische Funktion des Relativums[17]. Das Relativum spielt im Nebensatz eine Rolle, die derjenigen 'gewöhnlicher' nominaler Konstituenten in anderen Satzarten entspricht. In (39) ist etwa *qui* Subjekt des Nebensatzes *cum ... exposuisset*, wie sich auch aus dem Kasus ergibt. Es gibt Sprachen, bei denen die möglichen Funktionen eines Relativums stark beschränkt sind, z.B. Sprachen, bei denen ein Relativpronomen lediglich Subjekt eines Nebensatzes sein kann. Im Lateinischen bestehen keine solchen Einschränkungen, vgl. (40), wo *qua* ein sog. Ablativus comparationis ist[18]:

(40) ecce ad me advenit mulier, *qua* mulier alia nullast pulchrior
('Da kommt eine Frau zu mir, eine schönre gibt es nicht', Pl. *Mer.* 100f)

Im Lateinischen ist es i.d.R. - in der klassischen Prosa immerso, daß die Form des Relativums durch die syntaktische Funktion bestimmt wird, die es im Nebensatz einnimmt. In Aus-

---

16 Zur Frequenz im Lateinischen vgl. Kurzová (1981, 47). Zum Griechischen vgl. Ruijgh (1971, 611).
17 Es gibt Sprachen, die Relativsätze ohne Relativpronomen aufweisen, vgl. z.B. im Englischen: *the friend I met today*. Zu den Arten von 'relative markers' vgl. Mallinson-Blake (1981), Kap. 5.
18 Vgl. Comrie (1981a, 148ff) u. Mallinson-Blake (1981, 346ff) für eine typologische Übersicht. Im Englischen kann das Relativpronomen *that* nur als Subjekt und Objekt vorkommen. Zum Lateinischen vgl. Touratier (1980a, 390ff).

nahmefällen stimmt dagegen der Kasus des Relativums mit dem der Nominalgruppe überein, die als Antezedent fungiert ('Attraktion'), oder es stimmt umgekehrt der Kasus der NP, auf die sich das Relativum bezieht, mit dem Relativum überein ('Attractio inversa'). Beispiele bei K.-St. II, 287ff; 289ff; Sz. 566ff. Diese Erscheinung ist im Griechischen häufiger und kommt übrigens auch in anderen Sprachen vor[19]. Lateinische Beispiele sind (41) und (42):

(41) ... nulla beatior possit esse ... et delectatione qua (v.l. *quam*) dixi et saturitate ('Keine Lebensart kann glücklicher sein, sowohl was das Vergnügen betrifft, von dem ich gesprochen habe, als auch hinsichtlich des Überflusses', Cic. *Sen.* 56)

(42) Naucratem quem convenire volui in navi non erat ('N., den ich sprechen wollte, war nicht im Schiff', Pl. *Am.* 1009)

(d) Die historische Erklärung des Relativsatzes. Wie ich in § 7.5. ausführen werde, wird die Hypotaxe meist als aus der Parataxe enstanden erklärt. Eine solche Erklärung wird auch für relativische Nebensätze gegeben, wobei übrigens vielfach angenommen wird, daß schon das Indogermanische relativische Nebensätze hatte. Eine gängige Erklärung ist etwa, daß die Relativa aus indefinit-interrogativen Pronomina entstanden seien[20].

6.3. NOTWENDIGE UND NICHT-NOTWENDIGE ATTRI-BUTE; KOMPLEXE ATTRIBUTE

6.3.1. MEHRSTELLIGE SUBSTANTIVE

In den Beispielen der vorangegangen Paragraphen sind bereits einige Nominalgruppen mit mehrstelligem Substantiv als Kern

---

19 Kurzová (1981, 48) zufolge ist die Attraktion im Griechischen wesentlich häufiger, während im Lateinischen die Attractio inversa häufiger vorkommt. Vgl. auch Comrie (1981a, 146-148).
20 Vgl. K.-St. II, 280; Sz. 555; Kurzová (1981, 22-35).

vorgekommen (z.B. *caritas* in (1); *translatio* in (11); *cupiditas* in (28)); vgl. auch (43) - (45):

(43) propter animi multarum rerum brevi tempore percursionem ('Wegen der Fähigkeit des Geistes, viele Dinge in kurzer Zeit zu überblicken', Cic. *Tusc.* 4,31)

(44) est lex iustorum iniustorumque distinctio ('Das Gesetz ist die Unterscheidung von Recht und Unrecht', Cic. *Leg.* 2,13)

(45) declinatio brevis a proposito ('Eine kurze Abschweifung vom Thema', Cic. *de Orat.* 3,205)

Natürlich können bei mehrstelligen Substantiven (die oft morphologisch mit einem Verb verwandt sind) neben notwendigen auch fakultative Attribute auftreten (*ingenitae* in (1), *brevi tempore* in (43), *brevis* in (45)). Genau wie bei Ermittlung der Valenz von Prädikaten sind auch bei Substantiven die Grenzen oft schwer zu bestimmen; ein Beispiel ist in (11) der Unterschied zwischen dem Agens von *translatio (Sullae, Caesaris*) und dem Patiens *pecuniarum* einerseits sowie der 'Quelle' *a iustis dominis* und der Richtung *ad alienos* andererseits.

6.3.2. ATTRIBUT NICHT WEGLASSBAR IN BESTIMMTEN KONTEXTEN

Für jedes Attribut gilt, daß es nicht weggelassen werden kann, wenn es für die Information des Satzes eine wichtige Rolle spielt. Das ist etwa der Fall, wenn das Kern-Substantiv auf einen Umstand verweist, der so selbstverständlich ist, daß seine Mitteilung allein trivial wäre. Beispiele hierfür sind (46) und (47):

(46) eos *infenso* animo atque *inimico* venisse ('(ihr behauptet) sie seien in erbitterter und feindseliger Haltung gekommen', Cic. *Ver.* 2,149)

(47) erant illi compti capilli ('er hatte wohlgepflegtes Haar', Cic. *Pis.* 25)

In (46) haben wir es mit einer Abl.-NP in der Funktion Prädikativum zu tun (sog. Abl. qualitatis, vgl. S. 220). Es ist unmöglich, hier *infenso atque inimico* wegzulassen[21], was für den sog. Ablativus qualitatis immer gilt. In (47) liegt der sog. Dativus possesivus vor. Auch hier würde die Weglassung des Attributs *compti* die Information trivialisieren: die meisten Menschen haben nun einmal Haare.

6.3.3. KOMPLEXE ATTRIBUTE

Von Attributen können notwendige und nicht notwendige Konstituenten abhängen, und zwar auf eine Weise, die vergleichbar ist mit Argumenten und Satelliten neben Kopula + Prädikatsnomen auf Satzniveau (Bsp. vgl. S. 31[22]).

(48) *humano cultu* digniora loca ('Plätze, die für die Bewohnung durch Menschen geeigneter waren', Liv. 21,37,5)

(49) homini *illic* nobilissimo ('einem Mann, der dort in höchstem Ansehen stand', vgl. Bsp. (17) auf S. 120)

(50) mihi vos nunc, inquit Crassus, tamquam alicui Graeculo otioso et loquaci, et *fortasse* docto atque erudito, quaestiunculam ... ponitis ('Legt ihr mir jetzt, sagte Crassus, wie einem müßigen und geschwätzigen, vielleicht auch gelehrten und wohlunterrichteten Griechen, ein Problemchen vor?', Cic. *de Orat.* 1,102)

In (48) liegt eine notwendige Ergänzung von *digniora* vor. Dagegen sind *illic* in (49) und *fortasse* in (50) nicht notwendig. Sie sind vergleichbar mit Adverbial bzw. Satzadverbial auf Satzniveau. (48) - (50) sind somit keine Fälle von 'Nesting' (vgl. 6.4.), sondern Fälle von 'Erweiterung'. Graphisch kann (48) wie folgt dargestellt werden:

---

21 Als Ausnahme vgl. *animo* consulem esse oportet, *consilio* ... Cic. *Pis.* 23 (Vgl. Pinkster 1982, 252).
22 Vgl. Untermann (1980, 343-345). Ich lasse außer Betracht, daß viele Adjektive auch noch durch Gradbestimmungen bestimmt werden können (*valde bonus*); hier handelt es sich um einen anderen Fall.

Abb. 3

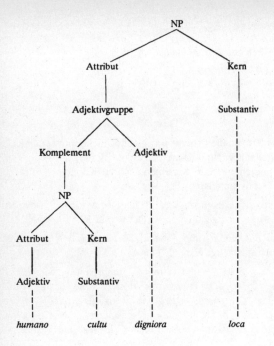

6.4. DIE HIERARCHISCHE STRUKTUR VON NOMINAL-GRUPPEN (NESTING)

In Bsp. (1 a) und Abb. 1 haben wir das Beispiel einer NP gesehen, die selbst wieder aus einem Attribut und einer kleineren NP besteht. Der englische Begriff hierfür ist 'Nesting'. Die beiden Attribute in diesem Beispiel unterscheiden sich in ihrer hierarchischen Position. Hierin liegt auch ein Unterschied gegenüber den beiden Attributen in *veri a falso distinctio* (vgl. Cic. *Fin.* 1,64). Die Struktur dieses Beispiels kann wiedergegeben werden wie in Abb. 4:

Abb. 4

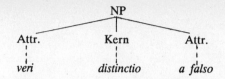

```
                    NP
         ┌──────────┼──────────┐
       Attr.       Kern       Attr.
         ┊          ┊          ┊
        veri      distinctio  a falso
```

Oben wurde bereits dargelegt, daß in Bsp. (1 a) die Attribute eine unterschiedliche Beziehung zu ihrem übergeordneten Kern haben. Das eine (*erga patriam*) ist aufgrund der Zweistelligkeit des Substantives *caritas* ('Zuneigung jemandes zu jemandem') notwendig, das andere (*ingenitae*) ist fakultativ. Wir treffen aber auch Nesting nicht notwendiger Attribute an, und zwar in vielen Sprachen. Ein deutsches und ein englisches Beispiel sind:

(51) Die ersten drei schönen Tage des Monats November

(52) Some intricate old interlocking Chinese designs (cf. Quirk et al. 1972, 916-927)

Auch im Lateinischen finden sich vergleichbare Fälle (Beispiele bei K.-St. I, 240f; Sz. 160f; 444):

(53) cum consuleretur (Themistocles) utrum *bono viro pauperi* an *minus probato diviti* filiam collocaret: 'Ego vero', inquit, ... ('Als Themistokles gefragt wurde, ob er lieber einem armen guten Mannne oder einem weniger tüchtigen reichen seine Tochter zu Frau gäbe, sagte er: 'Ich ...' ', Cic. *Off.* 2,71)

(54) *duarum nobilissimarum* in Italia *Graecarum civitatium* animos incitavit ('diese (Strafe) erbitterte die beiden vornehmsten griechischen Gemeinden in Italien', Liv. 25,8,1)

(55) ut *multis fortissimis viris* placuit ('Wie es vielen sehr tapferen Männer gut schien', Cic. *Dom.* 63)

In (53) - (55) sprechen wir von Nesting. In (53) haben wir zwei 'qualifizierende'[23] Adjektive, in (54) ein Zahlwort (*duae*), ein qualifizierendes Adjektiv und ein die Herkunft bezeichnendes Adjektiv der Ortsbestimmung, in (55) ein quantifizierendes und ein qualifizierendes Adjektiv. Konstituenten, die in einer

---

23 Ich verwende den vagen Terminus 'qualifizierendes Adjektiv' hier der Kürze halber, um den Unterschied zu anderen Kategorien des Adjektivs deutlich zu machen.

Nesting-Konstruktion vorkommen können, können in der Regel nicht koordiniert werden. Eine Ausnahme bildet das quantifizierende Adjektiv *multus*, das mit einem qualifizierenden Adjektiv koordiniert werden kann[24]. Ein Beispiel ist (56):

(56) *multi* et *graves* dolores inventi parentibus ('vielfältiges und schweres Leid hat man für die Eltern ersonnen', Cic. *Ver.* 5,119)

Die interne Struktur von (54) kann graphisch so dargestellt werden:

Abb. 5

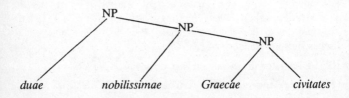

duae nobilissimae *Graecae* civitates

Präzise Regeln dafür, wann Nesting und wann Koordination obligatorisch ist, können noch nicht aufgestellt werden. Die folgenden Anmerkungen müssen noch weiter ausgearbeitet werden. Wir können im Lateinischen einen Unterschied machen zwischen einer sog. 'geschlossenen' Klasse von Pronomina, Zahlwörtern u. dgl. und einer sog. 'offenen' Klasse von Adjektiven, die prinzipiell erweiterungsfähig (produktiv) ist. Die erste, geschlossene Klasse, umfaßt vier Subkategorien[25]:

a.   Pronomina: anaphorische (*is*), demonstrative (*hic, iste, ille*) und interrogative (*qui*)

---

24 Vgl. K.-St. I, 240f zu den verschiedenen Attributen, die in 'Nesting' vorkommen können; ebd. zu *multus*. Auch im Griechischen finden wir den Typ πολλαὶ καὶ βαρεῖαι λῦπαι (Ruijgh, mündl.). Es ist ein methodologisches Problem, daß im Lateinischen die asyndetische Koordination formal vom Nesting nicht zu unterscheiden ist; wir lassen das hier außer Betracht (vgl. Pinkster 1972c, 123f). Sehr ausführlich zum Nesting von Adjektiven sind Fugier-Corbin (1977), Fugier (1983) und Risselada (1984).

25 Vgl. die Übersicht bei Corbin-Fugier (1977, 251), von der ich in einigen Punkten abweiche. Ein formaler Unterschied zwischen 'quantifizierenden' und 'qualifizierenden' Adjektiven besteht aufgrund von Beschränkungen der ersten Gruppe, was ihr Vorkommen im Ausruf(satz) und in der rhetorischen Frage betrifft (Vairel 1975, 80; Hoff 1983). S. § 10.2.1.4.

b. Indefinitpronomina (*quidam, (aliqui(s))*)[26]
c. quantifizierende Adjektive, Zahlwörter etc. (*unus, duo, primus, multi, aliquot*)[27]
d. identifizierende Adjektive (*alius, alter; idem*)

Ein Mittel, diese vier Subkategorien zu unterscheiden, liegt in der Tatsache,daß sie zwar unkoordiniert mittels 'Nesting' in einer NP auftreten können, aber nicht in Koordination; möglich ist also (57), aber nicht (58):

(57)   illi centum alii equites ('Jene hundert anderen Reiter')

(58)   *illi et centum et alii equites

(Beispiele für *ille* im TLL s.v. 360, 12ff.)
Bei der oben genannten 'offenen' Klasse gibt es neben der Möglichkeit des Nestings (59 b) manchmal auch die Möglichkeit der Koordination (59 a); man vergleiche:

(59) a Marcus amoenum et fructuosum hortum emit ('Marcus kauft einen lieblichen und fruchtbaren Garten')

      b Marcus amoenum fructuosum hortum emit ('Marcus kauft einen lieblichen fruchtbaren Garten')

Zu vergleichen ist auch das Nesting bei Stoffadjektiven in (60):

(60) columna aurea solida ('Eine massiv goldene Säule', vgl. Liv. 24,3,6)

Koordination ist jedoch nicht möglich, wenn zwei Adjektive zu verschiedenen semantischen Klassen gehören, z.B. wenn sie eine 'Qualität' und eine 'Herkunft' ausdrücken:

(61) a *populus Romanus et imperiosus

      b imperiosus populus Romanus ('das herrschsüchtige römische Volk')

Schließlich ist auch Koordination zwischen Elementen der offenen und der geschlossenen Klasse i.d.R. ausgeschlossen,

---

26 Zur gesonderten Anführung der Indefinitpronomina in dieser Übersicht vgl. ut *hos dies aliquos* sinas eum esse apud me ('daß du ihn diese paar Tage bei mir sein läßt', Pl. *Truc.* 872) und At pol *illi quoidam* (*quidam* MSS) *mulieri* nulla opera gratuita est ('Doch wahrhaftig, bei der Frau ist keine Dienstleistung umsonst', Pl. *Cist.* 740). Vgl. auch § 6.7. a.E.
27 Corbin-Fugier rechnen zu a. auch *nonnulli, aliquot, plerique, uterque, neuter, alteruter.* Diese scheinen aber mit Pronomina kombiniert werden zu können, vgl. Wendungen wie Pl. *Ps.* 283 *aliquot hos dies* (vgl. TLL s.v. *aliquot* 1616, 36ff; TLL nennt *aliquot* m.E. zu Recht ein 'numerale infinitum'). Vgl. Risselada (1984).

vgl. (62)[28]:

(62)   *populus ille et Romanus ('Jenes und römische Volk')

Im Deutschen und im Englischen ist oft eine bestimmte (Wort)-
stellung der Attribute erforderlich. Dies hängt z.T. von den
syntaktischen und semantischen Klassen ab, zu denen die At-
tributkonstituenten gehören. Im Deutschen stehen Demonstra-
tivpronomina und quantifizierende Adjektive vor qualifizierenden Adj.:

(63)   a   zahlreiche erwartungsvolle Besucher wurden enttäuscht

       a' *erwartungsvolle zahlreiche Besucher wurden enttäuscht

       b   diese zahlreichen erwartungsvollen Besucher wurden
           enttäuscht

       b' *zahlreiche diese erwartungsvollen Besucher wurden
           enttäuscht

Für das Englische haben Quirk et al. (1972, 925) folgende
Wortstellung festgestellt:

	(1) Arti-kel/ Zahl-wort etc.	(2) 'allge-mein'[29]	(3) 'Al-ter'	(4) 'Far-be'	(5) Part.	(6) Herkunft	(7) Subst.	(8) deno-mina-tives Adj.	(9) Kern
(64)	a			grey	crumb-ling	Gothic	church		tower
(65)	the	extra-vagant					London	social	life
(66)	some	intri-cate	old		inter-locking	Chinese			designs

Daneben gibt es aber auch Fälle, bei denen einem Unterschied
in der relativen Wortfolge zweier Wörter ein Bedeutungsunterschied entspricht; vgl. (67):

(67)   a   schöne alte Gemälde

---

28 Vgl. aber Bsp. (56) auf S. 132.
29 Obwohl Quirks Begriff 'general' ziemlich vage ist, lasse ich ihn hier
so stehen.

b   alte schöne Gemälde[30]

(67 a) ist der gewöhnlichere Ausdruck als (67 b), 'gewöhnlicher' in dem Sinn, daß im Deutschen die mehr subjektive Qualifikation den mehr objektiven und inhärenten Eigenschaften vorausgeht. (67 b) ist aber nicht ausgeschlossen; es unterscheidet sich in der Bedeutung von (67 a): in (67 a) geht es um alte Bilder, die schön sind, in (67 b) um schöne Bilder, die alt sind. Dieser Unterschied ist graphisch in Abb. 6 und 7 dargestellt.

Abb.   6   Abb. 7

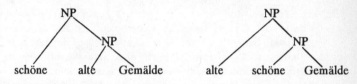

Im Deutschen und Englischen wird eine bestimmte Wortfolge beachtet, die global so beschrieben werden kann: Das am engsten zum Substantiv gehörende Adjektiv steht dem Substantiv am nächsten. Für das Lateinische gibt es Hinweise, die in dieselbe Richtung deuten. Eine Schwierigkeit ergibt sich zwar daraus, daß, anders als im Deutschen, Adjektive vor oder nach dem Substantiv, zu dem sie gehören, stehen können (Einzelheiten s. § 9.4.)[31]; doch gibt es genügend Beispiele, die dasselbe Prinzip im Lateinischen illustrieren:

(68)   a   statuas marmoreas muliebres stolatas (quae caryatides dicuntur) ('Mit der Stola angetane, weibliche Marmorstatuen, Karyatiden genannt', Vitr. 1,1,5) [(Subst. Attr.1), Attr.2] Attr.3

        b   tunicae ... hibernae bonae ('Gute Wintertuniken', Pl.

---

30 Möglich wäre auch *alte, schöne Gemälde*, was hier außer Betracht bleibt. Ney (1983) bespricht Wortstellungsvarianten des Typs (67) im Englischen. Ihm zufolge akzeptieren *native speakers* wesentlich mehr Varianten als Quirk et alii zulassen.
31 Vgl. Risselada (1984). Statistisch gesehen gibt es viele Möglichkeiten, vgl.

novos legatos tres	Liv. 22,61,7
novas quattuor legiones	" 22,36,2
quattuor legiones novas	" 33,25,10
legiones quattuor novas	" 42,31,2
quinqueremes novas quinquaginta	" 35,24,8

(Angaben nach R.Risselada, Arbeitsgruppenbericht Januar 1982)

Mil. 688) [Subst. Attr. 1] Attr.2

c secundo Punico bello ('im zweiten punischen Krieg',
Val. Max. 7,2 ext. 16) Attr. 2 [Attr. 1 Subst.]

Ausnahmen stellen die Fälle dar, bei denen das am engsten
zum Substantiv gehörende Adjektiv eine besondere Betonung
(Fokus) innerhalb des Kontextes trägt und deshalb weiter
nach vorne gestellt wird, weg von dem Substantiv, zu dem es
gehört:

(68) d *nocturnos* quosdam inanes metus ('einige sinnlose,
     nächtliche Angstanfälle', Cic. *Cael.* 36) Attr. 1 [Attr.
     3 (Attr. 2 Subst)]

Wie eng ein Attribut und sein Substantiv zusammengehören,
hängt (mit) von der lexikalischen Bedeutung des Attributs ab.
In Fällen, wo bei demselben Kern-Konstituenten mehrere Attribute stehen, gibt es folglich auch eine indirekte Beziehung
zwischen der Bedeutung eines Attributs und seiner Stellung
gegenüber dem Kern-Konstituenten. Siehe auch § 8.1.2. und
§ 9.4.

6.5.   FEHLEN EINES KERNS UND SOG. 'SUBSTANTIVI-
        SCHER GEBRAUCH'

Sofern in einem Kontext vollkommen klar ist, worauf ein bestimmtes Attribut Bezug nimmt, braucht der Kern einer Nominalgruppe nicht explizit benannt werden. Dies ist ein Aspekt
einer allgemeinen Gesetzmäßigkeit natürlicher Sprachen; nichts
wird explizit formuliert, was ohnehin klar ist. Dasselbe gilt,
wenn nicht aus dem Kontext, aber doch aus der Situation
deutlich wird, um welche Person oder Sache es geht. Erinnert
sei hier an das vielzitierte Beispiel K. Bühlers (Sprachtheorie,
III, 10) von dem Kaffeehausbesucher, der beim Kellner 'einen
schwarzen' bestellt. Diese häufige Erscheinung wird in den
Grammatiken oft 'Ellipse' genannt. Beispiele sind:

(69) concita perditos cives, secerne te a *bonis* ('Stachle die
     verdorbenen Bürger auf und sondre dich von den guten
     ab', Cic. *Catil.* 1,23)

(70) ut legi *tuas* (sc. litteras) de Varrone ('Als ich deine
     Mitteilungen über Varro las', Cic. *Att.* 13,19,5)

(71) a non Homero soli locus est ... aut Archilocho ... sed

horum vel secundis vel etiam *infra secundos* ('Es gibt nicht nur Raum für einen Homer oder Archilochos, sondern auch für jene, die hinter ihnen im 2. Rang oder sogar noch nach dem 2. Rang stehen', Cic. *Orat.* 4)

    b nempe illum dicis *cum armis aureis* ('Du meinst doch den in der goldenen Rüstung', Pl. *Mil.* 16)

    c lucernam lucidam gerebat una, ... gladium altera ... Infit illa *cum gladio* ... ('Die eine trug eine brennende Lampe, die andere ein Schwert ... Die mit dem Schwert sagte ...', Apul. *Met.* 1,12)

(72) postquam satis tuta *circa* sopitique ... videbantur ('Als alles ringsum vollkommen ruhig und alle im Schlaf zu liegen schienen', Liv. 1,58,2)

Die in (69) und (70) dokumentierten Fälle sind die normalsten. Aber auch Fälle wie (71) - Präpositionalgruppe - und (72)- Adverb - sind nichts Ungewöhnliches. Vgl. auch einen Ausdruck wie *in Telluris* ('im Tempel der Tellus', Cic. *Att.* 16,4,1), wo ein Nomen im Genitiv, ohne übergeordneten Kern, als Konstituent einer Präpositionalgruppe auftritt[32].

    Von den eben genannten Fällen unterscheidet man den sog. substantivischen Gebrauch namentlich von Adjektiven und Partizipien. Beispiele hierfür sind (73) und (74):

(73) a servitus (est) postremum *malorum* omnium ('Sklaverei ist das äußerste von allen Übeln', Cic. *Phil.* 2,113)

    b quis (scil. *potest*) vituperare *improbos* asperius, quis laudare *bonos* ornatius ('Wer kann die Schlechten schärfer tadeln, wer die guten schöner loben', Cic. *de Orat.* 2,35)

(74) semperne ... vulgi iudicium cum *intellegentium* iudicio congruit? ('Stimmt denn das Urteil der Masse immer mit dem der Sachkenner überein?', Cic. *Brut.* 183)

In diesen Fällen kann man, im Gegensatz zu dem, was im ersten Absatz gesagt wurde, nicht von durch Kontext oder Situation gegebenen Personen oder Sachen sprechen, auf die

---

32 Zu den Präpositionalgruppen und Adverbien vgl. Lebreton (1901, 90f); Nägelsbach (1905, 306ff). Zum Genitiv s. K.-St. I, 232; zur Verwendung der Präpositionalgruppe als Präpositionalkomplement (hauptsächlich in amtlichen Kontexten) vgl. Sz. 274f. 693, z.B. *de in equis* (Clem. *ad Cor.* 37) und Väänänen (1977).

das Attribut Bezug nähme. Die Adjektive und Partizipien haben vielmehr eine eigenständige Referenz. Sie verweisen im allgemeinen auf alle/alles, worauf die Qualifikation 'bonus' etc. zutreffen kann (sog. kategorialer Gebrauch). In ähnlicher Weise wird auch der Singular des Neutrums von Adjektiven verwendet, etwa *bonum* ('das Gute') in (75):

(75) neque exquirat oratione, summum illud bonum in animone sit an in corpore ('Und daß er in seiner Erörterung nicht die Frage stellt, ob jenes höchste Gut im Geist oder im Körper angesiedelt ist', Cic. *de Orat.* 1,222)

Bei der 'Substantivierung' kann der betreffende Konstituent selbst wieder durch ein Attribut determiniert werden, vgl. (76) und (77):

(76) antiquissimum sollemne ('ein uralter Ritus', Liv. 9,34,18)

(77) haud voluisti istuc severum facere ('Du wolltest diese Gewalttat nicht begehen', Pl. *Cist.* 646)

Für Beispiele vgl. K.-St. II, 225-229; Sz. 154.

Neben den beiden oben genannten produktiven Fällen gibt es auch allerlei idiomatische Ausdrücke, die historisch auf die Weglassung eines Kern-Nomens in einer vollkommen klaren Situation zurückgeführt werden können. Bekannte Beispiele sind *dextra* (= dextra manus), *grammatica* (= grammatica ars), *adulescens* u.dgl.; vgl. hierzu Sz. 152-154 und K.-St. I, 231.

6.5.1. 'SELBSTÄNDIGE' RELATIVSÄTZE

Es ist üblich, in Fällen wie (78) zu sagen, daß der Relativsatz selbständig die Funktion Subjekt des Satzes ... *virtutem amat* erfüllt.

(78) *qui deum amat* virtutem amat ('Wer Gott liebt, liebt die Tugend') (vgl. K.-St. II, 280)

Dies liegt auf der Hand, da es auch möglich wäre zu sagen:

(79) amator dei virtutem amat

Die Relativsätze treten auch regelmäßig in anderen syntaktischen Funktionen auf, vgl. Bsp. (80) und einen seltenen Fall wie (81).

(80) Xerxes ... praemium proposuit qui invenisset novam volup-
tatem ('Xerxes setzte eine Belohnung aus für den, der
eine neue Art von Genuß erfände', Cic. *Tusc.* 5,20)

(81) hic qui se ad quod exigit natura composuit ('der Mensch
der sich auf die Forderungen der Natur eingestellt hat',
Sen. *Ep.* 119,10)

Beispiele s. bei K.-St. II, 281f.
Diese Beschreibungsweise ist dieselbe wie die bei Adjektiven
und anderen bis jetzt behandelten Attribut-Konstituenten.
Tatsächlich aber ist die Beschreibung der Funktion von Relativsätzen schwieriger als die von Adjektiven. Man vergleiche
die folgenden beiden Beispiele:

(19) omnia ... bene sunt ei dicenda, qui hoc se posse profitetur
(vgl. S. 121)

(82) hostes qui fugiunt non sunt timendi ('Feinde, die fliehen,
muß man nicht fürchten', vgl. K.-St. II, 279)

Im letzteren Beispiel kann der Relativsatz gut als Attribut
aufgefaßt werden, etwa vergleichbar mit einem Partizipium
fugientes. Im erstgenannten Beispiel ist es aber nicht gut
möglich, den Relativsatz als Attribut von *ei* aufzufassen. Man
stelle sich einen Ausdruck wie **is bonus* vor; hier dürfte es
unmöglich sein, *bonus* als Attribut von *is* aufzufassen. Dennoch
werden bei K.-St.(II, 280) Sätze wie (78) mit dem Hinweis auf
das Muster (83) erklärt[33].

(78) *qui deum amat,* virtutem amat

(83) qui deum amat is virtutem amat

Ein besonderes zusätzliches Problem bei dieser Erklärung von
K.-St. besteht darin, daß ihr Beispiel einen Fall mit nachfol-
gendem *is* darstellt. In den Fällen, die man in den Texten
antrifft, scheint dieses nachfolgende Demonstrativum meist
eine rekapitulierende Funktion zu haben, wobei gleichzeitig
noch die Funktion des Nebensatzes gegenüber dem Hauptsatz
deutlich wird. Ich gehe deshalb fürs erste davon aus, daß das
Problem des Relativsatzes als Subjekt oder Objekt das eine
ist, das einer präzisen Beschreibung von *is qui* (in dieser Abfolge!) aber ein anderes. Ein vergleichbares Problem zeigt

---

33 K.-St. (II, 282, Anm. 2) weisen allerdings darauf hin, daß die Ergänzung eines Demonstrativums in vielen Fällen schwierig ist.

sich bei Nebensätzen, die durch ein Relativadverb eingeleitet werden (z.B. *ubi* 'wo'). Hierzu s. § 7.2.3.[34].

6.6. DIE SEMANTISCHE STRUKTUR NOMINALER GRUPPEN; FORMALE KENNZEICHEN

In den vorangegangenen Paragraphen ist uns schon eine breite Palette semantischer Relationen zwischen Attribut und Kern-Konstituent begegnet, die manchmal vergleichbar sind mit semantischen Relationen, die auf Satzniveau vorkommen. Einige Beispiele:

(5)   b   receptui signum: ~ signum receptui dare: Final-Relation

(7)   a   digito tactio: ~ tangere aliquem digito: Instrument-Relation

(84)   a   capillo ... muliebri vel nervo funes ('Taue aus Frauen-haar oder Tiersehnen', Vitr. 10,11,2)

       b   duplicem gemmis auroque coronam ('Eine doppelte Krone aus Gold und Edelstein', Verg. *A*. 1,655): ~ corona auro caelata/ex auro confecta: Stoff-Relation (vgl. K.-St. I, 393f)

In den eben vorgelegten Beispielen sind die formalen Kenn-zeichen dieselben wie auf Satzniveau. Jedoch ist der häufigste Kasus zur Kennzeichnung einer Nominalgruppe, die selbst At-tribut eines anderen Nomens oder einer NP ist, - wie wir in Kap. 5 gesehen haben - der Genitiv. Dies hindert nicht, daß sehr verschiedene semantische Relationen zwischen Kern und (genitivischen) Attributen bestehen können, vgl. (85) - (88)[35]:

(85)   statua Dianae ('Eine Statue Dianas')

(86)   statua Myronis ('Eine Statue von Myron')

(87)   statua Ciceronis ('Eine Statue Ciceros')

(88)   amor Ciceronis ('Ciceros Liebe'/'die Liebe zu Cicero')

---

34 Zu ähnlichen Problemen bei *cum* ... *tum* etc. vgl. Pinkster (1972c, 171ff). S. auch § 7.2.3. Eine diachronische Beschreibung von Korrelativgefügen bietet Haudry (1973).

35 Die beste Übersicht über die zahlreichen Verwendungsweisen des Genitivs findet sich bei De Groot (1965a). In den Grammatiken werden im Ganzen ca. 30 verschiedene Verwendungsweisen angenommen! Vgl. auch Den Hengst (1976) und Lavency (1981b). Zum Genitivus subiectivus und obiectivus vgl. K.-St. I, 416.

(85) wird, da wir wissen, daß Diana der Name einer Gottheit ist, i.d.R. interpretiert werden als 'eine Statue, die Göttin Diana darstellend', aber (86) wird, da wir wissen, daß Myron der Name eines berühmten griechischen Bildhauers ist, auf den ersten Blick verstanden werden als 'eine Statue, die von Myron verfertigt ist'. In (87) ist man dagegen wohl eher geneigt, an den Besitzer eines bestimmten Standbildes zu denken. Die semantische Relation zwischen Kern und Attribut ist vollkommen klar, sofern wir wissen, worauf in der außersprachlichen Wirklichkeit der Ausdruck referiert.

In (85) - (87) haben wir es mit einem Substantiv zu tun, das keine semantische Beziehung zu einem bestimmten (verbalen) Prädikat aufweist; ein Attribut ist deshalb bei einem Substantiv wie *statua* nicht notwendig. Hingegen ist *amor* in (88) ein zweistelliges Substantiv, bei dem im Prinzip wie beim Verbum *amare* ein Agens und ein Patiens notwendig sind, für deren Bezeichnung der Genitiv der normale Kasus ist. Ist nur ein Attribut vorhanden, kann, wie in (88), der Ausdruck zweideutig sein. Im folgenden Beispiel ist hingegen die Zweideutigkeit aufgehoben, da es weit näher liegt, *Ciceronis* als Agens und *patriae* als Patiens aufzufassen als umgekehrt:

(88') Ciceronis amor patriae

In den mit (85) - (88) erfaßten, 'normalen' Situationen besteht entweder überhaupt keine Entsprechung zu Konstruktionen auf Satzniveau, oder, wo eine solche gegeben ist, wie in (88), unterscheidet sich das formale Kennzeichen, der Kasus, von den Kasus, die auf Satzniveau gebraucht werden. Den beiden Genitiven in (88') etwa entsprechen der Nominativ und der Akkusativ der Argumente des Prädikats *amare* in (89):

(89) Cicero amat patriam

Was auffällt, ist, daß die Kasusopposition Nom. - Akk., die wir in (89) antreffen, auf Wortgruppenniveau nicht gegeben ist. Allgemein können wir feststellen, daß bei denjenigen Substantiven, bei denen eines oder mehrere Attribute notwendig sind, der Kasus des regierten Wortes stets der Genitiv ist (oder es wenigstens sein kann), ohne Rücksicht auf den Kasus, mit dem auf Satzniveau das Argument des Prädikats gekennzeichnet ist. Vgl. die folgende Übersicht:

Satzniveau	Wortgruppenniveau
Nom. pater redit (in patriam)	reditus patris (in patriam)
Akk. amare patriam	amor patriae
Dat. favere filio	favor filii[36]
Gen. oblivisci doloris	oblivio doloris
Abl. uti virtute	usus virtutis

Auf der anderen Seite wird zur Kennzeichnung semantischer Relationen wie 'Nutznießer' und 'Instrument', die auf Satzniveau durch Satelliten dargestellt werden, der Genitiv meist nicht verwendet, sondern es tritt auf Wortgruppenniveau derselbe Kasus wie auf Satzniveau auf. Ferner besteht auch ein Bedeutungsunterschied zwischen (7 a) *digito tactio* und *digiti tactio*. Letzteres bedeutet 'Berührung des Fingers' (Finger = Patiens)[37]. Die oben aufgestellte grundsätzliche Behauptung, daß der Genitiv die Regel ist für die Konstituenten auf Wortgruppenniveau, die auf Satzniveau Argumentfunktion haben, trifft übrigens nicht zu, wenn auf Satzniveau die Argumente durch einen Präpositionalkasus gekennzeichnet werden[38]. Außerdem entspricht dem 3. Argument eines dreistelligen Prädikats selten auf Wortgruppenniveau ein Genitiv. Man vergleiche z.B. das Substantiv *deditio* ('Übergabe'): hier kann sowohl der Übergeber als auch die übergebene Sache oder Person im Genitiv stehen, nicht aber das dritte Argument, der Empfänger[39].

In den Bsp. (90) - (91) haben wir Nominalgruppen vor uns, die aus einem Substantiv und einem Attribut bestehen

---

36 Zu *favor* + sog. Genitivus obiectivus vgl. TLL 385, 4ff.

37 Weitere Untersuchung ist erwünscht. Benveniste (1962) beschreibt das Auftreten des Genitivs bei Verbalsubstantiven wie *amor* als eine Art Nominalisierungstransformation.

38 Auch hier ist eine weitere Untersuchung erwünscht. Vgl. z.B. (*bene*) *mereri de (erga)*, 'sich verdient machen um'. TLL s.v. *meritum* 816,58 verzeichnet recht viele Fälle von Präpositionalgruppen zur Kennzeichnung der Person, um die sich jemand verdient gemacht hat, aber nur einen Fall mit Genitiv: Seneca *Ben.* 6,41,2 *merita amicorum*. Die Loeb-Ausgabe faßt diese Konstruktion jedoch als Genitivus subiectivus auf: 'the service of friends'. - Das Gesagte gilt auch für das Griechische.

39 TLL s.v. *deditio* führt als Beispiel für *deditio* + Dat. qui ... *eorum deditionem vivorum hosti* fecissent ('die sie lebendig dem Feind ausgeliefert hatten', Liv. 31,18,6); hier kann *deditionem fecissent* jedoch auch als zusammengesetzter Ausdruck aufgefaßt werden, von dem *hosti* abhängt. Zu einer beschränkten Zahl von Beispielen mit einem dritten Argument im Genitiv s. Pinkster (1985b, 177). Es gibt auch ein Beispiel mit einem Empfänger im Dativ (Cic. *de Orat.* 3,207: *sibi ipsi responsio*, vgl. K.-St. I, 317).

und zusammen als Attribut des Kern-Konstituenten fungieren. Die gängige Bezeichnung für sie ist Genitivus bzw. Ablativus qualitatis.

(90) vir magni ingenii summaque prudentia ('Ein Mann von großem Geist und höchster Klugheit', Cic. *Leg.* 3,45)

(91) signa non maxima, verum eximia venustate ('Bildwerke, die nicht sehr groß, aber ausnehmend schön waren', Cic. *Ver.* 4,5)

In (91) steht der Abl. qual. *eximia venustate* auf einer Ebene mit dem Adjektiv *maxima*. In (90), einem ungewöhnlichen Fall, sind Genitivus und Ablativus qualitatis koordiniert. Über die Frage, ob die beiden Konstruktionen synonym sind, ist viel geschrieben worden. Zum mindesten ist es so, daß nicht alle Lexemsorten in beiden Kasus vorkommen, so daß diese nicht ohne weiteres austauschbar sind[40].

6.7. DEFINITE UND INDEFINITE NOMINALGRUPPEN

Im Deutschen und im klassischen Griechisch kann u.a. mit Hilfe des Artikels ein Unterschied zwischen definiten und indefiniten Nominalgruppen gemacht werden. Beispiele sind:

(92) a Hans hat das Haus gekauft

      b Hans hat ein Haus gekauft

Die Präsenz des bestimmten Artikels *das* in (92 a) macht deutlich, daß der Sprecher ein bestimmtes Haus im Auge hat und er annimmt, daß der Hörer weiß, um welches Haus es geht, oder daß er wenigstens imstande ist, es zu identifizieren. In (92 b) fehlt diese Unterstellung (Präsupposition)[41]. Bekanntlich hat das klassische Latein keinen Artikel. Die romanischen Sprachen dagegen besitzen Artikel, die aus verschiedenen lateinischen Pronomina (*ille, ipse*) und dem Zahlwort *unus* abgeleitet sind. Aber auch in den lateinischen Texten der

---

40 Ausführlich Maurel (1985), vgl. auch Lavency (1981b, 7). Hier spielen sicher auch historische Faktoren eine Rolle (Sz. 68-71).

41 Im Deutschen (und im Griechischen) kann der Artikel natürlich auch noch zu anderen Zwecken dienen, vgl. etwa den sog. kategorialen Gebrauch des Artikels in: *Der Arbeitnehmer geht schweren Zeiten entgegen.* Auf diese Fälle gehe ich nicht ein. Zu den Verwendungen des bestimmten Artikels im Englischen s. Hawkins (1978, 106-149).

klassischen Zeit gibt es Belege, die zur Illustration des Gebrauchs von *unus* als eines unbestimmten Artikels herangezogen werden. Ein Beispiel ist (93):

(93) (mihi) qui sicut unus pater familias his de rebus loquor ('Der ich wie ein Hausvater über diese Dinge spreche', Cic. *de Orat.* 1,132)

Von einem Artikel im eigentlichen Sinne ist hier aber noch keine Rede. Zu den Details der historischen Entwicklung siehe Sz. 191-194[42]. Trotz dem Fehlen des bestimmten und unbestimmten Artikels wird auch in lateinischen Texten in sehr vielen Fällen deutlich, ob Definitheit oder Indefinitheit gegeben ist.

(i) An erster Stelle stehen die Substantive, die, in normaler Sprechsituation, nur einen einzigen Gegenstand bezeichnen, so daß Identifikation automatisch gegeben ist. Man denke an Worte wie *sol* (für die Römer war das natürlich '*die* Sonne'). Auch im Falle der Eigennamen wird meist nur eine Person bezeichnet, ebenso bei den Personalpronomina der 1. und 2. Person.

(ii) Ein Beispiel für eine zweite Gruppe ist (94):

(94) pater Marci Tullii Ciceronis ('Der Vater des M. Tullius Cicero')

Für sich selbst genommen, kann *pater* sowohl 'den Vater' als auch 'einen Vater' bezeichnen, jedoch macht das Genitivattribut deutlich, um wen es hier geht.

(iii) Eine dritte Gruppe, bei denen ebenfalls unzweideutig feststeht, wer oder was genau vom Sprecher/Schreiber gemeint ist, läßt sich durch (95) illustrieren:

(95) Agrippam Postumum ..., rudem ... bonarum artium et robore *corporis* stolide ferocem ... ('Agrippa Postumus, ein Mann ohne jede Bildung und dummstolz auf seine Körperkräfte', Tac. *Ann.* 1,3,4)

Der im Text genannte Körper kann kaum ein anderer sein als der des Agrippa Postumus. Vgl. auch deutsche Beispiele wie (96):

---

42 Sz. 191 rechnet mit der Möglichkeit, daß schon bei Petron Fälle von *ille* vorkommen, die als bestimmter Artikel erklärt werden können. Das ist falsch, vgl. Petersmann (1977, 135) und Stumpf (1976). Zum Allgemeinen vgl. Givón (1981) und Lehmann (1982, 51-54). Wehr (1984, 39-46) unterscheidet drei Gebrauchsweisen von *unus*: a) Zahlwort, b) 'irgendein beliebiger' [vgl. Bsp. (93)], c) Einführung einer neuen Person oder Sache, oft bei Verben für 'existieren' und 'erscheinen'.

(96) Hans hat ein Haus gekauft. Das Dach muß repariert werden, aber sonst ist alles gut in Schuß.

Sobald das Wort *Haus* in den Text eingeführt ist, werden alle damit zusammenhängende Dinge ohne weiteres auf dieses Haus bezogen. Man spricht hier von 'assoziativer Anapher'. In den unter (i) und (ii) genannten Fällen hat das Lateinische kein spezifisches Mittel zur Identifikation, und doch stellt diese kein Problem dar. Das Deutsche und das Griechische verwenden in vielen dieser Fälle den bestimmten Artikel[43].

(iv) Wenn dem Lateinischen auch der bestimmte Artikel fehlt, so hat es doch andere Mittel um anzugeben, von welcher Person oder Sache angenommen wird, daß sie der Hörer identifizieren kann, nämlich *ille, iste, hic* und *is*. Die ersten drei dieser Pronomina können genau wie im Deutschen und in anderen Sprachen sowohl deiktisch als auch anaphorisch verwendet werden; *is* jedoch nur anaphorisch. Von deiktischem Gebrauch sprechen wir, wenn in einer bestimmten *Situation* auf etwas hingewiesen wird, z.B. beim Essen (97)[44]:

(97) Kannst du mir diese Pastete herüberreichen?

Vom Angeredeten wird angenommen, daß er in der Lage ist, zu verstehen, welche der vorhandenen Pasteten der Sprecher meint. Ein eindeutiges Beispiel des deiktischen Gebrauchs von *ille* ist (98):

(98) agedum, pulta illas fores ('Auf, klopf an die Tür da', Pl. *Cist*. 637)

Unter anaphorischem Gebrauch verstehen wir die Verwendung von Pronomina in einem zusammenhängenden Text, um z.B. auf etwas, das bereits genannt wurde, zu verweisen, wie in (99):

(99) Auf dem Tisch lag ein Buch. Dieses Buch war aus einer Serie ...

Wie aus Bsp. (97) ersichtlich, besteht der essentielle Unterschied zwischen dem deiktischen bzw. anaphorischen Gebrauch und dem bestimmten Artikel darin, daß bei Gebrauch des bestimmten Artikels der Sprecher (zu Recht oder zu Unrecht) unterstellt,

---

43 Zum Begriff 'assoziative Anapher' vgl. Hawkins (1978, 123ff); vgl. auch Vester (1973, 50-57). Sprachen können demnach Definitheits-Markierungen in unterschiedlichem Maße einsetzen. Im Griechischen können Worte der Gruppe (i) ohne Artikel stehen (ἥλιος: 'die Sonne'). Vgl. auch den Unterschied zwischen Deutsch und Niederländisch hinsichtlich der Kombinierbarkeit von Eigenname und Artikel: *Karel* vs. *der Karl*.

44 Zum Unterschied zwischen Deixis und Anaphora vgl. Ehlich (1982).

daß es nur eine Person oder Sache gibt, auf die seine Worte zutreffen, während im Falle eines deiktischen bzw. anaphorischen Pronomens grundsätzlich eine Wahlmöglichkeit gegeben ist: es gibt mehrere Pasteten (oder evtl. mehrere Gerichte).

(97) a Kannst du mir diese Pastete reichen?

     b Kannst du mir díe Pastete reichen?

     c Kannst du mir die Pastete reichen?

In zusammenhängenden Texten wird der Kontrast zwischen deiktisch/anaphorischem Pronomen und bestimmtem Artikel manchmal nicht vollständig deutlich, vgl. die eben gegeben Bsp.(97 b) und (97 c). Die Erklärung dafür ist in der in vielen Sprachen vorliegenden historischen Verwandtschaft zwischen solchen Pronomina und dem bestimmten Artikel zu suchen. Ein Beispiel aus Cicero ist (100)[45]:

(100)   nam et illud nobis non obest, videri nostrum testimonium non valuisse; missus est sanguis invidiae sine dolore, atque etiam hoc magis, quod omnes *illi* fautores *illius* flagitii rem manifestam *illam* redemptam esse a iudicibus confitentur. Accedit illud, quod *illa* contionalis hirudo aerari ... me ab *hoc* Magno unice diligi putat ('Denn es schadet mir auch nicht, daß mein Zeugnis anscheinend kein Gewicht hatte. Der Haß gegen mich ist ohne Beschwerden zur Ader gelassen worden und das um so mehr, als all die Sympathisanten jener Schandtat zugeben, daß die Richter in dieser ganz offenkundigen Angelegenheit gekauft worden sind. Dazu kommt noch, daß dieser Demagoge, Blutsauger und Kassenplünderer (scil. Clodius) glaubt, daß ich der Liebling dieses (Pompeius) Magnus bin', Cic. *Att*. 1,16,11)

Die kursiv gesetzten Pronomina haben keine ausgesprochen deiktische bzw. anaphorische Funktion, sondern sind eher Äußerungen von Ciceros Geringschätzung und Zorn. - Folgerung aus den vorstehenden Beobachtungen: Der Unterschied zwischen 'definit' und 'nicht definit' kann nicht gleichgesetzt werden mit dem Vorhandensein bzw. Nicht-Vorhandensein des Artikels. Es gibt auch andere Möglichkeiten, 'Definitheit' herzustellen. Für das Lateinische sind weitere Untersuchungen erwünscht, etwa im Hinblick auf Wortstellung, Frequenz anaphorischer

---

45 Zur historischen Entwicklung vgl. Sz. 191.

Pronomina u. dgl.[46]. Die Diskussion der 'Definitheit' gehört übrigens zum Teil auch zur Auseinandersetzung mit der Kohärenz von Sätzen. Wir kommen darauf in Kap. 12 zurück.

Es gibt einen Unterschied zwischen 'Bestimmtheit' (definit/indefinit) und 'Spezifität' (spezifisch/nicht spezifisch)[47]. Ein deutsches Beispiel ist

(101)   Mariechen will einen Norweger heiraten

Diesen Satz kann man verstehen als

(101')   Mariechen will irgendeinen Norweger heiraten

oder

(101")   Mariechen will einen bestimmten Norweger heiraten

Von den lateinischen 'Indefinitpronomina' *quidam* und *aliqui* setzt das erstere voraus, daß der Sprecher eine bestimmte Person oder Sache meint ('ein gewisser'), ohne dabei anzunehmen, daß der Hörer weiß, um wen oder was es geht (oder: in der vorgeblichen Annahme, daß der Hörer nicht weiß, um wen oder was es geht - in Fällen wie (101")). Diese Voraussetzung braucht bei Verwendung von *aliqui* nicht gegeben zu sein, d.h. *aliqui* kann auch 'nicht-spezifisch' verwendet werden. Sowohl *quidam* als auch *aliqui* unterscheiden sich vom unbestimmten deutschen Artikel, vgl. die Bsp. in Anm. 26.

6.8. APPOSITION

In Bsp. (102 = 2) ist *in municipio fidelissimo* Apposition zu *Albae*:

(102) cum ... legio ... Albae constiterit, *in municipio fidelissimo* ... (Cic. *Phil*. 3,39)

Semantisch enthält die Apposition ein Prädikat über *Alba* (A. ist ein *municipium fidelissimum*). Referentiell bilden *Alba* und

---

46 Im Vorstehenden wurde suggeriert, daß ein scharfer Gegensatz zwischen 'Definitheit' und 'Indefinitheit' besteht. Man vgl. aber Comries (1981a, 128f) Ansicht, daß es graduelle Abstufungen der Definitheit gibt und daß die einzelnen Sprachen diese Abstufungen in unterschiedlichem Ausmaß zum Ausdruck bringen können. Vgl. auch Dik (1978, 61f).

47 Vgl. Hawkins (1978, 203-214) zum Englischen und Rijksbaron (1981, 250f) zum Griechischen; zum Lateinischen Orlandini (1983).

seine Apposition eine Einheit; die Beziehung zwischen *Alba* und seiner Apposition ähnelt daher derjenigen zwischen einem Kern und seinem Attribut innerhalb einer Wortgruppe (vgl. o.)[48]. Syntaktisch unterscheidet sich eine Apposition von einem Attribut aber darin, daß bei Weglassung des Konstituenten, zu dem die Apposition gehört, ein grammatischer Satz zurückbleibt:

(102') cum legio constiterit in municipio fidelissimo

In municipio fidelissimo hat dieselbe Referenz und dieselbe syntaktische und semantische Funktion wie die ganze Phrase *Albae, in municipio fidelissimo*. Im Lateinischen kommt eine Reihe von Unterscheidungen nicht zum Ausdruck (wenigstens lassen sie sich im Augenblick nicht nachweisen), die im Deutschen und Englischen vorhanden sind:

(i) Im Deutschen ist die Wortstellung ein Indiz dafür, welcher Konstituent Apposition eines anderen Konstituenten ist, vgl. (103):

(103)　a　Beatrix, die Königin des Königreichs der Niederlande

　　　　b　Die Königin des Königreichs der Niederlande, Beatrix

Im a-Beispiel wird der Eigenname mit der Funktion (das Besondere durch das Allgemeine) erläutert; im b-Beispiel gilt das Umgekehrte. Ähnliche Beispiele im Lateinischen sind (104 a und b):

(104)　a　Garumna flumen ('Der Fluß Garonne', Caes. *Gal*. 1,1,2)

　　　　b　a flumine Rhodano ('Vom Rhone-Fluß', Caes. *Gal*. 1,1,5)

Man vergleiche auch das lat. Bsp. (105) mit den Unterschieden zwischen den deutschen Beispielen (106 a und b).

(105)　senis nostri, Dave, fratrem maiorem Chremem nostin? ('Kennst du, Davus, den älteren Bruder unseres alten Herrn, Chremes?', Ter. *Ph*. 63f)

(106)　a　Karl, mein Bruder, wohnt in Amsterdam

　　　　b　Mein Bruder Karl wohnt in Amsterdam

Es ist jedoch unklar, ob die Konstituentenabfolge auch im Lateinischen ein Indikator für den Unterschied zwischen 'benennen' und 'verallgemeinern/präzisieren' gewesen ist.

---

48 Zur Definition der Apposition vgl. Quirk et al. (1972, 620ff); Lambertz (1982, 239-245; 257f). Bei K.-St. I, 206 und Sz. 426 wird die Apposition als eine Art substantivisches Attribut beschrieben; Sz. ist auch der Ansicht, daß es eine historische Beziehung zwischen den beiden Erscheinungen gibt. Grundsätzliches zur Apposition im Lateinischen s. bei Fugier (1973).

(ii) Im letztgenannten deutschen Beispiel (106) ist die Variante (a) ein Beispiel einer *erläuternden* Apposition (vgl. S. 123f zu den Relativsätzen), die Variante (b) hingegen Beispiel einer *einschränkenden* Apposition. Im Lateinischen können einschränkende Appositionen i.d.R. nur unmittelbar hinter dem Wort stehen, zu dem sie gehören:

(107) hunc secutus Marcius Rufus *quaestor* navibus XII ('Ihm folgte der Quästor M.Rufus mit zwölf Schiffen', Caes. *Civ.* 2,23,5)

Quaestor kann kaum von seinem Beziehungswort M. Rufus getrennt werden[49]. In einer dem Deutschen vergleichbaren Weise kann in einem Fall wie (106) die erläuternde Apposition durch *dico* eingeleitet werden (*Chremem dico* - 'nämlich/ich meine Chremes').

   Die Konstituenten, die als Apposition auftreten, sind in der Regel Substantive. Gelegentlich finden wir aber auch eine Gerundium/Gerundiv-Konstruktion, selten auch einen Infinitiv (Beispiele vgl. K.-St. I, 244; 665). Die Apposition tritt i.d.R. bei nominalen Konstituenten auf; bei der sog. 'Satzapposition', die in den Handbüchern meist im Appositions-Kapitel mitbehandelt wird, handelt es sich um einen ganz anderen Fall. Ein Bsp. ist (108) (weitere Bsp. bei K.-St. I, 247f).

(108) ... admoneor, ut aliquid etiam de humatione et sepultura dicendum existimem; rem non difficilem ... ('Dies erinnert mich daran, daß wohl auch etwas über Bestattung und Begräbnis zu sagen ist, ein einfaches Problem', Cic. *Tusc.* 1,102)

rem non difficilem wird hier ausgesagt von dem ganzen Komplex de *humatione...dicendum*.

BIBLIOGRAPHISCHE INFORMATION

Die ausführlichsten Untersuchungen über die Nominalgruppe im Lateinischen sind Fugier (1983) und Kaczmarkowski (1984). Kasuskonstruktionen innerhalb der Nominalgruppe behandelt Rosén (1981, 41-100). Eine Behandlung im Rahmen der Functional Grammar bietet De Jong (1979). Die Relativsätze, namentlich

---

49 Vgl. Fugier (1973, 99).

die lateinischen sind von Lavency (1981a) und Touratier (1980a) behandelt worden. Viele für das Lateinische relevante Ausführungen sind bei Kurzová (1981) zu finden. Typologische Untersuchungen sind Comrie (1981a), Lehmann (1984) und Mallinson-Blake (1981). Zu den Begriffen 'einschränkend' und 'erläuternd' vgl. Vester (1977, 253-266) und Touratier (1980a, 240ff). Zu den Kriterien, um den Relativen Anschluß von 'normalen' Relativsätzen zu unterscheiden vgl. Lavency (1981a, 456f). Eine Klassifikation der Adjektive findet sich bei Fugier-Corbin (1977), Fugier (1983) und Risselada (1984). Die ausführlichste Behandlung der Genitivattribute ist De Groot (1956a), vgl. auch Lavency (1981b). Eine eingehende Untersuchung des Begriffes Definitheit ist Hawkins (1978). Zur Apposition im Lateinischen ist die Lektüre von Fugier (1973) zu empfehlen.

7. ZUSAMMENGESETZTE SÄTZE (EINGEBETTETE PRÄDIKATIONEN AUF SATZNIVEAU)

7.0. EINLEITUNG

7.0.1. VORLÄUFIGE DEFINITION DES BEGRIFFES 'ZUSAMMENGESETZTER SATZ'

In den vorhergehenden Kapiteln wurden ohne nähere Erläuterung Beispiele für Nebensätze gegeben, die als Argument oder als Satellit in Prädikationen auftreten. In diesem Kapitel gehen wir hierauf näher ein. Zur Einführung wiederhole ich einige bereits genannte Beispiele:

(1) Caesar hortatur suos, *ne animo deficiant* (S. 29)

(2) me a portu praemisit, *ut haec nuntiem uxori suae* (S. 38, Bsp. (5))

(3) (Romani) ex loco superiore ... strage ac ruina fudere Gallos, *ut nunquam postea nec pars nec universi temptaverint tale pugnae genus* (S. 40, Bsp. (14))

Der kursiv gedruckte Teil des Satzes in (1) ist ein Argument mit der syntaktischen Funktion Komplement, derjenige in (2) ein Satellit mit der Funktion (finales) Adverbial. Auch der kursiv gedruckte Teil des Satzes in (3) ist ein Satellit mit er Funktion Adverbial (konsekutiv). Nebensätze mit der Funktion Satzadverbial finden sich in § 4.1.3. - § 4.1.6. Die Nebensätze können ihrerseits neben dem Prädikat und den dazugehörigen Argumenten wiederum Satelliten enthalten (z.B. *numquam postea* in (3)). Anders formuliert: die Nebensätze bilden eine Prädikation, die ein Teil der Hauptprädikation ist, d.h. in sie 'eingebettet' (engl. embedded) ist[1].

Außer als Argument oder als Satellit mit einer eigenen Funktion innerhalb einer Hauptprädikation treten eingebettete Prädikationen, wie wir in Kap. 6 gesehen haben, auch auf Wortgruppenniveau auf. Beispiele hierfür sind (4) und (5):

---

1 Unter 'Hauptsatz' versteht man häufig 'den Satz abzüglich des Nebensatzes'.

(4) cum ... nuntium accepissem *te mihi quaestorem obtigisse* ('Als ich die Nachricht erhalten hatte, daß du mir als Quaestor zugewiesen bist', Cic. *Fam.* 2,19,1)

(5) hostes qui fugiunt non sunt timendi ('Feinde, die fliehen, braucht man nicht zu fürchten', vgl. K.-St. II, 279)

Die eingebettete Prädikation in (4) ist ein AcI, der den Inhalt von *nuntius* näher bestimmt. In (5) liegt ein Relativsatz vor, der als Attribut zu *hostes* fungiert.

Unter 'zusammengesetzten Sätzen' verstehen wir in diesem Kapitel nur die Fälle, bei denen eine eingebettete Prädikation als ein vom Hauptprädikat gefordertes Argument oder als ein Satellit auftritt[2]. Eingebettete Prädikationen erscheinen in Gestalt eines durch einen Subordinator (z.B. *ne, ut*) eingeleiteten Nebensatzes, aber auch in Gestalt eines AcI, Gerundiums, Supins, Infinitivs u.dgl.

Die Handbücher (Sz. XI; K.-St. II,5) verstehen unter zusammengesetzten Sätzen auch Fälle wie (6):

(6) ego hanc amo et haec me amat ('Ich liebe sie und sie liebt mich', Pl. *As.* 631)

In (6) werden mittels des Koordinators *et* (sog. koordinierende Konjunktion) zwei Prädikationen in *einem* Satz verbunden. Im Unterschied zu den Bsp. (1) - (3) wird hier nicht die eine Prädikation als Argument oder Satellit in die andere eingebettet. In den Handbüchern bezeichnet man Fälle wie (6) als Parataxe (Beiordnung), solche wie (1) - (3) als Hypotaxe (Unterordnung)[3]. Partikeln wie *ne* in (1), *ut* in (2) und (3) werden - zur Unterscheidung von *et*, *sed* und anderen Koordinatoren - Subordinatoren (unterordnende Konjunktionen) genannt. Auf die Parataxe komme ich in Kap. 12 noch zurück.

---

2 Um eine eingebettete Prädikation handelt es sich auch beim Prädikativum (S.223ff). Ein Prädikativum wird nicht vom (Haupt)Prädikat gefordert, sondern beinhaltet selbst eine Prädikation über ein Argument (oder über einen Satelliten) der Hauptprädikation.
3 Parataxe ist in Wirklichkeit ein umfassenderer Begriff. Auch die Aufeinanderfolge selbständiger Sätze ohne ein Wort, das den inhaltlichen Zusammenhang der Sätze angibt (z.B. *autem, itaque*, sog. 'Konnektoren'), fällt unter den Begriff 'Parataxe'. S. Kap. 12.

7.0.2. DIE 'MODALITÄT' DER EINGEBETTETEN PRÄDIKATION (SEMANTISCHE UNTERSCHIEDE ZWISCHEN DEN ARTEN EINGEBETTETER PRÄDIKATIONEN)

In Kap. 10 werden folgende Arten selbständiger (unabhängiger) Sätze unterschieden:
- deklarative Sätze (dazu gehören auch 'potentiale' Sätze)
- interrogative Sätze:
    a) Fragen, die sich auf die Wahrheit der Aussage beziehen (sog. ja/nein-Fragen, Entscheidungsfragen)
    b) Ergänzungsfragen
- imperativische Sätze

Der Unterschied zwischen diesen Satzarten ergibt sich häufig aus ihrer Form, z.B. werden Fragesätze im Lateinischen durch bestimmte Wörter oder Partikeln (*num*, *ne*), im Deutschen durch die Stellung der finiten Verbform (Inversion) gekennzeichnet; im Lateinischen markiert die Imperativ- oder Konjunktivform des Verbs einen imperativischen und die Konjunktivform einen potentialen oder imperativischen Satz.

Außer diesen formalen Merkmalen gibt es für einige Satzarten semantische Restriktionen, und zwar (a) in bezug auf die Hinzufügbarkeit bestimmter Satelliten und (b) in bezug auf die Arten von Sachverhalten, die in bestimmten Satzarten auftreten können. Nicht hinzufügbar sind bestimmte Satzadverbialia in Befehls- und Wunschsätzen (z.B. *haud dubie*, *fortasse*, vgl. S. 48) und in Fragesätzen (vgl. dt.: *Hans sagte mir, daß ich das Haus *vielleicht* ausräumen solle. *Kommt er *zweifellos*?). Eine Unvereinbarkeit von Satzart und Sachverhalt zeigt sich auch bei nicht-kontrollierten Sachverhalten: diese kommen normalerweise nicht in imperativischen Sätzen vor (vgl. S. 23). Die genannten formalen und semantischen Kennzeichen sind Ausdruck dessen, was man die 'Modalität' einer jeden Satzart nennt. Hierauf kommen wir in Kap. 10 ausführlich zurück.

Auch bestimmte Arten von eingebetteten Prädikationen weisen semantische Kennzeichen wie die eben genannten auf. Dies ist daraus ersichtlich, daß bestimmte Prädikationen in bestimmte Hauptprädikationen nicht eingebettet werden können. Es liegt z.B. auf der Hand, daß sich in Hauptprädikationen mit dem Prädikat *befehlen* nur Prädikationen mit imperativischer Modalität einbetten lassen; dagegen lassen sich in Hauptprädikationen mit dem Prädikat *sagen* sowohl Prädikationen mit deklarativer als auch solche mit imperativischer Modalität einbetten, vgl.:

(7) a Hans sagte mir (= teilte mir mit), daß er das Haus
       ausräume

   b Hans sagte mir, daß ich das Haus ausräumen solle (=
      befahl mir, das Haus auszuräumen)

Die eingebettete Prädikation mit imperativischer Modalität
(7b) läßt die Hinzufügung eines Satzverbials wie *vielleicht* nicht
zu -im Gegensatz zu derjenigen mit deklarativer Modalität
(7a):

(7) a Hans sagte mir, daß er das Haus vielleicht ausräume/
       ausräumen werde (wenn sich ein Käufer finde)

   b *Hans sagte mir, daß ich das Haus vielleicht ausräumen
      solle

Das gleiche gilt für das Lateinische. Bei der Behandlung eingebetteter Prädikationen mit der Funktion Argument komme
ich auf mögliche Restriktionen bezüglich der Modalität der
eingebetteten Prädikationen zurück.

7.1. EINGEBETTETE PRÄDIKATIONEN ALS ARGUMENT

In diesem Paragraphen gebe ich Beispiele für eingebettete
Prädikationen bei ein-, zwei- und dreistelligen Prädikaten.
Nützlich ist ein Vergleich mit den Abbildungen auf S. 29ff, in
denen hauptsächlich Nominalgruppen als Argument der verschiedenen Prädikate auftreten. Es ist jedoch zu beachten, daß auf
S. 29ff die syntaktische Konstruktion (durch die Angabe der
syntaktischen Funktionen) beschrieben wird, während die folgenden Abbildungen den formalen Ausdruck der eingebetteten
Prädikationen ohne die Kennzeichnung der syntaktischen Struktur angeben. Auf einen Teil der Formen, in denen die eingebetteten Prädikationen erscheinen, gehe ich in § 7.3. ein.
Ferner werden wir sehen, daß die semantische und die syntaktische Struktur nicht immer parallel verlaufen (§ 7.4.) und
daß bei manchen der hier als einstellig klassifizierten Prädikate
auch eine Einordnung in die Klasse der zweistelligen Prädikate
erwogen werden kann. Es gibt Prädikate, die mehr als eine
Bedeutung haben und zu denen verschiedene Rahmen gehören,
z.B. *necesse est*. Bei den meisten Prädikaten kann die einge-

bettete Prädikation in mehr als einer Form erscheinen; gelegentlich ist dabei ein Bedeutungsunterschied festzustellen. Hierauf komme ich in § 7.3. zurück. Wie aus den Abbildungen hervorgeht, ist es nicht so, daß bestimmte Arten eingebetteter Prädikationen nur bei ein-, zwei- oder dreistelligen Prädikaten vorkommen. Was schließlich die Auswahl der untersuchten Prädikate betrifft, so ist diese sehr begrenzt. Ich behaupte nicht, daß in die Abbildungen alle Kombinationsmöglichkeiten der verschiedenen Arten eingebetteter Prädikationen aufgenommen worden sind. Auch bleiben diachronische Entwicklungen außer Betracht.

7.1.1. EINSTELLIGE PRÄDIKATE

Bei den hier aufgeführten Prädikaten handelt es sich um die sog. unpersönlichen Verben (*refert*) sowie um Verbindungen aus *est* oder einer anderen Kopula mit einem Substantiv (*mos est*[4]) bzw. der Neutrumform eines Adjektivs (*utile est*). Im Anschluß an die Abbildung folgt jeweils ein kurzer Kommentar zu denjenigen Prädikaten, bei denen sich darüber diskutieren läßt, ob sie einstellig sind.

---

4 In der Verbindung *est* + *fama* ist *esse* Existenzverb ('es gibt'; 'besteht'), s. Kap. 1, Anm. 4. Im folgenden Bsp. betrachte ich die eingebettete Prädikation als Attribut zu *famam*, vergleichbar dem AcI bei *nuntium* in (4):
- fuisse famam venenum sua sponte sumpsisse ('Daß das Gerücht umging, (Themistocles) habe sich selbst vergiftet', Nep. *Them.* 10,4).

(a) Sog. unpersönliche Verben

(Haupt-)Prädikat:	Form der eingebetteten Prädikation										
	Eingebettetes Prädikat: finit					Eingebettetes Prädikat: nicht-finit					
	(ut) non	(ut) ne	quod/ quia[6] non	quin[5]	ind. Frage	Inf.	AcI	NcI	Dom. Part.	Ger	Sup
abest	+	–	–	+	–	–	–	–	–	–	–
accidit	+	–	+	–	–	–	+[7]	–	–	–	–
constat	–	–	–	–	+	+	+	–	–	–	–
necesse est[9]	+	–	–	–	–	–	+	–	–	–	–
refert	+	–	–	–	+	+	+	–	–	–	–
Beispiele in K.-St	2,236 237 239		2,275	2,263	2,488 1,462	1,672	1,295	1,706			

(Fußnotenziffern in der Tabelle: 7 bei accidit, 8 bei constat)

Abkürzungen:

– : nicht belegt

+ : belegt

---

5 *quin* kommt nur bei verneinter Hauptprädikation vor. Vgl. auch bei *facere* in § 7.1.2.

6 Zu *quoniam = quod/quia* s. Sz. 628.

7 Vgl. K.-St. II, 239 zu 'vereinzeltem' *accidit* (*ut*) *ne* u. dgl. Besonders bei *accidit* + nähere Bestimmung (z.B. *inique* oder *permirum*) über die Art des Zufalls kommt der AcI vor (vgl. K.-St. II, 240; Sz. 579). Man könnte *inique* u. dgl. hier auch als obligatorisch bezeichnen.

8 Zu einer im späteren Latein begegnenden eingebetteten Prädikation mit *ut* vgl. TLL s.v. 535, 80ff.

9 Bei *necesse est* muß zwischen sog. 'inferentiellem' und 'deontischem' Gebrauch unterschieden werden. (11 a) ist ein Bsp. für den deontischen, (11 b) für den inferentiellen Gebrauch (s. Bolkestein 1980a, passim). Ferner gibt es auch ein zweistelliges *necesse est* (*mihi* + Inf.; vgl. S. 164 Bsp. (23). S. Bolkestein (1980a, 104). *necesse est* wird hier als ein unteilbares Idiom behandelt; etymologische Erklärungen der Form *necesse* geben für ihre produktive Verwendung nicht viel her.

(ut)	:	*ut* ist manchmal fakultativ
Inf.	:	Infinitiv (Ergänzungsinfinitiv)
AcI	:	'echter' AcI[10]
NcI	:	Nominativus cum Infinitivo
Dom. Part.	:	Dominante Partizipialkonstruktion
Ger.	:	Gerundium- oder Gerundivkonstruktion
Sup.	:	Supinum II (auf *-u*)

Beispiele:

abest

(8) a tantum abest ut scribi contra nos nolimus ut id etiam maxime optemus ('Weit entfernt, etwas gegen eine Kritik an uns zu haben, wünschen wir sie vielmehr ganz besonders', Cic. *Tusc.* 2,4)

b prorsus nihil abest quin sim miserrimus ('Es fehlt wirklich nichts daran, daß ich mich ganz elend fühle', Cic. *Att.* 11,15,3)

accidit

(9) a capitis nostri saepe potest accidere ut causae versentur in iure ('Es kann oft geschehen, daß Dinge, die unsere Stellung als Bürger betreffen, vor Gericht zur Sprache kommen', Cic. *de Orat.* 1,181)

b hoc loco percommode accidit quod non adest is qui ... ('Es trifft sich jetzt sehr gut, daß derjenige, der ... nicht da ist', Cic. *Caec.* 77)

c videte igitur quam inique accidat quia res indigna sit ideo turpem existimationem sequi ... ('Seht also, wie unbillig das ist: weil die Tat unwürdig ist, deshalb zieht sie einen schlechten Ruf nach sich', Cic. *Caec.* 8)

constat

(10) a quo id factum nomine appellari oporteat constat ('Es steht fest, wie diese Sache genannt werden muß', Cic. *Inv.* 1,12)

b quae si omnia e Ti. Coruncanii scientia ... acta esse constarent ('Wenn feststünde, daß dies alles mit Kenntnis des Ti. C. ausgeführt worden ist', Cic. *Dom.* 139)[11]

c constat ... ad salutem civium ... inventas esse leges ('Es steht fest, daß die Gesetze zum Wohl der Bürger erfunden worden sind', Cic. *Leg.* 2,11)

---

10 Zum Unterschied zwischen 'echtem' AcI und Ergänzungsinfinitiv s. § 7.3.2.
11 So die handschriftliche Überlieferung. In derartigen Fällen neigen die Herausgeber dazu, den Text abzuändern (*constaret* + AcI); s. Nisbet z.St.; TLL s.v. *consto* 535, 49ff.; K.-St. I, 706. (Auch § 7.4.1., S. 202).

necesse est

(11) a adhibeas necesse est omnem rationem ('Du mußt deine ganze Vernunft anwenden', Q. Cic. *Pet.* 15)

b necesse est igitur legem haberi in rebus optimis ('Man muß also das Gesetz als ein ganz großes Gut betrachten', Cic. *Leg.* 2,12)

refert

(11') a ut valeant refert ('Dies ist für ihre Gesundheit wichtig', Cato *Agr.* 73)[12]

b ipsi animi magni refert quali in corpore locati sint ('Gerade für die Seele ist es sehr wichtig, in was für einen Körper sie eingesetzt worden ist', Cic. *Tusc.* 1,80)

c neque enim refert videre quid dicendum sit ('Denn es nützt nichts, wenn man sieht, was gesagt werden muß, aber ...', Cic. *Brut.* 110)

d parvi refert abs te ipso ius dici aequabiliter ('Es spielt keine große Rolle, ob du selbst unparteiisch Recht sprichst', Cic. *Q. fr.* 1,1,20)

Die syntaktische Funktion der eingebetteten Prädikation in Fällen wie (10 b) ist nicht leicht zu bestimmen. Hier ist ein Argument der eingebetteten Prädikation das Subjekt der Hauptprädikation (*quae*): die Handbücher verwenden hierfür den Terminus 'persönliche Konstruktion'. Das Prädikat der eingebetteten Prädikation wurde in die Abbildung als Ergänzungsinfinitiv aufgenommen. In solch einem Fall könnte man *constare* auch als zweistelliges Prädikat mit einem Argument in der syntaktischen Funktion Subjekt und einem in der syntaktischen Funktion Komplement bezeichnen. Auf diese Erscheinung komme ich in § 7.4.1. (S. 202) zurück. In allen anderen Beispielen erfüllt die eingebettete Prädikation als ganze die Funktion Subjekt.

---

12 Es ist nicht ohne weiteres sicher, daß *ut valeant* als Argument von *refert* betrachtet werden muß. *refert* kann sich auch auf die vorhergehende Belehrung über die gute Versorgung des Viehs beziehen. Für die Interpretation als Argument sprechen die Wortstellung und die Tatsache, daß in finalen Adverbialia normalerweise keine unkontrollierten Prädikationen auftreten. Für das synonyme *interest* geben K.-St. (I, 461) mehr Beispiele.

(b) Kopula + Adjektiv[13]

(Haupt-) Prädikat:	Form der eingebetteten Prädikation										
	Eingebettetes Prädikat: finit					Eingebettetes Prädikat: nicht-finit					
	(ut) non	quod non	ne non	quin	ind. Frage	Inf.	AcI	NcI	Dom. Part.	Ger	Sup
difficile	+	-	-	–	–	+	+	-	-	+	+
dubium	-	14	-	+	+	–	+	-	-	–	–
inusitatum	+	-	-	–	--	–	+	-	-	–	–
verum	+	-	-	–	–	–	+	-	-	15	–
utile	–	-	-	–	–	+	+	-	-		–
Beispiele in K.-St	2,242			2,263	2,488	1,669	1,695 2,264				1,725

Beispiele:

difficile

(12) a difficile est ... ut ad haec ... studia ... animus tam cito possit ac-
cedere ('Es ist für den Geist schwierig, sich so schnell mit dieser
Literatur vertraut zu machen', Sen. *Dial.* 11,8,3)[16]

b non fuisse ei grave nec difficile eam causam excipere ('Daß es für
ihn weder lästig noch schwer gewesen war, für diese Sache eine
Ausnahme zu machen', Cic. *Inv.* 2,130)

c difficile est in Asia ... ita versari nostrum imperatorem, ut ... ('Es
ist für einen römischen Feldherrn schwierig, sich in Asien so auf-
zuhalten, daß ...', Cic. *Man.* 64)

d ut in comparando difficile ad eligendum sit quid maxime velis ('So

---

13 Die Beispiele und auch die Abbildung enthalten natürlich keine Konstruktionen auf Wortgruppenniveau, wie z.B. *difficilis* + Inf. Passiv (TLL
s.v. 1090, 68).

14 Zu (spätem) *quod, quia, quoniam* und *ut* s. TLL s.v. 2115, 32ff.

15 Bei *utilis* und anderen Adjektiven kommen freilich auch gerundiale
Konstruktionen, z.B. mit *ad*, vor, aber diese betrachte ich als Satellit.

16 Im Deutschen läßt sich die - auch im Lateinischen ungewöhnliche- Konstruktion nicht gut wiedergeben.

daß es beim Vergleichen schwer ist auszuwählen, was du am liebsten willst', Cic. *Rep.* 1,55)

e difficile est hoc genus exornationis inventu ('Diese Art von Stilfigur ist schwer zu finden', *Rhet.Her.* 4,39)

dubium

(13) a non potest esse dubium quin id sit summum ... bonorum omnium ('Es kann kein Zweifel bestehen, daß dieses das höchste aller Güter ist', Cic. *Fin.* 1,54)

b primo nobis fuit dubium quid ageremus ('Anfangs war es für uns zweifelhaft, was wir tun sollten', Cic. *Ver.* 4,138)[17]

c perisse me una haud dubiumst ('Es ist sicher, daß ich zusammen mit dir sterbe', Ter. *Hec.* 326)

inusitatum

(14) a quid tam inusitatum quam ut ... eques Romanus ad bellum maximum ... mitteretur ('Was ist so ungewöhnlich wie einen römischen Ritter in einen ganz großen Krieg zu schicken', Cic. *Man.* 62)

b est ita inusitatum regem reum capitis esse ut ... ('Daß ein König eines Kapitalverbrechens angeklagt wird, ist so ungewöhnlich, daß ...', Cic. *Deiot.* 1)

verum

(15) a si verum est - quod nemo dubitat - ut populus Romanus omnes gentes virtute superarit ('Wenn es wahr ist -was niemand bezweifelt- daß das römische Volk alle Völker an Tapferkeit übertroffen hat', Nep. *Han.* 1,1)

b nec verum est ... idcirco initam esse cum hominibus communitatem ('Und es ist nicht wahr, daß deswegen unter den Menschen eine Gemeinschaft entstanden ist', Cic. *Off.* 1,158)

utile

(16) a numquam igitur est utile peccare ('Folglich ist es niemals nützlich zu sündigen', Cic. *Off.* 3,64)

b Miloni etiam utile fuisse Clodium vivere ('Daß es für Milo sogar nützlich war, daß Clodius lebte', Cic. *Mil.* 52)

Zahlreiche Prädikate, die aus Kopula + Adjektiv bestehen, treten mit einem nominalen Dativkonstituenten auf. Derartige Konstituenten betrachte ich als Satelliten mit der semantischen Funktion Nutznießer (z.B. bei *difficilis* und *utilis*).

---

17 Zu anderen Typen von Fragesätzen s. TLL s.v. 2113, 30ff.

Die obigen Beispiele enthalten - mit Ausnahme von (12 e) - fast nur sog. unpersönliche Konstruktionen des Typs *esse* + Adjektiv. Ich halte Fälle wie (12 e) für semantisch gleichwertig mit den übrigen Beispielen, mag hier auch formal eine sog. persönliche Konstruktion vorliegen. Auf (12 e) trifft m.E. zu, was ich auf S. 158 zu *constarent* in Bsp. (10 b) gesagt habe. Faßte man allein die syntaktische Struktur ins Auge, könnte man auch von einem zweistelligen *difficilis* sprechen. (12 e) wird also anders beschrieben als *cupidus* (s. Bsp. (24 a) und (24 b)) und *nescius* in (17):

(17) iratum te regi Deiotaro fuisse non erant nescii ('Sie wußten ganz genau, daß du auf König D. zornig gewesen warst', Cic. *Deiot.* 8)

nescius ist zweistellig; Näheres hierzu s. § 7.4.2.

(c) Kopula + Substantiv

(Haupt-) Prädikat	Form der eingebetteten Prädikation											
	Eingebettetes Prädikat: finit						Eingebettetes Prädikat: nicht-finit					
	(ut) non	(ut) ne	ne non	quod/ quia non	quin	ind. Fr.	Inf.	AcI	NcI	Dom Ptc.	Ger	Sup
facinus	-	-	-	-	-	-	+	-	-	+	-	-
mos	+	-	-	▪	-	-	+	+	-	-	+	-
munus	-	+	-	-	-	-	+	-	-	-	-	-
tempus	+	-	-	-	-	-	+	+	-	-	+	-
vitium	-	-	-	+	-	-	-	-	-	-	-	-
Beispiele in K.-St	2,244	2,226		2,273			1,742	1,695			1,737	

Beispiele:

facinus

(18) a facinus est vincire civem Romanum ('Es ist ein Verbrechen, einen römischen Bürger in Fesseln zu legen', Cic. *Ver.* 5,170)

b occisus dictator ... pulcherrimum facinus videretur ('Die Ermordung des Diktators erschien als die herrlichste Tat', Tac. *Ann.* 1,8,6)

mos

(19) a cum ... mos esset Graecis ... ut ei qui vicissent tropaeum ... statuerent ('Weil es Sitte der Griechen war, daß die Sieger ein Siegesmal errichteten', Cic. *Inv.* 2,69)

b Magorum mos est non humare corpora suorum nisi ... ('Bei den Magiern herrscht der Brauch, die Leichen ihrer Angehörigen erst zu bestatten, wenn ...', Cic. *Tusc.* 1,108)

c qua (oratione) mos est Athenis laudari in contione eos qui sint in proeliis interfecti ('In Athen ist es üblich, mit dieser (Rede) diejenigen zu preisen, die im Krieg gefallen sind', Cic. *Orat.* 151)

d (fuit) mos vero liberos ... obiciendi saevissimis earum ('Es war in der Tat ihre Gewohnheit, ihre Kinder den furchtbarsten unter ihnen (Schlangen) vorzuwerfen', Plin. *Nat.* 7,14)

munus

(20) a sed iustitiae primum munus est, ut ne cui quis noceat ('Die erste Aufgabe der Gerechtigkeit ist, dafür zu sorgen, daß nicht der eine dem anderen schadet', Cic. *Off.* 1,20)

b munus autem animi est ratione bene uti ('Es ist die Aufgabe der Seele, von der Vernunft guten Gebrauch zu machen', Cic. *Tusc.* 3,15)

tempus

(21) a videtur tempus esse ut eamus ad forum ('Es scheint an der Zeit, daß wir zum Forum gehen', Pl. *Mil.* 72)

b tempus esset iam de ordine argumentorum ... aliquid dicere ('Jetzt wäre es Zeit, etwas über die Reihenfolge der Argumente zu sagen', Cic. *de Orat.* 2,181)

c tempus est ... iam hinc abire me ut moriar, vos ut vitam agatis ('Schon ist es Zeit fortzugehen, für mich, um zu sterben, für euch, um zu leben', Cic. *Tusc.* 1,99)

d navigandi nobis ... tempus esse ('Daß es für uns Zeit ist, mit dem Schiff zu fahren', Cic. *Ac.* 2,147)

e   si tempus est ullum iure hominis necandi ('Wenn es irgendeine Gelegenheit gibt, einen Menschen zu Recht zu töten', Cic. *Mil.* 9)[18]

vitium

(22)   alterum est vitium quod quidam nimis magnum studium ... conferunt
('Der zweite Fehler ist, daß bestimmte Leute zu großen Eifer ent-
wickeln', Cic. *Off.* 1,19)[19]

Eine Übersicht über die bei Prädikationen des Typs 'Kopula +
Substantiv' möglichen Konstruktionen bieten K.-St. (II, 272f).
Übrigens könnte man in manchen Fällen auch von *esse* als
Existenzverb sprechen.

7.1.2. ZWEISTELLIGE (HAUPT)PRÄDIKATE

In diesem Paragraphen begegnen wir den gleichen Konstruktionen
wie im vorigen. Für die sog. unpersönlichen Konstruktionen
(*necesse est, propositum est* + Dativ. + Inf.) gebe ich ein
Beispiel, ebenso für die Konstruktionen mit Adjektiv. Diejenigen
Adjektive, bei denen auch eine unpersönliche Konstruktion
vorkommt, wurden in § 7.1.1. behandelt (z.B. *difficile*).

---

18 Ich lasse Fälle wie
- fore tempus cum is tribunus plebis ... tuum monumentum ... disturbaret ('Daß
der Zeitpunkt kommen wird, wo dieser Volkstribun dein Denkmal zerstören
wird', Cic. *Dom.* 114) außer Betracht. Man könnte erwägen, ob man den *cum*-
Satz nicht eher als Relativsatz mit der Funktion Attribut zu *tempus* auffassen
sollte (Pinkster 1972c, 177).
19 Ich begnüge mich mit dem von K.-St. II, 273 gegebenen Beispiel.

| (Haupt-) Prädikat | Form der eingebetteten Prädikation | | | | | | | | | | | | |
| | Eingebettetes Prädikat: finit | | | | | | | Eingebettetes Prädikat nicht-finit | | | | | |
	(ut) non	(ut) ne	ne non	quod/ quia	quin	an- dere	ind. Fr.	Inf.	AcI	NcI	AcP	Dom.	Ger Sup Ptc.
necesse est[9]	+	–	–	–	–	–	–	+	–	–	–	–	–
cupidus	–	–	–	–	–	–	–	+	–	–	–	+	–
audire	–	–	–	–	–	+[20]	+	–	+	+	+	–	–
conari	–	–	–	–	–	+	–	+	[21]	–	–	–	–
cupere	–	+	–	–	–	–	–	+	+	–	–	–	–
malle	–	+	–	–	–	–	–	+	+	–	–	–	–
gaudere	–	–	–	+	–	+	–	+	+	–	–	+	–
metuere	–	–	+	–	[22]	–	–	+	[22]	–	–	–	–
curare	–	+	–	–	–	–	–	+	+	–	–	–	+	–
facere	+	+	–	+	[23]	[24]	–	+	+	–	–	–	–
incipere	–	–	–	–	–	–	–	+	–	–	–	–	–
delibe- rare	–	–	–	–	–	–	+	+	[25]	–	–	+	–

(AcP: Akk. mit Partizip Präsens)

Beispiele:

necesse
(23) a pro hoc mihi patronus sim necesse est ('Für diesen muß ich Anwalt sein', Pl. *Poen.* 1244)

---

20 Ich verstehe unter der Konstruktion *audire aliquem cum* die in Bsp. (25 a) vorliegende.
21 TLL bringt späte Belege für einen AcI (Lucifer, Chiron); in Augustinus Psalm 26, serm. 2 hängt der AcI von *optat* ab.
22 *non metuo quin*: s. K.-St. II, 256 A. 4; AcI bei *metuere* erst spät.
23 U.a. Cic. *Rep.* 1, 50: *quin serviant ... fieri non potest* (TLL s.v. 106, 77 ss.).
24 Zu *quo* und *quoniam* TLL s.v. 106, 58 ss.; s. auch TLL 107, 15 ss.
25 In Plin. *Ep.* 9,33,2 wird der AcI von *statui* regiert (entgegen TLL s.v. *deliberare* 440, 65 ss.).

b   non est omnibus stantibus necesse dicere ('Es ist nicht nötig, daß
    alle im Stehen sprechen', Cic. *Marc.* 33)

cupidus

(24) a   mortem ... timens cupidusque moriri ('Den Tod fürchtend und danach
    verlangend zu sterben', Ov. *Met.* 14,215)

b   tu qui valde spectandi cupidus esses ('Du, der du doch sehr darauf
    erpicht warst zu sehen', Cic. *de Orat.* 1,162)

audire

(25) a   saepe enim soleo audire Roscium, cum ... dicat ... ('Denn häufig
    pflege ich R. zu hören, wenn er sagt ...', Cic. *de Orat.* 1,129)

b   nemo fere vestrum est quin quemadmodum captae sint a M. Marcello
    Syracusae saepe audierit ('Fast jeder von euch hat oft gehört, wie
    Syrakus von M. eingenommen wurde', Cic. *Ver.* 4,115)

c   M. vero Scaurus, quem non longe ruri apud se esse audio ('M. Scau-
    rus, der - wie ich höre - nicht weit von hier auf seinem Landgut
    verweilt', Cic. *de Orat.* 1,214)

d   bellum ... ante audierunt geri quam parari ('Sie hörten eher, daß der
    Krieg im Gange sei als von seiner Vorbereitung', Cic. *Lig.* 3)

e   Bibulus nondum audiebatur esse in Syria ('Man hörte noch nicht,
    daß B. in Syrien war', Cic. *Att.* 5,18,1)

f   idque Socratem ... audio dicentem ... ('Und das höre ich S. sagen'[26],
    Cic. *Fin.* 2,90)

conari

(26) a   Helvetii ... si perrumpere possent conati ... telis repulsi hoc conatu
    destiterunt ('Die H. versuchten durchzubrechen, ließen aber, durch
    die Wurfgeschosse zurückgeschlagen, von diesem Vorhaben ab',
    Caes. *Gal.* 1,8,4)

b   quod sibi probare non possit id persuadere alteri conetur ('Was er
    sich selbst nicht glaubhaft machen kann, davon versucht er den
    anderen zu überzeugen', Cic. *Q. Rosc.* 4)

cupere

(27) a   tibi cum omnia mea commendatissima esse cupio tum nihil magis,
    quam ne tempus nobis provinciae prorogetur ('Ich möchte, daß du
    dir alle meine Belange angelegen sein läßt, besonders aber, daß
    meine Statthalterschaft nicht verlängert wird', Cic. *Fam.* 2,8,3)

---

26 In der Regel kommt der AcP nur bei unmittelbarer Wahrnehmung
vor. Diese wird hier fingiert. Gewöhnlichere Beispiele finden sich in § 7.3.6.

b tu vellem ego vel cuperem adesses ('Ich wollte oder vielmehr wünsch-
te, du wärest da', Cic. *Att.* 2,18,4)

c qua exposita scire cupio quae causa sit cur Zeno ... ('Nach dieser
Erklärung wünsche ich zu wissen, welches der Grund dafür ist, daß
Zeno ...', Cic. *Fin.* 4,19)[27]

d liberos suos ... beatos esse cupiat ('Er wünscht, daß seine Kinder
glücklich sind', Cic. *Inv.* 1,48)[28]

e ego me cupio non mendacem putari ('Ich wünsche nicht, daß man
mich als Lügner betrachtet', Cic. *Leg.* 1,4)

malle

(28) a tu malim ... actum ne agas ('Mir wäre lieber, du ließest Dinge, die
geschehen sind, auf sich beruhen', Cic. *Att.* 9,18,3)

b malo non roges ('Mir ist lieber, daß du keine Fragen stellst', Cic.
Tusc. 1,17) (kontrastives *non*)

c virtutum in alia alius mavult excellere ('Der eine will sich lieber in
dieser, der andere in jener Tugend hervortun', Cic. *Off.* 1,115)

d sed fortasse maluit ... omnium ... esse princeps ('Aber vielleicht
wollte er lieber der erste von allen sein', Cic. *Brut.* 151)

e Afer aut Sardus ..., si ita se isti malunt nominari ('Ein afrikanischer
oder sardinischer Zeuge, wenn sie lieber so genannt werden wollen',
Cic. *Scaur.* 15)

gaudere

(29) a illud gaudeo, quod et aequalitas vestra et ... abest ab obtrectatione
et invidia ... ('Ich freue mich darüber, daß eure Gleichheit nicht
Hand in Hand geht mit Versuchen, euch gegenseitig herabzusetzen
und aufeinander neidisch zu machen', Cic. *Brut.* 156)

b et quom te gravidam et quom te pulchre plenam aspicio, gaudeo
('Und ich bin froh, dich schwanger und mit einem prachtvoll dicken
Bauch zu sehen', Pl. *Am.* 681)

c abs quivis homine ... beneficium accipere gaudeas ('Du könntest
dich darüber freuen, von jedem beliebigen Menschen ... eine Wohltat

---

27 Zum Inf. Perf. bei Verben den 'Wollens' und 'Könnens' vgl. K.-St. I,
133ff; bei *cupere* Iustin. 5,4,15. Zum Auftreten des Inf. Perf. bei Verben des
'Müssens' s. Bolkestein (1980a, 161, Anmerk. 16). Der Gebrauch des Inf.
Perf. bei dieser Verbgruppe ist an eine Bedingung geknüpft, die für die zuerst
genannten Verben nicht gilt: die Verbform von 'müssen' muß im Irrealis
vorkommen. Vgl. S. 359.
28 Beim Inf. Perf. Pass. wird die Form von *esse* häufig ausgelassen,
z.B. *illam (patriam) extinctam cupit* (Cic. *Fin.* 4,66); vgl. K.-St. I, 714 A.4.

erwiesen zu bekommen'[29], Ter. *Ad.* 25

d   venire tu me gaudes ('Du freust dich, daß ich komme', Pl. *Bac.* 185)

e   cum ... valde absoluto Scaevola gauderet ('Als er sich sehr darüber freute, daß S. freigesprochen worden war', Cic. *de Orat.* 2,281)

metuere

(30) a   atque etiam id ipsum, quod tu scribis, metuebam, ne a me distrahi non posses ('Und ich befürchtete gerade das, was du schreibst, nämlich daß du nicht von mir getrennt werden könntest', Cic. *Q.fr.* 1,3,4)

b   ego nec tumultum nec mori per vim metuam tenente Caesare terras ('Ich werde weder Aufruhr noch einen gewaltsamen Tod fürchten, solange Caesar die Welt regiert', Hor. *Carm.* 3,14,14-16)

c   an metuit (anima) conclusa manere in corpore putri et ... ('Oder fürchtet die Seele etwa eingeschlossen zu bleiben in einem faulen Körper ...', Lucr. 3,773)

curare

(31) a   nam quod rogas curem ut scias quid Pompeius agat ('Denn wenn du bittest, ich möge dich wissen lassen, wie es um P. steht', Cic. *Att.* 7,12,1)

b   is curavit quod argumentum ex Dionysio ipse sumpsisset ex eo ceteri sumerent ('Dieser sorgte dafür, daß die anderen das Argument, das er selbst bei Dionysius gefunden hatte, bei ihm fanden', Cic. *Ac.* 2,71)

c   ea nolui scribere quae nec ... nec docti legere curarent ('Ich wollte keine Dinge schreiben, welche die Gelehrten nicht lesenswert finden', Cic. *Ac.* 1,4)

d   nec vera virtus ... curat reponi deterioribus ('Wahre Mannestugend ... wünscht nicht in entarteten Herzen wieder aufgenommen zu werden', Hor. *Carm.* 3,5,29f)

e   ut natura et procreari vellet et diligi procreatos non curaret ('Daß die Natur die Fortpflanzung wollte, sich aber nicht darum kümmerte, daß die Erzeugten geliebt werden', Cic. *Fin.* 3,62)

f   ... eum hominem occidendum curavit ('Er ließ diesen Menschen um-

---

29 K.-St. (II, 424) gehen auch ein auf Fälle wie
- quod si assecutus sum gaudeo (Cic. *Fam.* 7,1,6). Nach K.-St. wird *si* ge-braucht, wenn der Inhalt des Nebensatzes nicht als Tatsache hingestellt wird. Eine andere Erklärungsmöglichkeit besteht darin, *gaudere* in diesen Fällen als intransitiv aufzufassen. (Bsp. in TLL s.v. 1705, 47ff). Das gleiche gilt evtl. auch für (29 b) und (29 e).

bringen', Cic. *S. Rosc.* 103)[30]

facere

(32) a splendor vester facit ut peccare sine summo rei publicae detrimento
    ... non possitis ('Eure glanzvolle Stellung bringt es mit sich, daß
    ihr keinen Fehler ohne größten Schaden für den Staat machen
    könnt', Cic. *Ver.* 1,22)

    b fecisti ut ne cui innocenti maeror tuus calamitatem ... adferret ('Du
    hast ... es fertiggebracht, daß dein Kummer keinem Unschuldigen
    Unglück brachte', Cic. *Clu.* 168)

    c bene facis .. quod me adiuvas ('Du tust gut daran, mir zu helfen',
    Cic. *Fin.* 3,16)

    d visum est faciendum ... vos certiores facere ('Es erschien erforderlich,
    euch auf dem Laufenden zu halten', Sulp. in Cic. *Fam.* 4,12,1)[31]

    e (actio) tales ... oratores videri facit, quales ipsi se videri volunt
    ('Die öffentliche Rede läßt die Redner so erscheinen, wie sie selbst
    erscheinen wollen', Cic. *Brut.* 142)[32]

incipere

(33) a brevior iam in scribendo incipio fieri ('Schon beginne ich mich beim
    Schreiben kürzer zu fassen', Cic. *Att.* 5,6,2)

    b nunc quoniam de re publica consuli coepti sumus ('Da man nun
    begonnen hat, uns über Angelegenheiten des Staates um Rat zu
    fragen', Cic. *Div.* 2,7)

deliberare

(34) a deliberant quid agant ('Sie überlegen, was sie tun sollen', *Rhet.
    Her.* 3,5,8)

    b cum deliberassent nobiscum bellum gerere ('Als sie in Erwägung
    gezogen hatten, gegen uns Krieg zu führen', *Rhet.Her.* 4,9,13)

    c non de absolvendo Apronio deliberarent ('Sie hätten nicht erwogen,
    Apronius freizusprechen', Cic. *Ver.* 3,31)

Bei bestimmten Substantiven (wie *dies*, *comitia*, *locus* etc.) in
Verbindung mit *esse* kommt eine Gerundialkonstruktion (Gerun-

---

30 *curare* hat sowohl einen zweistelligen Rahmen - wie hier - als auch
einen dreistelligen.
31 *facere* + Inf. ist in diesem Kontext umstritten; schon Lambinus schlägt
[faciendum] vor. Vgl. K.-St. II, 235; TLL s.v. 104, 53ff.
32 Andere Belege für *facere* + AcI sind selten. Vgl. K.-St. I, 694; Petersmann (1977, 213-215); TLL s.v. 115, 37ff.

dium oder Gerundivum) im Dativ vor:

(34) bis dies is erat legitimus comitiis habendis ('Das war der gesetzlich festgelegte Tag zur Durchführung der Wahlen', Cic. *Ver.* 2,129, vgl. K.-St. I, 748f)

Dieselben Substantive können sich auch mit transitiven Verben verbinden; auch hierbei kommt eine Gerundialkonstruktion im Dativ vor:

(34) ter quibus (imaginibus) non ... imitandis ... tibi locum ullum reliquisti ('Du hast dir selbst keine Möglichkeit gelassen, diese nachzuahmen', Cic. *de Orat.* 2,226)

Derartige Ausdrücke habe ich hier beiseite gelassen, ebenso *opus est* + Dat.

7.1.3. DREISTELLIGE PRÄDIKATE

(Haupt-) Prä-dikat	Form der eingebetteten Prädikation														
	Eingebettetes Prädikat: finit							Eingebettetes Prädikat: nicht-finit							
	(ut) non	(ut) ne	ne non	quod/ quia non	quin	an-dere	ind. Fr.	Inf.	AcI	NcI	AcP	Dom.	Ger	Sup	Ptc.
dicere	-	+	-	+	-	-[33]	+	+	+	+	-	-	-	-	-
docere	-	+	-	+[34]	-	-	+	+	+	+	-	-	-	-	-
impedire	-	-	+	-	-	+	-	+	-	-	-	-	-	-	-
imperare	-	+	-	-	-	-	+	+	+	+	-	-	-	-	-
iubere	-	+	-	-	-	-	-	+	+	+	-	-	-	-	-
persua-dere[35]	-	+	-	35	-	-	-	+	+	-	-	-	-	-	-
admonere	-	+	-	36	-	-	+	+	+	+	-	-	-	-	-

Beispiele:

N.B. In einigen der unten gegebenen Beispielsätze wird kein drittes Argument vorausgesetzt (35 c, d; 38 e, f; 39 d, e). Ich habe die Belege hier der Bequemlichkeit halber beim jeweiligen Verb zusammen aufgeführt.

dicere

(35) a dicebam, pater, tibi, ne matri consuleres male ('Ich sagte dir doch, Vater, daß du für die Mutter gut sorgen solltest', Pl. *As.* 938)

---

33 Zu alternativen Konstruktionen zum AcI vgl. Petersmann (1977, 215f); TLL s.v. *dicere* 985, 78ff.

34 Seit Tertullian.

35 Die reflexive Konstruktion (*sibi persuasum est*) bleibt außer Betracht. Ein Bsp. mit *quod* erwähnt OLD, Scaev. *Dig.* 13,5,31:

- persuaserunt Publio Maevio quod hereditas ad eum pertineret ('Sie redeten dem P.M. ein, daß die Erbschaft ihm zukomme').

36 Zu spätem *quod* s. TLL s.v. 766, 16ff.

b   dices (eis)... paulum proferant auctionem ('Du wirst ihnen sagen, sie sollen die Versteigerung ein wenig verschieben', Cic. *Att.* 13,12,4)

c   dixi quia mustella comedit ('Ich sagte, daß ein Wiesel sie gefressen habe', Petr. 46,4)[3]

d   non ... solum Torquatus dixit, quid sentiret, sed etiam cur ('T. sagte nicht nur, was er denke, sondern auch warum', Cic. *Fin.* 2,3)

e   (Augustus patribus) sedentibus valere dicebat ('Augustus sagte den Senatoren Lebewohl, während sie sitzenblieben', Suet. *Aug.* 53,3)

f   quas (minas) hodie adulescens Diabolus ipsi daturus dixit ('Die der junge D. - wie er sagte - ihr heute geben wird', Pl. *As.* 634)

g   omnes in iis sedibus quae erant sub platano consedisse dicebat ('Er sagte, alle hätten sich auf die Plätze unter der Platane gesetzt', Cic. *de Orat.* 1,29)

h   dici mihi memini ... L. Crassum ... se ... contulisse ('Ich erinnere mich, daß mir gesagt wurde, Crassus habe sich nach ... begeben', Cic. *de Orat.* 1,24)

i   si dici possit ex hostibus equus esse captus ('Wenn man sagen kann, daß ein Pferd aus den Reihen der Feinde gefangen worden sei', Cic. *Inv.* 1,85)

docere

(36) a   eum (lenonem) ego docebo ..., ut sibi esse datum argentum dicat ('Ich werde ihm klarmachen, daß er sagen soll, ihm sei das Geld gegeben worden', Pl. *Epid.* 364f)

b   vos docebit, qualis sit L. Flaccus ('Soll er euch davon in Kenntnis setzen, was L.F. für ein Mensch ist?', Cic. *Flac.* 8)

c   neque ... conamur docere eum dicere, qui loqui nesciat ('Wir versuchen nicht, demjenigen das Reden beizubringen, der nicht sprechen kann', Cic. *de Orat.* 3,38)

d   docuerunt ... me periti homines ... transferri nomen ... non potuisse ('Fachleute haben mich darüber belehrt, daß die Schulden nicht hätten übertragen werden können', Cic. *Fam.* 5,20,3)

e   ut ... minime ... pecuniae cupidus fuisse doceatur ('Daß dargelegt wird, daß er keineswegs geldgierig gewesen ist', Cic. *Inv.* 2,36)

impedire

(37) a   impedior ... dolore ... ne ... plura dicam ('Der Schmerz hindert mich, mehr zu sagen', Cic. *Sul.* 92)

b   ... ne quid impediare quin ad hanc utilitatem pariter nobiscum progredi possis ('Damit du in keiner Weise gehindert bist, in gleicher

Weise wie ich beim Erwerb dieser nützlichen Kunst voranzukommen', *Rhet. Her.* 3,1)

c cur, quo setius omnia scribant, impediuntur modestia? ('Warum lassen sie sich aus Bescheidenheit davon abhalten, alles aufzuschreiben?', *Rhet. Her.* 4,4)

d me ... impedit pudor ab homine ... haec ... exquirere ('Mich hält das Schamgefühl davon ab, einen Menschen danach zu fragen', Cic. *de Orat.* 1,163)

imperare

(38) a ei palam imperat ut omne argentum ... conquirendum curaret et ad se adferendum ('Er befiehlt ihm öffentlich, alles Silber sammeln und zu ihm bringen zu lassen', Cic. *Ver.* 4,50)

b imperat (Labieno) ... eruptione pugnet ('Er befahl ihm, die feindlichen Linien zu durchbrechen', Caes. *Gal.* 7,86,2)

c non imperabat (obstetrix) coram, quid opus facto esset puerperae ('Sie gab nicht selbst den Auftrag, was für die Wöchnerin getan werden müsse', Ter. *An.* 490)

d imperavi egomet mihi omnia adsentari ('Ich habe mir selbst den Befehl gegeben, mit allem einverstanden zu sein', Ter. *Eu.* 252f)

e Cleomenes ... vela fieri, praecidi ancoras imperavit ('C. befahl die Segel zu hissen, die Ankertrosse zu kappen', Cic. *Ver.* 5,88)[37]

g in has lautumias ... deduci imperantur ('In diese Steinbrüche wurden Menschen auf Befehl eingesperrt', Cic. *Ver.* 5,68)[37]

iubere

(39) a Telebois iubet (Amphitruo) sententiam ut dicant suam ('A. befiehlt den T. ihre Meinung zu sagen', Pl. *Am.* 205)

b curriculo iube in urbem veniat ('Laß ihn geschwind in die Stadt kommen', Pl. *Mos.* 930)

c te lex Terentia .. frumentum emere ... iussit ('Die lex Terentia befahl dir, Getreide zu kaufen', Cic. *Ver.* 3,173)

d (P. Scipio) iubet omnia conquiri ('Scipio befahl, alles zusammenzusuchen', Cic. *Ver.* 4,73)[37]

e cum alterius populi maiestas conservari iubetur ('Wenn befohlen wird, die Würde des einen Volkes zu respektieren', Cic. *Balb.* 36)[37]

persuadere

(40) a patri persuasi, ut aes alienum filii dissolveret ('Ich überredete den

---

37 S. unten S. 192.

Vater, die Schulden seines Sohnes zu bezahlen', Cic. *Phil.* 2,46)

b huic Sp. Albinus ... persuadet ... regnum Numidiae ab senatu petat ('Diesen überredete Sp. A., vom Senat die Herrschaft über Numidien zu erbitten', Sal. *Jug.* 35,2)

c quibus persuasum est foedissimum hostem iustissimo bello persequi ('Die entschlossen sind, den gräßlichsten Feind in einem vollkommen gerechten Krieg zu verfolgen', Cic. *Phil.* 13,35)[38]

d hos homines tu persuadebis ad honorem ... tuum pecunias maximas ... contulisse ('Willst du uns davon überzeugen, daß diese Menschen riesige Geldsummen zu deiner Ehrung zusammengetragen haben?', Cic. *Ver.* 2,157)

admonere

(41) a illud me praeclare admones ..., ne nimis indulgenter et ut cum gravitate potius loquar ('Dazu ermahnst du mich mit Recht, daß ich nicht zu nachsichtig und eher mit Würde spreche', Cic. *Att.* 9,9,2)

b maxime autem admonendus est, quantus sit furor amoris ('Vor allem aber muß er daran erinnert werden, wie groß die Liebeswut ist', Cic. *Tusc.* 4,75)

c nonne te ... Q. illa Claudia aemulam domesticae laudis ... esse admonebat? ('Forderte dich nicht einmal die berühmte Q.C. dazu auf, ihre Rivalin zu sein in dem Bereich, in dem sich eine Frau Ruhm verschaffen kann?', Cic. *Cael.* 34)

d tantum te admonebo ... praesentibus his te daturum (salutem) ('Ich werde dich nur daran erinnern, daß du den hier Anwesenden Rettung bringen wirst', Cic. *Lig.* 38)

e admonitus sum ab illo ... illis de rebus dici posse ('Ich bin von jenem daran erinnert worden, daß hierüber gesprochen werden kann', Cic. *Q.fr.* 3,5,1)

f nostrique detrimento admonentur diligentius ... stationes disponere ('Unsere Truppen wurden durch die Verluste ermahnt, sorgfältiger Wachtposten zu verteilen', Hirt. *Gal.* 8,12,7)

---

38 Zu aktivischem *persuadere* + Inf. vgl. Nep. *Di.* 3,3 (K.-St. I, 682).

7.2. EINGEBETTETE PRÄDIKATIONEN ALS SATELLIT

In diesem Paragraphen werden die Konstruktionen behandelt, in denen eingebettete Prädikationen mit der Funktion Satellit auftreten. In den Grammatiken nennt man sie 'adverbiale Nebensätze'. Ein Teil dieser Konstruktionen gleicht formal den in § 7.1. vorgestellten. Aufgrund dieser formalen Übereinstimmung nahmen (und nehmen) zahlreiche Gelehrte eine historische Relation zwischen dem Auftreten dieser Prädikationen als Satellit und als Argument an (vgl. § 7.5.). In § 7.2.1. kommen Satelliten mit der Funktion Adverbial, in § 7.2.2. solche mit der Funktion Satzadverbial an die Reihe. In einem abschließenden Paragraphen (§ 7.2.3.) gehe ich auf die Frage ein, wie Nebensätze von der Art des durch *ubi* eingebetteten in Bsp. (42) zu beschreiben sind:

(42) exsilium ibi esse putat, ubi virtuti non sit locus ('Er meint, daß von Verbannung nur dort gesprochen werden kann, wo für die Tügend kein Platz ist', Cic. *Mil.* 101)

7.2.1. SATELLITEN MIT DER FUNKTION ADVERBIAL

Wie in § 3.3. (S. 41ff), so behandle ich auch in diesem Paragraphen die Satelliten geordnet nach den semantischen Funktionen, die sie erfüllen. Vollständigkeit strebe ich bei der Auflistung der semantischen Funktionen nicht an.

(i)   Art und Weise

Auf Nebensätze, die durch *ut, quemadmodum* ('wie') eingeleitet werden, gehe ich nicht ein. K.-St. (I, 752) geben Beispiele für den sog. modalen Gebrauch des Gerundi(v)ums, d.h. für ihren Gebrauch als Adverbial der Art und Weise, z.B.

(43) qui partis honoribus eosdem in foro gessi labores quos petendis ('Ich, der ich, nachdem ich alle Ämter bekleidet hatte, auf dem Forum dieselben Anstrengungen unternahm, die ich unternommen hatte, als ich mich um die Ämter bewarb', Cic. *Phil.* 6,17)

Die Analyse derartiger Konstruktionen ist schwierig: ich bin

eher geneigt, *petendis* in (43) als temporales Adverbial aufzufassen[39].

(ii)   Instrument

(44)   pultando ... confregi fores ('Ich habe die Tür dadurch
       zerbrochen, daß ich dagegen schlug', Pl. *Mos.* 456)

(45)   quae ipse in meis fundis colendo animadverti ('Die ich
       selbst auf meinen Ländereien durch das Bebauen bemerkt
       habe', Var. *R.* 1,1,11)

K.-St. führen (45) neben drei weiteren Fällen als Beispiel für
den 'kausalen' Gebrauch des Gerundi(v)ums an. Demgegenüber
stelle ich (45) auf eine Stufe mit (44). Der Unterschied zwischen
beiden Sätzen besteht darin, daß in (44) aller Wahrscheinlichkeit
nach eine Intention vorliegt, während das in (45) nicht der
Fall ist. Die semantische Funktion Ursache ('Force') wurde von
mir enger definiert (vgl. S. 41f). S. auch Punkt (viii)[40].

(iii)   Grad

Nebensätze zur Bezeichnung des Grades werden gewöhnlich
eingeleitet durch *quantopere, quam* etc. ('wie sehr').

(iv)   Zeitpunkt

Außer Nebensätzen, die durch Subordinatoren wie *postquam*
('nachdem'), *cum* ('als'), *quotiens* ('sooft') eingeleitet werden
-diese brauchen wir hier durch Beispiele nicht zu erläutern-,
kommen hierfür auch gerundiale Konstruktionen in Frage:

(46)   quod ... in redeundo ... auspicari esset oblitus ('Weil der
       bei seiner Rückkehr vergessen hatte, die Vogelschau
       anzustellen', Cic. *N.D.* 2,11)

---

39 Zur 'modalen' und 'instrumentalen' Interpretation gerundialer Konstruktionen s. Vester (1983). K.-St. erklären das Gerundivum in (43) als '= *quos
gessi honores petens*', aber diese Gleichsetzung von Gerundium und Part.
Präs. ist ebenfalls problematisch.
40 K.-St. (I, 751f) unterscheiden zwischen sog. 'instrumentalem' und
'modalem' Gebrauch des Gerundi(v)ums. Beim 'instrumentalen' unterscheiden
sie wiederum zwischen 'Bezeichnung des Grundes' und 'des Mittels'. Unter den
Beispielen, die sie sodann als 'instrumental' i.e.S. (gegenüber 'kausal') klassifizieren, befinden sich auch solche, in denen meiner Meinung nach eher
ein Argument mit der semantischen Funktion Ursache ('Force') vorliegt, z.B.
-      sum defessus quaeritando ('Ich bin müde vom Suchen', Pl. *Am.* 1014).

Weitere Beispiele s. K.-St. I, 753.

(v)   Zeitdauer

Derartige Nebensätze werden in der Regel durch Subordinatoren wie *quamdiu* und *dum* ('solange') eingeleitet.

(vi)   Ort

Zu den durch *ubi* ('wo'), *unde* ('woher'), *qua* ('wo'), *quo* ('wohin') u.a. eingeleiteten Nebensätzen s. § 7.2.3.

(vii) Begleitumstand

(47)   Bellum Gallicum ... C. Caesare imperatore gestum est ('In Gallien wurde unter der Führung des C. Caesar ein Krieg geführt', Cic. *Prov.* 32)

(48)   qui tranquillo mari gubernare se negent posse ('Die behaupten, sie könnten bei ruhiger See nicht steuern',Cic. *Rep.* 1,11)

(49)   (Cethegus)   recitatis   litteris   ...   repente   conticuit ('C. verstummte plötzlich, nachdem ich (Cicero) den Brief vorgelesen hatte', Cic. *Catil.* 3,10)

(50)   concursus est ad Templum Concordiae factus senatum illuc vocante Metello consule ('Es entstand ein Andrang am Tempel der Concordia, als der Konsul M. den Senat dorthin einberief', Cic. *Dom.* 11)

Die semantische Funktion 'Begleitumstand' wurde in Kap. 3 (S. 43) nicht definiert. Bei den oben angeführten Fällen könnte man sagen, daß verglichen mit den anderen semantischen Funktionen die Funktion 'Begleitumstand' eine Art Restfunktion ist, die weniger explizit ist als die anderen und nur allgemein angibt, daß die Hauptprädikation im Licht dessen stattfand, was in der eingebetteten Prädikation stattfand.

In den vier zitierten Beispielen sind sowohl die Handlungen als auch die davon betroffenen Entitäten (Personen) der Haupt- und der eingebetteten Prädikation verschieden, wie auch in dem auf S. 43 erwähnten Beispiel *assensu omnium* auf eine Handlung von Personen verweist, die an der Haupthandlung unbeteiligt sind. (N.B.: Dies ändert nichts daran, daß oft die

Identität des Agens vorausgesetzt wird: in *urbe capta hostes abeunt* wird bestimmt vorausgesetzt, daß die durch *hostes* bezeichneten Personen die Stadt eingenommen haben). Ich gehe davon aus, daß die Abl. abs.-Konstruktion, um die es sich hier handelt, in der Tat nichts anderes ist als eine dominante Partizipialkonstruktion, die in bezug auf den Rest der Prädikation als Satellit fungiert (vgl. § 7.3.7.).

(viii)   (Beweg)Grund

In den Grammatiken werden die Begriffe 'Ursache', 'Grund' und 'Zweck'/'Absicht' des öfteren ziemlich undifferenziert verwendet. Den Begriff 'Ursache' gebrauchte ich bisher zur Bezeichnung nicht-menschlicher, meist unbelebter Entitäten, die einen bestimmten Sachverhalt verursachen. Als englischen Terminus hierfür gebrauchte ich 'Force' (vgl. S. 21; 40). Den Begriff 'Grund' (engl.: 'Motive') verwende ich zur Bezeichnung der Beweggründe, die jemanden dazu veranlassen, etwas zu tun. Der Unterschied zwischen Ursache und Grund läßt sich mithilfe der Paraphrasen 'infolge von' vs. 'aufgrund von' wiedergeben. Den Begriff 'Zweck' verwende ich zur Bezeichnung dessen, was jemand mit seiner Handlung bezweckt/beabsichtigt. In manchen Fällen ist freilich der Grund, warum jemand etwas tut, gleichzeitig dasjenige, was er mit seiner Handlung beabsichtigt. Der wichtigste Unterschied scheint darin zu liegen, daß sich 'Zweck'/'Absicht' auf mögliche, künftige, 'Grund' dagegen auf gegenwärtige oder vergangene Situationen bezieht (s. unten). In bestimmten Kontexten ist es bisweilen schwierig zu entscheiden, ob wir es mit einem 'Grund' oder einem 'Zweck' zu tun haben.

Die gewöhnlichste Form, in der Adverbialia des Grundes auftreten, sind Nebensätze, die durch einen der Subordinatoren *quod, quia, quoniam, cum* eingeleitet werden. Als Korrelativa dienen *propterea, idcirco, ideo*[41]. Hier ein Beispiel für einen durch einen Subordinator (*quoniam*) eingeleiteten Adverbialsatz des Grundes:

(51)   sane gaudeo quod te interpellavi quoniam quidem tam praeclarum mihi dedisti iudicii tui testimonium ('Ich bin sehr froh, daß ich dich unterbrochen habe, da du mir ja einen so glänzenden Beweis deines Urteilsvermögens

---

41 Diese Korrelativa treffen wir auch bei Finalsätzen an, s. Punkt (ix).

gegeben hast', Cic. *Leg.* 3,1)

Eingebettete Prädikationen mit der Funktion Adverbial des Grundes treten auch als Präpositionalgruppen auf (*ob, propter, de* ('wegen') + dominantes Part.). Ein Beispiel hierfür ist (52); weitere Bsp. bei K.-St. I, 767.

(52) qui ob eam (amicitiam) summa fide, constantia iustitiaque servatam maximam gloriam ceperit ('Der deswegen den höchsten Ruhm erwarb, weil er mit größter Treue, Standhaftigkeit und Gerechtigkeit die Freundschaft bewahrt hatte', Cic. *Amic.* 25)

Wir finden aber auch Präpositionalgruppen des Typs '*ob* (etc.) + Gerundi(v)um' in der Funktion finaler Satellit, z.B.

(53) existumans Iugurtham ob suos tutandos in manus venturum ('In dem Glauben, Iugurtha werde sich auf einen Kampf einlassen, um seine Untertanen zu schützen', Sal. *Jug.* 89,2)

Im Gegensatz zu (52) verweist die eingebettete Prädikation in (53) nicht auf einen Sachverhalt, der sich tatsächlich ereignet hat (d.h. nicht auf einen faktiven Sachverhalt, vgl. S. 122), sondern auf einen Sachverhalt, der beabsichtigt wird und sich möglicherweise ereignen wird. In (53) liegt also ein finales Adverbial vor. Die Präpositionen *ob, propter* etc. können sich mit zwei Konstruktionen verbinden: mit dem 'faktiven' dominanten Partizip und dem 'nicht-faktiven' Gerundi(v)um. In (ix) werden wir sehen, daß *causa* und *gratia* nur mit der Gerundialkonstruktion vorkommen.

Ich wies soeben darauf hin, daß sich 'Zweck' und 'Grund' darin voneinander zu unterscheiden scheinen, daß 'Zweck' auf Sachverhalte verweist, die sich noch nicht ereignen und von denen auch nicht sicher ist, daß sie sich ereignen werden. Neben diesem Unterschied gibt es aber auch Gemeinsamkeiten. Wir sahen gerade, daß sich bestimmte Präpositionen für beide Arten von Adverbialia verwenden lassen. Ferner können beide vorkommen als Antwort auf die Frage *cur*?. Auch können beide koordiniert werden (u.a. Cic. *Att.* 3,4)[42].

(ix)   Zweck / Absicht

Eingebettete Prädikationen mit der Funktion finales Adverbial

---

42 Vgl. Lakoff (1968, 196ff).

treten in vielerlei Konstruktionen auf; die häufigsten sind:

a)   *ad* + Gerundi(v)um (vgl. K.-St. I, 749ff)[43];
b)   *causa* / *gratia* ('wegen', 'um ... willen') + Gerundi(v)um;
c)   Nebensatz mit *ut* ('damit') (Negation: *ne*), *quo*, *qui* (vgl. K.-St. II, 232ff); Korrelativa sind u.a. *idcirco*, *ideo* ('deshalb' /'dazu'), *eo consilio* ('in der Absicht'), *ea condicione* ('unter der Bedingung') etc.;
d)   Supinum auf *-um* (vgl. K.-St. I, 721ff).

(54) legum ... idcirco ... servi sumus, ut liberi esse possimus ('Wir sind deshalb Sklaven der Gesetze, damit wir frei sein können', Cic. *Clu.* 146)

(55) subacto mihi ingenio opus est, ut agro non semel arato, sed novato et iterato, quo meliores fetus possit et grandiores edere ('Ich brauche einen gründlich geschulten Geist, wie einen nicht nur einmal gepflügten, sondern immer wieder bearbeiteten Acker, damit er um so bessere und größere Früchte hervorbringt', Cic. *de Orat.* 2,131)

(56) cum ad vim faciendam quidam armati venissent ('Als gewisse Leute bewaffnet gekommen waren, um gewalttätig zu werden', Cic. *Inv.* 2,59)

(57) etsi admonitum venimus te, non flagitatum ('Wenn wir auch nur kommen, um dich zu warnen, nicht um Forderungen an dich zu stellen', Cic. *de Orat.* 3,17)

Neben diesen mehr oder weniger geläufigen Konstruktionen kommen auch vor:

e)   Infinitiv, besonders in der Dichtung und der Prosa seit Livius bei einigen semantischen Klassen von Prädikaten (vgl. K.-St. I, 680ff);
f)   Dativ des Gerundi(v)ums (vgl. K.-St. I, 749).

(58) illa ... abiit aedem visere Minervae ('Jene ist weggegangen, um den Tempel der Minerva zu besichtigen', Pl. *Bac.* 900f)

(59) (Ganymedes) Iovi bibere ministraret ('G. reichte Iuppiter zu trinken', Cic. *Tusc.* 1,65)[44]

---

43 Die durch die gerundiale Konstruktion ausgedrückte Prädikation läßt keine Negation zu (folglich nicht: *ad non ...*). Vgl. K.-St. I, 751.

44 In der Auflistung von K.-St. (I, 680ff) erscheinen sowohl Beispiele mit dem Infinitiv als Argument (alle Fälle in § c) als auch solche mit dem Infinitiv als Satellit (alle Fälle in § a). Die Fälle in § b (Verben des 'Gebens', 'Ge-

(60) serviendae servituti ego servos instruxi mihi, hospes, non qui mi imperarent ('Ich habe meine Sklaven deshalb erzogen, damit sie mir dienen, mein lieber Freund, nicht damit sie mir Befehle erteilen', Pl. *Mil.* 745f)

Weitere Beispiele für finale Prä-/Postpositionalgruppen sind (61) und (62):

(61) ad dicendum si quis acuat ... iuventutem ('Wenn jemand die Jugend zur Rhetorik anspornte', Cic. *Orat.* 142)

(62) (filiam) necavere, seu ut vi capta potius arx videretur, seu prodendi exempli causa, ne ... ('Sie töteten die Tochter, sei es um den Anschein zu erwecken, daß die Burg mit Gewalt eingenommen worden sei, sei es um ein Exempel zu statuieren, damit nicht ...', Liv. 1,11,7)

Wie in Punkt (viii) bereits erwähnt wurde, kommen *causa* und *gratia* nur mit Gerundial-, nicht aber mit dominanten Partizipial- konstruktionen vor. Sie sind daher als eindeutige Kennzeichen eingebetteter Prädikationen mit finaler Funktion zu betrachten[45].

In § 4.1.4. wurden pseudofinale Satelliten vorgestellt, die als Satzadverbial zu beschreiben sind. Sie geben an, was der Sprecher mit seiner Mitteilung beabsichtigt. Einem anderen Typ von finalen Satelliten begegnen wir in (63) und (64):

(63) tribunus et quadringenti ad moriendum proficiscuntur ('Der Tribun und seine 400 Mann brechen auf, um zu sterben', Cato *Orig.* fr.83 P (= Gellius 3,7,11))

(64) inde L. Genucio et Q. Servilio consulibus et ab seditione et a bello quietis rebus ne quando a metu ac periculis vacarent, pestilentia ingens orta ('Danach brach unter dem Konsulat des L.G. und des Q.S., als die Verhältnisse nicht durch Aufruhr und Krieg gestört wurden, eine

---

währens', 'Nehmens'), zu denen auch Bsp. (59) gehört, lassen sich vielleicht besser als Belege für den Infinitiv in der Funktion Argument (analog zu denen in § c) interpretieren. Wir begegnen ja auch der (gewöhnlichen) Kon- struktion *dare ut* (= 'gewähren' / 'zugestehen' TLL s.v. *do* 1690, 57). TLL s.v. *do* 1688, 59 nennt eine begrenzte Zahl von Fällen, in denen sich *do* neben dem Infinitiv noch mit einem Objektkonstituenten verbindet. (In dem einen oder anderen Fall kann man darüber streiten, ob der Akkusativkonsti- tuent nicht von dem Infinitiv abhängt.) Das deutlichste Beispiel ist Ter. *An.* 484: *quod iussi ei dari bibere ... date* ('Was ich ihr zum Trinken zu geben befohlen habe, das gebt'). Zum finalen Infinitiv s. Perrochat (1932) und Pinkster (1987).

45 K.-St. (I, 422 A.8) erklären, *causa* bezeichne in der Regel den 'Zweck', gar nicht selten aber auch den 'Grund'. Die dort angeführten Beispiele zeigen *causa* in Verbindung mit einem Substantiv, z.B. *morbi causa* (Cic. *Att.* 12,13,2), *timoris causa* (Caes. *Civ.* 1,33,1). Nähere Untersuchung ist erforderlich.

gewaltige Pest aus, damit sie niemals frei von Angst und Gefahren waren', Liv. 7,1,7)

Weitere Bsp. s. K.-St. II, 251 A.4. Sz. (642) nennt diese Art Nebensätze 'rhetorische Pseudofinalsätze'. Derartige Konstruktionen geben nicht die Intention eines Arguments der Hauptprädikation an, wie dies bei den o.g. echten finalen Satelliten der Fall ist, sondern hier handelt es sich um eine vom Sprecher im nachhinein postulierte Intentionalitätsbeziehung zwischen Haupt- und eingebetteter Prädikation, wobei das Eingreifen höherer Mächte suggeriert wird[46].

(x)   Folge

(65) si quando non pluet ut terra sitiat ('Wenn es einmal nicht regnet, so daß die Erde trocken ist', Cato *Agr.* 151,4)

Subordinator: *ut* (*non*) ('so daß (nicht)');
Korrelativa: *ita, sic, adeo, usque eo* ('so (sehr)') u.a.;
Beispiele bei K.-St. II, 247ff[47].

(xi)   Bedingung

(66) si Fabius oriente Canicula natus est, Fabius in mari non morietur ('Wenn F. beim aufgehenden Hundsstern geboren ist, wird er nicht auf See sterben', Cic. *Fat.* 12)

(67) si venisses ad exercitum, a tribunis militaribus visus esses ('Wenn du zum Heer gekommen wärest, wärest du von den Militärtribunen gesehen worden', Cic. *Inv.* 1,87)

Subordinator: *si* ('wenn'/'falls');
Korrelativa; *sic, ita* ('so'), *ea lege* ('unter der Bedingung'),
idcirco ('deswegen'). Beispiele bei K.-St. (II, 387ff).

---

46 Nisbet (1923) behandelt einige dieser Fälle, geht dabei auch auf den bisweilen vorhandenen ('ironischen') Unterton ein und verweist u.a. auf Gerber-Greef (*Lex. Tac.* 1725 a), die von 'indicatur voluntas fati' sprechen; vgl. auch den Begriff 'fatales' *ut*.

47 In TLL s.v. *ad* (consecutivum) 545, 77 finden wir einen ziemlich seltenen Beleg für *ad* + Gerundi(v)um als konsekutives Adverbial:

-      is est beatus, cui nihil humanarum rerum ... intolerabile ad demittendum animum ... videri potest ('Derjenige ist glücklich, dem nichts von den Dingen, die Menschen angehen, so unerträglich erscheint, daß er den Mut sinken lassen müßte', Cic. *Tusc.* 4,37).

7.2.2. EINGEBETTETE PRÄDIKATIONEN ALS SATELLIT MIT DER FUNKTION SATZADVERBIAL

Beispiele für derartige Satelliten finden sich in Kap. 4 (pseudofinale, -konditionale, -kausale Satelliten sowie Satelliten zur Einschränkung der Gültigkeit)[48].

7.2.3. NEBENSÄTZE MIT ODER OHNE KORRELIERENDEM ADVERB

In § 6.5.1. wurde kurz auf die Schwierigkeit hingewiesen, die sich bei der Beschreibung der Beziehung zwischen einem Relativsatz und einem korrelierenden Pronomen wie *is* ergibt. Dieselbe Schwierigkeit zeigt sich bei der Beschreibung der Beziehung zwischen dem durch *ubi* eingeleiteten Nebensatz in (42) und *ibi* im Hauptsatz.

(42) exsilium ibi esse putat, ubi virtuti non sit locus

Wie bei den Relativsätzen, so gibt es auch hier eindeutige Beispiele, in denen der Nebensatz Attribut ist (68) oder selbständig die Funktion Satellit erfüllt (69):

(68) homines tenues ... adeunt ad ea loca, quae numquam antea viderunt, ubi neque noti esse eis quo venerunt ... possunt ('Arme Menschen gehen in eine Gegend, die sie niemals zuvor gesehen haben, wo sie den Menschen, zu denen sie gekommen sind, nicht bekannt sein können', Cic. *Ver.* 5,167)

(69) ut mulier ... nihil putaret agi callide posse ubi non adesset Aebutius ('So daß die Frau glaubte, daß keine schlauen Geschäfte abgewickelt werden könnten, wo A. nicht dabei sei', Cic. *Caec.* 13)

In (68) läßt sich der *ubi*-Satz als Attribut zu dem im Hauptsatz stehenden *ea loca* auffassen, wie auch der ihm vorangehende Relativsatz *quae ... viderunt* Attribut zu *ea loca* ist. In dem

---

48 Strenggenommen ist der Terminus 'Einbettung' in diesen Fällen etwas störend. Hierbei handelt es sich doch um Nebensätze, die eigentlich kein Bestandteil der Hauptprädikation sind.

Nebensatz ist *ubi* ein Relativadverb[49], das die Funktion lokales Adverbial erfüllt. Auf vergleichbare Weise fungiert *quae* innerhalb des Relativsatzes als Objekt (vgl. S. 126). In (69) ist *ubi* innerhalb des durch es eingeleiteten Nebensatzes ebenfalls ein Relativadverb mit der semantischen Funktion Ort. Der *ubi*-Satz als ganzer fungiert als lokales Adverbial im Hauptsatz. In gleicher Weise können Relativsätze selbständig eine Funktion im Satz erfüllen (vgl. S. 138f). Die Grammatiken neigen dazu, die selbständigen (d.h. nicht-attributiven) Nebensätze mit einem Relativpronomen oder Relativadverb auf Nebensätze mit explizitem Antezedent zurückzuführen. (69) wäre demnach gleichzusetzen mit (69 a):

(69) a ut mulier nihil putaret agi callide posse ibi, ubi non
         adesset Aebutius

Die Grammatiken sprechen in einem Fall wie (69) von einem Relativadverb 'mit implizitem Antezedent'. Auch ist es üblich, die Beziehung zwischen dem *ubi*-Satz und dem vorhergehenden *ibi* in (42) gleichzusetzen mit der Beziehung zwischen dem *ea loca* und seinem zugehörigen *ubi*-Satz in (68). Doch ebensowenig wie wir uns etwas unter einem Attribut zu *is* vorstellen können (vgl. S. 138), können wir uns etwas unter einem Attribut zu *ibi* vorstellen.

Bei manchen Subordinatoren ist es schwieriger anzugeben, welche Funktion sie innerhalb des Nebensatzes erfüllen, z.B. bei *si*. Bei *si* fehlen auch eindeutige Korrelativa, wie sie sich etwa bei *ubi* feststellen lassen.

7.3. UNTERSUCHUNG EINZELNER KONSTRUKTIONEN

In diesem Paragraphen kommt ein Teil der in § 7.1. und § 7.2. genannten Konstruktionen an die Reihe: zunächst (§ 7.3.1.) werden einige Tests vorgestellt, die der Unterscheidung von eingebetteten Prädikationen als Argument und als Satellit dienen. In § 7.3.2. gehe ich auf die Unterschiede zwischen AcI und einer Konstruktion des Typs 'Akk. + Ergänzungsinfinitiv' ein. In § 7.3.3. geht es um Prädikate, bei denen beide Konstruktionen möglich sind. § 7.3.4. ist der Austauschbarkeit

---

49 K.-St. (II, 327) sprechen hier von 'relativen Ortskonjunktionen'.

von Infinitivkonstruktion und *ut*-Sätzen gewidmet. In § 7.3.5. behandle ich die NcI-, in § 7.3.6. die sog. AcP- und in § 7.3.7. die dominante Partizipialkonstruktion. In § 7.3.8. werden einige Restriktionen bezüglich eingebetteter Prädikationen rekapituliert.

7.3.1. KRITERIEN (TESTS) ZUR UNTERSCHEIDUNG VON ARGUMENTEN UND SATELLITEN

In einer Reihe von Grammatiken, u.a. K.-St. (II, 272; 208; 232), wird zwischen finalen 'Substantivsätzen' - das sind tatsächlich Argumente, z.B. (70) - und finalen 'Adverbialsätzen' - das sind Satelliten, z.B. (71) - unterschieden.

(70) quod me ut scribam aliquid hortaris ('Wenn du mich aufforderst, etwas zu schreiben', Cic. *Att*. 2,12,3)

(71) maiores nostri ab aratro adduxerunt Cincinnatum illum ut dictator esset ('Unsere Vorfahren holten den bekannten C. vom Pfluge herbei, damit er Diktator werde', Cic. *Fin*. 2,12)

In anderen Grammatiken wird der Unterschied 'Substantivsätze' vs. 'Adverbialsätze' nicht gemacht: hier wird ganz einfach von 'finalen Nebensätzen' gesprochen. Für die Gleichsetzung bzw. gemeinsame Behandlung dieser Art von Konstruktionen gibt es mehrere Gründe.

a) Formale Übereinstimmungen
Ein Grund hierfür ist darin zu sehen, daß zwischen beiden Arten von eingebetteten Prädikationen eine Übereinstimmung in der Form besteht, obwohl sie syntaktisch unterschiedliche Funktionen erfüllen und auch semantisch nicht gleichwertig sind. Der als Komplement zu *hortari* fungierende *ut*-Satz in (70) gibt keine Antwort auf die Frage, warum (wozu) jemand eine Aufforderung an jemand anders richtet, sondern auf die Frage nach dem Inhalt der Aufforderung. Dagegen gibt der *ut*-Satz in (71) den Zweck (bzw. das Ziel) der Haupthandlung an.

b) Nominale Äquivalente
Bei *hortari* kommen Konstruktionen vor, die als Beweis für die Auffassung angeführt werden, daß das Komplement bei diesem Verb tatsächlich die semantische Funktion Zweck/Absicht

erfülle, z.B. (72):

(72) ipsum tamen Pompeium separatim ad concordiam hortabor
('Den Pompeius selbst werde ich dennoch einzeln zu
einem guten Einvernehmen auffordern', Cic. *Att.* 7,3,5)

In vielen Grammatiken wird keine klare Trennung vollzogen
zwischen dem Gebrauch von Präpositionen als Kennzeichen
notwendiger Konstituenten und demjenigen als Kennzeichen
von Satelliten. Daher werden Konstruktionen wie die in (72)
vorliegende aufgrund der Anwesenheit des sog. finalen *ad* als
finales Adverbial betrachtet. (Zu finalem *ad* in Satelliten vgl.
Bsp. (61) und (63) weiter oben). In Wirklichkeit bezeichnet *ad
concordiam* in (72) den Inhalt der Aufforderung. Es gibt auch
eindeutige Belege dafür, daß der *ut*-Satz bei *hortari* als Argument mit der syntaktischen Funktion Komplement aufgefaßt
werden muß:

(73) sin tu, quod te iam dudum hortor, exieris ('Wenn du
aber weggegangen bist, wozu ich dich schon längst auf-
fordere', Cic. *Catil.* 1,12)

(74) equidem pacem hortari non desino ('Ich jedenfalls werde
nicht müde, zum Frieden aufzufordern', Cic. *Att.* 7,14,3)[50]

(75) hortantibus dehinc quibusdam inediam et lenem exitum
('Während hierauf einige zum Hungertod bzw. zu einer
leichten Todesart rieten', Tac. *Ann.* 11,3,2)

Diese Beispiele zeigen, daß bei *hortari* auch nominale Konstituenten in der Funktion Komplement auftreten können und
daß mittels eines anaphorischen Pronomens im Akkusativ auf
die eingebettete Prädikation verwiesen werden kann.

c) Restriktionen bezüglich des Tempus

Ein dritter Grund besteht darin, daß der *ut*-Satz bei Verben
wie *hortari* und *ut*-Satelliten wenigstens eine Restriktion gemeinsam haben: das Tempus des Nebensatzes kann nicht vorzeitig
zu dem des Hauptsatzes sein. Unmöglich sind:

(70') *quod me ut scriberem aliquid hortaris

(71') *maiores nostri ab aratro adduxerunt Cincinnatum illum,
ut dictator fuisset

Neben solchen Punkten, in denen durch *ut* eingeleitete

---

50 Die Ausgaben schlagen zu Unrecht die Lesart *ad pacem* vor.

Argument- und Satellitensätze übereinstimmen, gibt es aber auch Unterschiede.

a) Weglaßbarkeit
Ein wesentlicher Unterschied zwischen beiden Konstruktionen ist natürlich die Tatsache, daß Satellitensätze bei *hortari* weglaßbar sind, Argumentsätze aber nicht.

b) Fragewörter
Ein zweiter Unterschied besteht - wie bereits erwähnt - darin, daß *ut*-Satelliten auf Fragen mit *cur? / quo consilio?* eine Antwort geben, während *ut*-Argumente dies nicht tun.

(76) tene me, obsecro, :: Cur? :: ne cadam ('Halte mich fest, ich bitte dich :: Warum? :: Damit ich nicht falle', Pl. *Mil.* 1260)

c) Korrelativa
In § 7.2.1. (S. 177) sahen wir, daß *ut*-Satelliten mit einem Adverb (*idcirco*) oder einem Ausdruck mit ähnlicher Funktion (z.B. *eo animo*) im Hauptsatz korrelieren können. Dies ist bei Argumentsätzen nicht möglich.

d) Juxtaposition/Koordination
In § 7.2.1. (S. 178) haben wir gesehen, daß durch *ut* eingeleitete Satellitensätze mit Satellitensätzen anderer Art koordiniert werden können. In der Koordinierbarkeit manifestiert sich die Übereinstimmung in der semantischen und syntaktischen Funktion (s.o. S. 45). Die unkoordinierte Nebeneinanderstellung (Juxtaposition) dagegen beweist, daß ein Unterschied in der semantischen und syntaktischen Funktion vorliegt. Bsp. (77) läßt erkennen, daß der Argumentsatz (*ut … consequamur*) unkoordiniert neben dem *ut*-Satelliten (*ut … uteremur*) vorkommt.

(77) intellexi … nihil mihi optatius cadere posse quam ut tu me quam primum consequare ut … tuo tuorumque praesidio uteremur ('Ich habe eingesehen, daß sich nichts Wünschenswerteres für mich ergeben könne, als daß du mich möglichst bald einholst, damit ich von deinem Schutz und dem der Deinen Gebrauch machen kann', Cic. *Att.* 3,1)[51]

e) Identität

---

51 Zur Juxtaposition von Argumentsatz (mit *quod*) und Satellitensatz (*quoniam*) vgl. weiter oben Bsp. (51). Vgl. auch die *ut*-Sätze in Cic. *Cael.* 8 (Anfang) und dazu den unschlüssigen Kommentar von Austin.

Bei *ut*-Sätzen, die als Argument bei dreistelligen Prädikaten fungieren, besteht normalerweise Referenzidentität zwischen einem Argument der Hauptprädikation und einem Argument der eingebetteten Prädikation. Ein Beispiel hierfür ist (40 a):

(40) a patri persuasi, ut aes alienum filii dissolveret

Der Adressat (*patri*) ist referenzidentisch mit dem Agens von *dissolveret*[52]. Bei zweistelligen Prädikaten liegt entweder Identität der Subjekte beider Prädikationen oder überhaupt keine Identität vor, vgl. (28 c) und (28 a):

(28) c virtutum in alia alius mavult excellere

(28) a tu malim ... actum ne agas

Bei *ut*-Satellitensätzen *braucht* eine derartige Referenzidentität nicht vorzuliegen, vgl. Bsp. (78):

(78) Caesar singulis legionibus singulos legatos et quaestorem praefecit uti eos testes suae quisque virtutis haberet ('Caesar stellte an die Spitze der einzelnen Legionen je einen Legaten und den Quaestor, damit sie jeder als Zeugen für seine Tapferkeit habe', Caes. *Gal.* 1,52,1)

Ut-Satellitensätzen begegnen wir natürlich auch bei einstelligen Prädikaten. z.B.:

(79) eo ... ad te animo venimus, ut de republica esset silentium ('Wir sind zu dir in der Absicht gekommen, daß über Staatsangelegenheiten nicht gesprochen wird', Cic. *Brut.* 11)

f) Kontrollierbarkeit

Bei bestimmten Klassen von Verben (z.B. *hortari*) kann der als Argument fungierende *ut*-Satz nur eine kontrollierbare Prädikation enthalten. Denn es wäre sinnlos, jemanden dazu aufzufordern, etwas zu tun, das nicht in seiner Macht liegt. Dies bedeutet z.B., daß der Adressat des Hauptsatzes nicht die semantische Funktion Patiens in der eingebetteten Prädikation haben und letztere keinen Zustand bezeichnen kann. Vgl. im Gegensatz dazu Bsp. (71).

---

52 Manchmal ist solch ein Agens impliziert, z.B.: *scripsi ... ad librarios ut fieret ... potestas* ('Ich habe den Buchhändlern geschrieben, daß sich eine Gelegenheit bieten müsse', Cic. *Att.* 13,21 a,1).
Etwas komplizierter ist: *ita suasi seni atque hanc habui orationem, ut, cum rediisses, ne tibi eius copia esset* ('Ich habe dem Alten geraten und eine Rede zu dem Zweck gehalten, daß du nach deiner Rückkehr keinen Zugang zu ihr haben sollst', Pl. *Epid.* 355).

g) Weglaßbarkeit der Konjunktion

Die beiden Arten von Konstruktionen unterscheiden sich ferner darin, daß bei den *ut*-Argumensätzen der Subordinator (*ut* (*ne*)) weglaßbar ist (Typ *fac venias* ('Sorg dafür, daß du kommst')); bei den 'echten' Finalsätzen ist das nicht möglich[53].

Wir sehen somit, daß sich mithilfe von vier allgemein verwendbaren Tests ((a) - (d))[54] der Unterschied zwischen beiden Konstruktionen nachweisen läßt und daß es bei den verba dicendi und sentiendi zusätzlich spezifische Testverfahren gibt ((e) - (f)), um die Unterschiede sichtbar zu machen. Insbesondere lassen (e) und (f) erkennen, daß nur scheinbar eine Identität der Konstruktionen vorliegt. In Wirklichkeit bestehen semantische Restriktionen bezüglich dessen, was durch die Konstruktion ausgedrückt werden kann, wenn diese für eine eingebettete Prädikation, beispielsweise bei *hortari*, gebraucht wird. Auf solche Restriktionen sind wir schon in § 2.4. gestoßen und werden ihnen auch im folgenden wieder begegnen.

7.3.2. ACI UND AKK. + ERGÄNZUNGSINFINITIV

Der Begriff 'AcI' wird hier im engen Sinn gebraucht zur Bezeichnung von Konstruktionen wie in Bsp. (80):

(80) dico te venire

In (80) ist das aus *te* und *venire* bestehende Ganze ein Argument, das den Inhalt der Mitteilung angibt und in bezug auf *dico* die syntaktische Funktion Objekt erfüllt[55]. *Te* in (80) ist nicht die Person, an welche die Mitteilung gerichtet ist. Denn solch ein Adressat steht bei *dicere* im Dativ und kann hinzugefügt werden:

(81) dico ei te venire

Häufig wird allerdings der Begriff AcI in einem weiteren Sinn

---

53 Hierauf hat zuerst Jan Possen aufmerksam gemacht; vgl. Bolkestein (1980a, 10f).

54 Es gibt noch zwei Testverfahren, die häufig zu brauchbaren Ergebnissen führen; den Substitutionstest und den Passivierungs-Test (hier nicht weiter behandelt). Zur Ersetzbarkeit von *ut*-Argumenten bei zwei- und dreistelligen Prädikaten durch den Infinitiv vgl. § 7.3.4.

55 In § 7.1. werden Bsp. für den AcI als Subjekt gegeben.

gebraucht. Fälle wie (82) werden ebenfalls dazu gerechnet[56]:

(82) admoneo te venire

Formal gesehen liegt in (82) natürlich auch ein Akkusativ (*te*) und ein Infinitiv (*venire*) vor. Im Gegensatz zu Bsp. (81) ist es hier aber falsch, *te venire* in seiner Gesamtheit als Argument (mit der Funktion Objekt) aufzufassen. Denn *admonere* ist ein dreistelliges Verb, bei dem ein Argument auf die Person verweist, die ermahnt wird (semantische Funktion Adressat mit der syntaktischen Funktion Objekt im Aktiv), und ein Argument auf den Inhalt der Ermahnung (syntaktische Funktion Komplement). Vgl. (83) und (84):

(83) eam rem nos locus admonuit ('An diese Sache erinnerte uns der Ort', Sal. *Jug.* 79,1)[57]

(84) de quo (proelio) vos ... admonui ('An den (Kampf) ich euch erinnert habe', Cic. *Man.* 45)

Für Infinitive wie *venire* in (82) gebrauche ich in Zukunft den Begriff 'Ergänzungsinfinitiv' (zu *admonere* s. auch § 7.3.3.). Der Vergleich der eingebetteten Prädikationen mit Nominalgruppen macht deutlich, daß sich hinter der auf den ersten Blick gleichen Form Unterschiede in der semantischen und syntaktischen Struktur verbergen. Im Anschluß an diesen Paragraphen gehe ich auf einige Unterschiede zwischen dem echten AcI (Bsp. (80)) und dem 'Akk. + Ergänzungsinfinitiv' (Bsp. (82)) ein. Zu Verben, bei denen beide Konstruktionen (Akk. + Ergänzungsinfinitiv und AcI) vorkommen, s. § 7.3.3.

a) Hinzufügbarkeit eines Adressaten

Wie schon oben erwähnt, läßt sich zu *dico te venire* ein Konstituent mit der semantischen Funktion Adressat hinzufügen. Bei *admoneo te venire* ist dies nicht möglich, weil *te* der Adressat ist (s. aber S. 191).

b) Restriktionen bezüglich des Prädikats und der Argumente
    der eingebetteten Prädikation

Bei *admonere* kann sich die Ermahnung nicht auf etwas beziehen, das bereits vor dem Ermahnen geschehen ist. Wir finden beispielsweise nicht:

---

56 Auf den postulierten historischen Zusammenhang komme ich in § 7.5. zurück.
57 Vgl. im Passiv: *illud ... te esse admonitum volo* (Cic. *Cael.* 8).

(85) *admoneo te venisse

Dagegen begegnet uns:

(86) dico te venisse

Der AcI bei *dicere* unterliegt keinerlei Restriktionen in bezug auf Kontrollierbarkeit/Nicht-Kontrollierbarkeit der eingebetteten Prädikation noch in bezug auf Belebtheit/Unbelebtheit des Akkusativkonstituenten. Wir treffen bei *dicere* z.B. an:

(87) quid ... spectans deus ipse diceret Marcellum ... in mari esse periturum ('Mit welcher Absicht hätte die Gottheit selbst sagen können, daß M. auf See umkommen werde', Cic. *Fat.* 33)

(88) in quo iudicio ... de verbis quaesitum esse dicatur ('Ein Prozeß, in dem es, wie dargelegt werden soll, um Worte ging', Cic. *Caec.* 38)

(89) quod (Xenophon) diceret eosdem labores non aeque gravis esse imperatori et militi ('Weil X. sagte, daß dieselben Anstrengungen nicht gleich schwer seien für einen Feldherrn wie für einen Soldaten', Cic. *Tusc.* 2,62)

In (87) liegt ein nicht kontrollierbares Prädikat (*perire*), in (88) ein Passiv eines kontrollierbaren Prädikats vor; in (89) ist das Subjekt der eingebetteten Prädikation eine leblose Sache (*labores*). Demgegenüber sind Prädikationen bei *admonere* an Restriktionen bezüglich dieser beiden Punkte (kontrolliert, belebt) gebunden[58].

c) Substitution

Bei *admonere* läßt sich der Infinitiv durch einen finiten Nebensatz mit oder ohne den Subordinator *ut* (*ne*) ersetzen. Der Akkusativkonstituent (im Aktiv) bezeichnet nach wie vor diejenige Person, die ermahnt wird. Beide Konstruktionen sind

---

58 Unmöglich ist etwa *te admonui laudari*. Was den Begriff 'kontrolliert' betrifft, so stoßen wir bei dieser Klasse von Verben manchmal auf eingebettete Prädikationen, die ich in dem weiter oben (S. 23) definierten Sinne als 'nicht-kontrolliert' bezeichnen würde. So ist z.B. *ianua patet* nicht-kontrolliert: die *ianua* kann nämlich keinen Einfluß darauf ausüben, ob sie offen oder geschlossen ist. Menschen können dagegen auf das Offen- oder Geschlossensein einer Tür Einfluß haben. Dies erklärt, warum wir Sätze antreffen wie *te admonui, ut ianua clauderetur; te admonui, ut ianua pateat.* Vgl. Bolkestein (1976a, 287).

synonym[59]:

(90) illud me praeclare admones ..., ne nimis indulgenter et
ut cum gravitate potius loquar (= Bsp. (41 a) auf S. 173)[60]

Bei *dicere* + AcI kann der Infinitiv nicht ersetzt werden (s.
weiter unten). Aus den soeben genannten Tests geht der Unterschied zwischen dem eigentlichen AcI und der Konstruktion
Akk. + Ergänzungsinfinitiv klar hervor[61]. Auf eine Gemeinsam-
keit der beiden Arten von Konstruktionen kommen wir bei
der Behandlung des NcI (§ 7.3.5.) zurück.

7.3.3. PRÄDIKATE, BEI DENEN ACI UND AKK. + ERGÄNZUNGSINFINITIV MÖGLICH SIND

Die Beschreibung der Konstruktionen bei *admonere* ist in der
Tat noch etwas komplizierter. Bei *admonere* treffen wir nicht
nur eine dreistellige Konstruktion an, bei der das dritte Argument ein Ergänzungsinfinitiv ist (*admoneo te venire*), sondern
auch eine, bei der das dritte Argument ein AcI ist (*admoneo
te hostes venire*: 'Ich erinnere dich daran, daß die Feinde
kommen'). Im Deutschen unterscheiden wir diese Konstruktionen
mittels 'ermahnen / auffordern (zu)' vs. 'erinnern (an)'. Beispiele
für *admonere aliquem* + AcI:

(41) d tantum te admonebo ... his omnibus te daturum salutem

(41) e admonitus sum ab illo ... dici posse

Der echte AcI unterliegt in diesem Fall natürlich nicht den
Restriktionen, die in § 7.3.2. für *admonere* mit Akk. + Ergänzungsinfinitiv aufgezeigt worden sind. Dieselbe Möglichkeit
(dreistellige Konstruktion mit einem Ergänzungsinfinitiv oder
einem AcI als drittem Argument) besteht auch bei *docere*, wo
der Adressat (im Aktiv) ebenfalls durch den Akkusativ markiert

---

59 Andere Prädikate, bei denen ohne Bedeutungsunterschied beide Konstruktionen möglich sind: *imperare, iubere, hortari, mandare, poscere* u.a. (Bolkestein 1976a, 164).

60 N.B. *illud* (Komplement) wird durch den Nebensatz näher erläutert.

61 Der Frageworttest und der Eliminierungs- oder Deletionstest sind hier
weniger geeignet. Unter den Belegen von *admonere* begegnen zufällig keine
Fragesätze, in denen nach dem Inhalt der Ermahnung / Aufforderung gefragt
wird. Was die Weglaßbarkeit des Infinitivs bei *dicere* und *admonere* betrifft,
so erscheint *dicunt me ohne weiteres ungrammatisch, während *admonent me*
unter bestimmten Bedingungen vorkommt (Bolkestein 1976b, 272f).

wird (vgl. Bsp. (36 e) und (36 d) auf S. 171). Bei anderen Verben des Mitteilens, z.B. *persuadere*, zeigt sich dieses auf den ersten Blick auffallende Vorkommen von zwei Akkusativkonstituenten bei einem Prädikat nicht, weil der Adressat normalerweise im Dativ steht, vgl. Bsp. (40 d): *hos homines* kann hier nicht als Adressat interpretiert werden. Der Unterschied zwischen Ergänzungsinfinitiv und AcI bei *admonere* und *docere* korrespondiert mit dem Unterschied zwischen imperativischer und deklarativer Modalität der eingebetteten Prädikation. Auf diesen Unterschied kommen wir in § 7.3.4. zurück.

Die verba imperandi, namentlich *iubere*, bilden ein besonderes Problem[62]. Bei dieser Gruppe von Verben finden wir sowohl eine dreistellige Konstruktion mit einem Ergänzungsinfinitiv als auch eine zweistellige mit einem echten AcI. Beispiele für die dreistellige Konstruktion sind (38 d) und (39 c) auf S. 172. Die zweistellige Konstruktion wird durch folgende Beispiele illustriert:

(91) iussi ⎫ ⎧ ianuam claudi / (vgl. (39 d)
        ⎬ ⎨ ianuam patere /
   imperavi ⎭ ⎩ te laudari

Auch ist folgende (zweistellige!) Konstruktion möglich:

(92) iussi ⎫
        ⎬ te venire ('Ich habe befohlen, daß du
        ⎪ kommst')
   imperavi ⎭

In der hier angenommenen Interpretation ist *te* nicht der Adressat des Befehls. Freilich kann *iussi te venire* auch bedeuten: 'Ich habe dir befohlen zu kommen' (dreistellige Konstruktion) - es liegt also strukturelle Ambiguität vor. Man beachte, daß diese Doppeldeutigkeit bei *imperare* nicht besteht, weil bei diesem Verb der Adressat durch den Dativ gekennzeichnet wird (*imperavi tibi venire*).

7.3.4. AUSTAUSCHBARKEIT VON INFINITIV-KONSTRUKTION UND *UT*-SATZ

Bei dem Prädikat *dicere* begegnen uns außer einer AcI-Kon-

---

62 Zu dieser Verbgruppe vgl. Bolkestein (1976b, 287-291).

struktion auch eingebettete Prädikationen in Form eines finiten Nebensatzes mit (oder ohne) *ut*, der selbst wiederum durch einen Ergänzungsinfinitiv ersetzt werden kann (vgl. K.-St. I, 683).

(35) b   dices igitur (eis) ... paulum proferant auctionem

(35) b'   dices (eis) auctionem proferre[63]

Der *ut*-Satz und die Konstruktion mit Ergänzungsinfinitiv bei *dicere* unterliegen den gleichen Restriktionen, die - wie wir sahen - für den Ergänzungsinfinitiv bei *admonere* und den *ut*-Satz bei *hortari* gelten: die eingebettete Prädikation muß kontrollierbar sein; folglich kann sie z.B. nicht im Passiv stehen. Ferner ist Vorzeitigkeit des Infinitivs ausgeschlossen; auch sind in der eingebetteten Prädikation Ausdrücke wie *nimirum*, *fortasse*, *haud dubie* ausgeschlossen[64]. Schließlich hat die eingebettete Prädikation imperativische Modalität (vgl. § 7.0.3.), während beim AcI die eingebettete Prädikation deklarative Modalität hat. Andere Prädikate, die eingebettete Prädikationen mit deklarativer oder imperativischer Modalität zulassen, sind die verba dicendi *respondere*, *scribere*, *clamare*, *nuntiare* u.a. Diese Alternanz stellen wir auch bei einigen zweistelligen verba sentiendi fest: *decernere*, *statuere*, *cogitare* u.a.[65]. Auch *admonere* gehört - wie gesagt - zur Klasse der Verben, die sowohl eingebettete Prädikationen mit deklarativer Modalität (= *admonere aliquem* + AcI) als auch solche mit imperativischer Modalität (= *admonere aliquem* + *ut*-Satz oder Infinitiv) zulassen. Schematisch können wir dies wie folgt wiedergeben:

---

63 Eine präzisere Parallele ist mir nicht bekannt; vgl. Bsp. (35 e) (*sedentibus valere dicebat*) (cf. *vale*). Ein besseres Beispiel ist:
-   si hoc iudici praescriptum lege aut officio putatis, testibus credere ... ('Wenn ihr meint, dies sei dem Richter durch das Gesetz oder durch sein Amt vorgeschrieben, Zeugen zu glauben ...', Cic. *Font.* 22).
64 Zu diesen Restriktion vgl. Bolkestein (1976a, 293-295; 1980a, 73-76).
65 Zu den verba sentiendi und den Gemeinsamkeiten sowie Unterschieden zwischen diesen und den verba dicendi vgl. Bolkestein (1976a, 164; 1977d).

Prädikat	Adressat	Inhalt	
(einschl.Subj.)		deklarativ	imperativisch
dico	tibi	me abire	{ abire { ut abeas
admoneo	te	me abire	{ abire { ut abeas
statuo decerno	∅	me abire (= feststellen)	abire ut abeam (= beschließen)

Aus dieser zusammenfassenden Abbildung können wir ersehen,
daß der *ut*-Satz und der Ergänzungsinfinitiv synonym sind
und in Opposition zur AcI-Konstruktion stehen (s. aber weiter
oben § 7.3.3. zu *iubere*). Übrigens unterscheiden sich die Verben,
bei denen *ut*-Satz und Ergänzungsinfinitiv möglich sind oder
sein müßten, in der Häufigkeit des Auftretens dieser beiden
Konstruktionen. Besonders in der Dichtung läßt sich die allgemeine Tendenz beobachten, immer mehr die Infinitivkonstruktion zu verwenden[66].

7.3.5. NCI

In § 7.3.3. haben wir gesehen, daß in *dico te venire* der Konstituent *te* in keiner semantischen Relation zu *dico* steht,
sondern daß *te venire* ein Ganzes bildet, das in bezug auf ein
aktivisches Hauptprädikat die syntaktische Funktion Objekt
erfüllt. Dies geht auch aus der Passivierung hervor. Unser
Beispielsatz läßt sich umformen in:

---

66 Die Zahl der Fälle, in denen beide Konstruktionen bei ein und demselben Verb vorkommen, ist natürlich auch von der Frequenz des Verbs abhängig. Z.B. verbindet sich *oblivisci* nur mit einem Ergänzungsinfinitiv. Zufall?

(93) dicitur (a me) te venire, vgl.:

(94) ei ... dictum est clipeum esse salvum ('Ihm wurde gesagt, daß sein Schild unversehrt sei', Cic. *Fam.* 5,12,5)

(95) dicitur eo tempore matrem Pausaniae vixisse ('Man sagt, daß zu dieser Zeit die Mutter des P. gelebt habe', Nep. *Paus.* 5,3)[67]

Demgegenüber besteht in *admoneo te venire* sehr wohl eine Relation zwischen *te* und *admoneo* : *te* fungiert semantisch als Adressat und syntaktisch als Objekt in bezug auf das (aktivische) Hauptprädikat. Auch hier ist Passivierung möglich:

(96) admoneor venire, vgl.:

(97) vos ... admonendos puto ne ... putetis ('Ich glaube, daß ihr davor gewarnt worden müßt zu glauben', Cic. *de Orat.* 3,201)

Ein Problem taucht aber auf bei Konstruktionen wie:

(98) dicor venire (wörtl.: 'Ich werde gesagt zu kommen', vgl. engl. 'I am said to come')

(99) eruptionem facturi fuisse dicebantur ('Man sagte, daß sie dabei waren, auszubrechen', Cic. *Att.* 7,14,2)

Diese sog. persönliche Konstruktion wird häufiger gebraucht als die oben erwähnte unpersönliche (Bsp. (93) - (95)). Obwohl in (98) *ich* in semantischer Hinsicht kein Argument von *dicere*, sondern von *venire* ist, wird *ich* doch (in syntaktischer Hinsicht) zum Subjekt der Passivform von *dicere*. Hier wird sozusagen ein Argument der eingebetteten Prädikation in die Hauptprädikation hineingehoben (Näheres hierzu s. § 7.4.)[68]. Andererseits kann man (98) dennoch nicht gleichsetzen mit (96). Es zeigt sich nämlich, daß die auf S. 185ff genannten Restriktionen auch im Passiv gelten, etwa die Restriktion bezüglich der Zeit der eingebetteten Prädikation:

(96) a ?admoneor venisse[69]

Dagegen ist möglich:

(98) a dicor venisse

---

67 Zu diesem Fall vgl. Calboli (1962, 6-155).
68 Zu der gängigen Auffassung, daß beide Konstruktionen historisch verwandt seien, s. § 7.5.
69 Ein persönliches Passiv ist aber möglich bei zweistelligem *iubere*, vgl. (39 e).

Bei der Erklärung des Vorkommens der persönlichen Passiv-
konstruktion bei *dicere* gehen die meisten Grammatiken still-
schweigend davon aus, daß die persönliche und die unpersönliche
Konstruktion synonym seien. K.-St. (I, 707-709) weisen jedoch
darauf hin, daß unter bestimmten Bedingungen der unpersönlichen Konstruktion der Vorzug gegeben wird, z.B. wenn angegeben wird, an wen sich die Mitteilung richtet, warum oder
wie sie vonstatten geht. Die persönliche Konstruktion scheint
dagegen bevorzugt zu werden, wenn ein Konstituent der eingebetteten Prädikation Fokus ist und diese als ganze somit
keine pragmatische Einheit bildet (z.B. auf die Frage 'wie
wird von etwas gesagt, daß es geschieht?'). Zwischen beiden
Konstruktionen bestehen also pragmatische Unterschiede. Vgl.
auch § 12.3.3.[70]. Ganz andere Fälle sind die folgenden, vornehmlich aus der Dichtung stammenden Konstruktionen (vgl.
K.-St. I, 702):

(35) f   quas hodie adulescens Diabolus ipsi daturus dixit

(100) sensit medios delapsus in hostes   ('Er merkte, daß er
        genau dem Feind in die Hände geraten war', Verg. *A.*
        2,377)[71]

7.3.6. AKKUSATIV MIT PARTIZIP PRÄSENS (ACP)

Die AcP-Konstruktion, wie sie durch Bsp. (25 f) illustriert
wird, kommt im klassischen Latein[72] bei Verben der 'Wahrnehmung' vor.

(25) f   idque Socratem audio dicentem

Bei dieser Gruppe von Verben kann statt des AcP auch der
AcI stehen (umgekehrt jedoch nicht immer!). Die beiden Kon-

---

70 Zur Beschreibung der Konstruktion vgl. Bolkestein (1979; 1981a) als
Reaktion auf Pepicello (1977); Pillinger (1980) und die Erwiderung hierauf von
Comrie (1981b); Wales (1982). Unbrauchbar ist der Beitrag von Saltarelli
(1976).
    71 Vgl. Austin z.St. 'a mere Grecism'. Cf. Coleman (1975, 139f). Eklund
(1970, 78) ist der Ansicht, im folgenden Beispiel sei der Ersatz durch einen
Infinitiv möglich: Verg. *A.* 5,575 *excipiunt plausu pavidos gaudentque tuentes*
(in Wirklichkeit fungiert das Partizip hier als Prädikativum: 'als sehende' /
'beim Anblick').
    72 Einen späten Beleg für einen AcP bei einem Verb des 'Wissens' führt
Eklund (1970, 77f) an: Iren. 1,27,3 *sciebant ... Deum suum semper tentantem
eos* (griechischer Einfluß).

struktionen unterscheiden sich dadurch, daß beim AcP der 'perzeptive' Aspekt (sinnliche Wahrnehmung), beim AcI der 'kognitive' Aspekt (Erkenntnis und Reflexion) im Vordergrund steht (vgl. Sz. 387; Bolkestein (1976b, 283-288)). In fast allen Fällen, in denen der AcP gebraucht wird, läßt sich der Akkusativkonstituent auch als ein Argument des Verbs der (sinnlichen) Wahrnehmung auffassen. In (25 f) z.B. kann man felsenfest behaupten, daß *Sokrates* gehört wird, während er gerade spricht. Der einzige mir bekannte Fall, der möglicherweise als Ausnahme zu betrachten ist, ist (101)[73]:

(101) at ille ut Carthaginem venit multo aliter ac sperarat rem publicam se habentem cognovit ('Sobald er aber nach Karthago kam, erkannte er, daß es um den Staat ganz anders stand, als er erwartet hatte', Nep. *Ham.* 2,1)

K.-St. (I, 104) sehen hierin ein Beispiel für den AcP. Dann muß man annehmen, daß die durch *ille* bezeichnete Person die Veränderungen mit eigenen Augen wahrnehmen konnte[74]. Gegen diese Interpretation spricht aber, daß bei zweistelligem *cognoscere* in dieser Bedeutung Substantive wie *res publica* als Objekt nicht in Frage kommen. Eine bessere Analyse dürfte darin bestehen, *rem publicam* als Objekt und *se habentem* als Komplement zu klassifizieren (vgl. S. 32). Denn für ein dreistelliges *cognoscere* ('erkennen / erfahren als') lassen sich durchaus Parallelen finden, vgl.:

(102) firmitatem ... et constantiam ... eandem cognosces quam reliquisti ('Meine Stärke und Standhaftigkeit wirst du als dieselbe erkennen wie die, welche du zurückließest', Cic. *Fam.* 9,11,1)

In Sz. wird der AcP als eine Subkategorie des Partizips in der Funktion 'Prädikativum' dargestellt. In vielen Fällen kann man das Partizip (einschl. der von ihm abhängigen Konstituenten) tatsächlich weglassen, ohne daß der Restsatz ungrammatisch wird[75]. In dem o.g. Bsp. (101) ist das freilich unmöglich.

Zusammen mit dem AcP behandeln K.-St. (I, 704f) und Sz. (388) auch Konstruktionen wie (103):

---

73 Sz. weist übrigens auch auf späte Belege hin wie *Vitae Patrum* 3,33 *audierat ... eam aegrotantem*, wo von einer Wahrnehmung der durch *eam* bezeichneten Person keine Rede ist.
74 *cognoscere* bedeutet im allgemeinen 'wahrnehmen', nicht an und für sich 'sehen', cf. Tac. *Dial.* 8 *non auditu cognoscenda, sed oculis spectanda.* Vgl. TLL s.v. 1501, 59ff 'sensibus percipere'.
75 Vgl. auch den AcP bei *audire* in TLL s.v. 1269, 32ff.

(103) (Xenophon) facit ... Socratem disputantem formam dei quaeri non oportere ('X. läßt Sokrates darlegen, daß die Frage nach der Gestalt der Götter nicht gestellt werden dürfe', Cic. *N.D.* 1,31)

Hier liegt keine Wahrnehmung vor. Der Ersatz durch eine Infinitivkonstruktion ist nicht möglich. Auch ist - anders als in den 'echten' AcP-Konstruktionen - das Partizip (einschl. der zu ihm gehörenden Konstituenten) nicht weglaßbar. In (103) handelt es sich um 3-stelliges *facere* + Obj. + Komplement (vgl. S. 32). K.-St. (I, 703f) rechnen zu den AcP-Konstruktionen auch Fälle wie (104), in denen ebenfalls von Wahrnehmung keine Rede ist. Ich betrachte diese Fälle als deutliche Beispiele für ein Partizip mit der Funktion Prädikativum. Hier ist - im Gegensatz zu (25 f) - die Kommutation mit einer Infinitivkonstruktion völlig ausgeschlossen.

(104) offendi eum sedentem in exedra et cum C. Velleio senatore disputantem ('Ich begegnete ihm, als er im Salon saß und sich mit C.V., einem Senatoren, unterhielt', Cic. *N.D.* 1,15)

7.3.7. DOMINANTE PARTIZIPIALKONSTRUKTION

Beispiele eines sog. dominanten Partizips[76] liegen vor in (18 b) und (29 e):

(18) b *occisus dictator* ... pulcherrimum facinus videbatur

(29) e cum valde *absoluto Scaevola* gauderet

In (18 b) ist der Konstituent *occisus dictator* ein Argument mit der syntaktischen Funktion Subjekt; in (29 e) ist der Konstituent *absoluto Scaevola* auch ein Argument, jedoch mit der syntaktischen Funktion Komplement. In § 7.2.1. (vii) 'Begleitumstände' (S. 176) haben wir Beispiele für dominante Partizipien als Satelliten (sog. Abl. abs.) gegeben, z.B. (49):

(49) (Cethegus) *recitatis litteris* repente conticuit

---

76 Den Begriff 'dominantes Partizip' hat A.G. de Man in seinem Unterrichtswerk *Accipe ut Reddas* eingeführt. Geläufiger ist der Begriff 'ab urbe condita'-Konstruktion. Eine Beschreibung dieser Konstruktion gibt Bolkestein (1980b und c; 1981b; 1983b); vgl. auch Lambertz (1982, 568-586).

Der dominanten Partizipialkonstruktion sind wir auch schon auf Wortgruppenniveau begegnet (vgl. S. 122f):

(105) suspicio acceptae pecuniae ('Der Verdacht, Geld angenommen zu haben', Cic. *Ver*. 38)

(106) ante conditam ... urbem ('Vor der Gründung der Stadt', Liv. 1, pr. 6)[77]

Die dominante Partizipialkonstruktion unterscheidet sich ebenso von den Konstruktionen, in denen das Partizip als Prädikativum auftritt (vgl. § 8.4.5.), wie von solchen, in denen es als Attribut fungiert, dadurch, daß in dieser Konstruktion das Partizip nicht weglaßbar ist. Denn die Eliminierung des Partizips in Fällen wie (18 b) führt zu einem ungrammatischen Satz:

(18) b' *dictator ... pulcherrimum facinus videbatur

Die Nicht-Weglaßbarkeit des Partizips läßt sich auch an Sätzen wie (47) zeigen; hier ergibt die Eliminierung von *imperatore* einen ungrammatischen Restsatz[78]:

(47') *Bellum Gallicum *C. Caesare* gestum est

Wie aus der Beispielreihe zu *gaudere* in (29) hervorgeht, ist die dominante Partizipialkonstruktion nur eine der Formen, in denen eine eingebettete Prädikation erscheinen kann. Alternative Ausdrucksmöglichkeiten für das o.g. Bsp. (18 b) könnten sein:

(18) b'   quod dictator occisus erat, pulcherrimum facinus videbatur

(18) b"   dictatorem occisum esse pulcherrimum facinus videbatur

Nicht selten läßt sich die dominante Partizipialkonstruktion auch durch eine Nominalgruppe, bestehend aus Vorgangssubstantiv + Nominalgruppe im Genitiv, ersetzen:

(18) b'"   caedes dictatoris pulcherrimum facinus videbatur

---

77 Die Stelle lautet vollständig: *ante conditam ... condendamve urbem*. Zum Unterschied Partizip vs. Gerundi(v)um s. Bolkestein (1980 b, 93).

78 In Zahlreichen Arbeiten (u.a. in Sz. 137, weitere Literatur findet sich in Bolkestein 1980b, 81) wird die Auffassung vertreten, der Abl. abs. lasse sich als eine Weiterentwicklung der 'gewöhnlichen' Gebrauchsweisen des Ablativs als Kennzeichen von Nominalgruppen betrachten. Um diese Auffassung zu stützen, werden Beispiele angeführt wie *invocat deos ... capite operto* ('Er ruft die Götter an mit bedecktem Haupt', Pl. *Am*. 1093). Gerade die Tatsache, daß das Partizip in derartigen Verbindungen nicht weggelassen werden kann, spricht gegen diesen Ansatz. Ich behandle Ausdrücke wie *capite operto* als Prädikativa (§ 8.1.6.). Vgl. S. 220 und Pinkster (1972b, 53; 1982) sowie Kap. 8, Anmerk.2.

Sowohl aus der Nicht-Weglaßbarkeit des Partizips als auch daraus, daß die Konstruktion als ganze durch alternative Konstruktionen ersetzt werden kann, ist ersichtlich, daß die dominante Partizipialkonstruktion als ein Ganzes betrachtet werden muß.

Wenn diese Konstruktion auch in manchen Fällen durch alternative Konstruktionen ersetzbar ist, so bedeutet das nicht, daß die Alternativen äquivalent und gegenseitig austauschbar sind. Eine dominante Partizipialkonstruktion kann als Argument nur auftreten, wenn impliziert wird, daß der durch sie bezeichnete Sachverhalt tatsächlich stattgefunden hat, stattfindet oder stattfinden wird, d.h. wenn der Vorgang, auf den verwiesen wird, 'faktiv' ist[79]. Daher kann eine eingebettete Prädikation in Form einer dominanten Partizipialkonstruktion nur bei bestimmten, nämlich 'faktiven' Hauptprädikationen als Argument vorkommen, so z.B. bei *pulcherrimum facinus videbatur*, aber nicht bei *difficilis esse*:

(18) b"" *Caesar occisus difficilis fuit

Es bestehen weder Restriktionen bezüglich der Nominalgruppen und der Prädikate, die in der dominanten Partizipialkonstruktion selbst vorkommen können, noch in bezug auf das Tempus des Partizips. Ein dominantes Partizip Präsens begegnet uns z.B. in (107)[80]:

(107) fugiens ... Pompeius ... homines movet ('Die Tatsache, daß Pompeius flieht, beeindruckt die Leute', Cic. *Att.* 7,11,4)

Übrigens können nicht nur Verben als Prädikat in einer dominanten Partizipialkonstruktion auftreten, sondern auch Adjektive (48), (108) und Substantive (109):

(48) qui *tranquillo* mari gubernare se negent posse (vgl. S. 176)

(108) augebat metum *gnarus* Romanae seditionis et, si omitteretur ripa, invasurus hostis ('Was die Besorgnis steigerte, war, daß der Feind von dem Aufstand bei den Römern

---

79 Zum Begriff 'Faktivität' vgl. Kiparsky & Kiparsky (1971). Vairel (1975, 84) verwendet die Termini 'actuel' / 'inactuel'. Eine weitergehende Auflistung faktiver Prädikate bietet Vendler (1980). Auch auf Wortgruppenniveau unterscheidet sich die dominante Partizipialkonstruktion fast immer als faktiv von der Gerundivkonstruktion. Vgl. S. 122, Bsp. (52) auf S. 178 (Bolkestein 1980b, 90-94; Blümel 1979, 102; Lambertz 1982, 568). Zu den Unterschieden zwischen den alternativen Konstruktionen s. Bolkestein (1980b, 86-88).
80 Zum Part. Fut. vgl. Bsp. (108). Zum Fehlen von Restriktionen bei dieser Konstruktion s. Bolkestein (1980b, 84).

hören und, wenn das Rheinufer entblößt würde, einen Einfall machen könnte', Tac. *Ann.* 1,36,5)

(109) filius legati *orator* publicae causae satis ostenderet necessitate expressa quae per modestiam non obtinuissent ('Die Tatsache, daß der Sohn eines Legaten als Befürworter der öffentlichen Angelegenheit auftrat, mache vollkommen deutlich, daß sie durch ihr gewalttätiges Vorgehen erreicht hätten, was sie durch bescheidene Bitten nicht erreicht haben würden', Tac. *Ann.* 1,19,5)

7.3.8. ÜBERSICHT ÜBER DIE FÜR KOMPLEXE SÄTZE GÜLTIGEN RESTRIKTIONEN UND KRITERIEN

Ich gebe nun eine Übersicht über wichtige in diesem Kapitel genannte Restriktionen und verweise auf die Stellen, wo sie vorkommen.

(i) *Hinzufügung von Satzadverbialia*, welche den 'Wahrheitswert' eines Satzes bei bestimmten Satzarten einschränken (*fortasse* etc.: ausgeschlossen bei imperativischer Modalität (S. 153; 193)).

(ii) *Faktivität*: der Gebrauch der dominanten Partizipialkonstruktion als eingebetteter Prädikation ist auf solche Hauptprädikate beschränkt, bei denen vorausgesetzt wird, daß der bezeichnete Sachverhalt stattgefunden hat, stattfindet oder stattfinden wird. Auf Wortgruppenniveau konkurriert das dominante Partizip mit dem (nicht-faktiven) Gerundivum (S. 122; 200).

(iii) *Referenzidentität*: häufig liegt Referenzidentität zwischen Argumenten der Haupt- und der eingebetteten Prädikation vor (z.B. bei *persuadere alicui*). In diesem Fall ist es möglich, das betreffende Argument der eingebetteten Prädikation wegzulassen. (Die transformationelle Grammatik bezeichnet diesen Vorgang als 'Equi-NP-deletion') (S. 186f).

(iv) *Tempus*: in eingebetteten Prädikationen nach Verben des Befehlens, Wünschens etc. muß der Sachverhalt, auf den die eingebettete Prädikation verweist, nachzeitig sein in bezug auf den durch die Hauptprädikation ausgedrückten Sachverhalt.

(v) *Kontrollierbarkeit*: eingebettete Prädikationen nach Verben des Befehlens müssen kontrollierbar sein; dies zeigt sich u.a. in der unter (iv) aufgeführten Restriktion bezüglich des Tempus der eingebetteten Prädikation sowie darin, daß Referenzidentität zwischen dem Adressaten der Hauptprädikation und dem Patiens der eingebetteten Prädikation ausgeschlossen ist.

7.4. PERSÖNLICHE UND UNPERSÖNLICHE KONSTRUKTIONEN

Auf S. 158 und 161 habe ich im Zusammenhang mit den eingebetteten Prädikationen bei *constat* und *difficile est* auf die persönlichen Konstruktionen (10 b) bzw. (12 e) hingewiesen. In § 7.3.5. wurde der NcI behandelt, den man auch als ein persönliches Pendant der Konstruktion des Typs '*dicitur* + AcI' betrachten kann. Ich gehe nun auf den Zusammenhang zwischen persönlichen und unpersönlichen Konstruktionen ein und behandle dabei außer den schon genannten Phänomenen auch die Verben *debere* und *posse*.

7.4.1. *CONSTAT*

TLL s.v. *consto* 535, 49 führt (10 b) als Beispiel eines NcI an:

(10) b quae si omnia e Ti. Coruncanii scientia ... acta esse constarent

Ich verwende den Begriff 'NcI' ausschließlich für das passivische Pendant des AcI, also für die Konstruktionen, die in § 7.3.5. behandelt wurden. Es gibt noch einen anderen klassischen Beleg für die in (10 b) vorliegende Konstruktion, nämlich Cic. *Cluent.* 104 (s. auch Anmerkung 11). Beispiele für persönliche Konstruktionen bei *constare* in der Bedeutung 'feststehen' sind (110) und (111):

(110) eorum ... quae constant exempla ponemus ('Wir werden

Beispiele für die Dinge geben, über die eine einhellige Meinung herrscht', Cic. *Inv.* 1,68)

(111) cum et factum constat et nomen ('Wenn Klarheit über die Tat und ihre Bezeichnung herrscht', Cic. *Part.* 42)

Jedoch läßt sich (10 b) nicht auf sinnvolle Weise mit diesen Beispielen in eine Reihe stellen. Semantisch gesehen ist das, was feststeht, nicht *omnia*, sondern *omnia ... acta esse*. Es handelt sich also hierbei - genau wie beim NcI - um eine Diskrepanz zwischen der semantischen und der syntaktischen Struktur, die wie folgt wiedergegeben werden kann:

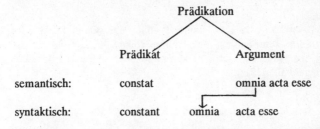

Das Subjekt der eingebetteten Prädikation wird sozusagen zum Subjekt des Hauptprädikats erhoben. Die transformationelle Grammatik spricht in diesem Fall von 'Subject to Subject Raising'[81].

7.4.2. KOPULA + ADJEKTIV + SUPINUM

Auf S. 159 wurde (12 e) als Beispiel für eine eingebettete Prädikation vorgestellt und zusammen mit den unpersönlichen Konstruktionen behandelt.

(12) e difficile est hoc genus exornationis inventu

Der Grund hierfür besteht darin, daß auch in (12 e) *difficilis* nicht ein Prädikat über die Sache (*genus exornationis*), sondern über die Handlung (*invenire genus exornationis*) ist. Auch für diesen Fall läßt sich folgende Abbildung erstellen:

---

81 Vgl. Stockwell-Schachter-Partee (1973, 557ff) und für das Lateinische die in Anmerkung 70 angegebene Literatur.

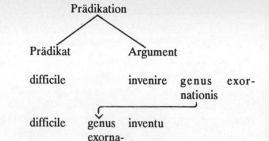

Prädikation

Prädikat   Argument

semantisch: difficile   invenire genus exor-
                                              nationis

syntaktisch: difficile   genus inventu
                               exorna-
                               tionis

Diese Abbildung macht deutlich, daß der Objektkonstituent[82] bei *invenire* zum Subjekt des Hauptprädikats wird. Eine Parallele hierzu ist der in der transformationellen Grammatik vielbesprochene Fall (112):

(112) a John is easy to please ∼

       b It is easy to please John

Die Konstruktion 'Adjektiv + Supinum II (Ausgang -*u*)'[83] treffen wir bei folgenden Adjektivklassen an (vgl. K.-St. I, 724):

(a) (i)   physische Eigenschaften, wie *asper* ('rauh'), *foedus* ('häßlich'), *pulcher* ('schön');

     (ii)   Werturteile, z.B. *crudelis* ('grausam'), *honestus* ('ehrenvoll'), *turpis* ('schändlich');

(b) Schwierigkeit/ Leichtigkeit/ Möglichkeit, wie *difficilis* ('schwierig'/'schwer'), *facilis* ('leicht'), *incredibilis* ('unglaublich'), *mirabilis* ('wunderbar').

Unter den in der Literatur angeführten Fällen befinden sich

---

82 Den Begriff 'Objektkonstituent' gebrauche ich der Kürze wegen. Unter den Belegen finde ich keinen, in dem das eingebettete Prädikat (hier *invenire*) einen Agens aufweist.

83 Nicht selten ist es fraglich, ob die Klassifizierung eines Wortes als Supinum richtig ist; z.B. wird die Form *tactu* in *tergis vulpium ... quae tactu mollia ... sunt* ('Fuchsbälge, die weich zu berühren sind', Sen. *Ep.* 90, 16) im TLL s.v. *mollis* 1380, 67f als Supinum bezeichnet. Es erscheint mir sinnvoller, *tactu* als Abl. (limitationis) des Substantivs *tactus* zu betrachten (Zu übertragenem *mollis* vgl. Verg. *A.* 12, 25: *haec haud mollia fatu* ('Dies, was zu sagen nicht leichtfällt')). Vgl. Kroon (1987).

vergleichsweise wenige, bei denen die Kopula *esse* vorhanden ist. In der Mehrzahl der Belege erscheint die Konstruktion auf Wortgruppenniveau; besonders in der Dichtung ist der Gebrauch der Verbindung 'Adjektiv + Supinum' auf Wortgruppenniveau produktiv (namentlich bei *dictu*)[84].

Bei einem Teil der Adjektive, vor allem aus der Klasse (a), ist die oben für *difficilis* vorgeschlagene Erklärung unbefriedigend. Z.B. ist (113 a) nicht gleichbedeutend mit (113 b):

(113) a o rem ... visu foedam ('Eine Sache, schrecklich anzusehen', Cic. *Phil*. 2,63)

  b foedum est istam rem videre[85]

Nicht das Sehen der Sache ist schrecklich, sondern die Sache selbst ist schrecklich. Ein wenig synonymer erscheinen mir (114 a) und (114 b):

(114) a omnia praeteribo quae mihi turpia dictu videbuntur ('Ich werde alles beiseite lassen, was mir schändlich zu erwähnen erscheint', Cic. *Ver*. 1,32)

  b turpe mihi videtur ista omnia dicere

Die Dinge, die geschehen sind, sind schändlich, sie zu erwähnen braucht das nicht unbedingt zu sein. Angesichts der aufgezeigten Schwierigkeiten, die für *difficilis* gefundene Erklärung auf alle in Frage kommenden Fälle anzuwenden, wäre in Erwägung zu ziehen, die Konstruktion 'Kopula + Adjektiv + Supinum' nicht im Rahmen der eingebetteten Prädikationen zu behandeln, sondern das Adjektiv + Supinum als ein komplexes Ganzes zu betrachten[86].

7.4.3. NCI

Der Diskrepanz zwischen syntaktischer und semantischer Struktur sind wir schon in § 7.3.5. begegnet. Das dort gegebene Beispiel (98) läßt sich auch anhand der folgende Abbildung erläutern:

---

84 Vgl. TLL s.v. *dicere* 969, 58ff.
85 Man beachte, daß wir es hier mit einem Supinum auf Wortgruppenniveau zu tun haben.
86 Vgl. Kroon (1987) und Lambertz (1982, 544-555).

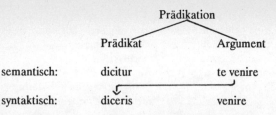

Prädikation

	Prädikat	Argument
semantisch:	dicitur	te venire
syntaktisch:	diceris	venire

Hier liegt wieder - um den Begriff aus der transformationellen Grammatik zu gebrauchen - 'Subject to Subject Raising' vor.

7.4.4. DEBERE UND POSSE

Debere ('müssen')[87] scheint auf den ersten Blick dieselbe Struktur aufzuweisen wie *velle*:

(115)   debeo ire ('Ich muß gehen')

(116)   volo ire ('Ich will gehen')

D.h., es läge ein zweistelliges Prädikat mit einem Subjekt und einem Komplement vor. Semantisch gesehen ist aber die Auffassung, in (115) und (116) liege dieselbe Struktur vor, weniger überzeugend. Bei *velle* handelt es sich um eine Willens-Relation zwischen jemandem, der etwas will (Subjekt), und etwas, das gewünscht wird (Komplement), wobei der Wille im Subjekt vorhanden ist. Demgemäß bestehen auch semantische Restriktionen bezüglich des Subjektkonstituenten (immer ein lebendes Wesen). Bei *debere* dagegen ist es angemessener zu sagen, zwischen Subjekt und Komplement bestehe eine Relation des Verpflichtetsein, welche nicht im Subjekt gelegen ist. Die Verpflichtung kann auf dem Antrieb oder der Einwirkung externer Personen oder Sachen beruhen. *Debeo ire* läßt sich umschreiben durch 'es ist notwendig, daß ich gehe', vergleichbar mit *oportet me ire*. Wenn wir für *debere* dieselbe semantische Struktur ansetzen wie für *oportet*, müssen wir annehmen, daß

---

87 *debere* kann sowohl bedeuten 'müssen' = 'verpflichtet sein' (sog. *deontische* Interpretation) als auch 'müssen' = 'zweifellos', 'wahrscheinlich', 'wie verlautet', vgl. *Das Kind dieser Eltern muß sehr schlau sein* (d.h. 'ist wie man sagt', 'ist wie ich folgere') (sog. *inferentielle* Interpretation). Ich beschränke mich hier auf die deontische Interpretation, vgl. Bolkestein (1980a, passim).

das, was semantisch ein Argument der eingebetteten Prädikation ist (Subjekt: *ich*), die syntaktische Funktion Subjekt in bezug auf das Hauptprädikat einnimmt (folglich Subject to Subject Raising)[88]. In Abbildung:

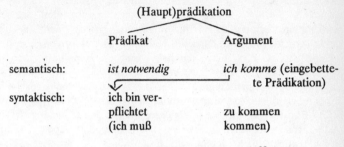

(Haupt)prädikation

Prädikat   Argument

semantisch: *ist notwendig*   *ich komme* (eingebette-
                                       te Prädikation)

syntaktisch: ich bin ver-
                pflichtet   zu kommen
                (ich muß   kommen)

Auch bei *posse* in der Bedeutung 'möglich sein'[89] dürfte eine 'Raising'-Analyse angebracht sein. Ein Beispiel ist:

(117) cum haec scribebam V Kalend., Pompeius iam Brundisium venisse poterat ('Als ich dies schrieb (25. Februar), konnte Pompeius schon in Brundisium angekommen sein', Cic. *Att.* 8,9a,2)

In (117) wird weniger eine Aussage über das Vermögen (die Fähigkeit) des Pompeius gemacht als vielmehr über die Möglichkeit (Wahrscheinlichkeit), daß etwas geschehen ist.

7.5. HISTORISCHE ERKLÄRUNG DES PHÄNOMENS DER KOMPLEXEN SÄTZE UND BESTIMMTER TYPEN VON KOMPLEXEN SÄTZEN

In diesem Paragraphen behandle ich zuerst die in der lateinischen Sprachwissenschaft herrschenden Auffassungen vom Ursprung der zusammengesetzten Sätze (§ 7.5.1.); dann die historischen Erklärungen, die für den AcI und die durch eine Konjunktion eingeleiteten Nebensätze gegeben werden (§ 7.5.2.).

---

88 Argumente für diese Analyse bei Bolkestein (1980a, 120-133).
89 Vgl. OLD s.v., Punkt 5 'expressing a contingency or possibility'; einstweilen nehme ich für *posse* ('imstande sein') einen zweistelligen Rahmen an.

7.5.1. HYPOTAXE IM ALLGEMEINEN

In allen bekannten Sprachen kommen trotz großer formaler Unterschiede komplexe Sätze vor, d.h. sowohl die in diesem Kapitel unter dem Begriff 'zusammengesetzter Satz' behandelten als auch solche mit Relativsatz. Daher erscheint es wenig sinnvoll, davon auszugehen, daß es in den Vorstufen des uns bekannten Lateins (z.B. im Indogermanischen) nicht möglich gewesen sei, Prädikationen in andere Prädikationen einzubetten. Dennoch ist dies eine durchaus gängige Hypothese, und in vielen Fällen werden zusammengesetzte Sätze als aus zwei einfachen (selbständigen) Sätzen hervorgegangen erklärt[90]. Der Grund hierfür liegt vermutlich in den Vorstellungen von der Entwicklung des menschlichen Gehirns, als habe sich der Übergang vom einfachen zum komplexen Satz analog - und damit nicht mehr empirisch nachweisbar - zur Entwicklung der Kindersprache vollzogen (vgl. z.B. K.-St. II,1). Ein zweiter Grund ist vielleicht darin zu sehen, daß sich zumindest ein Teil der Subordinatoren aller Wahrscheinlichkeit nach aus Konnektoren[91] und Adverbien entwickelt hat und es problematisch ist, eine Hypothese darüber aufzustellen, welche Subordinatoren es in vorhistorischer Zeit gegeben hat. Die Tatsache, daß wir nicht imstande sind, spezifische Subordinatoren anzugeben, ist aber kein Grund anzunehmen, daß es keine Subordinatoren gegeben habe. Von den äußerst häufigen lateinischen Subordinatoren *ut* und *cum* fehlt in den romanischen Sprachen jede Spur; wäre uns das Lateinische nicht bekannt, so könnten wir diese Subordinatoren niemals rekonstruieren. Eine allgemeine Behauptung wie die von Sz. (526) 'In der ältesten idg. Zeit gab es keine Nebensätze' entbehrt somit jeder gesicherten Grundlage[92].

---

90 Literatur: Sz. 526; Scherer (1975, 235); Mallinson-Blake (1981, 432); Pinkster (1972c, 167-169; Hrsg. 1983, IX-X).
91 Konnektoren sind Wörter wie *autem, igitur, enim* (s. Kap. 12). Die Intonation ist unter anderen Mitteln ein Mittel zur Herausbildung der Hypotaxe.
92 Zu *ut* und *cum* vgl. Meillet (1948, 159-174). Christian Lehmann (1988) weist zu Recht darauf hin, daß es infinite eingebettete Prädikationen gegeben haben kann, während es keine Nebensätze (im strengen Sinn des Wortes) gab. Eine mit meiner Auffassung vergleichbare vertritt Haudry (1973, 147f).

7.5.2. SPEZIFISCHE KOMPLEXE SÄTZE

In diesem Paragraphen behandle ich zwei Typen von komplexen Sätzen und die hierfür herkömmlicherweise gegebenen historischen Erklärungen. Es handelt sich einmal um durch einen Subordinator eingeleitete Nebensätze, zum anderen um den AcI.

(i)   Nebensätze, die durch einen Subordinator eingeleitet werden

Scherer (1975, 238, 253, 269, 271 etc.) gibt deutliche Beispiele dafür, auf welche Art und Weise seiner Meinung nach bestimmte Konstruktionen entstanden sind[93]. Gerade wegen dieser Deutlichkeit eignet sich seine Auffassung besonders gut als Ausgangspunkt. Ich nenne zunächst die von Scherer angeführten Beispielsätze und die Konstruktionen, auf die er die komplexen Strukturen jeweils zurückführt.

---

93 Scherer (1975, 235, Anmerk.) ist durchaus der Ansicht, daß es im Indogermanischen Nebensätze gab. Eine Hypothese zur Ableitung finaler Satellitsätze aus selbständigen Sätzen mit *ut* findet man in Leumann (1940). Vgl. auch Handford (1946, 24-27) zu Beispielen hypotaktischer Konstruktionen und selbständiger Sätze, in denen ein Verb als Parenthese vorkommt: *habeas, licet / habeas licet* (Pl. *Epid.* 471); *scribas - vide - plane et probe / scribas vide plane et probe* (Pl. *As.* 755). S. auch § 10.2.2.1.

	Lateinischer Satz	zu erklären aus	Scherer Seite
a)	ubi sim nescio	'Wo mag ich sein? Ich weiß es nicht'	238
b)	num me vitupe- ras? :: multum abest ut te vituperem	'Tadelst du mich?' 'Durchaus nicht; wie sollte ich dich denn tadeln?'	253
c)	dux milites hor- tatur ut fortiter pugnent	... 'Wie sie tapfer kämpfen würden'	269
d)	nemo tam stultus est quin id intellegeret	'Wie sollte er das nicht einsehen? So töricht ist niemand'	271

Um welchen Arten von Erklärungen es sich hier handelt, ist deutlich. In (a) wird eine deutsche, aber scheinbar auch im Lateinischen mögliche Paraphrase gewählt, die aus zwei selbständigen Sätzen besteht. Jedoch ist die Herleitung aus einer selbständigen (dubitativen) Frage (*Ubi sim?*) nicht sehr überzeugend; außerdem ist in der Paraphrase entweder *nescio* einstellig oder das zweite Argument muß aus dem Kontext verstanden werden (und das ist gerade *ubi sim*). In (b) liegt der Fall etwas komplizierter: das *ut* in dem lateinischen Satz bedeutet nicht 'wie', und es ist keineswegs so, daß der Sprecher sich fragt 'wie er tadeln sollte'. Auch hier wird vorausgesetzt, das Prädikat *multum abest* trete ohne Argument auf; zugleich wird eine Art Konversation unterstellt. Für (c) gilt z.T. das, was zu (b) gesagt wurde. Bei der Erklärung in (d) wird die Wortstellung des lateinischen Satzes manipuliert; gerade diese Wortstellung treffen wir im Lateinischen nicht (oder fast nicht) an.

Ich führe diese Beispiele nicht an, um zu beweisen, daß Subordination niemals aus anfänglich selbständigen Sätzen habe entstehen können - es lassen sich im Gegenteil deutliche

Beispiele dafür finden; die postulierte Entwicklung unterstellt jedoch häufig Formen und Konstruktionen, die ziemlich gravierend von dem uns bekannten Latein abweichen, und es wird auf zu bequeme Art Gebrauch gemacht von Paraphrasen in einer modernen Sprache, die auf den ersten Blick plausibel erscheinen.

(ii)   AcI

Der 'echte' AcI wird oft als gleichwertig mit der Struktur 'Akk. + Ergänzungsinfinitiv' oder zumindest als aus dieser hervorgegangenen dargestellt. Weiter oben (§ 7.3.2.) haben wir gesehen, daß beide Konstruktionen synchronisch mit Sicherheit nicht gleich sind. Hier geht es um eine von vielen Linguisten[94] angenommene diachronische Entwicklung, nämlich die sog. 'Gliederungsverschiebung':

(a)   arguo praetorem: pecunias cepisse > arguo: praetorem pecunias cepisse

(b)   nuntio eum: dictatorem esse factum > nuntio: eum dictatorem esse factum

Der schwache Punkt dieser Analyse besteht darin, daß suggeriert wird, im klassischen Latein (d.h. in dem rechts von den Pfeilen beschriebenen Zustand) hätten die Sätze (a) und (b) dieselbe Struktur gehabt - was zweifellos falsch ist. Ferner wird, was die auf der linken Seite angeführten Strukturen betrifft, unterstellt, daß jemals bei Verben wie *nuntiare* neben dem Berichtenden noch eine Person als Argument habe auftreten können, was semantisch sehr unwahrscheinlich ist. Was *pecunias cepisse* hätte bedeuten können, ist nicht klar[95]. Auch muß angenommen werden, daß die bei *arguere* im klassischen Latein übliche dreistellige Konstruktion (*arguere aliquem stupri*) nicht

---

94 Ich zitiere die Beispiele aus Blatt (1952, 252f).
95 Nach Sz. (344; 353) ist der Infinitiv ursprünglich eine Zweckbestimmung. Auch dann wird nicht klar, wie es zu der Identitätsrelation kommt zwischen demjenigen, der angeklagt wird, und demjenigen, der das Geld genommen hat.

existiert habe. Auch hier werden diese Fakten unnötigerweise manipuliert[96].

Aus diesem Paragraphen müssen wir den Schluß ziehen, daß die gängigsten Hypothesen zur Entstehungsgeschichte komplexer Sätze zu einfach sind. Damit haben wir freilich noch keine Alternative zur Erklärung des Sprachzustandes, wie er sich uns zeigt, gegeben.

BIBLIOGRAPHISCHE INFORMATION

Es gibt keine jüngere Arbeit über das gesamte Gebiet der zusammengesetzten Sätze im Lateinischen. Lambertz (1982) behandelt zwar die meisten Konstruktionen, geht aber nicht auf die zahlreichen Einzeluntersuchungen ein. Lakoff (1968) bietet eine Beschreibung komplexer lateinischer Sätze in einem generativ-transformationellen Rahmen, die für die lateinische Sprachwissenschaft wertlos ist. Zu den einzelnen Konstruktionen werden in den Anmerkungen ausführliche bibliographische Hinweise gegeben. Besonders zahlreich sind die Veröffentlichungen über den AcI; s. hierzu Bolkestein (1976a und b; 1979). Zu verschiedenen Konstruktionen bei den verba dicendi vgl. ebenfalls Bolkestein (1977b; 1977d). Zum NcI vgl. Bolkestein (1980b und c; 1981b; 1983b). Die *ab urbe condita*-Konstruktion behandeln Bolkestein (1981b; 1983b) und Pinkster (1972b); s. dort auch die Ausführungen zum Abl. abs. Zum Supinum vgl. Kroon (1987). Zur Funktion der Subordinatoren vgl. Pinkster (1972c, 174-178).

---

96 Andere Erklärungen zum Ursprung des AcI gehen von einer Weiterentwicklung der Konstruktion *videre* + Akk. oder *vetare* + Akk. mit einem Infinitiv aus.

8. PRÄDIKATIVUM

In Kap. 3 haben wir die syntaktischen und semantischen Funktionen der Satelliten betrachtet; dabei sind die sog. 'prädikativen Bestimmungen', hier künftig 'Prädikativa' genannt[1], beiseite gelassen worden. Beispiele für Prädikativa sind die kursiven Konstituenten in (1) - (4). Sie können weggelassen werden, ohne daß der Restsatz ungrammatisch wird[2]:

(1) Galli *laeti* in castra pergunt ('Die Gallier ziehen fröhlich ins Lager ein')

(2) Cicero *consul* coniurationem Catilinae detexit ('Cicero deckte als Konsul die Verschwörung des Catilina auf')

(3) *rura colentes* ab equitatu oppressi sunt ('Sie wurden von der Reiterei überrascht, während sie ihr Land bebauten')[3]

(4) Hannibalem iam *puerum* pater secum in Hispaniam duxit ('Hannibal wurde schon als Knabe von seinem Vater nach Spanien mitgenommen')

Die kursiv gesetzten Konstituenten liefern eine nähere Information über die Person oder Sache, auf die derjenige Konsti-

---

1 Für das von mir sogenannte Prädikativum sind sehr viele verschiedene Begriffe im Gebrauch, u.a. 'Prädikative Bestimmung', 'Zustandsattribut', 'subject/object adjunct', 'appositional adjective' (Adams 1976b, 70f), 'Koprädikativ' (Plank 1985); ein Begriff aus der jüngsten Zeit ist 'secondary predication'. Für Quantitätsadjektive (*omnes* etc.) ist der Begriff 'Quantoren-Floating' (Quantifier-Floating) in Gebrauch, vgl. Pinkster (1983a). Überdies werden in den Lateingrammatiken viele der im folgenden behandelten Erscheinungen nicht im Zusammenhang behandelt, und es gibt für jede von ihnen jeweils eigene Bezeichnungen. Ich gehe darauf im Verlauf dieses Kapitels kurz ein. Zum 'terminologischen Durcheinander' in deutschen Handbüchern s. Heine (1972).
2 In Kap. 2 ist der '*machen*-(facere-)Test' als Mittel der Unterscheidung, welcher Konstituent notwendig bzw. weglaßbar ist, genannt worden. In diesem Zusammenhang gibt es ein interessantes Beispiel eines Prädikativums bei Cic. *de Orat.* 1,261: summa voce versus multos uno spiritu pronuntiare consuescebat; neque is *consistens* in loco sed *inambulans* atque ascensu *ingrediens* arduo. Scherer (1975, 194f) betrachtet den sog. Ablativus absolutus als Prädikativum; ich fasse ihn als eine eingebettete Prädikation auf, die in ihrer Gesamtheit die Funktion Adverbial hat. Im Gegensatz zu den hier behandelten Prädikativa ist in der Abl. abs.-Konstruktion das Partizip, Adjektiv oder Substantiv nicht weglaßbar (§ 7.3.7.). Fälle wie '*primo vere*' und 'in *medio* horto' bezeichne ich nicht als Prädikativa (anders Happ (1977, 49)); eine Übersicht über den hier vorliegenden 'partitiven' Gebrauch von Adjektiven gibt Vaughan (1942).
3 Zu einer etwaigen attributiven Relation zwischen *Galli* und *laeti* s. § 8.5.1. *Rura colentes* könnte u.U. Subjekt sein.

tuent verweist, mit dem sie kongruieren: in (1) und (2) ist das der Subjektkonstituent; in (3) sind die Personen, auf die mit *oppressi sunt* implizit verwiesen wird, im Kontext gegeben. Prädikativa unterscheiden sich somit von den oben behandelten Satelliten (Adverbial/Adjunct und Satzadverbial/Disjunct) darin, daß sie Bestimmungen eines *Teils* der Prädikation sind, während jene entweder die Kernprädikation (Adverbialia) oder die Prädikation als ganze (Satzadverbialia) näher bestimmen.

Der Inhalt dieses Kapitels ist folgender: in § 8.1. gehe ich auf die verschiedenen lexikalischen Kategorien der Lexeme ein, die als Prädikativum auftreten können; wir werden sehen, daß nicht bei allen Klassen dieselben Konstruktionsmöglichkeiten bestehen. In § 8.2. bespreche ich die Distribution der Prädikativa, d.h. die Frage, bei welchen Konstituententypen sie auftreten können (z.B. bei Subjekt-, Objektkonstituenten usw.). In § 8.3. kommt der Status der Prädikativa als eingebetteter Prädikationen zur Sprache. In § 8.4. gehe ich auf das Verhältnis zwischen Prädikativa und den oben behandelten Satelliten, u.a. Adverbien, ein. In unseren Beispielsätzen liegt Kongruenz des Prädikativums vor; das heißt, daß Prädikativa formal von Attributen (z.B. *laeti* in (1)), Prädikatsnomina, sog. dominanten Partizipien und Appositionen oft nicht zu unterscheiden sind; hierauf gehe ich in § 8.5. kurz ein. In § 8.6. möchte ich schließlich etwas zu der verbreiteten Ansicht sagen, daß Prädikativa diejenigen Konstituenten im Satz sind, auf denen der meiste Nachdruck liegt.

8.1. DIE LEXEMKATEGORIEN, DIE ALS PRÄDIKATIVA AUFTRETEN KÖNNEN

Allgemein wird von drei Lexemkategorien angenommen, daß sie als Prädikativum auftreten können, nämlich von Adjektiven, Substantiven und Partizipien (wenn auch nicht alle einzelnen Elemente dieser Kategorien als Prädikativum auftreten können). Daneben kommen in dieser Funktion aber auch Gerundiva und bestimmte Pronomina vor (*ipse*, *idem*, *alius*); ebenso können Präpositionalgruppen und Nomina im Ablativ als Prädikativum auftreten. Auf jede dieser Kategorien gehe ich im folgenden ein[4].

8.1.1. SUBSTANTIVE

Als Prädikativa kommen hauptsächlich Substantive vor, die ein Lebensalter oder eine soziale Stellung bezeichnen (*puerum* in (4), *consul* in (2) und *privatus* in (5)). Schwieriger zu unterscheiden von den bereits genannten sind die durch (6) illustrierten Fälle. Während in den Bsp. (2) und (4) Eigenschaften bzw. Funktionen von nicht dauernder Art angeführt werden, werden in Bsp.(6) dauernde Eigenschaften genannt. In Fällen dieser Art ist die genannte Eigenschaft nur für den vom Prädikat erfaßten Zeitraum relevant. Übrigens ist in diesem letzteren Fall auch der Unterschied gegenüber der Apposition (s. hierzu § 8.5., vgl. *aquilifer* in (19)) schwierig zu bestimmen[5].

(5)   magno usui rei publicae Ser. Sulpicius et privatus et in magistratibus fuerit ('Ser. Sulpicius war sowohl als Privatmann wie als Amtsperson von großem Nutzen für den Staat', Cic. *Phil.* 9,15)

(6)   mihin domino servus tu suscenses? ('Mir als dem Herrn zürnst du, der Sklave?', Pl. *Ps.* 472)

8.1.2. ADJEKTIVE

Es kommen Adjektive der verschiedensten semantischen Klassen in der Funktion Prädikativum vor. Dabei zeigt sich, daß vor allem in der Dichtung (seit Vergil) eine Reihe von Unterscheidungskriterien im Hinblick auf das Vorkommen der Adjektive als Prädikativum nicht mehr relevant ist. Die Einteilung, die ich im folgenden vornehme, ist eine grobe, die von der auf S. 55f. skizzierten abweicht, aber zur Illustration der Konstruk-

---

4 Vester, E. (1988) bespricht Relativsätze, die als Prädikativa aufgefaßt werden können.
5 Diese Schwierigkeit beruht wohl auf dem Konstrast *dominus: servus*. Bennett (1914, II, 7) nennt diese Fälle 'the appositive in a temporal or adversative relation', vgl. Pl. *Capt.* 630f; *Mil.* 966.

tionsmöglichkeiten, die wir antreffen, hinreicht[6]. Folgende Gruppen von Adjektiven in der Funktion Prädikativum sind zu unterscheiden (vgl. auch K.-St. I, 234ff):

a. Quantitätsadjektive: *unus* ('allein', 'einzig'), *omnis* ('alle'/ 'jeder'), *singuli* ('einzeln'), *universus* ('insgesamt'), *totus* ('ganz'), *uterque* ('beide'), *creber* ('zahlreich'), *solus* ('allein'), *pauci* ('in geringer Zahl'), *plerique* ('größtenteils')[7].

(7) Milo unus urgebat ('Einzig Milo machte es ihm schwer', Cic. *Mil.* 88)

(8) ut ... scire omnes possemus nihil habuisse quod diceret ('Daß wir alle wissen könnten, daß er nichts vorzubringen habe', Cic. *Ver.* 1,71)

(9) binae singulis quae datae nobis ancillae ('Die zwei Sklavinnen, die jedem von uns zugeteilt worden sind', Pl. *Poen.* 222)

(10) quas (insidias) ille plerasque evitavit ('(Nachstellungen), denen er größtenteils zu entgehen wußte', Nep. *Dat.* 9,1)

b. Ordinalzahlen u.ä.: *primus* ('als erster'), *posterior* ('später'), *princeps* ('als erster'), etc.

(11) (Hannibal) princeps in proelium ibat, ultimus ... excedebat ('Hannibal war der erste, der ins Gefecht ging, und der letzte, der sich aus ihm zurückzog', Liv. 21,4,8)

c. Adjektive, die eine im Prinzip nicht-andauernde (vgl. § 8.3.) psychische oder körperliche Disposition bezeichnen: *laetus* ('fröhlich': Bsp. (1)), *aeger* ('krank'), *caecus* ('verblendet', 'blindlings'), *cruentus* ('blutbefleckt'), *ebrius* ('betrunken'). Das ist die größte Gruppe von Lexemen, die als Prädikativa vorkommen.

(12) se recipiebat ... cruentus sanguine civium Romanorum ('Er kehrte zurück ..., besudelt mit dem Blut römischer Bürger', Cic. *Phil.* 4,4)

(13) beluarum modo caecos in foveam missos ('Sie hätten sich

---

6 Literaturhinweise sind in Kap. 6 gegeben; zum Deutschen s. Neubauer (1977).
7 *multus* seit Sallust (z.B. *Jug.* 84,1 *multus atque ferox instare;* TLL s.v. *multus* 1608, 83ff). Vgl. auch Lundström (1982, 50f). Zu *nullus* statt *non* vgl. Sz. 205; K.-St. I, 236; z.B. Pl. *As.* 408 *is nullus venit.* Vgl. Pinkster (1983a) zu den quantifizierenden Adjektiven.

wie wilde Tiere blind in eine Falle treiben lassen', Liv. 9,5,7)

d. Neben der in c. genannten semantisch ziemlich homogenen und sehr umfangreichen Klasse von Adjektiven treffen wir auch Adjektive an, die ein Werturteil (*carus* ('teuer'), *bellus* ('schön')), einen Ort bzw. eine Richtung (*diversus* ('in verschiedene Richtungen')) oder eine Zeit(spanne) (*assiduus* ('andauernd')) ausdrücken.

(14) carus, omnibus expectatusque venies ('Bei deiner Ankunft wirst du sehen, daß du von allen geliebt und erwartet wirst', Cic. *Fam.* 16,7)

(15) fac bellus revertare ('Sieh, daß du gut zurückkommst', Cic. *Fam.* 16,18,1)

(16) diversi pugnabant ('Sie kämpften nach zwei Seiten', Caes. *Civ.* 1,58,4)

(17) qui Romae erant assidui ('die sich dauernd in Rom aufhielten',Cic. *S. Rosc.* 81)

In einem Satz können mehrere Prädikativa unkoordiniert nebeneinanderstehen, wenn die Lexeme, die die Funktion Prädikativum erfüllen, zu verschiedenen Klassen gehören[8]. Dies ähnelt der in § 6.4. besprochenen Erscheinung des 'Nesting'. Vorstellbar wäre etwa:

(18) Hannibal (puer) unus laetus primus in proelium ibat ('Hannibal ging als Knabe als einziger fröhlich als erster in die Schlacht')

Einige Adjektivklassen kommen nicht als Prädikativum vor, z.B. Denominativa, die eine Herkunft ausdrücken (*Romanus*) und Stoffadjektive (außer in übertragener Bedeutung[9]). Bei diesen Adjektiven geht es um dauernde Eigenschaften.

---

8 Beispiele für mehrere unkoordinierte Prädikativa in einem Satz sind u.a.:
- Hor. *Carm.* 3,4,29-31 *libens ... navita* Bosporum temptabo
- Pl. *Am.* 287 ubi sunt isti scortatores, qui *soli inviti* cubant
- Verg. *A.* 4,32 *solane* perpetua *maerens* carpere iuventa
- Verg. *A.* 4,203-205 is ... *amens animi* ... dicitur ... *supplex* orasse,
s. auch Bsp. (27). Man muß diese Fälle unterscheiden vom sog. Asyndeton ('zero-coordination'), wie es in Cic. *Dom.* 139 vorliegt: ne valeat id, quod imperitus adulescens ... ignarus invitus, sine collegis, sine liberis, sine auctore, sine fictore, furtim, mente ac lingua titubante fecisse dicatur ... Vgl. Pl. *Bac.* 613; Hor. *Ars* 121.
9 Ein schönes Beispiel eines prädikativen Stoffadjektivs ist *aeneus* in Hor. *S.* 2,3,183f *latus* ut in circo spatiere et *aeneus* ut stes, *nudus nummis, insane, paternis* ('in Erz gegossen').

217

8.1.3. PARTIZIPIEN

Partizipien in der Funktion Prädikativum sind in den Grammatiken unter der Rubrik 'Participium coniunctum' zu finden. Allgemein wird betont, daß sie eine Funktion erfüllen, die derjenigen der adverbialen Nebensätze entspricht (vgl. K.-St. I 771ff; Sz. 384ff); vgl. § 8.4.

(19) ... Lucius Petrosidius aquilifer ... pro castris fortissime pugnans occiditur ('L. Petrosidius, der Fähnrich, wurde getötet, während er mit großer Tapferkeit vor dem Lager kämpfte', Caes. *Gal.* 5,37,5)

(20) ... Persae etiam (mortuos) cera circumlitos condunt ('Die Perser begraben sogar ihre Toten eingehüllt in Wachs', Cic. *Tusc.* 1,108)

(21) ... hanc adepti victoriam in perpetuum se fore victores confidebant ('Nachdem sie diesen Sieg einmal errungen hatten, glaubten sie für alle Zukunft Sieger zu sein', Caes. *Gal.* 5,39,4)

(22) P. Servilius ... adest de te sententiam laturus ('S. ist hier anwesend, um über dich ein Urteil zu fällen', Cic. *Ver.* 1,56)

Zu vergleichen ist auch Bsp. (3). Im Gegensatz zu den entsprechenden Substantiven und Adjektiven, die wir betrachtet haben, kann ein Partizip in der Funktion Prädikativum auch Vorzeitigkeit ((20), (21))[10] und Nachzeitigkeit (22) gegenüber dem Sachverhalt, auf den die Hauptprädikation verweist, ausdrücken (vgl. u. S. 332).

8.1.3.a GERUNDIVA

In Aktivsätzen kommt das Gerundivum in der Funktion Prädikativum beim Objekt vor ('Objektsprädikativum'). Beispiele

---

10 Bei terminativen (resultativen) Verben bezeichnet das Partizip den aus einer vorangegangenen Handlung (Prozeß) resultierenden Zustand; 'Vorzeitigkeit' ist hier oft nicht relevant; Bsp.(20) kann so aufgefaßt werden (Näheres s. Kap. 11).

sind (22') und (22"):

(22') Populus Romanus consuli potius Crasso quam privato
Africano bellum gerendum dedit ('Das römische Volk
übertrug lieber dem Konsul Crassus als dem Privatmann
Africanus die Führung des Kriegs', Cic. *Phil.* 11,18)

(22") domos nostras et patriam ipsam vel diripiendam vel
inflammandam reliquimus ('Unsere Häuser und die Heimat
selbst haben wir zur Plünderung oder Verbrennung
zurückgelassen', Cic. *Fam.* 16,12,1)

Weitere Beispiele bei K.-St. II, 731f.

8.1.4. PRONOMINA

Ich begnüge mich mit einem Beispiel für *ipse* als Prädikativum;
es kongruiert meist mit dem Satzsubjekt, vgl. Bsp. (23):

(23) de te tu videris, ego de me ipse profitebor ('Was du
tust, mußt du wissen; für mich will ich selbst eine Erklärung abgeben', Cic. *Phil.* 2,118)

8.1.5. PRÄPOSITIONALGRUPPEN

Auch Präpositionalgruppen können als Prädikativa auftreten:

(24) te ... stetisse in comitio cum telo ('Daß du in Waffen
auf dem Komitium standest', Cic. *Catil.* 1,15)

(25) stare tristis, turbido vultu, subductis cum superciliis
senes ('Die Alten standen finster da, mit verstörtem
Gesicht und hochgezogenen Augenbrauen', Turpil. *com.*
169)[11]

(26) nemo tam sine oculis, tam sine mente vivit ('Niemand ist
so blind und gedankenlos', Cic. *de Orat.* 1,249)

---

11 Man beachte die parallele Konstruktion eines Adjektivs, eines sog. Abl.
qualitatis und einer Präpositionalgruppe. Vgl. auch Sal. *Cat.* 39,4: si ... *superior*
aut *aequa manu* discessisset.

(27) plerique ut fusi sine mente ac sine ullo sensu iacerent ('Daß die meisten ohne Besinnung und ohne jede Empfindung ausgestreckt herumlagen', Cic. *Ver.* 5,28)[12]

Die Substantive in den Präpositionalgruppen verweisen i.d.R. auf Gegenstände (Waffen, Kleidungsstücke), Körperteile oder mentale Eigenschaften, die der Referent eines Arguments während der Geltungsdauer der Kernprädikation besitzt.

8.1.6. NOMINALGRUPPEN IM ABL. ODER GENITIV (SOG. ABLATIVUS UND GENITIVUS QUALITATIS)

In Bsp. (25) ist uns bereits eine Nominalgruppe im Abl. in der Funktion Prädikativum begegnet. Weitere Beispiele sind:

(28) eos infenso animo atque inimico venisse ('Daß sie in erbitterter und feindseliger Absicht gekommen sind', Cic. *Ver.* 2,149)[13]

(29) pura mente atque integra Milonem, nullo scelere imbutum ... Romam revertisse ('Daß Milo mit reinem und ungetrübtem Gewissen, von keinem Verbrechen befleckt, nach Rom zurückgekehrt ist', Cic. *Mil.* 61)

(30) te prodire involuto capite, soleatum ('Daß du mit verhülltem Haupt und in Sandalen zum Vorschein kommst', Cic. *Pis.* 13)

(31) eodem (sc. vultu) semper se vidisse exeuntem illum domo et revertentem ('Sie (Xanthippe) habe ihn (Sokrates) stets mit derselben Miene von zu Hause weggehen und zurückkommen sehen', Cic. *Tusc.* 3,31)

Es gibt auch vereinzelt Fälle von Nominalgruppen im Genitiv:

(32) cum annorum octoginta ... in Aegyptum iisset ('Als er im Alter von achtzig Jahren nach Ägypten gegangen war', Nepos *Ag.* 8,2)

(33) redis mutatae frontis ('Du kehrst zurück mit verändertem Antlitz', Hor. *S.* 2,8,84)

---

12 Auch *fusi* ist Prädikativum. Weitere Beispiele für Präpositionalgruppen in der Funktion Prädikativum bei Happ (1976, 302, Anm. 590), TLL s.v. *cum* 1351, 20ff; Merguet, *Lex. Reden Cic.* s.v. *sine.* Schöne Beispiele in Bulhart (1956).

13 Vgl. Fugier (1978, 130).

In den Grammatiken werden die genannten Fälle unter der Überschrift 'Ablativus (bzw. Genitivus) qualitatis' behandelt (Beispiele 's. bei K.-St. I, 456f; Sz. 70; 119). Die Substantive in den Gen.-bzw. Abl.-NP bezeichnen vorwiegend psychische und physische Eigenschaften[14].

8.2. DIE DISTRIBUTION DER PRÄDIKATIVA

In der überwiegenden Zahl der Fälle ist das Prädikativum auf den Subjektkonstituenten bezogen. Die Prädikate der Hauptprädikation sind auf einige wenige Gruppen beschränkt, z.B. auf die Verben des Gehens[15] und eine Reihe kopulaartiger Verben ('bleiben', 'entstehen' u.dgl., vgl. § 8.5.3.). Die oben aufgeführten Bsp. (10) und (20) sind Fälle, wo das Prädikativum auf das Objekt bezogen ist. Weitere Beispiele hierfür sind (34) und (35):

(34) parvum ego, Iugurtha, te amisso patre sine spe sine opibus in meum regnum accepi ('Ich habe dich, Iugurtha, in meinem Reich aufgenommen, als du noch klein warst, vaterlos, ohne Hoffnung, ohne Besitz', Sal. *Jug.* 10,1)

(35) erum saluto primum, ut aequumst ('Den Herrn begrüße ich als ersten, wie es sich gehört', Pl. *Ps.* 455)

Ein Beispiel für ein Prädikativum mit Bezug auf ein Komplement ist (36):

(36) mi inani atque inopi subblandibitur ('Sie wird mich liebkosen, obwohl ich arm und mittellos bin', Pl. *Bac.* 517)

Beispiele für Prädikativa zu einem indirekten Objekt sind (37) und (38):

---

14 Zum Abl. qualitatis vgl. Pinkster (1982). In den gebräuchlichen Grammatiken wird nicht hinreichend klar, wo genau der Unterschied zwischen dem Abl. modi und dem Abl. qualitatis liegt. Es ist denkbar, daß einige der hier vorgelegten Bsp. als Ablativus modi zu beschreiben wären. Ich tue das nicht, da (a) Fälle von Koordination existieren wie in Bsp. (29) und (30), (b) die Paraphrase mit einem Prädikatsnomen möglich ist. Diese Fälle werden gelegentlich auch als Abl. abs. behandelt. Auch das ist m.E. unrichtig, da ein Abl. abs. auf einen Sachverhalt verweist, der sich unabhängig vom Sachverhalt des 'Hauptsatzes' vollzieht (oder vollziehen kann). Lexeme wie *mens* und *caput* können nicht selbständig auftreten; es ist stets ein Besitzer impliziert. Sz. 70 betrachtet Fälle wie (32) und (33) merkwürdigerweise als 'adnominal', aber 'ohne Beziehungswort'; nach seiner Auffassung ist vermutlich ein Substantiv im Kontext zu ergänzen, von dem der Genitiv abhängt.

15 Vgl. TLL s.v. *ire* 637, 10ff.

(37) vobis ..., patres conscripti, singulis et egi et agam gratias ('Euch, Senatoren, habe ich einzeln gedankt und werde ich danken', Cic. *Red. Sen.* 30)

(38) Athenienses, quibus primis post regiam legationem dicendi ... potestas facta est ('Die Athener, denen als ersten nach der königlichen Gesandtschaft das Wort erteilt wurde', Liv. 35,32,12)

Weniger häufig kommen Prädikativa bei anderen Konstituentenarten vor; ein Ausnahmefall ist etwa (39) ('Nutznießer'):

(39) iam intellegis ... sibi soli, societati nihil Roscium petisse ('Du siehst, daß R. nur für sich etwas verlangt hat, nicht für die Gesellschaft', Cic. *Q. Rosc.* 51)

Hinsichtlich der Kombinationsfreiheit mit verschiedenen Konstituenten zeigen sich Unterschiede zwischen den in § 8.1. aufgeführten Kategorien. Für Pronomina, Quantitätsadjektive, eine Rangordnung angebende Adjektive und Partizipien scheinen keine Beschränkungen zu bestehen. Am größten sind die Beschränkungen bei den Präpositionalgruppen und beim Ablativus qualitatis, die ausschließlich bei Subjekt vorzukommen scheinen (s. jedoch oben Bsp. (34))[16].

---

16 Ich habe kein Prädikativum bei einem Satelliten im Abl. gefunden (s. auch Anm. 2). Als Beisp. für Prädikativa bei einem Attribut vgl. Cic. *Ver.* 2,23: *quorum omnium* testimoniis de hac ... pecunia confirmatum est; *Font.* 24: *cuius ... iniurati* nutu ... regebatur; Liv. 31,18,6: *eorum ... vivorum*; Curt.: 3,5,3 *vixque ingressi.*
Prädikativa zu einem Agens im Passiv: *de Orat.* 3,68: qui illum *a se adulescente* ... auditum esse dicebat; *Sest.* 132: *a quo uno*; *Ver.* 3,43.
Zu einem 'Nutznießer': Verg.*A.* 6,764 *longaevo*; Pl. *Am.* 459.
Zu einem Präpositionalkomplement: *de Orat.* 2,296: qui *de te oratore* sic praedicaveram + AcI (Präp.-Grp. ist Satellit); *Ver.* 1,139: qui cum sciret me *ex Mustio vivo* audisse (Satellit?); *de Orat.* 3,8: civitatem, *in qua ipsa florentissima* multum omnibus praestitisset; *Phil.* 2,94: *a quo vivo* nec ... rex Deiotarus quicquam aequi boni impetravit; Pl. *Am.* 524; *Capt.* 779; Mart. 11,5,11; Apul. *Apol.* 8 et quid ego *de homine nato* diutius. Vgl. K.-St. (1,132), Bennett (1914, 5), Laughton (1964, 31), Lundström (1982, 28f), Touratier (1980a, 400-408) und Pinkster (1983a) für weitere Belege von Prädikativa bei Nicht-Subjektkonstituenten. Zur Distribution des Prädikativums im Russischen vgl. Nichols (1982).

8.3. DAS PRÄDIKATIVUM ALS EINGEBETTETE PRÄDIKATION

8.3.1. MÖGLICHKEIT DER PARAPHRASE MIT *ESSE* + PRÄDIKATSNOMEN BZW. MIT VERBUM FINITUM

Prädikativa können vielfach mit einer Konstruktion aus *esse* + Prädikatsnomen paraphrasiert werden, vgl. z.B. (2 a):

(2) a Cicero *consul* coniurationem Catilinae detexit ('Cicero deckte die Verschwörung des C. auf. Zu dieser Zeit war er Konsul').

Beim Partizip Präsens besteht die Möglichkeit einer Paraphrase mit einem Verbum finitum, vgl. z.B. (3 a):

(3) a *rura colentes* ab equitatu oppressi sunt ('Sie wurden von der Reiterei überrascht. In diesem Augenblick bebauten sie ihr Land').

Auch im Fall der Präpositionalgruppe (§ 8.1.5.) und der Abl.-NP (§ 8.1.6.) als Prädikativum ist eine Paraphrase mit *esse* möglich; dies ergibt sich aus dem Vorkommen solcher Konstituenten als Prädikatsnomen. Beispiele mit Präpositionalgruppe[17] und Ablativus qualitatis[18] sind (40) - (41) bzw. (42) - (43):

(40) quod confessus esset se cum telo fuisse ('Weil er zugegeben hatte, daß er bewaffnet war', Cic. *Att.* 2,24,3)

(41) sine metu, sine cura omnes erant ('Alle waren ohne Furcht und Sorge', Cic. *Ver.* 2,70)

(42) (Britanni) capilloque sunt promisso ('Die Britannen tragen ihr Haar lang', Caes. *Gal.* 5,14,3)

(43) (Hannibalis) nomen erat magna apud omnes gloria ('Der Name Hannibals war bei allen sehr berühmt', Cic. *de Orat.* 2,75)

Ich gehe nun auf einige Probleme der prädikativen Adjektive und Partizipien ein:

(a) Adjektive

---

17 Auf Wortgruppenniveau können Präpositionalgruppen natürlich auch als Attribut auftreten, vgl. § 6.2.2.
18 Der sog. Abl. und Gen. qualitatis können auf Wortgruppenniveau als Attribut auftreten, vgl. § 6.2.1.

Die Paraphrasemöglichkeit mit *esse* besteht nicht bei allen Adjektiven[19]. Die in § 8.1.2. genannten Quantitätsadjektive (Gruppe a) kommen mehrheitlich nicht als Prädikatsnomen vor; folglich ist (44) keine adäquate Paraphrase des Bsp. (8) von S. 216:

(44) ut scire possemus nihil habuisse quod diceret; *omnes eramus

Dieses abweichende Verhalten braucht an sich nicht zu erstaunen, da es sich auch sonst zeigt (§ 6.4.1.; 10.2.1.4.). Auch die Pronomina, die als Prädikativum auftreten, wird man kaum als eingebettete Prädikationen betrachten; dies ist, bei Berücksichtigung ihres auch sonst abweichendes Verhaltens, ebensowenig erstaunlich.

Eine größere Schwierigkeit bieten bestimmte Lexeme, die anscheinend zu Gruppe (c) gehören (psychische oder körperliche Disposition), jedoch nicht als Prädikatsnomen vorkommen, z.B. *invitus* ('wider Willen') und *libens* ('gerne')[20]:

(45) quod invitus ac necessario facio ('Was ich gegen meinen Willen und gezwungenermaßen tue', *S. Rosc.* 123) = quod facio; *invitus sum

Auch viele mit dem Negationspräfix *in-* komponierte Lexeme kommen nicht als Prädikatsnomen vor, so etwa *insepultus* ('unbestattet'), *insciens* ('unwissentlich'). Dasselbe gilt für *diversus* (Gruppe d), wenn es in der wörtlichen lokalen Bedeutung von Menschen ausgesagt wird. Bsp. (46) kann demnach keine gute Paraphrase von (16) auf S. 217 sein:

(46) pugnabant; *diversi erant

Der Tatsache, daß nicht alle Adjektive gleichermaßen als Prädikatsnomen und als Attribut auftreten können, ist in der modernen Sprachwissenschaft besondere Aufmerksamkeit geschenkt worden. Quirk et al. (1972, 258-264) weisen für das Englische nach, daß Adjektive wie *faint* und *ill* vorwiegend oder ausschließlich als Prädikatsnomina vorkommen; einige andere (z.B. *hungry*, *sick*) kommen sowohl als Prädikatsnomen

---

19 Vgl. Happ (1976, 294f) und Heilmann (1973, 52ff). Happ verwendet (im Anschluß an Heilmann) recht viel Mühe darauf, für alle Adjektiva, die nicht als Prädikatsnomina, wohl aber als Prädikativa vorkommen, Paraphrasen zu finden; diese sind manchmal sehr gekünstelt und nicht überzeugend, vgl. Pinkster (1983a).

20 Vgl. TLL s.v. *invitus* 233, 20ff; *libens* 1327, 6ff. Es gibt eine eigentümliche Ausnahme (*libens* 'verrückt nach'): Pl. *Cist.* 681 (viri) qui semper malo muliebri sunt *libentes* (v.l. *iubentes*).

als auch attributiv vor, während es Adjektive der verschiedensten Bedeutungsklassen gibt, die nicht als Prädikatsnomen auftreten können[21]. Dieses Phänomen zeigt sich auch im Lateinischen. Beispiele bietet die folgende Übersicht. Die kursiv gesetzten Lexeme kommen in klassischer Prosa auch als Prädikativum vor; für die unterstrichelten Lexeme gilt dasselbe seit der augusteischen Prosa und/oder Dichtung.

	+ attributiv	- attributiv
+ Prädikatsnomen	*tristis* *miser*	? exsors ? indemnis (Einordnung schwierig wegen geringer Frequenz)
- Prädikatsnomen	*diversus* (lokal) *assiduus* arboreus aeternus	*invitus* (nicht v.Personen) *libens* (seit Gellius attributiv v. Personen)

Im 'klassischen' Latein Ciceros und Caesars treten als Prädikativa v.a. die Adjektive im linken oberen Feld auf; unter dem Einfluß der Dichtung nimmt aber die Zahl der Adjektive des linken unteren Feldes stark zu[22]. Bemerkenswerte Beispiele sind:

(47) quibus ibat in armis aureus ('In welcher Waffenrüstung er einherging, strahlend von Gold', Verg. *A*. 9,269f)

(48) sollemnis ... dies ... crastinus advenit ('Der Festtag kommt morgen', Apul. *Met*. 2,31)

---

21 Beispiele sind:
- intensivierende Adjektive: a clear failure, a true scholar, mere repetition, total destruction, a slight effort;
- restriktive Adjektive: a certain person, the same student, the only occasion;
- 'adverbiale' Adjektive: my former friend, a possible friend, an old friend;
- denominale Adjektive: a criminal lawyer, a woollen dress
Zum Deutschen vgl. Bickes (1984); Helbig-Buscha (1984, 313ff); zum Niederl. De Jong (1979); vgl auch Happ (1976, 172).
22 Als Prädikativum zu einem menschlichen Subjekt kommen auch zahlreiche Adjektive vor, die bei Sachen nur in attributiver Funktion auftreten, z.B. adclinis, arduus, avius. Die Adjektive scheinen hier vom Objekt- auf den Subjektkonstituenten überzugehen ('Enallage'), vgl. Görler (1982, 81).

(49) nec gregibus nocturnus obambulat ('Nicht umschleicht er nachts die Herden', Verg. *G.* 3,538)

(50) Aeneas se matutinus agebat ('Aeneas war schon in der Frühe geschäftig', Verg. *A.* 8,465)

(51) navus mane forum et vespertinus pete tectum ('Geschäftig gehe frühmorgens aufs Forum und spätabens nach Hause', Hor. *Ep.* 1,6,20)

Diese Erscheinung paßt zu der allgemeinen Bevorzugung der Adjektive statt der Adverbien in der Dichtung, d.h. zu der Neigung, eher Personen (und Sachen) statt Handlungen zu charakterisieren. In Fällen wie (48) - (51) ist schon rein intuitiv zu verspüren, daß es nicht besonders glücklich wäre, zu sagen, daß die Adjektive eine Eigenschaft oder einen Zustand des Subjekt-Referenten prädizieren. Diese Adjektive geben vielmehr den Zeitpunkt an, zu dem der Sachverhalt stattfindet. Diese Intuition wird dadurch bestätigt, daß diese Adjektive nicht in einer 'Kopula + Prädikatsnomen'-Konstruktion vorkommen können. Auf die semantische Funktion derartiger Prädikativa komme ich in § 8.4. zurück[23]. Die 'Adjektive' aus dem Feld rechts unten sind ein Problem für sich. Sie werden aus morpho-syntaktischen Gründen (Kongruenz!) und auch weil keine genaue Bedeutungsbeziehung zu irgendeinem Verbum besteht, als 'Adjektive' bezeichnet. Vom syntaktischen Standpunkt aus sind sie aber eher als eine Art Partizipien zu betrachten (auch Partizipien kommen nicht als Prädikatsnomina und selten als Attribute vor[24]).

(b) Partizipien (+ Gerundiva)
Prädikativa in Form eines Partizip Präsens können natürlich nicht mittels einer Konstruktion aus Kopula + Prädikatsnomen paraphrasiert werden. Dasselbe gilt für das Partizip Perfekt Passiv, mit Ausnahme des von einem terminativen Verb gebildeten:

(52) laudationem Porciae tibi misi correctam ('Ich schicke dir

---

23 Zur Bevorzugung der Adjektiven in der Poesie s. Axelson (1945, 62f) und Håkanson (1986). Stoffadjektiva als Prädikativum finden wir besonders bei Vergil, Ovid und Horaz (Anthonissen & Kater 1986). Der Gebrauch der tem-poralen Adjektive wird seit Schäfler (1884, 58) griechischem Einfluß zuge-schrieben, wobei das korrupte (Watt 1962, 118ff) *noctuabundus* aus Cic. *Att.* 12,1,2 als Ausgangspunkt betrachtet wird.
24 Natürlich ist es vielfach schwierig, die Grenze zwischen Adjektiv und Partizip zu ziehen; vgl. Eklund (1970, 18-25) und Vester (1977, 272-279).

die Leichenrede für Porcia korrigiert zurück', Cic. *Att.* 13,48,2)

Im letzteren Falle gibt das Partizip den aus der Handlung *corrigere* resultierenden Zustand an (Belege bei Laughton 1964, 9f.); der oben (Kap. 1, Anm. 4) herausgestellte Unterschied zwischen Kopula und Hilfsverb läßt sich in der Paraphrase *laudatio correcta est* nicht nachvollziehen.

Die Verwendung von Partizipien als Prädikativa hat sich im Laufe der Zeit stark ausgebreitet, und es wurden immer komplexere Konstruktionen möglich (jedenfalls in der Literatursprache). Bedeutungsbeschränkungen gibt es bei den Prädikaten, die in Form eines Prädikativums auftreten können, nicht, doch es gibt, v.a. bei Cicero und früher, Verbklassen, die, statistisch gesehen, überwiegen[25].

(i) Partizip Präsens

Wie schon bemerkt, kann im Prinzip jedes Partizip Präsens als Prädikativum auftreten. Eine lexikalische Gruppe, die bei Cicero ziemlich stark belegt ist (ca. 1/3 aller Fälle), betrifft physische und psychische Aktivitäten oder Zustände, z.B. *flens* ('weinend'), *lacrimans* ('unter Tränen'), *maerens* ('traurig'), *expectans* ('voll Erwartung') etc.:

(53) rex ... in foro, inquam, Syracusis flens ac deos hominesque contestans clamare coepit ('In Syrakus auf dem Forum, sage ich, begann der König weinend und Götter und Menschen als Zeugen anrufend, laut zu beteuern', Cic. *Ver.* 4,67)

(ii) Partizip Perfekt Passiv

Prädikativa mit einem Partizip Perfekt Passiv bringen bei Cicero überwiegend Beweggründe, Veranlassungen und psychische Zustände zum Ausdruck oder sie geben ein mögliches Hindernis für die Ausführung der Haupthandlung an, z.B. *hoc commoti dolore* ('durch diesen Ärger veranlaßt'), *benignitate aut ambitione adductus* ('aufgrund seines Wohlwollens oder seiner Ehrsucht dazu veranlaßt'), *voluptate victi* ('von Wollust überwältigt'):

(54) genus hominum ... non prudentium consiliis compulsum potius quam disertorum oratione delenitum se oppidis moenibusque saepsisse ('Daß das Menschengeschlecht weniger durch den Rat von Weisen veranlaßt als durch

25 Dazu vgl. Vester (1983) und Laughton (1964, 5-10; 20-31).

die Rede beredter Männer geködert sich mit Städten und Mauern geschützt habe', Cic. *de Orat.* 1,36)

Auf die resultativen Verben wurde oben schon hingewiesen.

(iii) Partizip Futur
Hier gibt es keine Beschränkungen hinsichtlich der Verben, die als Prädikativum vorkommen können. Im übrigen ist das Part. Fut. als Prädikativum selten. Der früheste, unumstrittene Beleg ist:

(55) P. Servilius adest ... de te sententiam laturus ('P. Servilius ist hier anwesend, um über dich ein Urteil zu fällen', Cic. *Ver.* 1,56)[26]

(iv) Gerundivum
Auf S. 122f habe ich gezeigt, daß das Partizip Perfekt und das Gerundivum zu einander in Opposition stehen können im Sinne von 'faktiv' vs. 'nicht-faktiv'. Dies gilt auch in den Fällen, wo diese Formen als Prädikativa verwendet werden. Beispiele für das Gerundiv als Prädikativum sind (55') und (55"):

(55') cum enim Brutus alteri ... Crassi orationem legendam dedisset ('Als nämlich Brutus dem einen eine Rede des Crassus zum Lesen gegeben hatte', Cic. *de Orat.* 2,223)

(55") aedem ... habuit tuendam ('er hatte ein Haus zu bewachen', Cic. *Ver.* 1,130)[27]

8.3.2. NEGATION DES PRÄDIKATIVUMS

Der selbständig prädizierende Charakter des Prädikativums zeigt sich darin, daß es negiert werden kann[28]. Eindeutige Beispiele negierter Prädikativa sind, neben dem o.g. Bsp. (54) die folgenden:

(56) non ego caede nocens in Ponti litora veni ('Nicht des Mordes schuldig bin ich an die Küste des Pontus gekommen', Ov. *Pont.* 2,9,67)

---

26 Zur finalen Interpretation des Part.Fut. s. Sz. 390; K.-St. I, 761.
27 Zur Verwendung des Part. Perf. und des Gerundivs als Prädikativa in Verbindung mit *habere* und die Folgerungen für das lat. Tempussystem s. Pinkster (1987).
28 Zum Deutschen vgl. Bartsch (1972, 142f); zum Niederländischen Van den Toorn (1969, 36f).

(57) non ignara mali miseris succurrere disco ('Des Leides nicht unkundig lerne ich den Unglücklichen zu helfen', Verg. *A*. 1,630)

(58) quem tamen haud expers Valerus virtutis avitae deicit ('Doch Valerus, im Besitz der Tapferkeit seiner Vorväter, warf ihn zu Boden', Verg. *A*. 10,752f)

(59) non hercule mihi nisi admonito venisset in mentem ('Mir wäre das nicht eingefallen, wenn ich nicht daran erinnert worden wäre', Cic. *de Orat*. 2,180)

8.3.3. DIE ZEITLICHE GELTUNG DES PRÄDIKATIVUMS

In den Paraphrasen der Sätze (2) und (3) am Anfang von § 8.3.1. habe ich mich der Wendungen 'zu dieser Zeit'/'in diesem Augenblick' bedient, um anzudeuten, daß wir es beim Prädikativum mit einer eingebetteten Prädikation zu tun haben, die für dieselbe Zeitspanne gilt wie der Sachverhalt, auf den das Hauptprädikat und seine Argumente verweisen: Cicero war Konsul zu der Zeit, als er die Verschwörung aufdeckte[29]. Bei Partizipien in der Funktion Prädikativum geht es um Handlungen oder Zustände, die vorzeitig, gleichzeitig oder nachzeitig gegenüber der Zeit(spanne) sind, auf welche die Hauptprädikation verweist[30]. In der Regel bezeichnen die Prädikativa (Pronomina und quantifizierende Adjektive hier außer Betracht gelassen)

---

29 Eine gängige Paraphrase ist: Cicero coniurationem Catilinae detexit, cum consul esset (Happ 1976, 297); diese ist jedoch nicht adäquat, da sie nicht hinreichend hervortreten läßt, daß das Lexem *consul* die wichtige neue Mitteilung enthält. Besser wäre die Paraphrase Cicero consul erat, cum coniurationem Catilinae detegeret, außer bei der Interpretation: Cicero und nicht jemand anders.

30 In älteren Grammatiken kann man gelegentlich lesen, daß das Part. Präs. manchmal eine Vorzeitigkeit oder Nachzeitigkeit gegenüber der Zeit der Hauptprädikation ausdrückt. Als Beispiele werden z.B. genannt: si ita factum esset, ut ille Romam veniens magistratus et senatum Romae offenderet ('wenn es so gekommen wäre, daß er bei seiner Ankunft in Rom die Beamten und den Senat von Rom angetroffen hätte', Cic. *Att*. 7,12,5); - habuit *proficiscens* dilectum in Umbria ('Auf seinem Weg hielt er eine Aushebung in Umbrien', Cic. *Mur*. 42). Laughton (1964, 38-41) bemerkt zu Recht, daß der temporale Geltungsbereich von Prädikativum und Hauptprädikation derselbe sei; die Neigung, hier einen Unterschied anzusetzen, ist eine Folge der Tatsache, daß die Sachverhalte, auf die die Prädikativa verweisen, momentan, die Sachverhalte der Hauptprädikation dagegen durativ sind (s. § 11.2.2.1. zu Tempus, Aspekt und Aktionsart).

temporäre, nicht-dauernde Eigenschaften, Zustände oder Handlungen, vgl. das dt. Beispiel (60):

(60) Hans legte die Laken weiß in den Schrank

Aus Bsp. (60) wird man schließen, daß die Laken vorher schmutzig waren oder eine andere Farbe hatten[31]. Auch für die Adjektive gilt bei Cicero i.d.R., daß sie eine temporäre Eigenschaft bezeichnen. Es können aber auch Lexeme als Prädikativa vorkommen, die eine permanente Eigenschaft bezeichnen. In diesem Fall ist die Eigenschaft als allein für die Dauer der Haupthandlung gültig zu interpretieren, vgl. Bsp. (61):

(61) (Cerberus) toto ... ingens extenditur antro ('Cerberus bedeckte, riesenhaft ausgestreckt, den ganzen Boden der Höhle', Verg. *A*. 6,423)

Cerberus ist, so dürfen wir annehmen, jederzeit *ingens*, doch möchte Vergil hier möglicherweise unsere Aufmerksamkeit auf den Eindruck lenken, den Cerberus *in diesem Moment* im Verhältnis zur Größe der Höhle bietet. Vergleiche auch:

(62) Tiberinus ... multa flavus harena in mare prorumpit ('Der Tiber fließt, gelb vom vielen Sand, ins Meer', Verg. *A*. 7,30-32)

(63) Romam vos expugnaturos, si quis duceret, fortes lingua iactabatis ('Ihr rühmtet euch, tapfer mit der Zunge, Rom zu erobern, sofern euch jemand führte', Liv. 23,45,9)

Es ist nicht klar, ob der Tiber immer *flavus* ist oder nur, wenn er ins Meer fließt. In (63) kann *fortes lingua* bedeuten, daß die Angeredeten immer Großsprecher sind.

Es gibt einige Ausnahmen zu der im Vorstehenden gegebenen Beschreibung: Die Gültigkeit von Prädikativa mit den auf S. 225f. genannten, erst im nachciceronianischen Latein auftretenden Adjektiven des *matutinus*-Typs beschränkt sich nicht auf die Dauer der Hauptprädikation. Ein anderer Fall ist der sog. 'proleptische Gebrauch' von Partizipien und Adjektiven wie in (64) und (65) (Beispiele bei K.-St. I, 239f):

(64) incute vim ventis submersasque obrue puppes aut age diversos ('Verleih den Winden Gewalt und bringe die Schiffe zum Sinken oder treibe sie in verschiedene Richtungen auseinander', Verg. *A*. 1,69f)

---

31 Vgl. zum Deutschen Helbig-Buscha (1984, 554f), zum Niederländischen Sassen (1982, 41-44), der von 'Stadiumprädikationen' spricht.

(65) tum sterilis exurere Sirius agros ('Dann machte die Hitze
        des Sirius die Felder unfruchtbar', Verg. *A.* 3,141)

In diesen Fällen gilt das Prädikativum für eine Zeit, die nach
derjenigen der Hauptprädikation liegt[32].

   Diese Erscheinung ist auch im Deutschen und Englischen
produktiv, und zwar bei Verben, die eine Veränderung ihres
Objekts implizieren und bei 'Kontakt'-Verben, etwa *er strich
die Tür grün* und *er scheuerte sich die Hände wund.* Im Lateinischen ist die Erscheining produktiv bei *agere*[33]. Vgl. neben
(64) noch (66):

(66) agunt eum praecipitem poenae civium Romanorum ('Die
        Strafen, die er über römische Bürger verhängt hat, bringen
        ihn zum Wahnsinn', Cic. *Ver.* 1,7)

Vergleichbar ist auch (67):

(67) ipsum pronum sterne solo ('Wirf ihn vornüber zu Boden',
        Verg. *A.* 11,484f)

8.3.4. DIE INTERNE STRUKTUR DER PRÄDIKATIVA

Bei Prädikativa kommen, abhängig von der Valenz der zugrundeliegenden Prädikate, auch (notwendige) Argumente[34] und manchmal auch Satelliten vor. Bei Partizipien ist das, v.a. in der
Literatursprache, in großem Umfang der Fall. Für Beispiele
mit einem Argumentkonstituenten siehe oben Bsp. (53) *deos
hominesque* und (54) *consiliis*; Beispiel eines Satelliten ist
Romam in Anm. 30. Beispiele eines Arguments zu einem Adjektiv
bieten (57) *mali* und (58) *virtutis avitae*; Satellit (?) liegt vor
in (62) *multa harena* und in (63) *lingua.*
   Innerhalb eines Prädikativums kann ein weiteres Prädikativum auftreten, vgl. Bsp. (68):

---

   32 Es ist die Frage, ob (i) hier nicht eine dichterische Ausweitung des
Konstruktionstyps von *reddere* (s. § 8.5.4.) vorliegt, und (ii) ob *sterilis* nicht
attributiv ist (mit dann allerdings etwas seltsamer Wortstellung).
   33 Im Lateinischen habe ich keine guten Parallelen zu den deutschen und
englischen Belegen gefunden. Wohl gibt es Fälle wie *coloribus tuis* in: (Bri-
tanniam) quam pingam *coloribus tuis* penicillo meo ('das ich mit meinem
Pinsel in deinen Farben malen werde', Cic. *Q.fr.* 2,15a,2), diese können aber
als Komplement oder als Prädikativum aufgefaßt werden. Zu solchen 'Resul-
tatsablativen' vgl. Sz. 127. Zum Niederländischen vgl. Honselaar (1980, 50-
52), für das Englische Quirk et al. (1972, 851f); TLL s.v. *ago* 1371, 70ff.
   34 Vgl. Blüher (1967, 29).

(68) Q. Fabium ... Tuscus incautum inter multas versantem hostium manus gladio ... transfigit ('Den Q. Fabius tötete ein Etrusker mit dem Schwert, als er sich unvorsichtig mitten unter den großen Haufen der Feinde bewegte', Liv. 2,46,4)[35]

8.4. PRÄDIKATIVUM UND ANDERE SATELLITEN

In den Grammatiken wird darauf hingewiesen, daß zwischen Prädikativa und Adverbialia eine enge Beziehung besteht[36]. So wird von Adjektiven in der Funktion Prädikativum gesagt, daß sie 'an der Stelle adverbialer Ausdrücke' (K.-St. I, 234) stehen[37]; das Participium coniunctum wird als austauschbar gegen einen sog. adverbialen Nebensatz (einen Nebensatz in der Funktion Adverbial (Adjunct)) beschrieben. Für Substantive ist ein Beleg wie (69) zu vergleichen:

(69) et saepe alias et ... censor ('Sowohl bei anderer Gelegenheit als auch während seiner Censur', Cic. de Orat. 1,38)

Hieraus kann abgeleitet werden, daß censor als Zeitangabe verstanden wird. Ich beschränke mich auf Adjektive und Partizipien.

---

35 Weitere Beispiele sind: - apparent rari nantes in gurgite vasto (Verg. A. 1,118); - serpens ... sibilat ore, arduus insurgens (Verg. A. 11,754f);- ...expirasse ferunt, alteram ... maestam sedentem domi ... gaudio nimio exanimatam (Liv. 22,7,13); infesto venienti (Liv. 22,6,4). Hiermit vergleichbar sind die Ausnahmefälle, bei denen ein Prädikativum zu einem attributiven Partizip tritt, wie in vitis albae viridis tusae suco impetigines tolluntur ('Krätze verschwindet durch Behandlung mit dem Saft einer grün gepressten Weißweinrebe', Plin. Nat. 23,4 (vgl auch 20,131). Vgl. K.-St. I, 237; Sz. 172 (rechnet zu Unrecht mit griechischem Einfluß).
36 Vgl. Laughton (1964); Vester (1977, 270ff); K.-St. I, 771ff.
37 Man beachte, daß manchmal auch der Gebrauch von Adverbien als gleichwertig mit dem von Adjektiven und/oder Partizipien in der Funktion Prädikativum betrachtet wird; so etwa TLL s.v. modus (quomodo) (1288, 67ff; 1293, 24ff) mit einem guten Beispiel aus [Quint.] Decl. 270, p. 108, 21 nunc miser filiam quomodo perdidi, worauf folgt nec virginem nec nuptam (ein Teil der anderen Belege ist diskutabel). Zum sog. adverbialen Charakter des Prädikativums vgl. Pinkster (1983a).

8.4.1. ADJEKTIVE 'ANSTELLE VON ADVERBIEN'

In älteren Untersuchungen wird der Relation zwischen Adjektiven und Adverbien große Aufmerksamkeit geschenkt (K.-St. I, 234ff; Sz. 171ff). Auf der einen Seite geht man davon aus, daß dort, wo grundsätzlich eine Wahlmöglichkeit zwischen Adjektiv und Adverb besteht, diese mit einem Nuanceunterschied verbunden ist. Ein Beispiel für diese Auffassung ist K.-St. I, 234ff: 'Die lateinische Ausdrucksweise ist in solchen Fällen ohne Frage lebendiger, energischer und anschaulicher, indem der nähere Umstand einer Handlung zugleich in die Persönlichkeit des Handelnden aufgenommen wird, als: Socrates venenum laetus et libens hausit'. Auf der anderen Seite wird jedoch gesagt, daß Adjektive in der Funktion Prädikativum und Adverbien 'ohne wesentlichen Unterschied der Bedeutung' vorkommen (K.-St. I, 237). Auf das Verhältnis der Bedeutungen gehe ich sogleich ein; zuvor möchte ich jedoch etwas über die Distribution von Adjektiv und Adverb sagen.

(i) Distribution des Adjektivs und des Adverbs

(a) Zu einer Reihe von Adjektiven gibt es kein morphologisch verwandtes Adverb, z.B. für *dirus* ('schrecklich'), *discors* ('zwieträchtig'), *rudis* ('roh')[38].

(b) In Dichtung und Prosa der nachciceronianischen Zeit besteht im allgemeinen die Tendenz, anstelle von Adverbien prädikative Adjektive zu verwenden (vgl. S. 225f); manchmal liegen auch metrische Gründe vor, z.B. in (70):

(70) turbidus aeria Capaneus occurrit in hasta ('ungestüm läuft ihm Capaneus entgegen, eine himmelragende Lanze in der Hand', Stat. *Theb.* 7,669)[39]

Das Adverb *turbide* paßt nicht in diesen Hexameter.

(c) Adjektive, die als Prädikativum auftreten, kommen nicht als Attribute vor oder doch weniger häufig denn als Prädikatsnomen (Sz. 172). Sie bezeichnen meist nicht-permanente Eigenschaften; die mit diesen Adjektiven morphologisch verwandten Adverbien kommen selten oder überhaupt nicht vor.

(d) Adjektive in der Funktion Prädikativum kongruieren, wie

---

38 Vgl. Menge 1965, 21.
39 Sofern *turbidus* nicht attributiv ist (so Mozley in der Loeb-Übersetzung). Zur Rolle des Metrums s. Bednara (1906), Engel (1914), Priess (1909) u.a.

gesagt, mit einem Konstituenten der Hauptprädikation. Beim sog. 'unpersönlichen Gebrauch' eines Prädikats kann deshalb kein Prädikativum vorkommen, wohl aber ein Adverb[40]:

(71) Romam inde frequenter migratum est ('Man ist von da an in großer Zahl nach Rom übersiedelt', Liv. 1,11,4)

(72) conveniunt frequentes prima luce ('Sie kommen in großer Zahl im Morgengrauen zusammen', Liv. 1,50,2)

(ii) Bedeutungsunterschied
Ein Bedeutungsunterschied läßt sich nur dann feststellen, wenn morphologisch verwandte Adjektive und Adverbien beide im Satz vorkommen können. Ein solcher Unterschied kommt deutlich in folgenden Beispielen zum Vorschein:

(73) ut ... prudens et sciens ... ad interitum ruerem ('daß ich mit Vorbedacht und wissentlich mich ins Verderben stürzte', Cic. *Marc.* 14) (vgl. K.-St. I, 238: 'aber prudenter et scienter = in kluger und geschickter Weise').

(74) (Britanni) ex silvis rari propugnabant ≠ raro ('Die Britannen leisteten aus den Wäldern hervor in einzelnen Grüppchen Widerstand', Caes. *Gal.* 5,9,5)

(75) occulte tacitique ... praestolari occipiunt ≠ occulti ('Heimlich und schweigend beginnen sie ... zu warten', Sisenna frg. 25)

Den Belegen, aus denen sich deutlich ein Bedeutungsunterschied zwischen Adjektiv und Adverb ergibt, stehen andere (wie schon (75)) gegenüber, in denen Adjektiv und Adverb in Koordination oder in einer parallelen Konstruktion vorkommen; hieraus wird man mit Recht eine Übereinstimmung in der semantischen Funktion erschließen können (vgl. S. 45). K.-St. I, 238 geben u.a. die folgenden Beispiele:

(76) dum alii trepidi[41] cedunt, alii segniter subeunt ('Während die einen ängstlich zurückweichen, die anderen langsam nachrücken', Liv. 27,12,15)

(77) quaeso ignoscas si quid stulte dixi *atque* imprudens tibi ('Verzeih mir bitte, wenn ich mich dir gegenüber dumm oder unbedacht geäußert habe', Pl. *Men.* 1073)

---

40 Vgl. Pinkster (1983a).
41 In der Oxford-Ausgabe wird mit einem Teil der Handschriften *trepide* gelesen.

In den Grammatiken wird auch oft angemerkt, daß es schwierig sei, den genauen Unterschied zwischen *id libens feci* und *id libenter feci* zu fassen, ebenso den Unterschied zwischen:

(78) libentes cupidique condicionem acceperunt[42] ('Gern und voll Begierde akzeptierten sie die Bedingungen', *B. Afr.* 90,2)

(79) cupide accipiat faxo ('Ich werde dafür sorgen, daß er es begierig nimmt', Ter. *Ad.* 209)

Die Neigung, in diesen Fällen das Adjektiv in der Funktion Prädikativum einem Adverb (in der Funktion Modal-Adverbial) gleichzusetzen, hängt wohl mit dem Umstand zusammen, daß man sich auf Beispiele beschränkt, in denen ein Prädikativum mit einem Substantiv kongruiert, das ein Lebewesen bezeichnet, und auf der anderen Seite auf Adjektive, die sowohl eine Eigenschaft eines Lebewesens als auch die eines Sachverhaltes bezeichnen können. Bei Belegen, in denen ein Prädikativum nicht mit dem Subjekt, sondern einem anderen Konstituenten kongruiert (z.B. *caecos* in Bsp. (13) auf S. 216), wird niemand vorschnell von einem Adjektiv 'anstelle' eines Adverbs sprechen.

Folgerung: Es macht manchmal keinen großen Unterschied, ob einer Person beim Ausführen einer Handlung eine bestimmte Eigenschaft zuerkannt wird (z.B. daß sie *cupidus* ist), oder ob die Handlung der Person selbst genauer bestimmt wird (z. B. daß sie *cupide* vor sich ging); hierin liegt auch die Erklärung für die oben angeführten Fälle von Koordination. Das heißt nicht, daß die beiden Arten der Wirklichkeitserfassung synonym sind. Weitere Untersuchungen, etwa in Hinblick auf die Hinzufügbarkeit bestimmter Partikeln, wird dies erweisen[43].

Wir haben oben bereits gesehen (S. 225), daß v.a. in der Dichtung und dichterisch beeinflußten Prosa immer mehr Adjektivkategorien anstelle adverbialer Ausdrücke in der Funktion

---

42 TLL s.v. *cupidus* 1425, 37 hat eine Rubrik 'praedicative pro adverbio'. Gegen die Echtheit des ungewöhnlichen *invite* in Cic. *Att.* 8,3,4 *invite cepi Capuam* haben sich zwar Bedenken erhoben (u.a. Shackleton-Bailey z.St.), jedoch gibt Wistrand (1979, 206-211) eine ausführliche Begründung dafür, daß hier die Art und Weise des *cepi Capuam* bestimmt wird und nicht Ciceros Gemütszustand zur Zeit des *capere*. Andere Fälle von Koordination des Prädikativums mit einem Adverbial sind: *impigre neque multus*, Sal. *Hist.* fr. 4,41 M; *raro invitique*, Cic. *Off.* 1,136; *bene potus seroque*, Cic. *Fam.* 7,22; *effusi et contemptim*, Liv. 2,30,12; *immaturo et unde minime decuit* Sal. *Jug.* 14,22. Vgl. Lundström (1982, 28) und jetzt auch Vester, H. (1987, 349-57) für weitere Beispiele.

43 Zum Bedeutungsunterschied von Adjektiv und Adverb vgl. Adams (1976b, 70f) und Pinkster (1983a).

Prädikativum verwendet werden. Wir könnten hier von einer 'poetischen Operation' sprechen, bei der Adverbialia durch Prädikativa ersetzt werden. Wir finden auch Belege, in denen prädikative Adjektive dort stehen, wo man 'normalerweise' ein Satzadverbial erwartet, vgl. (80):

(80) numquam potuisti mihi magis opportunus advenire quam advenis ('Du konntest mir zu keinem günstigeren Augenblick kommen', Pl. *Mos.* 573f)[44]

In den Grammatiken werden Adverbien und prädikative Adjektive als nahezu synonym betrachtet. Merkwürdigerweise wird auf der anderen Seite, z.B. bei K.-St. I, 239, eigens hervorgehoben, daß 'gewöhnliche' Adjektive, die eine physische oder psychische Disposition bezeichnen, gelegentlich in besonderer Weise interpretiert werden müßten, nämlich mehr oder weniger im Sinne eines Adverbialsatzes. Beispiele sind:

(81) nec enim cuiquam bono mali quicquam evenire potest, nec vivo nec mortuo ('Denn einem guten Menschen kann kein Übel zustoßen, weder im Leben noch im Tod', Cic. *Tusc.* 1,99)

(82) huius coniugii cupidus Callias quidam ... egit cum Cimone ... ('Erpicht darauf, mit ihr die Ehe einzugehen, verhandelte ein gewisser Kallias mit Kimon', Nep. *Cim.* 1,3)

Im folgenden Paragraphen über die Partizipien werden wir derartigen Interpretationen wiederbegegnen[45].

8.4.2. PARTIZIPIEN UND ADVERBIALE NEBENSÄTZE

Es ist eine gängige und berechtigte Auffassung, daß das sog. Participium coniunctum eine Funktion im Satz erfüllt, die auch durch konjunktionale, sog. adverbiale Nebensätze erfüllt werden kann (K.-St. I, 771; Sz. 384). Jedoch unterscheiden

---

44 Vgl. TLL s.v. *opportunus* 775, 74.
45 Übrigens sind derartige Interpretationen auch bei attributiv gebrauchten Adjektiven möglich.
Fugier (1978, 127) bringt die von ihr angenommene Übereinstimmung zwischen Adjektiv und Adverb mit folgender Paraphrase zum Ausdruck: *propraetor hominem semivivum reliquit = quomodo propraetor hominem reliquit?* Mir sind keine Beispiele bekannt, in denen Prädikativa als Antworten auf eine Frage mit *quomodo* auftreten (ebensowenig auf eine Frage mit *qualis*). Vgl. jedoch Anm. 37.

sich die Partizipien von diesen Nebensätzen dadurch, daß die 'adverbiale Relation' nicht explizit zum Ausdruck kommt, sondern sich aus der Bedeutung des Verballexems und/oder des Kontextes ergibt. Die Interpretationen, die unter bestimmten Umständen möglich sind, sind neben der temporalen, die kausale (83)-(84), die kondizionale (85) - (86), die konzessive (87) - (88) und die sog. finale (89).

(83) C. Servilius Ahala Spurium Maelium regnum appetentem ... interemit ('Servilius tötete Sp. M., da dieser die Königsherrschaft anstrebte', Cic. *Sen.* 56)

(84) quare istam quoque aggredere, tractatam praesertim et ab aliis et a te ipso saepe ('Pack' also auch dieses noch an, zumal es von anderen und auch von dir selbst schon oft behandelt worden ist', Cic. *Fin.* 4,1)

(85) idem traducti a disputando ad dicendum inopes reperiantur ('Aber dieselben Leuten erweisen sich als unbeholfen, wenn sie von der Diskussion zum freien Vortrag übergehen sollen', Cic. *Brut.* 118)

(86) epistulae offendunt non loco redditae ('Briefe erregen Anstoß, wenn sie zur Unzeit eintreffen', Cic. *Fam.* 11,16,1)

(87) (risus interdum) ita repente erumpat ut eum cupientes tenere nequeamus ('Das Lachen steigt in uns bisweilen so plötzlich auf, daß wir es nicht unterdrücken können, selbst wenn wir das wünschen', Cic. *de Orat.* 2,235)

(88) et quae iam diu gesta et a memoria nostra remota tamen faciant fidem vere tradita esse ('Und obgleich schon vor langer Zeit geschehen und von unserer Zeit weit entfernt, machen diese Dinge doch den Eindruck, korrekt überliefert zu sein', Cic. *Inv.* 1,39)

(89) quam perverse fugiens Hegesias ... saltat incidens particulas ('In dem mißglückten Versuch diese (Periode) zu vermeiden, macht Hegesias Sprünge und haut seine Sätze in Stücke', Cic. *Orat.* 226)[46]

Die spezielle Interpretation dieser Partizipien wird in einem Teil der Fälle durch den Kontext verdeutlicht, z.B. durch

---

46 Laughton (1964, 30) nennt diese Verwendung des Partizips 'equivalent to a clause of purpose'. Tatsächlich ist aber eine Paraphrase mit einem finalen *ut*-Satz nicht gleichwertig; eine Paraphrase mit einem *dum*-Satz läge näher. Zu den verschiedenen Interpretationsmöglichkeiten vgl. Laughton (1964, 7-9; 24-31).

praesertim in (84) und *tamen* in (88). Vgl. auch Sz. 385 zu den 'stützenden und eingliedernden Partizipialkonjunktionen'. Manchmal ist die Wortbedeutung von Belang: eine kausale Interpretation ergibt sich v.a. bei Verben des Fürchten und Denkens, eine finale bei Verben des Strebens und Meidens.

8.5. STRUKTURELLE AMBIGUITÄT

Aufgrund der formalen Übereinstimmung ist oft nicht festzustellen, ob wir es mit einem Prädikativum zu tun haben oder mit
- einer attributiven Bestimmung (Attribut)
- einer Apposition
- einem Prädikatsnomen
- einem Komplement
- einem dominanten Partizip.
Auf all diese Funktionen wird an anderer Stelle eingegangen: hier werden sie nur unter den für das Prädikativum relevanten Gesichtspunkten behandelt.

8.5.1. PRÄDIKATIVUM UND ATTRIBUT

(90) Galli laeti in castra pergunt ('Die Gallier ziehen fröhlich ins Lager ein')

(91) laeti in castra pergunt ('Sie ziehen fröhlich ins Lager ein')

(92) Galli qui   ('Die Gallier, die fröhlich ins Lager einziehen')

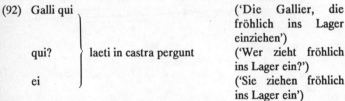

qui?   laeti in castra pergunt   ('Wer zieht fröhlich ins Lager ein?')

ei   ('Sie ziehen fröhlich ins Lager ein')

Das erste Beispiel ist ambig. Mit diesem Satz kann ja gemeint sein (a) daß die Gallier ins Lager hineingingen und bei dieser Handlung fröhlich waren, oder (b) daß fröhliche Gallier (etwa im Gegensatz zu traurigen) ins Lager hineingingen. Anders ausgedrückt: es handelt sich um zwei Konstituenten bei Interpretation (a) und um nur einen Konstituenten bei Interpretation (b), der seinerseits aus einem Kern und einem Attribut besteht. Im zweiten Satz ist nur eine Interpretation, nämlich (a) möglich, denn es ist ohnehin kein Kern vorhanden, zu dem *laeti* Attribut sein könnte[47]. Beim dritten Beispiel ist ebenfalls nur Interpretation (a) möglich: bei Pronomina kommen keine Attribute vor. Das bedeutet, daß in Fällen wie (90), wo ein Substantiv und ein Adjektiv (oder auch Partizip) vorhanden ist und das Adjektiv sowohl als Attribut als auch als Prädikativum fungieren kann (vgl. S. 225)[48], nur aufgrund des Kontextes festgestellt werden kann, ob wir es mit einem einzigen Konstituenten (Attribut) oder mit zweien (Prädikativum) zu tun haben. Besonders in der Dichtung mit ihrer großen Zahl sog. Epitheta ornantia führt dies gelegentlich zu Schwierigkeiten.

Der Unterschied 'ein oder zwei Konstituenten' kann mit Hilfe der folgenden Tests festgestellt werden[49]:

a. Pronominalisierung

b. Relativisierung

c. Erfragung

Mit diesen Tests läßt sich nachweisen, daß ein Beleg wie (90) in der Tat zweideutig ist:

(90) a Galli laeti ... pergunt

  :: ei in castra pergunt (ein Konstituent)

  :: ei laeti in castra pergunt (zwei Konstituenten)

 b :: Galli laeti, qui in castra pergunt (ein Konstituent)

  :: Galli, qui laeti in castra pergunt (zwei Konstituenten)

 c Qui in castra pergunt?

  :: Galli laeti (ein Konstituent)

  :: Galli,? atque id laeti ('und zwar ...': zwei Konstituenten)

---

47 *laeti* kann natürlich auch 'substantivisch' gebraucht werden ('die Fröhlichen'), dann aber ist es selbst potentiell ein Kern und kein Attribut.

48 Wie schon gesagt, werden in der Dichtung zunehmend mehr Adjektive als Prädikativum verwendet; wir treffen aber auch eine entgegengesetzte Erscheinung an. Ein Beispiel ist *securaque lora* tenebam (wörtl.: 'Ich hielt die sicheren Zügel fest', Stat. *Theb.* 7, 356), statt *securus* lora *tenebam*; hier liegt Enallage vor (Metrum!).

49 Zu diesen Tests vgl. Blüher (1967, 24f); Bolkestein (1980b, 83-85); Fugier (1978, 124-128); Happ (1976, 286f).

8.5.2. PRÄDIKATIVUM UND APPOSITION

Das Beispiel:

(93) Cicero consul coniurationem Catilinae detexit

ist ambig. Es kann bedeuten:

(93) a Als Konsul deckte Cicero die Verschwörung Catilinas
         auf (= während er Konsul war ...)

      b Cicero, der Konsul, deckte die Verschwörung C.s auf.

Die Zweideutigkeit ergibt sich hier deswegen, weil das kon-
gruierende Substantiv (*consul*) aufgrund seiner Bedeutung auf
eine leicht zu identifizierende Person verweist; es gibt nun
einmal nur eine beschränkte Anzahl von Konsuln in Rom, und
die Folgerung, daß *Cicero* und *consul* dieselbe Person sind,
liegt auf der Hand. In *Cicero puer* etc. dürfte *puer* nicht so
leicht als Apposition zu interpretieren sein[50].

8.5.3. PRÄDIKATIVUM UND PRÄDIKATSNOMEN

Beispiele für Konstituenten in der Funktion Prädikatsnomen
sind auf S. 31 gegeben worden. Die dort genannten Prädikate
sind *esse* und *manere*, sog. Kopula-Wörter; die Prädikatsnomina
sind nicht weglaßbar. Die Grenze zwischen der Kopula und
den 'gewöhnlichen' Verben ist nicht leicht zu ziehen. K.-St.
(I, 15) rechnen zu den 'Kopula-artigen Verben' auch *fieri*
('werden'), *nasci* ('geboren werden'), *exsistere* ('auftreten als')
etc.; außerdem *manere* ('bleiben'), *videri* ('scheinen'), *apparere*

---

50 Natürlich könnte *puer* in *Cicero puer* unter bestimmten Bedingungen
Apposition sein, z.B. wenn es um eine Hörer/Leser völlig unbekannte Gestalt
Cicero ginge: 'Cicero, ein Knabe...'. Übrigens wird bei K.-St. I, 246f kein
Unterschied zwischen Apposition und Prädikativum gemacht. Sie sprechen stets
von 'Apposition', die aber in den hier Prädikativum genannten Fällen auf das
Prädikat bezogen ist. In den nun folgenden Beispielen bezeichnen die kursiven
Konstituenten keine Eigenschaft, deren Geltung auf die zeitliche Ausdehnung
des 'Sachverhalts' beschränkt ist. Ich möchte sie deshalb nicht als Prädikativa
bezeichnen. Es ist mir allerdings noch nicht ganz klar, ob wir sie als Appositionen behandeln müssen, und falls ja, welches Verhältnis zwischen ihnen
und den oben angeführten 'Normalfällen' von Apposition besteht.
- Liv. 22,12,12 *Ferox rapidusque in consiliis ac lingua immodicus* primo inter
paucos, deinde propalam in volgus pro cunctatore segnem, pro cauto timidum,
adfingens vicina virtutibus vitia compellabat premendoque superiorem ... sese
extollebat.
- Quint. 10,1,66 Tragoedias primus in lucem Aeschylus protulit, *sublimis et
gravis et grandiloquus saepe usque ad vitium, sed rudis in plerisque et incom-
positus.*

('sich zeigen') etc., also Verba, die ein Resultat oder eine Fortdauer ausdrücken[51]. Eingehende Untersuchungen zu dieser Frage gibt es noch nicht.

(94) virum me natam (natum edd.) vellem ('Ich wollt, ich wär' als Mann geboren', Ter. *Ph.* 792)

(95) quia nati sunt cives ('Weil sie als Bürger geboren sind', Cic. *Catil.* 2,27)

Virum in (94) und *cives* in (95) sind in den gegebenen Kontexten nicht gut weglaßbar, weil der Inhalt des verbleibenden Restsatzes sonst trivial wäre; doch kann *nasci* an sich sehr gut ohne Ergänzung vorkommen, und zwar in derselben Bedeutung. Es ist die Frage, ob man Entsprechendes nicht auch im Hinblick auf *memor nostri* vs. *vivas* in (96) behaupten könnte:

(96) memor nostri, Galatea, vivas ('mögest Du, G., Dich stets an mich erinnern', Hor. *Carm.* 3,27,14)

Vor allem in der Dichtung wird 'farbloses' *esse* gemieden. Und warum sollte man nicht auch *stare* in Bsp. (24) auf S. 219 als eine Art Kopulawort betrachten können?

8.5.4. PRÄDIKATIVUM UND KOMPLEMENT

Wie die Gruppe der Verben, die als Kopula zu betrachten sind, nur schlecht abgegrenzt ist, so gibt es auch Zweifelsfälle hinsichtlich der Stelligkeit bestimmter Verben, d.h. Unklarheit darüber, ob ein dreistelliges Verb des Typs *habere*, *putare* usw. (vgl. S. 32) vorliegt, bei dem ein mit dem Objekt kongruierendes Komplement notwendig ist, oder ein zweistelliges Verb, bei dem ein Argument durch ein Prädikativum näher bestimmt ist (wie in *exurere agros steriles* in Bsp. (65) auf S. 231). Ein solcher Zweifelsfall ist (97):

(97) non te Penelopen difficilem procis Tyrrhenus genuit parens ('Nicht als eine gegen die Freier spröde Penelope hat dich ein tyrrhenischer Vater gezeugt', Hor. *Carm.* 3,10,11f)

Gignere kann man wohl als das kausative Gegenstück zu *nasci*

---

51 Mit 'Resultat bzw. Fortdauer ausdrücken' wird hier die Unterscheidung bei Quirk et al. (1972, 820) zwischen 'resulting verbs' und 'current verbs' wiedergegeben. K.-St. I, 15ff rechnen auch die passiven Formen von *habere*, *putare* etc. zu den kopulaartigen Verben (zu diesen vgl. S. 32).

auffassen (vgl. Bsp. (94) und (95) in § 8.5.3.). Das Kriterium zur Scheidung zwei- und dreistelliger Verben, die Weglaßbarkeit, ist als solches klar genug, doch habe ich manchmal den Eindruck, daß in der Dichtung bewußt dreistellige Prädikate auf der Grundlage von zweistelligen gebildet werden.

8.5.5. PRÄDIKATIVUM UND DOMINANTES PARTIZIP

Das 'dominante Partizip' wurde in § 7.3.7. besprochen. Hier noch zwei Beispiele:

(98) occisus dictator Caesar ... pulcherrimum facinus videretur ('Die Ermordung des Diktators Caesar ... erschien als herrliche Tat', Tac. *Ann*. 1,8,6)

(99) auctorem senatus extinctum laete ... tulit ('Der Tod des Senatsführers stimmte ihn fröhlich', Cic. *Phil*. 9,7)

In diesen Beispielen sind die Partizipien nicht weglaßbar und unterscheiden sich damit von einem Partizip in der Funktion Prädikativum. Neben solch eindeutigen Fällen gibt es natürlich eine ganze Reihe anderer, bei denen nur aufgrund des Kontextes entschieden werden kann, ob ein dominantes Partizip oder ein Prädikativum (oder ggf. auch ein Attribut) vorliegt. Manchmal ist ein Unterschied nicht feststellbar, da beide Analysen auf dasselbe hinauslaufen. Ein Beispiel, das ohne Berücksichtigung des Kontextes zwei Analysen zuläßt, ist:

(100) ea res saepe temptata ... eius consilia ... tardabat ('Die Tatsache, daß dies häufiger versucht wurde, verzögerte seine Pläne', Caes. *Civ*. 1,26,2)

Ich folge in meiner Übersetzung der Interpretation von K.-St. (I, 767); allerdings würde eine Tilgung von *saepe temptata* einen grammatischen Satz hinterlassen. Eine Übersetzung 'dies verzögerte seine Pläne, da es häufiger versucht wurde' wäre somit auch möglich (in diesem Falle wäre das Part. als Prädikativum aufzufassen).

8.6. DAS PRÄDIKATIVUM ALS TRÄGER DES FOKUS

Bei K.-St. (I, 234) wird behauptet, daß Prädikativa 'regelmäßig die eigentliche Aussage des Satzes' enthalten[52]. In ihren Belegen ist dies jedoch nicht immer der Fall. Träger des Fokus scheint das Prädikativum in Beispielen wie den folgenden zu sein:

(101) quarta autem est, quae quia postrema coaedificata est, Neapolis nominatur ('Die vierte Stadt ist die, die Neapolis genannt wird, weil sie als letzte gebaut wurde', Cic. *Ver*. 4,119)

(102) haec gens litteras prima aut docuit aut didicit ('Dieses Volk war das erste, das die Schrift entweder lehrte oder lernte', Curt. 4,4,19)

(103) princeps in proelium ibat, ultimus conserto proelio excedebat ('Er war der erste, der ins Gefecht ging, und der letzte, der, hatte es einmal begonnen, sich aus ihm zurückzog', Liv. 21,4,8)

In diesen Fällen wird eine Rangordnung aufgestellt, womit meist eine gewisse Betonung verbunden zu sein scheint. Vgl. auch:

(104) omnium mihi videor ... eloquentissimos audisse Ti. et C. Sempronios ('Die Beredetsten, die ich gehört habe, waren meiner Meinung nach Ti. und C. Sempronius', Cic. *de Orat*. 1,38)

Bei der Übersetzung können wir die Betonung gut hervorheben, wenn wir das Prädikativum zum Hauptsatz machen. In vielen der in diesem Kapitel behandelten Beispiele ist jedoch von Betonung nicht oder kaum die Rede. Weitere Untersuchungen sind hier noch erforderlich[53].

BIBLIOGRAPHISCHE INFORMATION

Happ (1976, 284-303) bespricht Tests, mittels derer festgestellt werden kann, daß die syntaktische Funktion des Prädikativums derjenigen von Satelliten entspricht. Eine Beschreibung des

---

52 Vgl. auch Scherer (1975, 191, Anm. 13).
53 Scherer (1975, 176) gibt als Beispiel *verus* mihi *nuntius* ergo venerat ('die Nachricht, die mich erreicht hatte, war also wahr' Verg. *A*. 6,456). *verus* kann aber auch als Attribut mit Fokus aufgefaßt werden.

Prädikativums im Rahmen der Funktionalen Grammatik gibt Vester (1983, 138-153). Kriterien zur Unterscheidung von Prädikativa und Attributen bietet Fugier (1978). Auf die Lexemkategorien, die als Prädikativum auftreten können, sowie auf die Distribution des Prädikativums und sein Verhältnis zum Adverb gehen Pinkster (1982) und (1983a) ein. Zum Participium coniunctum s. Laughton (1964) und Vester (1977).

9. WORTSTELLUNG

Das Lateinische gilt als Sprache mit einer 'freien' Wortstellung. Der Begriff 'frei' erweckt den Eindruck, als ob im Lateinischen die Wortstellung gleichgültig und durch keinerlei Regeln festgelegt sei. Im vorliegenden Kapitel soll gezeigt werden, daß dieser Eindruck falsch ist. Das Kapitel hat notwendigermaßen nur vorläufigen Charakter. Denn die Erforschung der Wortstellung im Lateinischen ist trotz einer Vielzahl von Einzeluntersuchungen noch ziemlich wenig entwickelt, weil man die Funktion der Wortstellung innerhalb eines zusammenhängenden Textes zu wenig beachtet hat. Ich werde auf folgende Punkte eingehen: In § 9.1. gebe ich eine Erläuterung des Begriffs 'Wortstellung' und stelle den gängigsten Ansatz zur Beschreibung der Wortstellung vor. In § 9.2. behandle ich einige Faktoren, welche die Wortstellung bestimmen können, insbesondere die syntaktische und pragmatische Funktion der Konstituenten und ihre interne Struktur. In § 9.3. wird die relative Wortstellung der Konstituenten auf Satzniveau, in § 9.4. die Wortstellung auf Wortgruppenniveau behandelt. § 9.5. ist einigen literarisch-stilistischen Aspekten der Wortstellung gewidmet, und in § 9.6 erfolgt eine kurze typologische Betrachtung.

9.1. DEFINITION DES BEGRIFFS 'WORTSTELLUNG'

Der Begriff 'Wortstellung' läßt vermuten, daß es sich um die Stellung einzelner Wörter in einem Satz handelt. Tatsächlich werden in Abhandlungen über die Wortstellung sowohl Konstituenten untersucht, die nur aus einem Wort bestehen (z.B. die Stellung des Adverbs *valde* ('sehr')), als auch solche, die aus mehr als einem Wort bestehen (Wortgruppen, Nebensätze). Ich gebrauche den Begriff 'Wortstellung' im allgemeinen Sinn für 'Stellung der Konstituenten'. Meist wird die Stellung der Konstituenten mehr oder weniger losgelöst von ihrer Funktion im Satz untersucht, z.B. von ihrer Beziehung zum Prädikat (Argument, Satellit) oder von ihrer syntaktischen Funktion. Eine Ausnahme bildet das Subjekt, dem besonders große Aufmerksamkeit geschenkt wird (vgl. Sz. 401f). Unter der Stellung des Subjekts wird übrigens meist nur die Stellung eines Substantivs mit der Funktion Subjekt verstanden und nicht etwa Subjektsätze. Außerdem wird die Stellung eines Konstituenten häufig isoliert von der Struktur des ganzen Satzes betrachtet, in dem ein solcher Konstituent erscheint. So faßt man vor allem den Anfangs-, Mittel- und Schlußbereich eines Satzes und die Verteilung der Konstituenten auf diese Positionen ins Auge. Es ist jedoch klar, daß dieser Ansatz bei Sätzen mit drei Konstituenten möglicherweise zu brauchbaren Ergebnissen führt, aber in viel geringerem Maße bei Sätzen mit mehr oder weniger Konstituenten. Z.B. macht es für die Reihenfolge von Subjekt und Prädikat einen Unterschied, ob neben dem Subjektkonstituenten und dem Prädikat noch ein Satellit, der die Handlung in der Zeit oder im Raum situiert (vgl. S. 43f), vorkommt oder nicht. Die Reihenfolge der Konstituenten untereinander hängt m.a.W. auch von der Zahl der Konstituenten ab, die für eine bestimmte Position in Frage kommen. In diesem Punkt ist für das Lateinische noch nicht viel getan worden[1].

Gültige Aussagen über die Stellung der Konstituenten im Lateinischen zu machen wird durch das Phänomen der Diskontinuität erschwert. Hierbei lassen sich zwei Arten unterscheiden. Zum einen gibt es im Lateinischen Wörter, die mehr oder weniger mechanisch eine bestimmte Position einnehmen und sich sozusagen wenig darum kümmern, ob sie dadurch einen Konstituenten in zwei Teile aufspalten. Ein solches Wort ist beispielsweise der Konnektor *enim* ('nämlich'). Dieser erscheint normalerweise an zweiter Stelle im Satz, manchmal auch an dritter, besonders dann, wenn bestimmte Arten von Wörtern (z.B. Monosyllaba) vorangehen (zu Einzelheiten und Ausnahmen s. TLL s.v.), vgl. z.B. (1):

(1) de civitatis enim iure ... disceptamus ('Wir diskutieren nämlich über das Bürgerrecht', Cic. *Balb.* 29)

Zum anderen liegt Diskontinuität dort vor, wo ein Konstituent aus pragmatischen oder anderen Gründen in mehrere Teile zerlegt wird. Ein bekannter Fall von Diskontinuität einer Wortgruppe ist (2):

---

1 Eine Ausnahme für das Lateinische bildet Panhuis (1982). Vgl. auch Perrot (1978). Eine kritische Stellungnahme zu der in Sz. (397-410) zusammengefaßten Untersuchung gibt Panhuis (1982, 22-29). Zum Deutschen vgl. Hoberg (1981).

(2) hic *optimus* illis temporibus est *patronus* habitus ('Dieser
   galt in jener Zeit als der beste Anwalt', Cic. *Brut.* 106)

In solchen Fällen ist es schwierig anzugeben, welchen Platz
etwa das Komplement einnimmt: soll man hierbei nur das als
Kern auftretende Nomen (*patronus*) berücksichtigen? (Näheres
hierzu s. auch § 9.5.).

9.2. FAKTOREN, WELCHE DIE WORTSTELLUNG BEEINFLUSSEN

Die Stellung der Konstituenten in einem Satz wird nicht nur
durch die Zahl der Konstituenten, sondern auch durch andere
Faktoren bestimmt. Diese Faktoren beziehen sich teils auf die
syntaktische, teils auf die pragmatische Funktion der Konstituenten in einem Satz (oder einer Wortgruppe). Darüberhinaus
kann (können) die lexikalische(n) Kategorie(n), der (denen)
ein Konstituent angehört, und die interne Struktur eines Konstituenten (z.B. Umfang und interne Komplexität) die Wortstellung beeinflussen. Schließlich spielt auch die Satzart eine
Rolle (vgl. Kap. 10).

9.2.1. SYNTAKTISCHE UND PRAGMATISCHE FAKTOREN

Der Unterschied zwischen syntaktischen und pragmatischen
Faktoren soll an einem deutschen Beispiel erläutert werden:

      1   2   3
(3) Hans schenkte Peter ein Buch zu seinem Geburtstag

Dieser Satz läßt einige Charakteristika der Wortstellung im
Deutschen erkennen:
(a) In mitteilenden, aktivischen (Haupt)sätzen steht das finite
    Verb an zweiter Stelle, und zwar so, daß vor ihm in der
    Regel nur ein Konstituent des Satzes stehen kann[2].

---

2 Koordinatoren und bestimmte Konnektoren können gewissermaßen
zusätzlich hinzugefügt werden: 1   2   3
      Und damals schenkte Hans Peter ein Buch zu seinem Geburtstag
                 1   2   3
   Damals *nämlich* schenkte Hans Peter ein Buch zu seinem Geburtstag

(b) Die erste Stelle des Satzes nimmt im allgemeinen das Subjekt ein, außer wenn ein Nicht-Subjektkonstituent des Satzes Fokus (s.S. 6) ist oder wenn ein sog. Dummyelement ('vorläufiges *es*') vorliegt wie z.B. in (4):

(4) *Es* lief ein Elefant am Fenster vorbei[3].

(c) An erster Stelle kann auch ein Konstituent stehen, der als konstrastiver Fokus fungiert oder der den Rahmen für die folgende Information bildet (d.h. thematische Funktion hat); in diesem Fall tritt das Subjekt unmittelbar hinter das finite Verb, vgl. (5) - (7)

$$\begin{array}{ccc} & 1 & \quad 2 \qquad\quad 3 \end{array}$$

(5) *Zu seinem Geburtstag* schenkte Hans Peter ein Buch (zu seinem Examen auch noch eine Dose Bonbons)

$$\qquad\qquad\qquad\qquad\qquad 2$$

(6) (Hans schenkte Karl eine Flasche Wein,) *Peter* schenkte
    1   3
er ein Buch zu seinem Geburtstag.

$$\quad 3 \qquad\qquad\qquad 1 \quad\; 2$$

(7) *Ein Buch* schenkte Hans Peter zu seinem Geburtstag (kannst du nachprüfen!)

(d) Das Subjekt geht einem oder beiden anderen Argumenten voraus. Wenn das Subjekt an erster Stelle steht, dann erscheint das indirekte Objekt an zweiter und das Objekt an dritter Stelle. (Der Satellit *zu seinem Geburtstag* hat also eine größere Beweglichkeit.)

In den unter Punkt (c) genannten Varianten von (3) bleibt die Sache, um die es geht (der 'Inhalt' des Satzes), stets die gleiche. Dieser Inhalt wird in verschiedener Anordnung der Konstituenten dargeboten, je nach dem Kontext und dem Nachdruck, den der Sprecher auf einen bestimmten Konstituenten legt. Die verschiedenen Sätze sind somit auch nicht in jedem Kontext austauschbar (es liegt Opposition vor). In diesem Fall sind es *pragmatische* Faktoren, welche die Wortstellung bestimmen. Was die Stellung der Konstituenten betrifft, können wir von einer pragmatisch gebundenen Freiheit sprechen. Die feste Plazierung des Verbs an zweiter Stelle und die Reihenfolge

---

3 Wenn in Bsp. (3) *Hans* kontrastiven Fokus trägt, steht es natürlich auch an erster Stelle.

Subjekt - indirektes Objekt - Objekt sind nicht abhängig von Kontext, Nachdruck etc. In diesen Fällen bezeichnen wir die Wortstellung als *syntaktisch* bestimmt. Diese syntaktisch bestimmte Wortstellung läßt sich auf Wortgruppenniveau mit der festliegenden Reihenfolge von Adjektiv und Substantiv vergleichen (*ein schönes Buch* und nicht **ein Buch schön(es)*).

Aus den gegebenen Beispielen geht hervor, daß auch im Deutschen die Wortstellung in gewisser Hinsicht 'frei' ist, nämlich in dem Sinn, daß bei der Informationsvermittlung gewöhnlich Faktoren vorhanden sind, die eine bestimmte Wortstellung begünstigen oder erforderlich machen. Unsere Kenntnis des Deutschen ermöglicht es uns, solche Faktoren aufzuzeigen. Die Intonation liefert uns hierzu wichtige Hinweise. Was das Lateinische betrifft, so liegen uns keine Daten über die Intonation vor, so daß es viel schwieriger ist, genau die Faktoren anzugeben, die eine vorgefundene Wortstellung bestimmen. Daher entsteht häufig der Eindruck, als sei eine vorgefundene Wortstellung willkürlich und als sei alles möglich. Eine erneuerte Untersuchung der Wortstellung im Lateinischen wird zeigen müssen, in welchem Maße die verschiedenen Fakten aufgrund von pragmatischen Faktoren wie den oben genannten erklärt werden können und in welchem Maße daneben syntaktische Faktoren eine Rolle spielen. In den Paragraphen 9.3. und 9.4. werde ich auf einige diesbezügliche Aspekte eingehen.

9.2.2. DER EINFLUSS VON KATEGORIE UND INTERNER STRUKTUR DER KONSTITUENTEN

Für Konstituenten, die unterschiedlichen Kategorien angehören, gelten verschiedene Stellungsregeln. Z.B. gelten für Konnektoren (*igitur*, *itaque* etc.) andere Regeln als für die anaphorischen Adverbien (*ideo*, *idcirco*), mit denen sie semantisch eng verwandt sind. Auch für *igitur* und *itaque* selbst gelten verschiedene Stellungsregeln. Für Konstituenten, die unterschiedlichen lexikalischen Kategorien angehören, gelten bisweilen verschiedene Stellungsregeln, auch wenn sie im Satz die gleiche syntaktische Funktion erfüllen. Im Deutschen etwa erscheinen akkusativische Argumente an anderer Stelle im Vergleich zu anderen Argumenten im gleichen Satz, je nachdem es sich um Reflexiva, (andere) Pronomina, definite oder indefinite Nominalgruppen handelt. Vgl. hierzu die folgenden Beispiele:

(8) a   Hans hat Peter *das Buch* geschenkt

(8) a' Hans hat *das Buch* Peter geschenkt (und nicht Karl)

(8) b   Hans hat *es* Peter geschenkt

(8) b' *Hans hat Peter *es* geschenkt

(8) c   Hans hat Peter *ein Buch* geschenkt

(8) c' *Hans hat *ein Buch* Peter geschenkt

In lateinischen Grammatiken wird dem hier angedeuteten Phänomen gelegentlich Rechnung getragen. Finale Adverbialia in Caes. *Gal.* zeigen je nach der syntaktischen Kategorie, in der sie auftreten, unterschiedliches Verhalten. Zweckbestimmungen des Typs *pacis petendae causa* ('um Frieden zu erbitten') stehen vor, als Nebensatz auftretende dagegen hinter dem finiten Verb. Ein Beispiel hierfür ist (9):

(9) Sittius est ... missus ut eam provinciam perturbaret ('S. wurde geschickt, um diese Provinz in Unruhe zu versetzen', Cic. *Sul.* 56)

Dieser Unterschied in der Stellung hängt möglicherweise nicht nur mit dem Unterschied in der Kategorie (Präpositionalgruppe / Nebensatz) zusammen, sondern auch mit der weiter unten behandelten größeren Komplexität des Finalsatzes. Einen anderen Hinweis auf das unterschiedliche Verhalten von Konstituenten verschiedener Kategorien bezüglich der Wortstellung findet man in der Beobachtung, daß sich eingebettete Prädikationen in der Form eines AcI anders verhalten als die entsprechenden eingebetteten Prädikationen mit *ut* + Konj.[4]

Der Einfluß der internen Komplexität eines Konstituenten auf die Wortstellung läßt sich anhand folgender Beispiele illustrieren:

(10) a   Hans schenkte Peter ein Buch, das in der 'Zeit' eine Woche zuvor von dem Rezensenten X sehr gelobt worden war, zu seinem Geburtstag

      b   Hans schenkte Peter zu seinem Geburtstag ein Buch, das in der 'Zeit' eine Woche zuvor von dem Rezensenten X sehr gelobt worden war

---

4 Zum Deutschen vgl. Hoberg (1981, 42). Zu finalen Adverbialia im Lateinischen vgl. Panhuis (1982, 127ff). Zum AcI und zu den *ut*-Sätzen s. J.R. de Jong u.a., Arbeitsgruppe Eingebettete Prädikationen der Universität von Amsterdam 1982. Zum AcI s. auch Bolkestein (1981a, 105).

c Hans schenkte Peter ein Buch zu seinem Geburtstag,
das in der 'Zeit' eine Woche zuvor von dem Rezensenten
X sehr gelobt worden war

Der Umfang des Relativsatzes macht den Objektkonstituenten
in (10 a) so 'schwer', daß es sich empfiehlt, diese Wortstellung
zu vermeiden, obwohl hier im Grunde alle syntaktischen und
semantischen Regeln korrekte Anwendung finden. Der Sprecher
hat nun zwei Möglichkeiten: (b) er ordnet die Konstituenten
so an, daß der Objektkonstituent als ganzer an das Satzende
tritt, oder (c) er spaltet letzteren in zwei Bestandteile auf,
so daß ein diskontinuierlicher Konstituent entsteht; die Wahl
zwischen (b) und (c) hängt wiederum von pragmatischen Faktoren ab. In diesem Beispiel zeigt sich die allgemeine Tendenz
von Sprachen, Konstituenten in einem Satz unter Berücksichtigung ihrer Komplexität zu plazieren. Im Lateinischen sind
durchaus Beispiele zu finden, die in dieselbe Richtung weisen,
jedoch erhebt sich die Frage, ob der Einfluß der Komplexität
so stark ist wie z.B. im Deutschen: es gibt auch zahlreiche
Gegenbeispiele. Hier seien zunächst zwei Beispiele genannt,
die den deutschen (10 b) und (10 c) entsprechen:

(11) illi mihi disseruisse videntur *de poena eorum qui patriae,
parentibus, aris atque focis suis bellum paravere* ('Jene
scheinen mir gesprochen zu haben über die Bestrafung
derjenigen, die gegen ihr Vaterland, ihre Eltern, ihre
Altäre und Herde den Krieg vorbereiteten', Sal. *Cat.* 52,3)

(12) Allata est enim epistula Athenis ab Archino uni ex his,
Archiae, qui tum maximum magistratum Thebis obtinebat,
in qua omnia de profectione eorum perscripta erant ('Es
wurde nämlich ein Brief von Archinus aus Athen zu einem
einzigen von diesen gebracht, nämlich zu Archias, der
damals das höchste Amt in Theben bekleidete, ein Brief,
in dem alles über seinen Fortgang aufgeschrieben worden
war', Nep. *Pel.* 3,2)

Die Diskontinuität von Konstituenten, wie sie z.B. in (12)
vorliegt, wird von den 'klassischen' Autoren vermieden (vgl.
Sz. 692); auch scheint die Zahl der Fälle, in denen der Konstituent 'Kern(substantiv) + Relativsatz' hinter dem finiten Verb
steht, kleiner zu sein als die Zahl der Fälle, in denen solch
ein Komplex vor diesem steht. D.h.: Fälle wie (13) sind statis-

tisch gesehen in der Überzahl[5]:

(13) sed filii familiarum, quorum ex nobilitate maxuma pars
     erat, parentes interficerent ('Aber die Söhne der Familien,
     deren größter Teil von Adel war, sollten ihre Eltern
     umbringen', Sal. *Cat.* 43,2)

Daß sich die für das Deutsche festgestellte Tendenz nicht
ohne weiteres auf das Lateinische übertragen läßt, ist auch
daraus ersichtlich, daß *ut*-Sätze eine unterschiedliche Stelle
im Satz besetzen, je nachdem sie als Argument oder als Satellit
fungieren[6].

9.2.3. DER EINFLUSS DER SATZART UND DIE UNTERSCHIEDLICHE WORTSTELLUNG IN HAUPT- UND NEBENSATZ

Im Deutschen nimmt das finite Verb in Haupt- und Nebensätzen
unterschiedliche Positionen ein, vgl. Bsp. (14) mit (3):

```
            1      2        3
```
(14) Ich sage, daß Hans Peter ein Buch zu seinem Geburtstag
     schenkte

In dem *daß*-Satz ist die Reihenfolge der nominalen Konstituenten
untereinander die gleiche wie im Hauptsatz, jedoch erscheint
das finite Verb nicht an der in Hauptsätzen üblichen Stelle. Im
Deutschen steht ferner das finite Verb in neutralen (ja/nein)-
Fragen am Satzanfang, vgl. (15):

---

5 Der Fachausdruck für die (10 c) vorliegende sprachliche Erscheinung
lautet 'Extraposition'. Lateinische Beispiele, die dem hier behandelten Phänomen
entsprechen, finden sich bei Charpin (1977, 404). P. Masereeuw und R. Risselada (in J.R. de Jong u.a.) haben 95 Fälle von Relativsätzen untersucht
und festgestellt, daß der Relativsatz in 84 Fällen vor und nur in 11 Fällen
hinter dem finiten Verb steht (Korpus: Caes. *Gal.*; Liv. 1-5, 21-25; Verg. *A.*
1-6; Cic. *Cat.*; Sal. *Cat.*; Pl. *Am.*; Tac. *Ag.*). Dieser Befund bestätigt die im
Text erwähnte Aussage von Sz. (692). So gesehen meint Vincent (1976, 60-
63) zu Unrecht, das Lateinische wähle gerade die Extraposition als Strategie
zur Vermeidung komplizierter Relativsatzeinbettungen.
   R. Risselada hat aus Cic. Phil. und Orat. (Indizes Merguet s.v. *ut*) 100
Fälle von *ut*-Sätzen als Attribut zu Substantiven wie *consilium, mos* untersucht.
In fünf Fällen geht der *ut*-Satz dem Kernnomen voraus, in vier der übrigen
95 wird der aus Kernnomen und *ut*-Satz gebildete Konstituent als ganzer
von anderen Konstituenten umrahmt. In 91 Fällen tritt der gesamte Komplex
an das Ende des Satzes (20 Fälle) oder es liegt Diskontinuität vor (71 Fälle),
wobei der *ut*-Satz die letzte Stelle des Satzes einnimmt. Hier überwiegt also
deutlich die Diskontinuität.
   6 J.R. de Jong: s. Anmerkung 4.

(15)   Schenkte Hans Peter ein Buch zu seinem Geburtstag?

Das gleiche gilt für imperativische Sätze. Es ist bekannt, daß im Lateinischen das finite Verb in imperativischen und konzessiven Sätzen häufig am Satzanfang steht (Beispiele s. Sz. 403; K.-St. II, 598f). Vgl. (16):

(16)   sit fur, sit sacrilegus, sit flagitiorum omnium vitiorumque princeps; at est bonus imperator ... ('Er mag ein Dieb sein, ein Tempelräuber, ein Meister in Schandtaten und Lastern aller Art; dennoch ist er ein guter Befehlshaber', Cic. *Ver.* 5,4)

Auch in Fragesätzen ist dies oft der Fall. Über die Wortstellung in Nebensätzen liegen weniger eindeutige Aussagen vor[7]. Auch in diesem Punkt ist nähere Untersuchung erwünscht.

9.3. STELLUNG DER KONSTITUENTEN AUF SATZNIVEAU

Im Vorhergehenden wies ich schon darauf hin, daß die Stellung der Konstituenten auf Satzniveau und die diese bestimmenden Faktoren bisher sehr unsystematisch untersucht worden sind. Ich fasse zunächst die in den großen traditionellen Grammatiken gemachten Aussagen über die Stellung der Konstituenten zusammen und gebe dann Anmerkungen zu der einen oder anderen dieser Aussagen. Diese Anmerkungen beruhen indes auf einer zu schmalen Forschungsgrundlage, um den Anspruch erheben zu können, sie beinhalteten 'Fakten'. Sie sollen vielmehr in erster Linie einen Weg aufzeigen, auf dem man vielleicht zu besseren Ergebnissen gelangen kann.

---

7 In Caes. *Gal.* II erscheint das Verb in Nebensätzen etwas häufiger am Satzende als in Hauptsätzen (Sz. 403), aber beweiskräftige Fakten liegen uns nicht vor.

9.3.1. ÜBERBLICK ÜBER DIE HERKÖMMLICHEN AUFFASSUNGEN

Die Beschreibung der Wortstellung in Sz. (397ff) wird vor allem durch Überlegungen bezüglich des prähistorischen indogermanischen Sprachzustands geprägt. So findet sich der Hinweis, daß im Indogermanischen bestimmte Kategorien von Wörtern, nämlich 'Partikeln'[8], 'Konjunktionen' (damit sind Konnektoren und Subordinatoren gemeint), (bestimmte) Pronomina und andere sog. 'tonschwache' Wörter, eine 'enklitische' Position einnahmen und der zweiten Stelle des Satzes zustrebten, sich folglich in der Regel an den Subjektkonstituenten anschlossen, für den natürlich die erste Stelle des Satzes vorgesehen war (Sz. 401; vgl. K.-St. II, 592; 597). Dieser Zustand gilt gemäß den Grammatiken in gewissem Sinne auch für das klassische Latein, wenn auch manche Wörter der genannten Kategorien gewöhnlich in satzinitialer Stellung erscheinen. Weiterhin wird bemerkt, daß an die erste Stelle häufig Nicht-Subjektkonstituenten treten, wenn solch einem Konstituenten 'Nachdruck' verliehen werden soll, d.h. in der heutzutage üblichen Terminologie: wenn solch ein Konstituent (konstrastiver) Fokus oder evtl. Thema im Satz ist. Der Subjektkonstituent kann dagegen gerade an das Satzende treten, wenn er 'betont' werden soll, d.h. wenn er Fokus ist (Sz. 402; K.-St. II, 597f)[9].

Über die Stellung des finiten Verbs im Indogermanischen gehen die Meinungen weit auseinander. Sz. (402) und K.-St. (II, 598) nehmen an, daß das finite Verb keinen festen Platz gehabt habe. Andere dagegen nehmen entweder einen festen Platz für das Verbum finitum an (nämlich die letzte Stelle des Satzes) oder eine bestimmte Reihenfolge für die zum Verbum finitum gehörenden Argumente Subjekt und Objekt. Manche von ihnen nehmen folgende Wortstellung des Indogermanischen an: S(ubjekt) O(bjekt) V(erbum finitum), andere die Stellung SVO[10]. Im Lateinischen ist das finite Verb am häufigsten am Satzende

---

8 Zu dem unscharfen Begriff 'Partikel' s. Pinkster (1972c, 135, Anmerk. 2).

9 Der in deutschen Grammatiken verwendete Begriff 'Ton' o.ä. wird übrigens nicht definiert.

10 Neuere Literatur hierzu: Baldi (1979, 49-53), Calboli (1983, 117-131), Hawkins (1979), Mallinson-Blake (1981, 402-417) + Literaturverzeichnis, Miller (1975), Panhuis (1982, 110-112), Strunk (1977, 16-22). Die Verschiedenheit der Auffassungen erklärt sich daraus, daß die überlieferten indogermanischen Sprachen unterschiedliche Wortstellungsregeln besitzen. Daher ist es besonders schwierig, einen gemeinsamen Nenner zu finden, der die schriftlich bezeugten Fälle erklären kann. Dieses Problem stellt sich auch bei der Frage, ob das Indogermanische Prä- oder Postpositionen besaß. Vgl. Baldi (1979), im allgemeinen Strunk (1977).

(sowohl im Haupt- als auch im Nebensatz) anzutreffen. Es lassen sich jedoch erhebliche individuelle Unterschiede zwischen den Autoren (evtl. den Gattungen) und sogar bei ein und demselben Autor feststellen. Bei Plautus etwa folgen dem Verbum finitum mit großer Regelmäßigkeit andere Konstituenten (darunter z.B. auch ein Objektkonstituent). Bei Caesar erscheint das finite Verb in 84% der Hauptsätze (*Gal.* II) am Ende des Satzes. Bei seinen Zeitgenossen Cicero und Varro liegt der Anteil bei ca. 50%. In seinen topographischen Exkursen aber stellt Caesar das finite Verb nicht an das Ende des Satzes (z.B. in *Gal.* 1,1,5-7)[11].

Nicht-Subjektargumente stehen nach K.-St. (II, 611f) in der Regel vor dem Verbum finitum. Das bedeutet, daß SOV als die 'normale' Wortstellung des klassischen Lateins gilt. Auch das Prädikativum[12] und das Prädikatsnomen gehen dem Verbum finitum voraus (K.-St. II, 611). Am wenigsten fest scheint die Stellung der Satelliten ('Adverbien und adverbiale Bestimmungen') bezüglich des Verbum finitum zu sein (K.-St. II, 613 drücken sich in diesem Punkt sehr vorsichtig aus).

9.3.2. ANMERKUNGEN ZU DEN HERKÖMMLICHEN AUFFASSUNGEN

Ich gebe nun einige Erläuterungen zu der einen oder anderen der oben zusammengefaßten 'Regeln' oder besser Tendenzen bezüglich (I) der Stellung der satzverbindenden Wörter, (II) der ersten Stelle des Satzes, (III) der Reihenfolge der Konstituenten untereinander, (IV) der letzten Stelle des Satzes, (V) der besonderen Stellung der Pronomina.

9.3.2.1. SATZVERBINDENDE KONSTITUENTEN

Satzverbindende Konstituenten nehmen meist einen vorderen Platz im Satz ein. Zu derartigen Konstituenten (die ausführlicher in Kap. 12 behandelt werden) gehören etwa die Konnektoren

---

11 Zu den topografischen Exkursen vgl. Panhuis (1981). Er vermutet hierbei griechischen Einfluß, was meiner Meinung nach nicht überzeugend ist.
12 Zur Stellung der Prädikativa s. Pinkster (1983a, 204).

(*nam* ('denn'), *enim* ('nämlich')) sowie verschiedene Kategorien anaphorischer Wörter, z.B. anaphorische Adverbien (*ideo* ('darum'), *tunc* ('da'/'dann'/'damals')) oder anaphorische Pronomina (*is* ('dieser'), *ille* ('jener'), *talis* ('solch ein')). Der Unterschied zwischen Konnektoren und anaphorischen Wörtern besteht darin, daß erstere ausschließlich der Verbindung von Sätzen dienen, letztere aber sowohl eine Verbindung zwischen dem vorhergehenden und dem folgenden Satz (bzw. zwischen Konstituenten derselben) herstellen als auch selbst eine syntaktische Funktion im Satz übernehmen (z.B. als Subjekt, Adverbial oder Attribut). Mit der letztgenannten Eigenschaft der anaphorischen Wörter hängt zusammen, daß Konstituenten, die aus solch einem Wort bestehen (oder von denen solch ein Wort einen Teil ausmacht), eine größere Beweglichkeit im Satz aufweisen als die Konnektoren. Diese treten in der Regel an die erste oder die zweite Stelle des Satzes (s. auch weiter oben, S. 249)): *sed* ('aber')/*autem* ('aber'/'jedoch'); *nam* ('denn') /*enim* ('nämlich'); *itaque* ('daher')/*igitur* (*ergo*) ('also'/'folglich'). Dieses Erscheinen im vorderen Teil des Satzes, namentlich die Besetzung der zweiten Stelle, wird in den Grammatiken meist erklärt als ein Relikt der für das Indogermanische rekonstruierten Stellungsregel, daß bestimmte 'tonschwache' (nicht-akzentuierte) Wörter ihren Platz unmittelbar hinter einem die erste Stelle besetzenden 'betonten' Wort (z.B. dem Subjekt) hatten. Einen weiteren Hinweis auf das Fortbestehen dieser Regel im Lateinischen glaubt man darin zu finden, daß auch andere Wörter wie *est*, *quis*, *quisque* vorzugsweise an der zweiten Stelle des Satzes erscheinen. Synchronisch kann man die Plazierung der Konnektoren und anaphorischen Wörter relativ vorne im Satz am besten aus ihrer satzverbindenden Funktion erklären. Für die spezielle Besetzung der Stellen 1 und 2 gibt es keine synchronische Erklärung.

Nicht selten stoßen wir auf Abweichungen von der nahezu mechanischen Besetzung der ersten oder zweiten Stelle durch Konnektoren, in der Dichtung vor allem aus metrischen Gründen, aber auch dort, wo ein anderer Konstituent die prominente Stelle am Satzanfang einnimmt. Z.B. geht den normalerweise an erster Stelle erscheinenden Konnektoren *sed*, *nam*, *itaque* ein Wort oder eine Wortgruppe (manchmal sogar Wortgruppen) voraus, das bzw. die Fokus-Funktion hat, vgl. (17):

(17) pro ingenti *itaque* victoria id fuit plebi ('Für einen gewaltigen Sieg hielt dies daher das Volk', Liv. 4,54,6)

Konnektoren, die gewöhnlich an zweiter Stelle stehen (wie z.B. *enim*), treten ebenfalls bisweilen weiter hinten im Satz auf. Etwas Ähnliches können wir bei Subordinatoren sowie bei Relativ- und Interrogativpronomina feststellen, die normalerweise einen (Neben-)Satz einleiten, aber weiter hinten im Satz auftauchen, um einem Topic- oder Fokus-Konstituenten Platz zu machen (Beispiele in K.-St. II, 614f). So tritt beispielsweise in (18) *omnem* (und damit die gesamte Präpositionalgruppe *per omnem urbem*) betont an den Anfang:

(18) per omnem urbem *quem* sum defessus quaerere ('Ich bin völlig erschöpft davon, die ganze Stadt nach ihm zu durchsuchen', Pl. *Epid.* 197)

Wenn die genannten Wortarten - wie *quem* in (18) - an zweiter oder späterer Stelle erscheinen, so ist dies weniger eine Folge davon, daß sie 'tonschwach' sind, als vielmehr eine Folge des Bedürfnisses, andere Wörter an die erste Stelle des Satzes treten zu lassen[13].

9.3.2.2. DIE BESETZUNG DER ERSTEN STELLE DURCH EINEN 'ECHTEN' SATZKONSTITUENTEN

Schon seit langem gilt die erste Stelle des Satzes als die für diejenigen Konstituenten prädestinierte Position, die im Satz eine wichtige Rolle spielen (vgl. Sz. 401)[14]. Dabei müssen satzverbindende Konnektoren (s. den vorigen Paragraphen) und Konstituenten mit thematischer Funktion (s. § 4.2.) außer Betracht bleiben. Als Beispiel eines Konstituenten mit thematischer Funktion wiederhole ich Satz (18) von S. 54:

(19) *de forma*, ovem esse oportet corpore amplo (Var. *R.* 2,2,3)

Der Konstituent *de forma* steht in keiner syntaktischen Beziehung zum 'Hauptsatz', sondern gibt den Rahmen an, innerhalb dessen der Rest der sprachlichen Äußerung verstanden werden muß: es ist die Rede von der *forma ovis*. Obwohl sich die Grammatiken zu diesem Punkt nicht explizit äußern, können wir davon ausgehen, daß auch sie die beiden genannten Typen

---

13 Die im Hinblick auf die sog. enklitischen Wörter richtungweisende Arbeit war die von Wackernagel (1892). Zur Stellung der Konnektoren, Subordinatoren, Relativa etc. vgl. Marouzeau (1949, 67-135).
14 Zur ersten Stelle des Satzes s. auch Dik (1978, 178-183).

von Konstituenten bei der Frage nach der Besetzung der ersten Stelle des Satzes nicht berücksichtigen.

Wie ich bereits bemerkte, kommt nach Darstellung der Grammatiken für die erste Stelle der Subjektkonstituent am meisten in Betracht. Zugleich wird der Eindruck erweckt, als nehme in den meisten Sätzen ein Subjektkonstituent die erste Stelle ein. Dieser Eindruck ist jedoch verkehrt. Es ist eine Eigenschaft des Lateinischen, daß für die erste und die zweite Person das Verbum finitum einen Hinweis darauf enthält, daß das Subjekt die in der betreffenden Situation sprechende oder angesprochene Person ist. Für die dritte Person (= Nicht-Sprecher, Nicht-Angesprochener) sind Hinweise aus dem Kontext oder der Situation erforderlich. In vielen Texten ist folglich kein expliziter Subjektkonstituent vorhanden, so daß in diesen Sätzen die erste Stelle von einem Nicht-Subjektkonstituenten besetzt wird. Es wäre natürlich möglich, daß, *falls* ein expliziter Subjektkonstituent vorhanden ist, dieser meist an der ersten Stelle steht. Eine exemplarische Analyse von Cic. *Att.* 1,5 zeigt aber, daß eine solche Formulierung den Tatsachen nicht entspricht (s. Abb. 1 weiter unten)[15]. Aus dieser Analyse geht hervor, daß nur in drei der 27 Sätze dieses Briefes das Subjekt an erster Stelle steht (die Nummern dieser drei Sätze sind in Abb. 1 durch einen Kreis gekennzeichnet). Zwar enthalten auch die Sätze 1 und 26 ein 'einfaches' explizites Subjekt (*tu* bzw. *Tulliola*), aber dieses nimmt nicht die erste Stelle ein. In einigen Fällen tritt ein Konstituent der eingebetteten Prädikation, der innerhalb dieser nicht als Subjekt fungiert, an die erste Stelle des Satzes. Die Zahl der Relativ- und Interrogativpronomina in satzinitialer Stellung ist hoch. Die Relativpronomina schließen freilich unmittelbar an die voraufgegangene Information an und sind folglich Topic; Interrogativpronomina

---

15 Abb. 1 enthält sämtliche Sätze von Cic. *Att.* 1,5. Die Satzkonstituenten sind durch eine Klammermarkierung voneinander unterschieden. Unten auf der Seite befinden sich Anmerkungen zu dem Konstituenten, der (im Hauptsatz) die erste Stelle einnimmt. Konnektoren bleiben außer Betracht. Im folgenden verwendete Abkürzungen und Zeichen sind:

S	:	Subjekt
O	:	Objekt
K	:	Komplement
V(f)	:	(finites) Verb
IO	:	indirektes Objekt
Sat.	:	Satellit
Eing. Präd.	:	eingebettete Prädikation
Präd. nom.	:	Prädikatsnomen
Präd.	:	Prädikativum
⌐⌐	:	diskontinuierliche Bestandteile eines Konstituenten

haben Fokus-Funktion. Drei Sätze des ciceronianischen Briefes werden durch einen Nebensatz oder eine Präpositionalgruppe eingeleitet, der bzw. die das Thema des Satzes ankündigt und sozusagen den Rahmen für den Inhalt des sich schließenden Satzes bildet, d.h. Thema-Funktion hat (es handelt sich um die Sätze 4,9 und 13)[16]. Allem Anschein nach ist die erste Stelle des Satzes, abgesehen von Konnektoren und thematischen Konstituenten, für Topic- und Fokus-Konstituenten vorgesehen. Das kann der Subjektkonstituent sein, aber hier ist es meist nicht so. Interessant sind in diesem Zusammenhang die Sätze 23 und 24: jener beginnt mit *Quintum fratrem* (Objekt), dieser mit *Terentia* (Subjekt). Bisweilen läßt sich ein Konstituent, obgleich nicht an einer früheren Stelle des Briefes erwähnt, dennoch aufgrund der zwischen Cicero und Atticus bestehenden Vertrautheit als Topic betrachten. Das gilt nicht nur für *Quintum fratrem* und *Terentia*, sondern auch für *Epiroticam emptionem* in Satz 20[17].

Abb. 1: Cic. *Att.* 1,5

1. | *Quantum dolorem* acceperim et quanto fructu sim privatus et forensi et

   domestico Luci fratris nostri morte | , | in primis | | pro nostra consuetu-

   dine | tu | existimare | | potes. |

2. Nam | *mihi* | | omnia, quae iucunda ex humanitate alterius et moribus

   homini accidere possunt | , | ex illo | | accidebant. |

3. | *Quare* | | non dubito | , | quin tibi quoque id molestum sit | , | cum et meo

   dolore moveare et ipse omni virtute officioque ornatissimum tuique et

   sua sponte et meo sermone amantem adfinem amicumque amiseris. |

16 Shackleton-Bailey übersetzt die Sätze 7 und 18 als thematisch.
17 Caroline Kroon (Assistentenarbeit Okt. 1983) untersuchte in Cic. *Att.* 7-12 die Stellung der Namen von Familienmitgliedern im Satz. Denn Cicero berichtet ziemlich stereotyp am Schluß seiner Briefe, wie es den Mitgliedern der Familie geht. In 60 der 75 Fälle steht der Name des Familienmitglieds an erster Stelle; die übrigen Fälle lassen sich nahezu alle dadurch erklären, daß ein Konstituent mit Fokus-Funktion den Satz eröffnet.

4. Quod ad me scribis de sorore tua, testis erit tibi ipsa, quantae
mihi curae fuerit, ut Quinti fratris animus in eam esset is, qui esse
deberet.

5. Quem cum esse offensiorem arbitrarer, eas litteras ad eum misi
quibus et placarem ut fratrem et monerem ut minorem et obiurgarem
ut errantem.

6. Itaque ex iis, quae postea saepe ab eo ad me scripta sunt, confido
ita esse omnia, ut et oporteat et velimus.

7. De litterarum missione, sine causa abs te accusor.

8. Numquam enim a Pomponia nostra certior sum factus esse, cui
dare litteras possem, / porro autem neque mihi accidit, ut
haberem, qui in Epirum proficisceretur, / nequedum te Athenis
esse audiebamus.

9. De Acutiliano autem negotio, quod mihi mandaras, ut primum a
tuo digressu Romam veni, confeceram;

10. sed accidit, ut et contentione nihil opus esset et ut ego, qui in te
satis consilii statuerim esse, mallem Peducaeum tibi consilium per litteras
quam me dare.

11. Etenim, cum *multos dies* aures meas Acutilio dedissem , cuius sermonis genus tibi notum esse arbitror , non mihi grave duxi scribere ad te de illius querimoniis , cum eas audire, quod erat subodiosum, leve putassem.

12. Sed *abs te ipso*, qui me accusas, unas mihi scito litteras redditas esse , cum et otii ad scribendum plus et facultatem dandi maiorem habueris.

13. *Quod scribis*, etiamsi cuius animus in te esset offensior, a me recolligi oportere , teneo , quid dicas, / neque id neglexi.

14. Sed est miro quodam modo adfectus.

(15.) *Ego* autem, quae dicenda fuerunt de te , non praeterii.

16. *Quid* autem contendendum esset , ex tua putabam voluntate me statuere oportere.

17. *Quam* si ad me perscripseris , intelleges me neque diligentiorem esse voluisse, quam tu esses, neque neglegentiorem fore, quam tu velis.

18. *De Tadiana re,* mecum Tadius locutus est te ita scripsisse, nihil esse iam, quod laboraretur, quoniam hereditas usu capta esset.

19. *Id* mirabamur te ignorare, de tutela legitima, in qua dicitur esse puella, nihil usu capi posse.

20. *Epiroticam emptionem* gaudeo tibi placere.

21. ⌐Quae tibi mandavi et quae· tu intelleges convenire nostro Tusculano,⌐

⌐velim,⌐ ⌐ut scribis, cures, quod sine molestia tua facere poteris.⌐

22. Nam ⌐nos⌐ ⌐ex omnibus molestiis et laboribus⌐ ⌐uno illo in loco⌐ con-

quiescimus.⌐

23. ⌐Quintum fratrem⌐ ⌐cotidie⌐ ⌐expectamus.⌐

24. ⌐Terentia⌐ ⌐magnos articulorum dolores⌐ ⌐habet.⌐

25. Et ⌐te et sororem tuam et matrem⌐ ⌐maxime⌐ ⌐diligit⌐

26. ⌐salutem⌐ que ⌐tibi⌐ ⌐plurimam⌐ ⌐adscribit⌐ et ⌐Tulliola,[18] deliciae

nostrae.⌐

27. ⌐Cura ,⌐ ⌐ut valeas et nos ames et tibi persuadeas te a me fraterne

amari.⌐

Anmerkungen zur Besetzung der ersten Stelle in den einzelnen Sätzen:

1. An erster Stelle steht der Objektkonstituent (Fragewort) eines von *existimare* abhängenden Fragesatzes (N.B. explizites Subjekt *tu*).
2. Komplement (Personalpronomen), evtl. aufzufassen als kontrastiv zu *tu* in Satz 1.
3. Satellit (relativer Anschluß).
4. Satellit (Thema); anschließend Prädikatsnomen.
5. Subjekt der als AcI eingebetteten Prädikation (relativer Anschluß).
6. Satellit mit der Funktion Ursache (anaphorisches Pronomen).
7. Satellit (von Shackleton-Bailey als Thema übersetzt).
8. Satellit (temporal).
9. Satellit (Thema); anschließend Objekt (selbständiger Relativsatz).

---

18 Der Text ist umstritten. Ich folge Shackleton-Bailey.

10. Prädikat (einstellig; umfangreicher Subjektkonstituent).
11. Satellit (Temporalsatz); hinter dem Subordinator steht ein Satellit mit der Funktion Zeitdauer.
12. Satellit der eingebetteten Prädikation (Ausgangspunkt); (Präpositionalgruppe mit Personalpronomen).
13. Satellit (Thema); anschließend Prädikat.
14. Hilfsverb als Teil des Prädikats.
⑮ Subjekt (Personalpronomen der 1.Person).
16. Subjekt des von *statuere* abhängenden Fragesatzes (Fragewort).
17. Objekt innerhalb des Satellitensatzes (relativer Anschluß).
18. Satellit (von Shackleton-Bailey als Thema übersetzt).
19. Objekt der als AcI eingebetteten Prädikation.
20. Subjekt der als AcI eingebetteten Prädikation.
21. Objekt innerhalb des von *cures* abhängenden Objektsatzes (selbständiger Relativsatz).
㉒ Subjekt (Personalpronomen).
23. Objekt.
㉔ Subjekt.
25. Objekt (Personalpronomen).
26. Objekt (N.B. der Satz hat ein explizites Subjekt!).
27. Prädikat (Imperativ; umfangreicher abhängiger Satz).

Das Bild, das durch die oben aufgezeigte Analyse eines zusammenhängenden Textes aus Ciceros Briefen entsteht, wird bestätigt, wenn man eine Reihe von Texten unter dem Gesichtspunkt durchliest, wie sich ein bestimmtes Lexem, das als Subjekt oder Objekt fungiert, hinsichtlich der Wortstellung verhält. Die weiter unten aufgeführten Abbildungen enthalten die hierüber erforderliche Information. Aus Cic. *Att.* wurden 14 Sätze untersucht, in denen *frater*[19] als Subjekt, und acht, in denen

---

19 Quintus frater wird als *ein* Konstituent gerechnet. Die ausgewerteten Textstellen sind folgende:

frater	Stellung im Satz (von Konnektoren abgesehen)			
	(1)	(2)	(3)	(4)
	1,6,2,1	1,18,1,5	3,17,3,1	3,22,2,5
	1,14,7,2		10,4,6,14	
	1,19,11,1		11,23,2,6	
	3,9,11,1			
	3,18,2,3			
	4,9,2,3			
	7,18,4,1			
	9,1,4,6			
	9,6,4,14			

fratrem[20] als Objekt auftritt. *Frater* (als Subjekt) steht nicht an erster Stelle, wenn ein anderer Konstituent Topic ist oder als kontrastiver Fokus nach vorn plaziert wird und/oder wenn *frater* selbst Fokus ist:

(20) (nihil mihi nunc scito tam deesse quam hominem ... qui me amet ...) abest enim *frater* αφελεστατος *et amantissimus*. Metellus ... Tu autem ... Ita sum ab omnibus destitutus ('Wisse, daß mir jetzt nichts so sehr fehlt wie ein Mensch, der mich liebt. Denn mein Bruder, der ganz aufrichtig und lieb ist, ist nicht da. Metellus ... Du aber ... So bin ich von allen verlassen', Cic. *Att.* 1,18,1)

(21) de Metello scripsit ad me *frater* quantum speraret profectum esse per te ('Von Metellus schrieb mir mein Bruder, es sei für dich so gelaufen, wie er hoffte', Cic. *Att.* 3,22,2)

In (20) ist die 'Abwesenheit' Topic und *frater ... amantissimus* Focus. Man beachte, daß die anderen abwesenden Personen, von denen sodann die Rede ist (*Metellus* und *Tu*), kontrastiv am Satzanfang stehen. Bei *de Metello* in (21) handelt es sich um einen neuen Namen innerhalb einer Aufzählung. Die pragmatische Funktion dieses Konstituenten ist schwer zu bestimmen. *De Metello* bezeichnet offenkundig die Person, über welche die Aussage (Prädikation) gemacht wird, und scheint daher Topic zu sein (vgl. die Definition von Topic auf S. 6). Zwar wurde Metellus noch nicht an einer früheren Stelle dieses Briefes eingeführt, aber Cicero und Atticus kennen ihn natürlich beide. Vielleicht darf man behaupten, *de Metello* stehe in Kontrast zu den vorher erwähnten Personen und sei folglich kontrastiver Fokus. Auf die Schwierigkeit, die pragmatische Funktion, insbesondere die Funktion Topic, zu ermitteln, stößt man in Ciceros Briefen häufig. Das hängt zusammen mit der Kürze und dem abrupten Wechsel der Mitteilungen, die Cicero macht. In den sechs Fällen, in denen *fratrem* an der ersten

---

20 *fratrem*	(1)		(3)
	1,5,8,1 -S		5,21,6,1 +S
	3,11,2,5 -S		6,3,1,12 +S
	3,13,2,13-S		
	4,1,8,5 -S		
	4,18,2,15-S		
	6,6,3,14 -S		

-S: der Satz enthält kein explizites Subjekt
+S: der Satz enthält ein explizites Subjekt
Ich habe Formen ein und desselben Lexems gewählt, um eventuelle Variablen auszuschließen, welche die Wortstellung beeinflussen könnten.

Stelle des Satzes erscheint, handelt es sich ausnahmslos um Sätze ohne explizites Subjekt. In den übrigen zwei Fällen handelt es sich um Sätze mit explizitem Subjekt, nämlich (22) und (23):

(22) ego aestivis confectis *Quintum fratrem* hibernis ... praefeci ('Ich habe nach Beendigung des Feldzuges Q. mit der Leitung des Winterlagers beauftragt', Cic. *Att.* 5,21,6)

(23) Quem relinquam, qui provinciae praesit? Ratio quidem et opinio hominum postulat *fratrem* ('Wen soll ich zur Verwaltung der Provinz zurücklassen? Meinen Bruder, wenn es jedenfalls nach der Vernunft und nach dem geht, was die Leute erwarten', Cic. *Att.* 6,3,1)

Das explizite Subjekt in (22) (*ego*), das innerhalb des Satzes Topic ist, korrespondiert mit dem am Briefanfang stehenden *te*; dem durch *quidem* verstärkten Subjekt in (23) entspricht das kurz zuvor erwähnte *de fratre autem*, während außerdem *fratrem* als Antwort auf die vorhergehende Frage Fokus-Funktion hat (s. auch § 9.3.2.4.).

Abb. 2: Stellung von *frater* (Subjekt) / *fratrem* (Objekt) in Cic. *Att.*

	1. Stelle	2. Stelle	3. Stelle	4. Stelle	total
frater	9	1	3	1	14
fratrem	6	-	2	-	8

Ein ähnliches Ergebnis erhalten wir, wenn wir die Stellung von *tu*[21] (Subjekt) und *te*[22] (Objekt) in Cic. *Att.* 1 untersuchen.

---

21 Stellung im Satz (von Konnektoren abgesehen)

tu

(1)		(2)	(3)	(4)
1,6,1,2	(imp.)	1,1,2,18	1,20,2,1	1,5,1,3
1,13,3,6		1,13,4,2		
1,13,6,7	(imp.)	1,19,10,9		
1,14,7,2	(imp.)			
1,14,7,6	(imp.)			
1,16,17,3	(imp.)			
1,18,1,8				
1,19,11,3	(imp.)			

Abb. 3:   Stellung von *tu* (Subjekt) / *te* (Objekt) in Cic. *Att.*

	1. Stelle	2. Stelle	3. Stelle	4. Stelle	total
tu	8	3	1	1	13
te	4	5	2	-	11

Aus diesem (begrenzten) Material läßt sich vorsichtig folgern, daß die erste Stelle des Satzes - von Konnektoren und Thema-Konstituenten abgesehen - vor allem für Konstituenten mit der pragmatischen Funktion Topic vorgesehen ist. Topic-Konstituenten sind oft, aber nicht eo ipso Subjektkonstituenten[23]. Für die erste Stelle kommen ferner Konstituenten in Frage, die als kontrastiver Fokus fungieren; ein Beispiel hierfür ist der Satz mit *numquam* in Cic. *Att.* 1,5,3 (s. Satz 8 in Abb. 1). (Fokus-Funktion können auch Konstitutenten haben, die Teil einer Wortgruppe sind, z.B. attributive Adjektive, vgl. § 9.4.). Die soeben beschriebene Stellungsregel kann durch folgende Formel wiedergegeben werden:

(Konn)P1(Konn){P,Arg,Sat}

Diese Formel ist folgendermaßen zu lesen: Ein Satz wird häufig, aber nicht immer durch einen Konnektor mit dem vorhergehenden verbunden. An erster Stelle steht ein Konstituent mit der Funktion Topic oder kontrastiver Fokus, sei es das Prädikat,

---

22   *te*

(1)	(2)	(3)
1,3,2,7-S	1,1,5,3-S	1,3,2,1 +S
1,5,8,2-S	1,9,2,7 +S	1,19,1,3 -S
1,16,1,14-S	1,16,9,9 +S	
1,16,7,1-S	1,16,16,4-S	
	1,18,1,20-S	

-S : der Satz enthält kein explizites Subjekt
+S : der Satz enthält ein explizites Subjekt
imp.: imperativischer Satz

23 Zu Topic-Konstituenten in satzinitialer Stellung s. Fraenkel (1968, Anhang 7). Zur Relation zwischen Topic und Subjekt vgl. Keenan (1976).

ein Argument oder ein Satellit. Dann folgen die übrigen Satz-konstituenten.

In den Grammatiken wird dem Auftreten des finiten Verbs in satzinitialer Position besondere Aufmerksamkeit geschenkt (Beispiele s. K.-St. II, 598-601; Sz. 403)[24]. Abgesehen davon, daß das finite Verb in Interrogativ-, Imperativ- und Konzessivsätzen die erste Stelle einnimmt, erfülle diese Stellung folgende Funktionen: Herstellung eines Satzzusammenhangs (u.a. einer explikativen, konsekutiven oder kausalen Relation) oder nur Herstellung von Kontinuität innerhalb der Erzählung (des Berichts o.ä.). Als Beispiel für eine konsekutive Relation führen K.-St. (II, 600) folgenden Satz an:

(24) (Die Helvetier waren gezwungen, von dem Versuch, die Rhône zu überqueren, Abstand zu nehmen.) Relinquebatur una per Sequanos via ('Es blieb nur noch der Weg durch das Gebiet der Sequaner übrig', Caes. *Gal.* 1,9,1)

K.-St. übersetzen 'es blieb also übrig'. Auffälligerweise beginnt Caes. *Gal.* 1,6,1 mit der Feststellung *erant omnino duo itinera* ('Es gab insgesamt nur zwei Wege'). Dann wird berichtet, daß einer der beiden Wege ausfällt. Die nun zu vollziehende logische Schlußfolgerung führt natürlich zu dem in Satz (24) formulierten Ergebnis. Das aber braucht nicht der Grund für die Anfangs-stellung des Verbum finitum zu sein. Diese könnte auch damit erklärt werden, daß *relinquebatur* als Topic oder als kontrastiver Fokus (d.h. als Kontrast zu dem implizierten 'der eine Weg fiel aus') fungiert. Eine andere Erklärungsmöglichkeit ist folgende: Satz (24) besteht nur aus zwei Konstituenten: *relinquebatur* und *via per Sequanos*. Von diesen beiden enthält *via per Sequanos* die wichtigste Information (=Fokus). Ein abrupter Übergang zu dieser *via* war nicht möglich; daher kam - negativ ausgedrückt - nur die letzte Stelle des Satzes in Frage (s. auch den folgenden Paragraphen); das verbum finitum konnte dann natürlich nur an die erste Stelle treten. (24) gleicht somit dem Satz *erant omnino* ... Kopulatives und existentielles *esse* sowie semantisch verwandte Verben erscheinen vergleichsweise oft am Satzanfang. In derartigen Sätzen werden häufig neue Personen oder Sachen eingeführt (sog. präsentative Sätze).

Die Liste der in den Grammatiken unterschiedenen Gründe für die Anfangsstellung des Verbum finitum ist so umfangreich, daß sich eine spezieller Fall dort immer irgendwie unterbringen

---

24 Vgl. auch Dressler (1969, besonders 14-16); Kroll (1918).

läßt. Eine nähere Untersuchung, die sich in einem etwas eng-
maschigeren Rahmen vollzieht, ist nötig.

9.3.2.3. DIE BESETZUNG DER LETZTEN STELLE DES SATZES

Wie ich bereits erwähnte, steht das finite Verb oft - wenn
auch mit wechselnder Häufigkeit - an letzter Stelle im Satz. Die
Grammatiken weisen darauf hin, daß die letzte Stelle auch
dazu dienen kann, bestimmten Konstituenten, namentlich dem
Subjektkonstituenten, besonderen Nachdruck zu verleihen. Ein
Beispiel hierfür ist (25)[25]:

(25) Apud Helvetios longe nobilissimus fuit et ditissimus *Orgetorix* ('Bei den Helvetiern war der weitaus vornehmste
und reichste Mann Orgetorix', Caes. *Gal.* 1,2,1)

(25) ist ein präsentativer Satz. Innerhalb des Kontextes wurde
Orgetorix zu keinem früheren Zeitpunkt erwähnt noch wurde
der Leser im vorhergehenden Kontext in irgendeiner Weise
auf die Erwähnung des Namens einer unbekannten Person
vorbereitet. Orgetorix kann daher nicht als die erste Information
des Satzes dargeboten werden. Satz (25) enthält die erste von
mehreren Detailangaben über die (schon früher genannten)
Helvetier, die in diesem Satz als Topic fungieren, vgl. auch
Bsp. (20) und (21) weiter oben.

Ich habe aus Ciceros Briefen an Atticus 126 Sätze im
Hinblick auf die Besetzung der letzten Stelle des Satzes untersucht. Das Ergebnis kommt in Abb. 4 zum Ausdruck:

---

25 Das Beispiel wird von Scherer (1975, 178, 223) angeführt.

Abb. 4: Besetzung der letzten Stelle von Sätzen aus einigen
Briefen Ciceros an Atticus[26].

Art des Konstituenten	Zahl
1. finites Verb des Hauptsatzes	52
2. anderer Konstituent des Hauptsatzes	8 }60
3. Konstituent einer eingebetteten Prädikation	66
	total 126

Sodann habe ich die Gründe untersucht, warum in acht Fällen
andere Konstituenten als das verbum finitum die letzte Stelle
des Satzes einnehmen. Diese acht Fälle sind nicht alle leicht
zu erklären, wenngleich es sich meistens in der Tat um Konstituenten handelt, die im Satz eine vergleichsweise wichtige
Information beinhalten (d.h. Fokus sind). Ein klares Beispiel
ist (26), in dem der Objektkonstituent an letzter Stelle erscheint:

(26) et (Quintus frater) secum habebat *hominem* χρηστομαθῆ,
D. Turranium ('Und er hatte einen Gelehrten bei sich,
nämlich D. Turranius', Cic. *Att.* 1,6,2)

In (26) ist *Quintus frater* Topic (und wird in dieser Funktion
nicht ausgedrückt). Der Konstituent mit der wichtigsten Information (Fokus) steht tatsächlich an letzter Stelle. *habere* ist
ein ziemlich 'farbloses' Verb. Was Cicero mitteilen will, ist
nicht, *daß* sein Bruder einen Gelehrten bei sich hatte, sondern
wen oder *was für einen Mann* er bei sich hatte. Ein deutliches
Beispiel für einen Satelliten an letzter Stelle finden wir in (27):

(27) verum haec audies *de Philadelpho* ('Aber das wirst du
von Ph. hören', Cic. *Att.* 1,11,2)

Auch hier ist der letztgenannte Konstituent (*de Philadelpho*)
Träger der wichtigsten Information (Fokus). Problematisch ist
jedoch (28), wo wir ein temporales Adverbial in der Schluß-

---

26 Cic. *Att.* 1,5; 1,6; 1,7; 1,8; 1,9; 1,10; 1,3; 1,4.

stellung antreffen[27]:

> (28) pater nobis decessit *a.d. VIII Kal. Dec.* ('Vater ist uns am 24. November gestorben', Cic. *Att.* 1,6,2)

Wenn die für die beiden vorhergehenden Fälle gegebene Erklärung auch auf (28) zutreffen sollte, dann würde Cicero den Atticus in erster Linie über das Todes*datum* informieren, während ein moderner Leser erwachten würde, daß die Mitteilung des Ablebens als solche im Vordergrund stehe. Wir müssen dann annehmen, daß Cicero seinen Freund schon früher über den bevorstehenden Tod des Vaters in Kenntnis gesetzt hatte, so daß dessen Eintreten nicht die größte Neuigkeit war[28]. Methodisch ist es natürlich nicht richtig, nur die vom finiten Verb verschiedenen Konstituenten im Hinblick darauf zu untersuchen, ob sie Fokus sind. Wenn die letzte Stelle des Satzes in diesen Fällen für die Funktion Fokus vorgesehen wäre, dann wäre es denkbar, daß auch das finite Verb in den (hier registrierten 52) Fällen, in denen es die letzte Stelle besetzt, Fokus wäre. Dies ist angesichts der von vornherein sehr hohen Frequenz des Verbum finitum auf der letzten Stelle a priori unwahrscheinlich; außerdem sprechen die erheblichen Unterschiede zwischen den Autoren dagegen. Ferner müßte man beweisen, daß die vom finiten Verb verschiedenen Konstituenten dann, wenn sie Fokus-Funktion haben, *immer* hinter dem finiten Verb (und sogar an der letzten Stelle des Satzes) stehen. Eine derartige Untersuchung wurde bisher noch nicht an einem hinreichend großen Korpus durchgeführt[29].

27 Die übrigen Abweichungen sind 1,5,8 (Subjekt-Textstelle ist unsicher, s. Anmerkung 18), 1,6,2 (Komplement), sofern *certiorem facere* nicht als ein komplexes Prädikat aufzufassen ist; in den restlichen Fällen haben die Konstituenten Fokus-Funktion (1,3,3; 1,9,2 - Prädikatsnomen; 1,6,1 - Preisbestimmung).

28 Diese Textstelle hat jedoch auch zu anderen Kommentaren Anlaß gegeben, z.B. über Ciceros Lieblosigkeit bzw. sein wenig ausgeprägtes Zartgefühl. S. Shackleton-Bailey z.St.. Temporale Adverbialia in Cic. *Att.* sind nicht an eine feste Stelle gebunden (R.Risselada).

29 Soweit mir bekannt ist, kommt *quidem* (außer in der Verbindung *ne ... quidem*) nicht am Ende eines Satzes vor. Dieses könnte man erwarten, wenn für Konstituenten mit Fokus-Funktion die Stelle hinter dem finiten Verb vorgesehen wäre (zu *quidem* als Fokus-Indikator s. weiter oben S. 6).

9.3.2.4. DIE REIHENFOLGE DER KONSTITUENTEN UNTEREINANDER

Es ist besonders schwierig, sich über die 'normale' Stellung der Konstituenten in Hauptsätzen Klarheit zu verschaffen, weil in den meisten Sätzen verschiedene Arten von eingebetteten Prädikationen vorkommen. Die Zahl der einfachen Sätze beispielsweise des Typs

Argument 1 (Subst$_{Nom}$.) - Argument 2 (Subst$_{Akk}$.) - Satellit (Adverb) - finites Verb

ist klein. Innerhalb dieser begrenzten Menge bestehen Unterschiede in der Zahl der Argumente (Stelligkeit), in der Diathese (Aktiv/Passiv), im Vorhandensein oder Fehlen eines expliziten Subjekts sowie in der Zahl und Art der Satelliten. Wir verfügen über wenig Fakten, die genauen Aufschluß über diese Faktoren geben. Um die Art des Ansatzes zu verdeutlichen, der für eine weiterführende Beschreibung der lateinischen Wortstellung erforderlich ist, lasse ich weiter unten zwei Abb. folgen, denen wir die Stellung von Argumenten, verbum finitum und Satelliten in einfachen Sätzen entnehmen können. In Cic. *Att.* 1 kommen ca. 100 Sätze ohne eingebettete Prädikationen vor. Davon enthalten 52 Sätze ein aktivisches zweistelliges Prädikat mit einem expliziten Objekt-/Komplement-Konstituenten; von diesen Sätzen enthalten 21 außerdem noch einen expliziten Subjektkonstituenten. In einigen der untersuchten Sätze kommen ein oder mehrere Satelliten vor, höchstens drei in einem Satz. Die Satelliten sind in den Tabellen nach der Reihenfolge ihres Erscheinens im Satz (nicht nach der Art)[30] beziffert.

Falls die für diese Sätze ermittelten Ergebnisse repräsentativ sein sollten, könnte man die Wortstellung in Sätzen mit einem zweistelligen Prädikat anhand folgender 'Regel' beschreiben:

---

30 Das hätte angesichts der geringen Zahl der untersuchten Fälle keinen Sinn. R. Risselada hat eine ähnliche Untersuchung an Cic. *Att.* 2 (ebenfalls ca. 50 'einfache' Sätze) durchgeführt. Das Ergebnis bestätigt die weiter unten gezogenen Schlußfolgerungen. In dem Korpus sind Fälle von Diskontinuität selten. Ich habe dann jeweils den ersten Konstituenten einer diskontinuierlichen Gruppe genommen, z.B. *sed omnis in tua posita est humanitate mihi spes huius levandae molestiae* (Cic. *Att.* 1,17,4): Konn.-(S)-(K)-Vf-K-Sat.1-S. Imperativische Sätze habe ich außer Betracht gelassen.

(Konn.) - {S} - (Konn.) - (Sat.) - O/K - (Sat.) - Vf

Diese Regel ist wie folgt zu lesen:
In Sätzen mit einem Subjekt, einem Objekt bzw. Komplement und einem verbum finitum ist die Reihenfolge dieser drei Konstituenten gewöhnlich S-O/K-Vf. Fehlt ein S, so lautet die Reihenfolge O/K-Vf. Konnektoren haben - sofern vorhanden - ihren eigenen festen Platz im vorderen Teil des Satzes. Satelliten können - sofern vorhanden - an verschiedenen Stellen vorkommen, meistens jedoch stehen sie vor dem Vf. Beispiele sind:

(29) Terentia magnos articulorum dolores habet ('Terentia hat heftige Schmerzen in den Gelenken', Cic. *Att.* 1,5,8)

(30) nos hic incredibili ac singulari populi [de] voluntate de C. Macro transegimus ('Ich habe hier in Rom die Angelegenheit C. Macer mit unglaublicher und einzigartiger Zustimmung des Volkes zu Ende gebracht', Cic. *Att.* 1,4,2)

Abb. 5: 31 subjektlose Sätze mit zweistelligen Prädikaten in Cic. *Att.* 1

geht voraus \ folgt	O/K	Vf	Sat.1	Sat.2	Sat.3	total
O/K		24	13	2	1	40
Vf	7		5	2	1	15
Sat. 1	7	15		4	1	27
Sat. 2	2	2			1	5
Sat. 3						
total	16	41	18	8	4	87

Abb. 6: 21 Sätze mit zweistelligen Prädikaten und einem Subjektkonstituenten in Cic. *Att.* 1

geht voraus \ folgt	S	O/K	Vf	Sat.1	Sat.2	total
S		18	20	9	3	50
O/K	3		17	4		24
Vf	1	4		2		7
Sat.1	2	7	9		4	22
Sat.2	1	4	4			9
total	7	33	50	15	7	112

N.B. Diese Tabellen sind folgendermaßen zu lesen: der Konstituent in der vertikalen Spalte geht dem Konstituenten in der horizontalen voraus; z.B. geht in Abb. 5 der Objekt-/Komplement-Konstituent in 24 Fällen dem finiten Verb voraus.

Es lassen sich Abweichungen von der weiter oben aufgestellten 'Regel' registrieren. Die Tabellen lassen erkennen, um welche es sich dabei handelt:

O/K - S (Bsp. 31), Vf - O/K (Bsp. 32), Vf - Sat. (Bsp. 33), Vf - S (Bsp. 34)

(31) Provincias praetores nondum sortiti sunt ('Die Prätoren haben noch nicht um die Provinzen gelost', Cic. *Att.* 1,13,5)

(32) obieris Quinti fratris comitia ('Du wirst bei der Wahl des Bruders Q. zugegen sein', Cic. *Att.* 1,4,1)

(33) ego de meis ad te rationibus scripsi antea diligenter ('Ich habe dich über meine Angelegenheiten schon früher genau informiert', Cic. *Att.* 1,2,1)

(34) nihil impetrabat reus ('Nichts erreichte der Angeklagte (durch Bitten)', Cic. *Att.* 1,16,4)

Diese Abweichungen lassen sich größtenteils pragmatisch gut erklären. In (31) und (34) ist das in satzinitialer Stellung erscheinende Argument Topic. In (33) wird *antea diligenter* als besonders betonter Vorwurf an das Ende des Satzes gestellt; es korrespondiert mit *tam diu nihil litterarum (abs te tam diu nihil litterarum)* ('so lange schon nicht ein einziger Brief von dir')). *Obieris* in (32) ist evtl. als Anfangsstellung in einem imperativischen Satz zu erklären, obwohl das für die darauffolgenden Sätze nicht gilt:

(35) obieris Quinti fratris comitia. nos longo intervallo viseris, Acutilianam controversiam transegeris ('Du wirst bei der Wahl des Bruders Q. zugegen sein. Du wirst mich nach langer Zeit besuchen und den Streit mit Acutilius beilegen')

Die in diesem begrenzten Korpus auftretenden Ausnahmen können wir also in der Regel betrachten als pragmatisch bedingte Abweichungen von der Basis-Wortstellung Subj.-Obj. (Kompl.)-Vf oder, anders formuliert, Arg.$_1$ - Arg.$_2$ - Vf. Satelliten werden gewöhnlich irgendwo zwischen Arg.$_1$ und Vf eingefügt. Man beachte, daß die Stelle des finiten Verbs in subjektlosen Sätzen (Abb. 5) weniger festliegt als in Sätzen mit Subjekt (Abb. 6).

Ich habe untersucht, ob die anderen aktivischen Sätze des Korpus mit ein- oder dreistelligen Prädikaten als Varianten derjenigen mit zweistelligen Prädikaten aufgefaßt werden können[31]. Es scheint tatsächlich möglich, die meisten von ihnen in die Abbildung einzugliedern, in dem Sinne, daß das indirekte Objekt sowohl vor als auch hinter dem O/K stehen kann. Ausnahmen sind:

(36) salutemque tibi plurimam adscribit et Tulliola, deliciae nostrae ('Alles Gute wünscht dir auch Tulliola, mein Liebling', Cic. *Att.* 1,5,8)

(37) prensat unus P. Galba ('Als einziger versucht P. Galba

---

31 Hier blieben auch imperativische Sätze sowie Sätze mit kopulativem oder existentiellem Verb außer Betracht. In meiner Belegsammlung kommen 16 nicht-komplexe Kopula-Sätze vor. Für die Reihenfolge von S, Vf und Prädikatsnomen läßt sich folgende 'Regel' aufstellen: S-Präd.nom.-Vf, mit den Varianten Präd.nom-S-Vf sowie S-Vf-Präd.nom. Zur Stellung von *esse* + Adjektiv / Nomen / Partizip vgl. Warner (1980), der, ausgehend von einem m.E. zu kleinen Korpus annimmt, daß bereits zur Zeit des Plautus eine Verschiebung von S-Präd.nom.-Vf zu S-Vf-Präd.nom. im Gange war.

die Wähler zu gewinnen', Cic. *Att.* 1,1,1)

(38) instat et urget Cato ('Allen möglichen Druck übt Cato aus', Cic. *Att.* 1,13,3)

Auch diese Abweichungen lassen sich meist pragmatisch erklären, und zwar auf die gleiche Weise wie die Bsp. (31) - (34).

In § 9.3.2.2-3 wurde festgestellt, daß gute Gründe für die Annahme sprechen, daß die erste Stelle des Satzes für Topic-Konstituenten oder für Konstituenten, die in Konstrast zu vorhergehenden Konstituenten stehen (kontrastiver Fokus), vorgesehen ist; es ist vorerst noch nicht ganz klar, ob auch für Fokus-Konstituenten am Ende des Satzes (hinter dem finiten Verb) ein Platz vorgesehen ist. Nach den Ausführungen dieses Paragraphen scheint es - unter Vorbehalt angesichts der geringen Zahl der untersuchten Sätze - dennoch eine Art 'normale' Wortstellung zu geben, zusammengefaßt als $Arg._1$ - $Arg._2$-Vf. Die Ergebnisse der vorigen Paragraphen, welche durch die Formel auf S. 266 wiedergegeben werden, lassen sich mit den Ergebnissen dieses Paragraphen zu folgender Formel zusammenfassen:

$$(\text{Konn.}) - P_1 - (\text{Konn.}) - \{Arg._1\} - (\text{Sat.}) - Arg._2 - (\text{Sat.}) - Vf$$

Meist wird - wenigstens in einfachen Sätzen - P_1 durch $Arg._1$, sofern explizit vorhanden, besetzt.

Zahlreiche Linguisten gehen davon aus, daß in einem Satz die Information so angeordnet wird, daß die bekannte Information der neuen vorausgeht. Diese Auffassung spiegelt sich in der oben angeführten Formel insofern wider, als P_1 für Konstituenten mit Topic-Funktion reserviert wird. Wir haben jedoch gesehen, daß die Stellung der übrigen Konstituenten im Satz ziemlich frei ist: Satelliten können dem zweiten Argument vorausgehen oder folgen. Das Vf steht meist am Schluß des Satzes, aber auch Objektkonstituenten und Satelliten können hinten stehen. Es fällt schwer, diese Gegebenheiten mit der Vorstellung in Einklang zu bringen, daß es ein Fortschreiten von der alten (bekannten) zur neuen Information gebe. Die Richtigkeit dieser Vorstellung hat kürzlich Panhuis (1982) im Rahmen der sog. funktionalen Satzperspektive der Prager Schule unter Beweis zu stellen versucht. Er untersuchte die Stellung der Konstituenten in 57 Sätzen aus Caesar, welche dreistellige Prädikate mit der Bedeutung 'an einen anderen

Ort verlegen' aufweisen (z.B. *mittere*), und gelangte zu folgender Regel für die 'normale' Wortstellung:

$$Arg._1 - Arg._2 - Arg._3 - Sat. - Vf^{32}$$

Pragmatische Faktoren können eine andere Wortstellung verursachen. Panhuis, der bei Plautus eine ähnliche Untersuchung durchführte, ist der Ansicht, dort sei die Basis-Wortstellung: $Arg._1 - Vf - Arg._2 - Arg._3$. D.h., außer der Stellung des Vf ist die Reihenfolge der Argumente die gleiche wie bei Caesar. (Auf den Unterschied zwischen Plautus und Caesar komme ich in § 9.6. zurück.) Nach Panhuis ist diese Reihenfolge nicht zufällig. Zu dem folgenden Beispiel aus Caesar:

(39) Helvetii ... legatos ad eum mittunt ('Die H. schickten Unterhändler zu Caesar', Caes. *Gal.* 1,13,2)

bemerkt er[33], daß die Handlung *mittere* durch *legatos* und *ad eum* in dieser Abfolge zunehmend spezifiziert werde. Die Wortstellung spiegele also diese Zuspitzung wider. Als noch weitergehende Präzisierungen würden Satelliten den Argumenten folgen. Es ist mir vorerst noch nicht möglich einzusehen, warum bei einem Verb wie *mittere* das Richtungskomplement 'spezifischer' sein soll als das Objekt; das Umgekehrte ist genauso denkbar. Nähere Untersuchung ist notwendig[34].

9.3.2.5. DIE STELLUNG DER PRONOMINA

Wir haben oben (S. 255) schon gesehen, daß anaphorische Adverbien und Pronomina aufgrund ihrer zusammenhangschaffenden Funktion für P1 in Frage kommen. Im Lexikon zu Livius erscheint dies ziemlich eindeutig bei Wörtern wie *ibi*. Es fällt auf, daß Pronomina aller Art selten hinter dem Verbum finitum und selten am Satzende stehen (vgl. Koll 1965, 247). Das gleiche gilt auch noch (in wechselndem Maße) für die romanischen Sprachen, in denen unbetonte Objektpronomina eine proklitische

---

32 Panhuis (1982, 126).
33 Panhuis (1982, 119).
34 Ein Einwand gegen Panhuis' Argumentation könnte darin bestehen, daß der Informationswert eines Konstituenten gerade geringer ist, je mehr Konstituenten ihm vorausgegangen sind (die Vorherbestimmbarkeit nimmt zu). Vgl. Lyons (1968, 81ff).

Stellung bezüglich des finiten Verbs einnehmen (SOV), wohingegen nominale Objekte in der Regel dem Vf folgen (SVO). Diese Stellung der Pronomina betrachten manche als ein Relikt der vorromanischen SOV-Situation im Lateinischen. Andere sehen hierin ein Beispiel für die grundsätzliche Tendenz, daß Konstituenten von geringerem Gewicht eine Stelle im vorderen Bereich des Satzes einnehmen[35].

Schlußfolgerung: Es ist nicht ausgeschlossen, daß ein Teil der zu Beginn dieses Paragraphen (§ 9.3.) zusammengefaßten allgemeinen Aussagen zur lateinischen Wortstellung, wie sie in den Grammatiken zu finden sind, auf (Haupt-)Sätze mit einer einfachen Struktur zutreffen. Diese Aussagen sind aber in ihrer verallgemeinernden Tendenz insofern unzutreffend, als in den Texten Sätze komplexerer Bauart vorherrschen und zudem in vielen Sätzen ein Subjektkonstituent fehlt. Für die Besetzung der ersten Stelle ist eher ein pragmatischer (Topic) als ein syntaktischer Faktor (Subjekt) maßgebend.

9.4. STELLUNG DER KONSTITUENTEN AUF WORTGRUPPENNIVEAU

Ich beschränke mich in diesem Paragraphen auf die Nominalgruppen (zu den Präpositionalgruppen s. § 5.2.). Die Grammatiken stimmen in einer Reihe genereller Aussagen über die 'normale' Stellung bestimmter Kategorien von Attributen in bezug auf das Kernnomen überein (vgl. K.-St. II, 605-611; Sz. 406-409). Diese Aussagen werden durch Abb. 7 wiedergegeben.

---

35 Ein Relikt sieht hierin Comrie (1981a, 211). Nach Dik (1978, 189) werden Konstituenten von geringem Umfang vorzugsweise in den vorderen Teil des Satzes gestellt. S. auch Harris (1978, 18-23). Seiner Meinung nach sind phonetische Gründe dafür ausschlaggebend, daß in einem späten Stadium für unbetonte Pronomina die OV-Stellung zur Regel werde (im 5.Jh. sei noch die VO-Stellung üblich gewesen, wie auch bei den Nomina).

Abb. 7: Stellung des Attributs[36]

Stellung des Attributs bezüglich des Kerns / Art des Attributs	davor	dahinter
Demonstrativpronomen	+	
Possessivpronomen		+
'determinierende' Adjektive		+
'qualifizierende' Adjektive	+	
komplexe Attribute (vgl.S. 129)		+
Zahlwörter	+	
Nomen im Genitiv		+

Ferner stimmen die Grammatiken darin überein, daß bei einsilbigen Substantiven die Nachstellung des Attributs überwiegt[37]. Abweichungen von der gewöhnlichen Stellung sind dort möglich, wo das Attribut Fokus-Funktion hat. Hierfür lassen sich aus den Grammatiken folgende Beispiele anführen

(40) altercatio ... cui pro *tuo* studio non est alienum te interesse ('eine Diskussion, an der teilzunehmen für dich in Anbetracht deines Interesses nicht abwegig ist', Cic. *ND* 1,15)

(41) nec me angoribus dedidi ... nec rursum *indignis homine docto* voluptatibus ('Weder gab ich mich Angstgefühlen hin noch wiederum Vergnügungen, die eines gebildeten Mannes unwürdig sind', Cic. *Off.* 2,2)

Eines der vielen in Abb. 7 enthaltenen Probleme stellt sich

---

36 Es herrschen unterschiedliche Auffassungen über die Stellung des Attributs (bzw. des attributiven Adjektivs) im Indogermanischen. K.-St. (II, 605) kommen zu dem Schluß: 'Das Attribut steht nach indogermanischer Regel traditionell vor seinem Nomen' (s. jedoch ihre Fußnote 2). Sz. (406) führt gerade die gegenteilige Auffassung an: 'Im Idg. scheint das Adj. habituell nachgestellt worden zu sein'.

37 In Wirklichkeit sind die Fakten komplizierter. Bei *vir* (Nom.Sing.) werden Attribute tatsächlich überwiegend hinter das Substantiv gestellt, bei den übrigen (zwei- oder dreisilbigen) Formen dieses Lexems jedoch davor. Bei *rex* (Nom.Sing.) stehen die Attribute vorwiegend vor dem Substantiv; das gleiche gilt auch für die mehrsilbigen Formen dieses Lexems. Vgl. auch De Jong (im Erscheinen).

bei den Begriffen 'determinierend'[38] und 'qualifizierend'[39]. Diese Begriffe suggerieren, daß manche Adjektive der einen, manche der anderen Klasse angehörten und daß die 'normale' Stellung dieser Adjektive dadurch bestimmt werde. In Anbetracht der Tatsache jedoch, daß alle Adjektive vor und hinter dem Substantiv stehen können, wäre es vielleicht angemessener zu sagen, daß die Adjektive im Lateinischen hinter dem Kernnomen stehen, sofern nicht pragmatische Faktoren (z.B. Fokus) ihre Voranstellung bestimmen. Manche Adjektive sind aufgrund ihrer Wortbedeutung eher geeignet, als Fokus zu fungieren, z.B. *bonus* ('gut') eher als *Romanus*. Eine eingehendere Untersuchung hierüber ist erforderlich[40]. Die Stellung vor oder nach dem Substantiv ist eines der Mittel, mit denen sich die Fokus-Funktion eines Attributs kenntlich machen läßt. Ein anderes Mittel ist die Diskontinuität, wie sie in folgenden Beispielen vorliegt:

(42) dedi ... symbolum servo tuo ... epistulam ... :: *meo* tu epistulam dedisti *servo*? ('Ich habe deinem Sklaven als Beweisstück einen Brief gegeben :: Meinem Sklaven hast du ein Beweisstück gegeben?', Pl. *Ps.* 1200-1203)

(43) Pro di immortales! *tantam*ne unius hominis incredibilis ac divina virtus tam brevi tempore *lucem* adferre rei publicae potuit? ('Bei den unsterblichen Göttern! Konnte die unglaubliche und göttliche Tugend eines einzigen Mannes dem Staat in so kurzer Zeit soviel Heil bringen?', Cic. *Man.* 33)

---

38 Bei Sz. (406) 'objektiv-bestimmend (intellektuell-sachlich)', bei Marouzeau (1953, 1) 'discriminatif'.
39 Bei Sz. 'affektisch', bei Marouzeau 'qualificatif'. S. Anmerkung 40.
40 Vgl. J.R. de Jong (im Erscheinen). Zur Unzulänglichkeit der besonders von Marouzeau gemachten Unterscheidung von determinierenden und qualifizierenden Adjektiven für die Untersuchung der Wortstellung auf Wortgruppenniveau vgl. auch Ramat (1980, 189). Er meint ebenso wie Waugh (1977), daß in den romanischen Sprachen die Nachstellung das Attribut als 'restriktiv' kennzeichne. Vgl. auch Perrot (1978, 20). Fugier (1973) übernimmt die Unterscheidung 'determinierend' / 'qualifizierend' von Marouzeau.

9.5. STILISTISCHE FAKTOREN

In poetischen, aber gelegentlich auch in anderen Texten wird die Wortstellung vor allem durch metrische und/oder ästhetische Gründe bestimmt. Hierbei handelt es sich um eine literarische Konvention, derzufolge syntaktische und pragmatische Faktoren, die normalerweise maßgebend sind, sozusagen außer Kraft gesetzt werden. Die Grammatiken neigen dazu, außergewöhnliche, aber als solche erklärbare Wortstellungsmuster auf eine Stufe zu stellen mit außergewöhnlichen und bewußten, aber kaum grammatischen. So wird etwa als Beispiel für eine komplizierte, statistisch auffällige, aber dennoch grammatisch korrekte Einbettung folgender Fall angeführt[41]:

(44) si quis qui quid agam forte requirat erit ('Wenn es jemanden geben wird, der zufällig fragt, was ich tue', Ov. *Tr.* 1,1,18)

Dem stehen Beispiele gegenüber, die einen bewußten Verstoß gegen die üblichen Wortstellungsregeln beinhalten, wie (45) und (46):

(45) grandia per multos tenuantur flumina rivos ('Große Flüsse lösen sich in zahlreiche Bäche auf', Ov. *Rem.* 445)

(46) valui poenam fortis in ipse meam ('Ich war tapfer zu meinem eigenen Unglück', Ov. *Am.* 1,7,26)

Satz (45) zeigt eine bewußte Verteilung der Adjektive und Substantive nach dem Muster Adj.$_1$ Adj.$_2$ Subst.$_1$ Subst.$_2$[42]. In (46) fällt die außergewöhnliche Stellung von *poenam* auf, das aus der Präpositionalgruppe herausgenommen und nach vorn gestellt wird. (Beispiele bei Sz. 689-694).

Derartige Beispiele werden oft angeführt, um den Eindruck zu erwecken, das Lateinische besitze - dank dem Vorhandensein von Kasus - eine absolut freie Wortstellung. Dieser Eindruck ist falsch[43].

---

41 Zu derartigen Fällen s. Nägelsbach-Müller (1905, 639-646) und Wilkinson (1963, 213-220).
42 Solche Verse bezeichnet man schön als 'Golden Lines', vgl. Wilkinson (Anmerkung 41).
43 Ausgehend von Beispielen dieser Art wurde in der transformationellen Grammatik für das Lateinische eine sog. 'scrambling rule' entwickelt. Diese Regel sorgt für das Durcheinandermengen von in der Tiefenstruktur generierten Sätzen. Vgl. Ross (1967, 41-43) und die Kritik von Boas (1975).

9.6. TYPOLOGISCHE UND DIACHRONISCHE FAKTOREN

Seit dem Erscheinen von Greenberg (1963) ist das Interesse an sog. typologischen Phänomenen wach geworden. Auf der Grundlage der von ihm untersuchten Sprachen (seine 'Stichprobe' enthält 30) weist Greenberg u.a. auf folgende 'Regelmäßigkeiten' hin[44]:

'-Universalie 2:	In Sprachen mit Präpositionen folgt der Genitiv fast immer dem regierenden Nomen, während er in Sprachen mit Postpositionen fast immer vorausgeht.
-Universalie 4:	Mit einer Häufigkeit, die bei weitem zu groß ist, um auf Zufall zu beruhen, sind Sprachen mit regelmäßiger SOV-Stellung postpositional.
-Universalie 5:	Wenn eine Sprache überwiegend SOV-Stellung hat und der Genitiv dem regierenden Nomen folgt, dann folgt das Adjektiv ebenfalls dem Nomen.'

(S = Subjekt; O = Objekt/Komplement; V = finites Verb)

Für diese Art von regelmäßigen Entsprechungen hat Greenberg den Begriff 'Universals' ('Universalien') eingeführt. Ihnen wird in der heutigen Linguistik große Aufmerksamkeit geschenkt, wobei natürlich Kritik geübt und Verbesserungsvorschläge sowohl hinsichtlich des Faktenmaterials als auch hinsichtlich der methodischen Aspekte unterbreitet werden. Auch zum Lateinischen und zu den späteren Entwicklungen im Romanischen liegen neuere Untersuchungen vor. Vom typologischen Standpunkt aus läßt sich sagen, daß für das klassische Latein vorwiegend folgende Stellungsregeln gelten (s. jedoch die oben gemachten Einschränkungen):

a) SOV

b) Präp.-N(omen) (Ausnahmen: *mecum* - *Tauro tenus* ('bis zum Taurus'))

c) N - Adj(ektiv)/Adj - N (vgl. S. 278)

d) N - N$_{Gen(itiv)}$

Die Kombination von a) und b) würde man nach Greenbergs Universalie 4 nicht erwarten. Die Nicht-Eindeutigkeit von c) steht im Widerspruch zu Universalie 5. Die Kombination von

---

44 Greenberg (1963, 78f), hier in dt. Übersetzung.

b) und d) steht im Einklang mit Universalie 2. Zu bedenken ist ferner, daß die romanischen Sprachen 'präpositional' sind und die SVO-Stellung haben[45]. Ein Teil der Widersprüche würde sich auflösen, wenn wir auch für das (klassische) Latein eine SVO-Stellung annähmen. Aufgrund der späteren Entwicklungen im Romanischen und der unter a) und d) genannten Fakten gehen manche Linguisten davon aus, daß das Lateinische in bezug auf seine Wortstellung 'instabil' war und typologische Merkmale verschiedener Systeme aufwies. Andere vertreten die Auffassung, daß schon vor Plautus in der Umgangssprache (gesprochenes Latein) SVO die normale Wortstellung gewesen sei[46]. Die in den eher förmlichen Inschriften und in der sog. klassischen Prosa - mit Caesar als ihrem extremen Repräsentanten - dominierende SOV-Stellung betrachten sie als eine konservative, stilistisch motivierte Wortstellung, der im gesprochenen Latein jede Grundlage fehlte. Ausgehend von dem sprachlichen Befund, den ich oben dargelegt habe, halte ich diese Auffassung für nicht sehr überzeugend. In ciceronianischer Zeit überwiegt zwar die SOV-Stellung in den untersuchten einfachen Sätzen, jedoch kommen Abweichungen vor. In komplexen Sätzen ist die SOV-Stellung nicht ohne weiteres vorherrschend. Andererseits ist bei Plautus auch die SVO-Stellung nicht eindcutig vorherrschend. Nähere Untersuchung ist erforderlich.

BIBLIOGRAPHISCHE INFORMATION

Die beste Übersicht über den Stand der Dinge bis vor einigen Jahren bietet Marouzeau (1953). Panhuis gibt eine Analyse der Wortstellung auf Satzniveau im Rahmen der sog. Prager Schule. Die Wortstellung ist ein bedeutender Gegenstand der heutigen Linguistik, vor allem in typologischer Hinsicht. Allgemeine Untersuchungen sind Comrie (1981a, Kap. 4 u. 10), Dik (1978), Hawkins (1979; 1980; 1984), Mallinson-Blake (1981, Kap. 3

---

45 Zu den unbetonten Pronomina s. § 9.3.2.5.
46 Die These von der 'Instabilität' vertritt Ramat (1980, 189). SVO-Stellung im gesprochenen Latein nehmen Adams (1976a) und Panhuis an. Lakoff (1968) nahm ausgehend von der in den romanischen Sprachen gegebenen Situation an, auch das Lateinische habe eine SVO-Stellung besessen - zu Unrecht (s. Pinkster 1971, 390-394).

u. 6). Untersuchungen zur Typologie des Lateinischen haben angestellt Adams (1976a), Harris (1978) und Lehmann (1979). Zur Wortstellung in Nominalgruppen s. De Jong (im Erscheinen).

10. SATZARTEN, ILLOKUTIVE FUNKTIONEN UND MODI

In den Kap. 1 - 9 haben wir uns mit der internen Struktur von Sätzen und Satzteilen beschäftigt, z.B. mit dem Verhältnis zwischen dem Prädikat und den Argumenten und Satelliten, den verschiedenen Arten von Argumenten und Satelliten sowie den formalen Mitteln, die den Zusammenhang zwischen diesen Konstituenten kenntlich machen. In diesem Kapitel wenden wir uns nun den Eigenschaften zu, welche Sätze als ganze haben (z.B. den Unterschieden zwischen Aussage- und Fragesätzen) und der Art und Weise, wie die zu unterscheidenden Satztypen in einer speziellen Kommunikationssituation gebraucht werden.

In diesem Kapitel gehe ich zunächst auf den Unterschied zwischen Satzart, illokutiver Funktion und Modus ein (§ 10.1.); anschließend kommen Satzarten und illokutive Funktionen jeweils gesondert an die Reihe. Auch bei der Behandlung der Satzarten gehe ich auf die illokutiven Funktionen (diese erscheinen also zweimal) und die Modi in den verschiedenen Satzarten ein (§ 10.2.). Ein dritter Paragraph handelt von den Zusammenhängen zwischen den Verwendungsweisen der Modi, u.a. dem Vorkommen der einzelnen Modi in Haupt- und Nebensätzen.

10.1. SATZART, ILLOKUTIVE FUNKTION, MODUS: BEGRIFFSBESTIMMUNGEN

a. Satzart

In den Sätzen (1) und (2) liegt dieselbe Prädikation vor: zu einem Prädikat *facere* gehören in beiden Fällen ein *tu* (Subj., Agens) und ein *hoc* (Obj., Patiens). Diese Prädikation können wir mit folgender Formel wiedergeben:

$$facere\ (tu)_{\text{AgSubj}}\ hoc_{\text{PatObj}}$$

(1) und (2) unterscheiden sich aber hinsichtlich der 'Satzart' (oder, wie es in § 7.0.2. formuliert wurde, in ihrer 'Modalität').

(1) tu hoc facies ('Du wirst das tun')

(2) tune hoc facies? ('Wirst du das tun?')

Satz (1) ist ein deklarativer, Satz (2) ein interrogativer Satz.
Dieser Unterschied zeigt sich im Deutschen an der unterschiedlichen Wortstellung (Inversion) und Intonation. In den lateinischen Beispielen zeigt sich der Unterschied an der Präsenz
der enklitischen Fragepartikel *-ne*. Im Satz (3) liegt dieselbe
Prädikation vor, nun aber in Form eines imperativischen Satzes
mit einer speziellen Verbform. Auf die Kriterien zur Unterscheidung dieser drei Typen komme ich in § 10.2.1. zurück.

(3) hoc fac (tu) ('Tu das!')[1]

b. Illokutive Funktion

Ein Sprecher oder Schreiber kann ein und denselben Satz in
verschiedener kommunikativer Absicht gebrauchen. So ist
Bsp. (1) in erster Linie eine Mitteilung (Assertion) des Spre-
chers/Schreibers hinsichtlich einer Handlung, die sich in der
Zukunft vollziehen wird. Der Satz kann aber auch als Befehl
intendiert sein. Dabei wird unterstellt, daß der Hörer die Mitteilung über sein zukünftiges Handeln als Befehl interpretiert
(sog. futurum pro imperativo, vgl. § 10.2.2.2.). Wir sagen, daß
(1) in diesem Fall eine *direktive*[2] illokutive Funktion hat. Anders
ausgedrückt: Die Mitteilung fungiert indirekt als Befehl: (1)
läuft in dieser Interpretation auf dasselbe hinaus wie (3).

  Zwischen Satzarten und illokutiven Funktionen bestehen
reguläre Beziehungen. Bestimmte illokutive Funktionen kommen
bei bestimmten Satzarten eher vor als andere. Ein deklarativer
Satz wird in der Regel als die Mitteilung einer Tatsache interpretiert werden, für deren Richtigkeit der Sprecher mehr
oder weniger bürgt (oder vorgibt zu bürgen). Der Satz hat
also 'assertive' illokutive Funktion; eine Interpretation als
Bitte um Information liegt viel weniger nahe. Auf die Möglichkeiten, die illokutive Funktion eines Satzes explizit zu machen,
komme ich noch zu sprechen (§ 10.2.2.1.).

---

1 *tu* steht in Klammern, da die Setzung der angesprochenen Person in
Befehlen ungewöhnlich ist und nur unter spezifischen pragmatischen Bedingungen erfolgt (vgl. die Beispiele in Gonzalez Lodge, *Lexicon Plautinum*, s.v. *tu*
739 B und Bsp. (4) und Pinkster (1986 b)).
2 Andere gebräuchliche Begriffe sind 'mand', 'command', etc., vgl. Bolkestein 1980a, Kap. 5.

c. Modus

Der Begriff 'Modus' wird manchmal im weiteren Sinn für die in (a) und (b) beschriebenen Erscheinungen gebraucht, meist jedoch im eingeschränkteren Sinn zur Bezeichnung einer formalen Eigenschaft des Verbum finitum (Indikativ, Konjunktiv, Imperativ). Ich verwende den Begriff nur in letzterer Bedeutung. Es handelt sich hierbei um eine 'morphosemantische' Kategorie des Verbs, welche die Haltung kennzeichnet, die der Sprecher dem Inhalt der Prädikation gegenüber einnimmt (vgl. Sz. 325). 'Modus' ist insofern mit 'Tempus' zu vergleichen (vgl. Kap. 11). In beiden Fällen geht es um Eigenschaften der Prädikation, die durch finite Verbformen zum Ausdruck kommen. Zwischen Modus und Satzart besteht eine reguläre Beziehung. So kommt der Modus Imperativ nahezu ausschließlich in imperativischen Sätzen vor[3]. Vgl. Abb. 1:

Abb. 1

Satzart \ Modus	Imperativ	Konjunktiv	Indikativ
deklarativ	–	+	+
imperativisch	+	+	–
interrogativ	–	+	+

Der - wenn auch beschränkte - Zusammenhang zwischen Modus und Satzart liegt auf der Hand. Auch die Satzart kann ja als Mittel betrachtet werden, um eine Prädikation hinsichtlich des Sprecherstandpunktes formal zu kennzeichnen[4].

d. Die traditionelle Behandlung der genannten Kategorien

Die Unterscheidung in die drei eben genannten Kategorien wird von den meisten lateinischen Sprachwissenschaftlern

---

3 Unter 'imperativischer Satz' verstehe ich auch den Hauptsatz einer kondizionalen Periode, z.B. *ignosce* in *si quid in te peccavi ..., ignosce* ('wenn ich Dir gegenüber einen Fehler gemacht habe, dann verzeih', Cic. *Att.* 3, 15,4). Ungewöhnlich ist das Auftreten des Imperativs im Relativsatz (K.-St. II, 309).

4 Daneben gibt es natürlich auch noch andere Mittel um die Einstellung des Sprechers explizit zu machen, z.B. die in Kap. 4 behandelten modalen Satzadverbien (attitudinal disjuncts) wie *fortasse* und *iure*.

nicht vorgenommen[5]. In den meisten Lateingrammatiken herrscht die Tendenz vor, das, was ich 'illokutive Funktion' nenne, als Gebrauchsweisen der Modi zu beschreiben. Im Hinblick auf die Verwendung des Bsp. (1) als eines indirekten Befehls wird etwa in den Grammatiken von 'indicativus futuri pro imperativo' gesprochen (vgl. Sz. 310f; 326f). Da der Konjunktiv in Sätzen mit den verschiedensten illokutiven Funktionen vorkommen kann, macht man dort auch einen Unterschied zwischen dem Konjunktiv in Befehlen und dem in Aufforderungen, als ob von verschiedenen Konjunktiven die Rede wäre. Wir kommen hierauf noch zurück (§ 10.3.).

10.2. SATZARTEN UND ILLOKUTIVE FUNKTIONEN

In diesem Paragraphen gehe ich ein auf die verschiedenen Satzarten, die sich unterscheiden lassen, auf die illokutiven Funktionen, die sie haben können, und auf den Modusgebrauch in den Satzarten.

10.2.1. SATZARTEN; KRITERIEN

Üblicherweise unterscheidet man im Lateinischen drei Satzarten, nämlich deklarative, interrogative und imperativische Sätze (Behauptungs-, Frage-, Begehrungssätze)[6]. Außerdem hat das Lateinische, ebenso wie das Deutsche, auch exklamative Sätze (Ausrufesätze). Deklarative und interrogative Sätze unterscheiden sich, wie schon gesagt, dadurch, daß bei der letzteren Satzart eine Fragepartikel vorhanden oder zufügbar ist (-*ne*, *num*, *nonne*) bzw., im Falle der Wortfrage, ein interrogativer Ausdruck wie *quis*?, *ubi*?, *qualis*? vorhanden ist. Daneben dürften im gesprochenen Latein auch die Intonation und möglicherweise

---

5 Scherer (1975) ist einer der wenigen, die die verschiedenen Satzarten systematisch behandeln (Kap. 6). Ohne den Begriff 'illokutive Funktion' zu benutzen, weist er doch darauf hin, daß die Satzarten indirekt verwendet werden können, d.h. mit einer anderen als der 'normalen' illokutiven Funktion. Als Beispiel nennt er die sog. rhetorische Frage, die ihrer Form nach eine Frage, ihrem Inhalt nach aber eine Feststellung, Überlegung oder Ausruf sein könne (146f).

6 Vgl. Rubio 1968; Scherer 1975.

auch die Wortstellung wichtige Indikatoren gewesen sein. Wenn die oben genannten formalen Kennzeichen fehlen, kann die Satzart nicht eindeutig festgestellt werden. Der Kontext ist dann die einzige Entscheidungshilfe um festzustellen, ob wir es mit einer Mitteilung oder mit einer Frage zu tun haben, vgl. Bsp. (4) - (5):

(4) Heus tu, Rufio ... cave sis mentiaris: Clodius insidias fecit Miloni? :: Fecit ('He du, Rufio, paß auf, daß du nicht lügst. Hat Clodius einen Überfall auf Milo geplant? :: Hat er', Cic. *Mil.* 60)

(5) ('In Sparta wurden die Knaben abgehärtet, u.a. mit Peitschenhieben, ohne daß man von ihnen auch nur einen Laut hörte') Quid ergo? hoc pueri possunt, viri non poterunt? ('Wie also? Knaben können das und Männer werden das nicht können?', Cic. *Tusc.* 2,34)

In (4) ergibt sich der Fragecharakter des Satzes *Clodius ... Miloni* aus der Tatsache, daß eine Antwort folgt. Schwieriger sind Fälle wie (5), wo eine solche Antwort fehlt. Hier bietet das vorausgehende *quid ergo* einen Hinweis darauf, daß eine informationserfragende oder rhetorische Frage folgt. Weiterhin unterscheiden sich deklarative und interrogative Sätze auch in den verschiedenen Arten von Ausdrücken, die in ihnen auftreten können; so kommen z.B. Interjektionen wie *edepol*, *hercle* und *ecastor* nicht in interrogativen Sätzen vor[7].

Deklarative und interrogative Sätze unterscheiden sich von imperativischen in der Negation (*non* : *ne*), wie bereits von Quintilian hervorgehoben wird (1,5,50)[8]. In den Grammatiken wird auf Ausnahmen hingewiesen, wo in Verboten die Negation *non* auftaucht; sie werden damit erklärt, daß es sich dort um 'Begriffsnegation' handle, d.h. um Konstituentennegation. Ein geringer Teil der Fälle wird mit der Annahme erklärt, daß *non* als eine starke Variante von *ne* zu gelten habe (das um-

---

7 Vgl. Vairel (1975, 117), die auch auf eine Ausnahme hinweist: Pl. *Am.* 986f *nam mihi quidem hercle qui minus liceat deo minitarier populo ... quam servolo* ('Denn, beim Hercules, wieso soll ich als Gott den Menschen weniger drohen dürfen als ein Sklave', Pl. *Am.* 986f). V. zufolge liegt hier eine rhetorische Frage vor; vielleicht ist es besser, zu sagen, daß *hercle* das vorangegangene *mihi* hervorhebt (wie oft).
Bolkestein (1980a, 70f) weist darauf hin, daß sog. inferentielle Äußerungen ('er muß wohl krank sein') nicht in Fragesätzen vorkommen können.

8 Vgl. Calboli 1968, 467; Lehmann 1973, 21-34; Löfstedt 1966, 12-20; Prat 1975; Scherer 1975, 76f; Sonnenschein 1910, 7; Touratier 1977, 372. Zur ausnahmsweisen Verwendung von *non* vgl. Löfstedt 1966, 12-20 und Pinkster (1986 a).

gekehrte kommt nicht vor). In allen genannten Fällen ist es jedoch so, daß mit *non* eine durch Kontext oder Situation nahegelegte Folgerung explizit negiert wird. Ein Beispiel bietet (6):

(6)   (Man sorge dafür, daß die Ammen der Kleinkinder eine korrekte Sprache sprechen) non adsuescat ergo, ne dum infans quidem est, sermoni qui dediscendus sit ('Er soll sich also nicht einmal als Kleinkind an einen Sprachgebrauch gewöhnen, den er sich später wieder abgewöhnen muß', Quint. 1,5)

Wir treffen in diesem Sinne häufiger *non ergo* und *non igitur* an; sie signalisieren, daß eine bekannte Tatsache *nicht* zur Folge haben solle, daß ...[9].

Neben der Negation dürfte vermutlich die Intonation[10] und möglicherweise auch eine unterschiedliche Wortstellung eine Rolle gespielt haben (vgl. § 9.2.3.). In einem Text ist in den meisten Fällen ohne weiteres klar, ob wir einen imperativischen oder einen deklarativen Satz vor uns haben, besonders bei Sätzen mit dem Prädikat im Konjunktiv ergeben sich aber auch Zweifelsfälle. So ist es manchmal nicht feststellbar, ob -in traditionellen Begriffen- ein 'potentialer Konjunktiv' (deklarativer Satz, Negation *non*) oder ein 'adhortativer Konjunktiv' (imperativischer Satz, Negation *ne*) vorliegt. Beispiele sind Wendungen wie *maneam, opinor* ('ich mein', ich bleibe') und *abeam puto* ('ich denk', ich gehe'), die oft 'adhortativ' übersetzt werden, aber ebensogut 'potential' sein können (unter Berücksichtigung der Bedeutung von *opinor* und *puto*).

Exklamative Sätze haben sich von den anderen Satzarten zweifellos durch ihre Intonation unterschieden. Wir treffen in ihnen Ausdrücke an wie *qui, qualis, ut* (formal mit den Fragewörtern übereinstimmend), bewertende Ausdrücke (*lepidus, miser* etc.) und manchmal die enklitische Partikel *-ne*, die formal mit der Fragepartikel *-ne* übereinstimmt. Zu den unterscheidbaren Subklassen dieser Sätze s. § 10.2.1.4.).

Ich gehe nun auf jede der vier genannten Satzarten näher ein. Dabei bespreche ich die illokutiven Funktionen, die die einzelnen Satzarten haben können (wie sie sich u.a. aus der Präsenz bestimmter Partikeln etc. ergeben), und die Modi.

---

9 Ungewöhnlich ist *ne ... igitur* in Cic. *N.D.* 1,88.
10 Vgl. Löfstedt (1966, 111) und die Vorbehalte bei Touratier (1977, 394ff).

10.2.1.1. DEKLARATIVE SÄTZE

(a) Illokutive Funktionen, Partikeln etc.

Deklarative Sätze können in bestimmten Kommunikationssituationen mit einer anderen illokutiven Funktion vorkommen als der, die normalerweise mit dieser Satzart verbunden ist[11]. Beispiele sind (7) und (8):

(7)   itis, paratis arma quam primum viri ('Kommt, Männer, macht euch schnellstmöglich kampfbereit', Trag. inc. frg. 34, aus Sz. 327)

(8)   tu tamen ... ut adhuc fecisti, nos consiliis iuvabis ('Du aber mußt mir, wie schon bisher, mit deinem Rat helfen', Cic. *Att.* 10,2,2)

Weitere Beispiele bei K.-St. I, 144 und Sz. 310f. Im deklarativen Satz können aber auch modale Partikeln auftreten, die dessen 'assertativen' Charakter lediglich nuancieren, d.h. abschwächen oder verstärken. Deutsche Beispiele sind *doch* und *einfach* in

(9)   Das ist doch zu dumm!

(10) Das ist einfach zu dumm!

Umgekehrt kommen Fragepartikeln (*etwa? denn?*) und direktive Partikel (*mal*) in deklarativen Sätzen i.d.R. nicht vor[12]. Für das Lateinische ist in dieser Richtung wenig an systematischer Arbeit geleistet worden. Für verstärkende Partikeln in deklarativen Sätzen könnte man an *profecto*, *equidem* und andere der sog. Modalitätsadverbien denken, die bei K.-St. I, 795ff genannt sind. Vgl. Abb. 2 (S. 310) zu einigen lat. Partikeln, die ausschließlich oder überwiegend in direktiven Sätzen aufzutreten scheinen (*sis*, *sodes*). Weitere Untersuchung ist erwünscht[13].

(b) Modusgebrauch

Das Prädikat deklarativer Sätze kann im Indikativ oder im Konjunktiv stehen[14]. Daß trotz der Modusverschiedenheit in beiden Fällen ein deklarativer Satz vorliegen kann, ergibt

---

11 Beispiele bei Löfstedt (1966, Kap. 4 u. 5).
12 Zur Unterscheidung dieser drei Partikelsorten vgl. Franck (1980, 170ff).
13 Vgl. Pinkster (1972c, 138-141) und Scherer (1975, 153).
14 Der historische Infinitiv bleibt außer Betracht (vgl. § 11.3.4.).

sich u.a. aus der Negation (*non*) und aus der oben genannten Möglichkeit der Präsenz von modalen Partikeln und von Adverbien, die das Urteil des Sprechers wiedergeben (in der Funktion Satzadverbial).

Der Modusunterschied spiegelt einen Unterschied der Bedeutung wieder. Mit dem Indikativ gibt der Sprecher zu verstehen, daß er seine Mitteilung als wahr und tatsächlich -'faktisch'- betrachtet (oder vorgibt, dies zu tun), mit dem Konjunktiv hingegen, daß er sich nicht für die Tatsächlichkeit des Mitteilungsinhaltes verbürgt, sondern ihn als potentiell geschehend (geschehen) -'möglich'- betrachtet. Dieser Gebrauch des Konjunktivs wird 'potentialer Konjunktiv' genannt. Ich begnüge mich mit einigen Beispielen konjunktivischer Sätze; die Fälle mit Indikativ sind hinreichend klar.

(11) vix verisimile fortasse videatur ('Das scheint vielleicht kaum wahrscheinlich', Cic. *Fam.* 7,2,3)

(12) hoc tibi ... primum persuadeas velim ('Ich möchte, daß du allererst davon überzeugt bist', Cic. *de Orat.* 3,83)

(13) cuius ego iudicium, pace tua dixerim, longe antepono tuo ('Dessen Urteil ich, mit Verlaub, dem deinigen weit vorziehe', Cic. *Tusc.* 5,12)

(14) sed fortasse dixerit quispiam tibi propter opes ... tuam tolerabiliorem senectutem videri ('Aber es könnte vielleicht jemand sagen, daß dir wegen deines Reichtums das Alter erträglicher scheine', Cic. *Sen.* 8)

(15) at eius avunculum vix intellegeres id agere, cum ageret tamen, Africanum ('Aber bei seinem Onkel Africanus hätte man kaum merken können, daß er sich damit beschäftigte, und doch tat er es', Cic. *de Orat.* 3,87)

(16) si gladium quis apud te sana mente deposuerit, repetat insaniens, reddere peccatum sit ('Wenn jemand bei vollem Verstand ein Schwert bei dir hinterlegt hat und es im Zustand des Irrsinns wieder zurückverlangt, dann wäre dessen Rückgabe ein Vergehen', Cic. *Off.* 3,95)

Daß deklarative Sätze im Konjunktiv das Mitgeteilte vorsichtiger in Worte fassen, ergibt sich aus der häufigen Präsenz von Ausdrücken, die die Gültigkeit der Mitteilung einschränken (z.B. *fortasse*), und aus der häufigen Präsenz von Konditionalsätzen, vgl. den *si*-Satz in (16).

Im Bsp. (15) wird der Konjunktiv des Imperfekts verwendet

(*intellegeres*); streng genommen wird damit die Handlung in der Vergangenheit situiert (wie beim Indikativ s. § 11.2.2.1.) und somit als eine ferner liegende Möglichkeit ausgewiesen. Der Unterschied zwischen Sätzen mit Konj. Präsens und Konj. Imperfekt besteht darin, daß im letzteren Fall die Handlung als eine weniger auf der Hand liegende oder sogar rein hypothetische interpretiert wird[15]. Oft ist hier auch ein *si*-Satz anzutreffen. Wir sprechen dann von einem 'Irrealis'. Ein Beispiel ist (17):

(17) cuperem equidem utrumque, si posset ('Ich hätte gerne beides zusammen, wenn es möglich wäre', Cic. *Tusc.* 1,23)

Dieser gewissermaßen 'atemporale' Gebrauch des Konjunktivs Imperfekt wird uns auch in anderen Satzarten begegnen[16]. Beim Konjunktiv des Plusquamperfekts gibt es übrigens eine vergleichbare atemporale Gebrauchsweise.

In Bsp. (14) haben wir die Form *dixerit* angetroffen. Ob zwischen einem solchen Konj. Perf. und dem viel weniger häufigen Konj. Präsens ein Unterschied besteht, darüber gehen die Meinungen auseinander. Eine Auffassung besagt, daß hier eine Verschiedenheit des 'Aspekts' vorliege (vgl. § 11.2.2.2.), daß also *dixerit* die 'Abgeschlossenheit' oder - von einem etwas anderen Standpunkt aus - 'Vorzeitigkeit' gegenüber der Sprechsituation ausdrücke. Beweise hierfür fehlen. Eine andere Erklärung fußt auf der Beobachtung, daß die Perfektform bei Plautus und Terenz noch selten ist (vgl. Sz. 333)[17], während Cicero eine relativ große Zahl von Belegen hat. Viele Sprachwissenschaftler sind der Ansicht, daß hier mit einer bewußten Ausdehnung dieser Verbform durch Cicero zu rechnen sei, mit dem Ziel, sich ein Gegenstück zu dem griechischen εἴποι ἄν τις als Höflichkeitsformel für seine Dialoge zu schaffen. Diese Erklärung ist jedoch nicht recht brauchbar für *dixerim* in (13), für das ein griechisches Pendant fehlt[18]. Einer dritten

---

15 Vgl. Lyons (1983, 395); er unterscheidet 'Kontra-Faktivität', 'Nicht-Faktivität' und 'Faktivität'. Perret (1964, 209f) umschreibt den Unterschied zwischen Konj. Präsens und Konj. Impf. (*legat/legeret*) als 'actualisation médiocre': 'actualisation faible'.
16 Vgl. Handford (1946, 32f). Im Deutschen wie in anderen Sprachen liegt oft eine Übersetzung mit Plusquamperfekt näher, vgl. die Übersetzung von (15). K.-St. (I, 180) sagen, daß der Konjunktiv des Plusquamperfekts im Lat. niemals ein 'Potentialis' sein kann, sondern stets ein 'Irrealis' sei. Diese Unterscheidung läßt sich aber kaum treffen. Vgl. auch § 11.2.2.2.
17 Vgl. Vairel (1980, 123). Sie nennt folgende Stellen: Pl. *As.* 491; *Capt.* 53; *Epid.* 528; *Rud.* 305 (i. abh. Fragesatz).
18 Vgl. für diese Auffassung Thomas (1938, 309).

Auffassung zufolge ist die Perfektform eine mildere, weniger scharfe Variante der präsentischen Form, wofür u.a. der Umstand sprechen soll, daß diese Form bei Plautus von Niedriger- gegenüber Höhergestellten benutzt wird[19]. Doch auch diesen Schluß läßt das Material nicht zu. Es ist überhaupt die Frage, ob sich eine einzige, alle Fälle abdeckende Erklärung für diesen Gebrauch der Perfektform finden läßt. Wir haben bereits gesehen, daß es Unterschiede in der Belegfrequenz zwischen Plautus und Cicero gibt. Die Erscheinung zeigt sich v.a. bei einer beschränkten Zahl von Verben, worunter sich nicht-produktive Formen wie *ausim* und *faxim* befinden. In der zweiten Person kommt das Perfekt nicht (oder fast nicht) vor. Es sind auch nicht in allen Konstruktionen die Perfekt- und die Präsensformen auswechselbar: es heißt *pace tua dixerim* und nicht *dicam*[20].

10.2.1.2. INTERROGATIVE SÄTZE

(a) Illokutive Funktionen, Partikel etc.

Es ist üblich, zwischen 'Satzfragen' (auch 'ja/nein - Fragen', 'neutrale Fragen' oder 'Entscheidungsfragen' genannt) und 'Wortfragen' ('Ergänzungsfragen') zu unterscheiden. Wortfragen werden durch ein interrogatives Pronomen, Adjektiv oder Adverb eingeleitet (*quis, uter, qualis, ubi*); sie fragen nach der Identität eines bestimmten Konstituenten. Satzfragen dagegen haben zum Ziel, eine Bestätigung oder Verneinung des Satzes in seiner Gesamtheit zu erhalten; sie können durch Fragepartikel

---

19 Vgl. Vairel (1978; 1980). Das Element der Abschwächung ('moindre actualisation') erklärt sie aus der Tatsache, daß das Perfekt als Tempus der Vorzeitigkeit implizit 'vergangene Zeit' ist. Sie merkt auch an, daß in vielen Sprachen Präterita für nicht-aktuelle Situationen verwendet werden, vgl. Pinkster (1983b, 299). Auffällig ist, daß in vielen Fällen ein potentialer Konjunktiv des Perfekts eine Negation bei sich hat.

20 Vgl. Pinkster (1986 a). K.-St. (I, 177) nennen als Beispiele für die 2. Person Cic. *Leg.* 3,1 *laudaveris* und *Fam.* 11,24,2 *non erraris* die jedoch eher als Fut. exakt zu verstehen sind. Andere Belege kenne ich nicht. Es ist auffällig, wie beschränkt die Zahl der *dixerim*-Belege ohne Negation und/oder Adverbien wie *facile* ist. Kurz, die ganze Ausdrucksweise macht einen stark idiomatischen Eindruck. Bei dem in den Grammatiken genannten Beispiel Cic. *Marc.* 4 liegt ein Futur vor: *tamen adfirmo et hoc pace dicam tua*; es folgt ein AcI, der bei *pace tua dixerim* nicht anzutreffen ist ('Dennoch versichere ich und werde, mit Verlaub, sagen ...').

(-*ne*[21], *num*, *nonne*, manchmal auch *an*) eingeleitet werden. Als Antwort auf eine Satzfrage kann u.a. ein Satzadverb verwendet werden (z.B. *certe*, *fortasse*, vgl. S. 47)[22].

Die Satzart 'Fragesatz' stellt i.d.R. eine Bitte um Auskunft dar, hat also eine informationserfragende illokutive Funktion. Aus der Tatsache, daß interrogative Sätze ihrer Bedeutung nach ein Informationsdefizit des Sprechers voraussetzen, ergibt sich, daß Äußerungen, die das Vorhandensein von Information implizieren, in Fragesätzen nicht vorkommen können; zu denken ist hier an Ausdrücke wie *sine dubio*, *haud dubie*, *minime* u.dgl. *Certe* kommt nur in Formeln wie *certene vides?* vor, *fortasse* in Fragesätzen nur auf Wortgruppenniveau. Zu *edepol* usw. s.o. S. 289. Weitere Untersuchungen sind auch hier noch notwendig.

Ein Fragesatz kann nun aber auch mit anderen illokutiven Funktionen verwendet werden, z.B. mit einer assertiven (sog. rhetorische Frage). Dann sind Ausdrücke anzutreffen, aus denen zu folgern ist, daß der Sprecher beim Angesprochenen die Kenntnis der Antwort voraussetzt; ein solcher Ausdruck ist etwa *enim* in (18).

(18) quo enim se, repulsos ab Romanis, ituros ('Wohin nämlich sollten sie sich, abgewiesen von den Römern, wenden?', Liv. 34,11,6)

Beispiele für rhetorische Fragen finden sich bei K.-St. I, 178[23].

---

21 Zur geringen Frequenz von -*ne* und deren stetiger Abnahme s. Janson (1979, 104).
22 Bekanntlich hat das Lateinische keine Wörter für *ja* und *nein*. Ersatzweise werden Ausdrücke wie (*non*) *ita*, *ita est*, *sane*, *vero*, etc. gebraucht. S. K.-St. II, 531f; Pinkster 1972c, 138-141; Thesleff 1960.
23 Informationserfragende und assertive Fragen unterscheiden sich Hoff (1983) zufolge in der Verwendung der Fragewörter:

informationserfragend	assertiv
cur	quid
cur non	quidni; quin
quomodo	qui

Ich bin mir hier nicht so sicher.
Zu den rhetorischen Fragen vgl. Calboli (1981), Hoff (1983, 123-125), Orlandini (1980, 111f), Scherer (1975, 166f); zum Deutschen Schmidt-Radefeldt (1977, 381-383). Orlandini (1980) weist im Anschluß an Schmidt-Radefeldt auf das häufige Vorkommen komparativer Konstruktionen hin (*quam*; auch *nisi*). Schmidt-Radefeldt weist auf die Verwendung des Konjunktivs und das Auftreten der Partikel *schon* im Deutschen hin. Die Unterscheidung zwischen informative und rhetorischen Fragen stammt übrigens schon aus der Antike ('percontatio':'interrogatio'). Zu den antiken Auffassungen über die Wirkung der rhe-

Schließlich sind noch die 'Echofragen' zu nennen, die auf einen deklarativen oder imperativischen Satz folgen; Beispiele für sie sind (19) und (20) (vgl. auch u. (27) u. (28)):

(19) audi :: ego audiam ('Höre' :: Ich sollte hören?', Ter. *An*. 894)

(20) numquam auferes hinc aurum :: atqui iam dabis :: dabo? ('Niemals wirst du das Gold von hier mitnehmen :: Und doch wirst du mir's geben :: Ich werde dir's geben?', Pl. *Bac*. 824f)

Die illokutive Funktion der Echofrage ist oft die der 'negierten Assertion': 'ich höre nicht' (19); 'ich gebe nicht' (20).

Auch mit direktiver illokutiver Funktion können Fragesätze vorkommen (vgl. Sz. 467)[24], v.a. wenn sie in der zweiten Person stehen und mit *quin* eingeleitet werden. Ein Beispiel ist (21):

(21) quin quiescis? ('Warum bist du nicht ruhig?', Pl. *Capt*. 636)

Auch Fragen mit *non* haben oft eine direktive illokutive Funktion (die mit *nonne* nur selten).

(b) Modusgebrauch

Ebenso wie bei den deklarativen treffen wir auch in den interrogativen Sätzen den Indikativ und den Konjunktiv an, auch hier mit einem Unterschied in der Bedeutung. Beispiele sind (22) - (26). (Für den Indikativ gebe ich nur ein Beispiel, näml. (22)).

(22) cui dono lepidum novum libellum? ('Wem widme ich das nette neue Büchlein?', Catul. 1,1)

(23) o me perditum, o afflictum! quid nunc? rogem te, ut venias, mulierem aegram et corpore et animo confectam? non rogem? ('O ich Unglücklicher und Geschlagener! Was nun? Soll ich dich bitten, zu kommen, eine kranke und körperlich wie geistig erschöpfte Frau? Soll ich dich nicht bitten?', Cic. *Fam*. 14,4,3)

(24) quid ego facerem? ('Was hätte ich tun sollen?', Pl. *Mer*. 633)

---

torischen Frage vgl. Calboli (1981, 135f): Interrogatio non omnis gravis est neque concinna, sed haec, quae, cum enumerata sunt ea, quae obsunt causae adversariorum, confirmant superiorem orationem, *Rhet. Her*. 4,22. Ein schönes Beispiel einer mißlungenen rhetorischen Frage gibt Sen. *Con*. 7, pr.7 (vgl. Orlandini 1980, Anm.*).

24 Vgl. Löfstedt (1966, 188-191) und Scherer (1975, 160).

(25) putaresne umquam accidere posse ut mihi verba deessent ('Hättest du gedacht, daß es jemals passieren könnte, daß mir die Worte fehlen?', Cic. *Fam.* 2,11,1)

(26) quis enim non fateatur ('Wer würde nicht zugeben ...', Cic. *Brut.* 279)

In Bsp. (22) stellt sich der Autor schlicht und einfach die Frage, wem er 'das Buch widmen solle; daher der Indikativ. U.U. könnte man den Satz auch als Echofrage auffassen[25]. In (23) hingegen treffen wir einen sog. 'dubitativen' ('deliberativen') Konjunktiv an, einen - um die traditionelle Terminologie beizubehalten - potentialen Konjunktiv im Fragesatz. Das Besondere an diesen Fragen ist, daß sie der Fragesteller an sich selbst stellt. Die im folgenden aufgeführten Belege (27) - (28) werden i.d.R. im engen Zusammenhang mit dem Typ (23) behandelt:

(27) ne fle! :: egone illum non fleam ('Weine nicht :: Ich sollte nicht um ihn weinen?', Pl. *Capt.* 139)

(28) iurandumst tibi :: quid iurem? :: quod iubebo ('Du mußt schwören :: Was soll ich schwören? :: Was ich dir befehlen werde', Pl. *Rud.* 1334)

Man kann diese Echofragen als die Wiederholung eines vorausgegangenen Befehls in Frageform betrachten; dementsprechend sprechen K.-St. von einem 'in Frage gestellten adhortativen (Konjunktiv)' (I, 181)[26]. Jedoch ist hier nur die Negation *non* anzutreffen (und auch diese selten), so daß es nicht ratsam scheint, diese Sätze als 'Befehle in Frageform' zu klassifizieren (Beispiele s. K.-St. I, 181; II, 508-511). - Auch (24) ist eine an den Fragesteller selbst gerichtete Frage ('dubitativer Konj'), hier jedoch in Bezug auf die Vergangenheit. Was Modus und Tempus betrifft, so sehen wir, daß in Fragesätzen ungeachtet ihrer illokutiven Funktion dieselben Unterschiede zwischen Indikativ Präs., Konjunktiv Präs. und Konjunktiv Imperfekt auftreten, die wir schon bei den deklarativen Sätzen bemerkt haben: *faktisch, möglich, irreal.* Der Unterschied zwischen Konj. Imp. und Konj. Präs. zeigt sich sehr schön an den fol-

---

25 Es gibt zu diesem Vers eine wahre Flut von Literatur, in der sich u.a. auch der Vorschlag findet, daß wir es hier mit dem Relikt einer alten Konjunktivform auf *-o* zu tun haben.
26 Vgl. K.-St. I, 181 mit dem Hinweis auf Pl. *Capt.* 360 *vis vocem huc ad te*. Sie sind der Auffassung, daß die Negation *non* stets 'Begriffsnegation' sei.

genden beiden Sätzen; der erste ist eine Frage Ciceros, der zweite die Antwort seines Dialogpartners Brutus:

(29) quid tu, Brute, posses, si te ... contio reliquisset ('Was könntest du tun, Brutus, wenn dich die Versammlung allein gelassen hätte?', Cic. *Brut.* 192)[27]

(30) tamen si a corona relictus sim, non queam dicere ('Wenn ich vom Publikum im Stich gelassen würde, könnte ich nicht sprechen', ibidem)

Cicero ist sehr vorsichtig und formuliert nicht mehr als eine bloße Annahme; Brutus dagegen läßt die Möglichkeit offen.

10.2.1.3. IMPERATIVISCHE SÄTZE

(a) Illokutive Funktionen, Partikel etc.

Unter imperativischen Sätzen werden meist Sätze verstanden, die den Befehl eines Sprechers gegenüber einem Angesprochenen ('zweite Person') ausdrücken. Im vorliegenden Kapitel hingegen wird die Satzart 'imperativischer Satz' mittels des Kriteriums 'Negation *ne*' abgegrenzt. Allen imperativischen Sätzen gemeinsam ist, daß in ihnen verschiedene Ausdrücke, die auf den Wahrheitswert der Prädikation Bezug nehmen (z.B. *fortasse*, *iure* usw.), nicht vorkommen können; ebensowenig Interjektionen wie *ecastor*, *edepol*, *mecastor* und *hercle*[28]. Es gibt verschiedene Subklassen der Satzart; nicht nur Sätze mit einer strikt direktiven Funktion fallen unter den Begriff 'imperativischer Satz', sondern auch solche, die einen Wunsch (Verwünschung eingeschlossen), eine Erlaubnis oder ein Zugeständnis usw. zum Ausdruck bringen. Ich gehe nunmehr auf drei Subklassen ein: Imperativische Sätze mit einer direktiven (i), optativen (ii) und einer konzessiven (iii) illokutiven Funktion.

(i) Imperativische Sätze mit einer direktiven illokutiven Funktion sind außer durch die oben genannten Beschränkungen auch noch durch Beschränkungen hinsichtlich der Art der Prädikation

---

27 Der Text ist nicht ganz sicher, was aber für unsere Frage nicht von Belang ist. Zu diesem Beleg vgl. Ernout-Thomas (1952, 379), Lehmann (1973, 113), Scherer (1975, 153).

28 Eine einzige Ausnahme bei Plautus: nolito edepol devellisse ('Reiß sie nicht aus, beim Pollux', Pl. *Poen.* 872). Kombination mit *obsecro*, *quaeso* etc. ist jedoch möglich.

charakterisiert (vgl. S. 187ff). Eine derartige Beschränkung wird gebildet durch die 'Kontrollierbarkeit' (vgl. § 2.4.)[29]; eine weitere liegt darin, daß es nicht gut möglich ist, einen Befehl im Hinblick auf eine Situation zu erteilen, die vorzeitig gegenüber dem Zeitpunkt der Befehlsäußerung ist. Eine Ausnahme hiervon wird u.U. durch Sätze wie (31) gebildet, sofern man, wie es oft geschieht, diesen Typ als imperativischen Satz auffaßt[30]:

(31) quid facere debuisti? :: ... quod superaret pecuniae ret-
    tulisses ... solvisses ... frumentum ... ne emisses ('Was
    hättest du tun müssen? Du hättest das übriggebliebene
    Geld zurückerstatten müssen ... du hättest bezahlen müssen
    ... du hättest das Getreide nicht kaufen dürfen', Cic.
    Ver. 3,195)

Beispiele bei K.-St. I, 187. In imperativischen Sätzen mit einer ausgesprochen direktiven illokutiven Funktion finden wir bestimmte Wörter wie *age*, *modo*, *quin*, *sis*, *amabo* und das enklitische *-dum*[31].

Ich führe nun einige Beispiele für die von mir kurz so genannten 'echten Befehle' an. Ihre konjunktivischen Versionen werden in den Grammatiken noch weiter untergliedert, nämlich in 'adhortative' (1. Person) und 'jussive' (2. und 3. Person) Verwendungsweisen. Dieser Unterschied bleibt hier außer Betracht, da er allein in der unterschiedlichen Person begründet zu sein scheint. Natürlich ist für die 2. Person außer dem Konjunktiv auch der Imperativ als Alternative verfügbar (auf die Wahl zwischen den beiden Möglichkeiten komme ich noch zurück). Für weitere Beispiele ist auf K.-St. zu verweisen (Konjunktiv: I, 180; 185-187; Verbote: 187-189; Imperativ: I, 195-199).

(32) age sis eamus, nos curemus ('Auf, laß uns gehen und uns
    versorgen', Pl. *Poen.* 1422)

---

29 S. auch - mit anderen Worten - Handford (1946, 86), Lehmann (1973, 172), Löfstedt (1966, 11), Touratier (1977, 379-381). Zu den Beschränkungen im allg. s. Bolkestein 1980, 43ff.
    30 Gelegentlich findet sich die Negation *non* (Scherer 1975, 159). Die Grenze zum Irrealis ist nicht klar (in Bsp. (31) kommen in den ausgelassenen Partien auch *si*-Sätze vor!).
    31 Zu *-dum* vgl. Janson (1979, 105); TLL s.v. *ago* 1403, 80ff, s.v. *dum* 2201, 8ff, s.v. *modo* 1300, 19ff; K.-St. I, 199-202. Eine minutiöse Behandlung direktiver Äußerungen im Deutschen bei Hindelang (1978).

(33) <suum> quisque igitur noscat ingenium ('Es erkenne also jeder seine eigene Begabung', Cic. *Off.* 1,114)

(34) eae (litterae) te ne moverint ('Laß dich von diesem Brief nicht beeindrucken', Cic. *Att.* 16,1,6)

(35) sis fortis quoad rei natura patiatur ('Sei tapfer, soweit die Sache das zuläßt', Cic. *Q.fr.* 1,3,10)

(36) bene valete et vivite, bene, quaeso, inter vos dicatis mi med absenti tamen ('Viel Glück und Lebewohl, und bitte sprecht unter euch gut über mich, auch wenn ich nicht mehr da bin', Pl. *Mil.* 1340f)

(37) ne sis plora ('Wein' doch nicht', Pl. *Per.* 656)

(38) I, sequere illos, ne morere ('Geh, folge ihnen, trödel nicht', Pl. *Mil.* 1361)

(39) proin tu ne quo abeas longius ab aedibus ('Also, geh nicht zu weit vom Haus weg', Pl. *Men.* 327)

(40) ne sis ferro parseris ('Spare bitte das Schwert nicht', Pl. *Per.* 572)

(41) ne vos quidem, iudices, ... mortem timueritis ('Ihr, Richter, dürft den Tod nicht fürchten', Cic. *Tusc.* 1,98)

(42) quin tu hoc crimen aut obice ... aut iacere noli ('Erhebe denn diesen Vorwurf oder laß ihn beiseite', Cic. *Q. Rosc.* 25)

(43) noli sis tu illi advorsari ('Bitte widersetz dich ihm nicht', Pl. *Cas.* 205)

(ii) Imperativische Sätze mit optativer illokutiver Funktion (Wunschsätze) stimmen in einer Reihe von Merkmalen mit den echten Befehlen überein, sie unterscheiden sich aber von ihnen hinsichtlich der o.g. Punkte 'Kontrollierbarkeit' und 'Vorzeitigkeit', bei denen sie keine Beschränkungen aufweisen. Von den o. genannten Partikeln kommen die meisten in Wunschsätzen nicht vor.

(44) valeant, inquit, valeant cives mei; sint incolumes; sint florentes; sint beati ('Möge es meinen Mitbürger gutgehen; sie seien wohlbehalten, erfolgreich und glücklich', Cic. *Mil.* 93)

(45) utinam ego, inquit, tertius vobis amicus adscriberer ('Möchte ich doch als dritter eurer Freundschaft zugerechnet werden', Cic. *Tusc.* 5,63)

(46) utinam vere ... auguraverim ('Möchte ich das doch wahr-
heitsgemäß geweissagt haben', Cic. *Rep.* 4,8)

(47) tu vel suda vel peri algu, vel tu aegrota vel vale ('Schwit-
ze, oder frier dich zu Tode, sei krank oder gesund',
Pl. *Rud.* 582)

Für weitere Beispiele vgl. K.-St. I, 182-185.

Wünsche müssen nicht an eine bestimmte Person gerichtet
sein, von der eine Handlung erwartet wird, um die vom Sprecher
gewünschte Situation herzustellen. Daß man Sätze der beschriebenen Art als optativische klassifizieren muß, ergibt sich oft[32]
aus der Präsenz von *utinam*, wie in (45).

(iii) Imperativische Sätze mit einer konzessiven illokutiven
Funktion (Einräumungssätze) haben ebenfalls keine Beschränkungen hinsichtlich 'Kontrollierbarkeit' und 'Vorzeitigkeit'. Beispiele sind (48) - (50):

(48) haec si vobis non probamus, sint falsa sane, invidiosa
certe non sunt ('Wenn wir euch von diesen Punkten
nicht überzeugen, mögen sie falsch sein, doch verwerflich
sind sie sicher nicht', Cic. *Luc.* 105)

(49) nemo is, inquies, umquam fuit. ne fuerit ('So jemanden
hat es nie gegeben. Mag es ihn nie gegeben haben',
Cic. *Orat.* 101[33])

(50) mea quidem hercle causa vidua vivito ('Meinethalben
lebe als geschiedene Frau', Pl. *Men.* 727)

Beispiele bei K.-St. I, 189-191; 199. Die Notwendigkeit einer
konzessiven Interpretation ergibt sich oft aus der Präsenz
von *sane* (vgl. (48)); man beachte, daß in (49) die Negation
ne lautet[34].

---

32 Lehmann (1973, 165-170) geht ausführlich auf den Unterschied zwischen 'Wunsch' und 'Wille' ein. 'Wunschsätze' nennt er ausschließlich die mit
utinam eingeleiteten imperativischen Sätze.

33 Einige Handschriften zeigen andere Lesarten.

34 Imperativische Sätze mit konzessiver illokutiver Funktion stehen selten
in der 2. Person. K.-St. I, 190 bezeichnen Ter. *An.* 892 *viceris* als konzessiv;
Pl. *Men.* 295 *perieris* und Verg. *A.* 11,153 *velles* werden dagegen der Rubrik
'Wunsch' zugeordnet (I, 183f).

(b) Modusgebrauch

Wie aus den Belegen ersichtlich, kommt der Konjunktiv in allen Subklassen der imperativischen Sätze vor; demzufolge sind diese Subklassen auch nicht aufgrund des Konjunktivs allein gegeneinander abgrenzbar. Das Latein verfügt außerdem über Imperativformen und periphrastische Ausdrücke wie *fac* (*venias*) und *noli* (*venire*)[35]. Es gibt eine große Menge Literatur zu den Unterschieden zwischen den zum Ausdruck eines Gebotes oder Verbotes zur Verfügung stehenden Mitteln. Ein Problem, das sich hierbei zeigt, ist, daß in den uns erhaltenen lateinischen Texten diachronische Veränderungen auftreten. Einige der Probleme werden im folgenden besprochen.

(i) Der Unterschied zwischen dem Konjunktiv Präsens und dem Imperativ Präsens zum Ausdruck eines Gebotes (*facias*, *fac*) wird seit der Antike als Unterschied zwischen Rat und Befehl begriffen (z.B. Charisius 228 K); auch heute noch wird hier manchmal ein Unterschied im Grad der Höflichkeit oder der Stärke des Ausdrucks gesehen: demnach soll *facias* die mildere Form sein[36]. Andere Forscher sehen dagegen hier keinen Unterschied[37]; sie weisen darauf hin, daß Beispiele wie (51) kaum als Belege eines milden Tons gelten können. Auch auf metrische Faktoren wird oft hingewiesen.

(51) easque in maximam malam crucem ('geh zum Henker',
      Pl. *Cas.* 611)

Nun ist (51) aber eher eine Verwünschung als ein Befehl und kann somit nicht gut als Gegenargument dienen. In Verwünschungen spielt 'Nicht-Kontrollierbarkeit' ohnehin eine große Rolle (vgl. Bsp. (49)). Daß kein Unterschied der Bedeutung vorliegt, könnte durch das Nebeneinandervorkommen des Konjunktivs und des Imperativs in einer Texteinheit bewiesen werden (vgl. Bsp. (36)). Doch ist die Zahl der Belege beschränkt[38]. Für eine richtige Beurteilung der Frage ist es über-

---

35 Zum Infinitiv in direktiven Äußerungen s. Sz. 266 und Löfstedt (1966, Kap. 6).

36 So Thomas (1938, 123-126) und Vairel (1975, 128; 237f). Oft ist die zweite Person unbestimmt ('man'), bei Cicero ist das die Regel (K.-St. I, 185).

37 So K.-St. I, 186; Sz. 335; Handford (1946, 42); Löfstedt (1966, 113) und Touratier (1977, 376f).

38 Touratier (1977, 376f) führt als Beispiel Cic. *Fam.* 14,4,3 (an Terentia) an: si est spes nostri reditus, eam confirmes et rem adiuves. sin, ut ego metuo, transactum est, quoque modo potes, ad me fac venias ('Wenn noch Hoffnung für meine Rückkehr besteht, dann stärke sie und unterstütze meine Sache; wenn aber, wie ich fürchte, die Chance vertan ist, dann sieh zu, daß du zu mir kommst, wie auch immer du kannst'). Es ist jedoch irreführend, *fac*

haupt notwendig, zu berücksichtigen, daß der Konjunktiv relativ selten ist[39]. Der 'stärkere' Charakter des Imperativs kann möglicherweise aus dem Umstand erschlossen werden, daß wir *age, agedum, sis, quin* nicht oft beim Konjunktiv antreffen, wohl aber beim Imperativ (doch statistisch kann man das auch weniger erwarten). Bei anderen Ausdrücken wie *quaeso* und *proin* besteht der Unterschied jedoch nicht. Schließlich scheinen wir es auch mit Fällen von Idiombildung zu tun haben - es sei denn, daß tiefere Ursachen zugrunde liegen: bei Plautus heißt es stets *vide* und nicht *videas, fac/facito* (*ut*) und nicht *facias* (*ut*). Kurz, weitere Untersuchungen sind nötig.

(ii) Die Form *facito* (der sog. Imperativ des Futurs) wird meist als Befehl für eine entferntere Zukunft aufgefaßt[40]. Bei Plautus, Terenz und Cato kommt die Form *-to* fast ausschließlich für die zweite Person vor. Als Form für die dritte Person kommt *-to* in juristischen Texten vor und formuliert dann eine allgemeine Vorschrift, nicht etwas, was unmittelbar ausgeführt werden muß, vgl. Bsp. (52):

(52) si pater filium ter venumduit, filius a patre liber esto
   ('Wenn der Sohn den Vater dreimal verkauft hat, so soll der Sohn von der väterlichen Gewalt frei sein', *Lex XII* 4,2)

Die Form tritt außerdem in mehr oder minder idiomatischen Ausdrücken wie *facito ut memineris* (sieh zu, daß du dich erinnerst', z.B. Pl. *Aul.* 257) auf, wo es natürlich auch um Anweisungen für einen längeren Zeitraum gehen kann[41].

(iii) Für Verbote verfügt das Latein über vier Ausdrucksweisen: *ne fac* (Bsp. (37)), *ne facias* (Bsp. (38) u. (39)), *ne feceris* (Bsp. (40) und (41)), *noli facere* (Bsp. (42) und (43)). Die Fre-

---

(*venias*) als einen gewöhnlichen Imperativ zu beschreiben. Aus Pl. vgl. noch *Bac.* 416-418; *Mil.* 1099-1102; *Truc.* 432f; - Ter. *Hec.* 753-755; Liv. 3,48,4; Verg. *A.* 4,495; Prop. 1,1,31; Tib. 1,1,37. Weitere Belege bei Blase (1903, 124f).

39 Aus dem vorklassischen Latein gibt es zwar eine beachtliche Anzahl von Belegen, doch aufs Ganze gesehen ist das sehr wenig. Bei Cicero und anderen sehr selten.

40 Außer Vairel (1975, 327; gegen Riemann (1886)) auch Löfstedt (1966, 22-27) u. allg. Lyons (1983, 349ff). Hinweise auf den futurischen Charakter sind: Temporaladverbia; Vorkommen mit Relativsätzen; Vorkommen neben Imp. Präs. zwecks Bezeichnung eines späteren Zeitpunktes; Vorkommen im Hauptsatz neben futurischem si-Satz (*si rogabit, respondeto/respondebis*). Vgl. auch K.-St. I, 196; Sz. 340f; Lebreton (1901, 195-200).

41 Vgl. Vairel (1975, 239-244; 258-260). Sie weist darauf hin, daß in manchen Grammatiken zu Unrecht angenommen wird, daß Catos Gebrauch von *-to* mit dem in juristischen Texten vergleichbar ist. Tatsächlich geht es bei Cato immer um eine 2. Person (seinen Sohn).

quenz dieser Ausdrücke variiert. *ne fac* kommt nach Plautus und Terenz, die es oft verwenden, außerhalb der Dichtung fast nicht mehr vor (Sz. 340). Seit der Antike wird *ne fac* als regelrechtes Verbot bezeichnet, im Gegensatz zu *ne facias*, das eher den Charakter einer Empfehlung haben soll (Charisius 228 K, s. auch o. (i)). Es sieht so aus, als ob der Typ *ne fac* bei einer beschränkten Zahl von Verben, nämlich denen der Gemütsstimmung, verwendet wird, doch beruht das vermutlich auf Zufall. Manchen Forschern zufolge bedeutet der Typ *ne fac* bei Plautus stets 'hör auf mit...', d.h. er artikuliert den Befehl, eine im Gang befindliche Handlung abzubrechen. Doch gibt es hiervon auch Ausnahmen[42]. Weitere Untersuchungen sind nötig, um zu ermitteln, ob die Interpretation 'hör auf mit...' bei den anderen Ausdrucksweisen ausgeschlossen ist.

Von dem Paar *ne facias/ne feceris* kommt *ne facias* am seltensten vor[43]. Es wird oft als die mildere Variante mit Empfehlungscharakter betrachtet, wogegen *ne feceris* als kategorischer Befehl verstanden wird. Übrigens ist dieser Bedeutungsunterschied schon bei Plautus wegen der geringen Zahl von Belegen kaum mehr zu verifizieren; *ne fac* ist bei ihm die übliche Form. Bei Cicero fehlen *ne fac* und *ne facias* fast ganz. Es ist deshalb sinnlos, *ne feceris* die 'stärkere Variante' zu nennen. Allerdings sehen viele Linguisten wenigstens in einem vorhistorischen Stadium einen Aspektunterschied zwischen beiden Formen (s. auch § 11.2.2.2.). Die verhältnismäßig hohe Frequenz von *ne feceris* bei Cicero wird auch griechischem Einfluß zugeschrieben; man vergleiche hierzu die Erklärung von *dixerit* (o. S. 293)[44].

Noli facere schließlich wird als die höflichste Form eines Verbotes betrachtet. Sz. (336f) weist auf die Präsenz von Ausdrücken wie *quaeso, sis, edepol* bei dieser Befehlsform bei Plautus hin, doch kommen diese Ausdrücke in Wirklichkeit

---

42 Vgl. Vairel (1975, 189ff). Sie nennt als scheinbare, ihr zufolge (194f) absichtliche, Ausnahme Pl. *Mer.* 321. Weitere Literatur für diese Auffassung bei Calboli (1983, 95). Manche Linguisten meinen, daß der Typ *ne fac* ein dauerndes Verbot ausdrückt, vgl. jedoch Löfstedt (1966, 61).
43 Bei Plautus und Terenz sind die meisten Belege mit *ne ... facias* sog. Pseudofinalsätze (vgl. S. 50); bei Cicero gibt es nur drei Belege, und auch die hat man wegzuerklären versucht (Lebreton 1901, 302). Coleman (1975, 133) meint, daß *ne facias* typisch für Ciceros Briefe sei, *ne feceris* dagegen typisch für seine 'formal writings'; doch ist das angesichts der verschwindend geringen Belegzahl nicht auszumachen, vgl. Calboli (1966, 294).
44 Konj. Perf. 'kategorisch': Löfstedt (1966, 127-131); Thomas (1938, 123; 133); Vairel (1978, 308f; 1981). 'Aspektueller Unterschied': Handford (1946, 45); Löfstedt l.c.; Sz. 337; Thomas (1938, 117-119). 'Griechischer Einfluß': Thomas (1938, 134). Thomas nimmt auch Einfluß von Metrik und Klausel an.

auch bei anderen Formen des Verbotes vor. Weitere Untersuchungen sind notwendig[45]. Die *noli*-Variante wird einem Richter gegenüber häufiger verwendet als die Form *ne feceris*. Bemerkenswert ist auch, daß Cicero in seinen Briefen an Atticus und Quintus *ne feceris* häufiger verwendet als in den *Fam.*, die im Durchschnitt förmlicher sind (vgl. Sz. 337)[46].

10.2.1.4. EXKLAMATIVE SÄTZE

Im Lateinischen gibt es zwei Arten exklamativer Sätze:

a) Sätze, die eingeleitet werden mit Worten wie *qui*, *qualis*, *quantus*, *quam*, *quot*, *ut* etc.; sie haben meist ein Verbum finitum oder auch nur einen nominalen Konstituenten im Nominativ;

b) Sätze, die aus einem nominalen Konstituenten im Akk. + ggf. einem Infinitiv bestehen.

Beispiele für die Gruppe a) sind (53) - (56), für die Gruppe b) (57) - (60):

(53) quotiens tibi iam extorta est ista sica de manibus! ('Wie oft ist dir dieser Dolch schon aus der Hand geschlagen worden!', Cic. *Catil.* 1,16)

(54) quas ego hic turbas dabo! ('Was für einen Trümmerhaufen werd' ich hier anrichten', Pl. *Bac.* 357)

(55) en quibus familiis quam foedis, quam contaminatis, quam turpibus dedatis hanc familiam, iudices! ('Seht welchen abscheulichen, schmutzigen und nichtswürdigen Familien ihr diese Familie ausliefern würdet, Richter', Cic. *Scaur.* 13)

(56) qui comitatus in inquirendo! Comitatum dico. Immo vero

---

45 Löfstedt (1966, 75) verweist auf Pl. *Trin.* 627: *sta ilico, noli avorsari neque te occultassis mihi* ('Bleib sofort stehen, wende dich nicht ab und versteck' dich nicht vor mir'); hier kommen zwei Arten des Verbots in Koordination vor.

46 Die Distribution von *ne feceris/noli facere* in Ciceros Briefen sieht aus wie folgt:

	Cic. *Att.*; *Q.fr.*	*Fam.*
ne feceris	22	5
noli + inf.	18	13

quantus exercitus! ('Was für ein Gefolge bei der Untersuchung! Gefolge, sag ich. Nein, was für ein Heer!', Cic.
Flac. 13)

(57) O mortalem beatum! cui certo scio ludum numquam defuisse
('O glücklicher Sterblicher! Ich weiß gewiß, daß es ihm
nie an Späßen gefehlt hat', Cic. *Div*. 2,30)

(58) me caecum, qui haec ante non viderim ('Ich Blinder, daß
ich das nicht vorausgesehen habe', Cic. *Att*. 10,10,1)

(59) o tempora, o mores ('Was für Zeiten, was für Sitten',
Cic. *Ver*. 4,56)

(60) huncine hominem tantis delectatum esse nugis ut ... ('Daß
dieser Mann an solchen Nichtigkeiten sein Gefallen hatte,
daß ...', Cic. *Div*. 2,30)

Die erste Sorte der exklamativen Sätze gleicht auf den ersten
Blick den Wortfragen, und zwar wegen der Verwendung der
qu-Wörter (doch s. Anm. 23). In exklamativen Sätzen mit *quam*
+ Adj. treffen wir aber nur steigerungsfähige Adjektive bewertenden Charakters an (*foedus, turpis*, u.dgl.)[47]. Die zweite
Sorte teilt sich in zwei Subklassen: (57) - (59) gegenüber
(60). In der ersteren liegt eine Nominalgruppe im Akk. vor,
meist mit einem Adjektiv bewertenden Charakters. In (60)
haben wir einen Nominalkonstituent im Akk. mit einen Infinitiv
(AcI) vor uns[48]. In dieser Subklasse enthält der Nominalkonstituent oft ein deiktisches oder quantifizierendes Attribut,
dagegen fast nie ein bewertendes Adjektiv[49]. Die Partikel *-ne*
kommt im AcI vor, aber fast nie in der ersten Subklasse. Ausdrücke wie *edepol* kommen nicht im AcI vor, wohl aber in
der ersten Subklasse[50].

---

47 Vgl. Hoff (1983, 126f).
48 Manchmal nur einen Infinitiv, wenn nämlich der Subjektskonstituent
aus dem Kontext bekannt ist.
49 Einige Belege für bewertendes Adjektiv als Prädikatsnomen im AcI bei
Vairel (1975, 100-104); es ist stets durch *adeo ... ut* verstärkt (z.B. *adeon* me
fuisse *fungum*, ut qui illi crederem ('daß ich ein solcher Dummkopf gewesen
bin, ihm zu glauben', Pl. *Bac*. 283)).
50 Vgl. Vairel (1975, 24-31; 116-118). Man beachte, daß die AcI-Subklasse
wegen der Zulässigkeit von *-ne* und des Ausschlusses von *edepol* etc. eine
gewisse Ähnlichkeit mit den Fragesätzen aufweist, v.a. mit Satzfragen (Vairel
1975, 113-138).

10.2.2. ILLOKUTIVE FUNKTIONEN

Ein großes Problem für Linguisten, die illokutive Funktionen ansetzen, stellt die Frage dar, wieviele Funktionen unterschieden werden müssen und welche Kriterien es für deren Unterscheidung gibt. Auf diese beiden Punkte gehe ich zuerst ein. Sodann gebe ich für die ersten drei der Satzarten, die wir unterschieden haben, eine kurze Übersicht der illokutiven Funktionen, in denen sie vorkommen.

10.2.2.1. KRITERIEN ZUR UNTERSCHEIDUNG VON SATZARTEN UND ILLOKUTIVEN FUNKTIONEN

Im Vorstehenden wurde bereits auf das Vorkommen bestimmter Partikel und Wörter anderer Kategorien bei bestimmten Satzarten (bzw. Subklassen derselben) hingewiesen. In der latinistischen Literatur wird vereinzelt auf Erscheinungen dieser Art hingewiesen, v.a. in Kapiteln über die verschiedenen Verwendungsweisen des Konjunktivs und über die Unterschiede zwischen Konjunktiv und Imperativ. Auch andere Kriterien zur Abgrenzung bestimmter Nuancen werden genannt. Vgl. Bsp. (61):

(61) quaeso hercle abire ut liceat :: abeas, si velis ('Ich bitte, beim Hercules, weggehen zu dürfen :: Geh nur, wenn du willst', Pl. *Rud*. 834)

Das vorangehende Hilfsverb *liceat* macht deutlich, daß *abeas* nicht strikt direktiv ist[51]. Zu vergleichen ist auch Bsp. (31), wo *debuisti* deutlich macht, wie das darauffolgende *rettulisses* aufgefaßt werden muß.

Bisher haben wir uns auf die Kombinierbarkeit von Partikeln und dgl. mit bestimmten Satzarten beschränkt; wir werden jetzt aber sehen, daß diese Partikeln, parenthetischen Verben etc. nicht ausschließlich an die Satzarten gekoppelt sind, sondern oft auch an die illokutiven Funktionen der Sätze. Von *quin* haben wir etwa gesehen, daß es in imperativischen Sätzen mit einer direktiven Funktion vorkommt (s. Bsp. (42)). Wir finden es aber auch in Fragesätzen, die diese illokutive Funktion haben, so etwa in (62):

(62) quin tu taces ('Halt doch den Mund', Pl. *Men*. 561)

---

51 Vgl. Sonnenschein (1910, 4) und Touratier (1977, 378f).

Ich gehe nun auf die verschiedenen 'Tests' ein, die zur Ermittlung der illokutiven Funktion eines Satzes zur Verfügung stehen; diese sind:
(a) parenthetische oder nachtragsweise hinzugefügte Verben
(b) Koordination und Frage-Antwort-Sequenzen
(c) modale Partikeln
(d) andere Arten der Restriktion als modale Partikeln
(e) situationale Faktoren, z.B. Kenntnis der sozialen Stellung des Gesprächspartners

(a) Parenthetische und nachtragsweise hinzugefügte Verben

(63) per dexteram tuam te ... oro obsecro, da mihi hanc veniam, ignosce, irata ne sies ('Bei deiner Rechten beschwör ich dich, gewähr mir das, verzeihe mir, sei nicht zornig', Pl. *Am.* 923f)

(64) tu quaeso cogita ('Denk bitte daran', Cic. *Att.* 9,17,2)

Für Beispiele vgl. K.-St. I, 199-202[52]. In der neueren Literatur über illokutive Funktionen wird der Möglichkeit, mittels solcher 'parenthetischer' Verben, die kraft ihrer Bedeutung die Intention des Sprechers explizieren, illokutive Funktionen (und oft auch Satzarten)[53] abzugrenzen, viel Aufmerksamkeit geschenkt.

Die parenthetisch vorkommenden Verben (stets in der 1. Pers. Sing. Präs.)[54] zerfallen in zwei Gruppen (Material aus Pl., Ter., Cic., Petr.): (a) Verben, die 'Einfluß nehmen auf' oder 'appellieren an' bedeuten (*peto, precor, quaero, quaeso, obsecro, oro, rogo, obtestor, moneo*); (b) verba declarandi (*dico, inquam, narro, fateor, confiteor, concedo*) und verba sentiendi (z.B. *puto, credo, (ut) opinor* (s.o. S. 290)). Die meisten der genannten Verben kommen allerdings selten vor und nicht alle bei jedem der vier genannten Autoren. Sehr häufig und idiomatisiert sind *quaeso, obsecro, dico* und *inquam*[55]. Sie kommen denn auch in allen drei Satzarten und in allen illokutiven Funktionen vor, vgl. Bsp. (65) mit *quaeso* in einem

---

52 Vgl. auch Löfstedt (1966, 103; 112) und Scherer (1975, 229-231).
53 Vgl. Anscombre & Pierrot (1984); Bolkestein (1977c, 67f); Lyons (1983, 342). Bei diesen 'parenthetischen' Verben kommen natürlich auch 'normale' eingebettete Prädikationen vor, z.B. *obsecro ut* ... (vgl. § 7.5.2.).
54 Man nennt diese Verwendungsweise 'performativ': in dem Moment, in dem jemand sagt 'Ich verspreche ...' gibt er auch ein Versprechen ab. Der Begriff wurde von dem Sprachphilosophen Austin eingeführt (1962).
55 Der idiomatische Charakter von *quaeso* folgt auch daraus, daß andere Formen dieses Verbs fast nie vorkommen (nur Cic. *Leg.* 1,6 *quaesumus*).

Deklarativsatz mit interrogativer illokutiver Funktion:

(65) quaeso ..., domina, certe embasicoetan iusseras dari ('Bitte, Herrin, du hast doch befohlen, daß ich ein Betthupferl kriege', Petr. 24)

(b) Koordination; Frage-Antwort-Sequenzen
Die illokutive Funktion eines Satzes kann manchmal aus einem unmittelbar vorhergehenden oder nachfolgenden Satz erschlossen werden, vgl. (66) - (67):

(66) non par videtur neque sit consentaneum ('Es scheint nicht gut und ist wohl auch unpassend', Pl. *Bac.* 139)

(67) cynicum esse egentem oportet parasitum probe: ampullam ... habeat ('Ein Parasit muß ganz und gar ein armer Kyniker sein; ein Ölfläschchen muß er haben...', Pl. *Per.* 123-125)

Sit in (66) ist ein sog. potentialer Konjunktiv. Es geht, in meiner Terminologie, um zwei koordinierte Deklarativsätze. *habeat* in (67) kann angesichts des vorhergehenden *oportet* evtl. als 'Jussiv' aufgefaßt werden (der Satz wäre also direktiv)[56]. S. auch o. Bsp. (31) und (61).

(c) Modale Partikeln
Diesen sind wir in den vorangegangenen Abschnitten schon einige Male begegnet. K.-St. I, 199-202 nennen als modifizierende Partikeln bei Imperativen u.a. *sis*, *modo*, *dum* und *proin*[57]. Ich lasse hier eine Übersicht folgen über einige Partikeln und mehr oder weniger idiomatisierte Verbformen, die in Sätzen mit direktiver illokutiver Funktion vorkommen. Allerdings treten sie nicht in jeder Satzart auf (vgl. v.a. *sis* und *sodes*) (Abb. 2).

---

56 (66) stammt aus Calboli (1966, 264f), (67) aus Handford (1946, 58). Beide Beispiele sind diskutabel: die *sit*-Phrase in (66) könnte auch adhortativ sein, dann hätte *par videtur* eine direktive Funktion. Zu (67) ist darauf hinzuweisen, daß *oportet* längst nicht immer 'direktiv' ist (vgl. Bolkestein 1980a).
57 Zur Funktion der Modalpartikeln im Deutschen vgl. Franck (1980) mit weiterer Literatur.

Abb. 2:   Kombination von Satzarten mit Partikeln und anderen
          Ausdrücken (+ = belegt, - = nicht belegt):

	imperativisch	deklarativ	interrogativ
age	+	+	+
amabo	+	+	+
sodes	+	-	+
sis	+	-	-
proinde	+	+	+
quin	+	+	+

(Quelle: Bolkestein 1977c, 63)

Auf die Präsenz (bzw. die Unmöglichkeit der Präsenz) sonstiger
Konstituenten in bestimmten Satzarten wurde schon beiläufig
hingewiesen, so auf Restriktionen beim Tempusgebrauch und
auf die Hinzufügbarkeit von Satzadverbialen (S.298); Modalverben
wie *debere* und *licet* sind auf interrogative und deklarative Sätze
sowie eingebettete Prädikationen beschränkt[58].

(d) Situationale Faktoren

Wir haben oben gesehen, daß einigen Forschern zufolge die
Wahl zwischen *dixerit* und *dicat* durch Konventionen des sozialen
Verhaltens bestimmt wird (S. 294). Auch andere situationale
Faktoren können die Wahl zwischen alternativen Ausdrucksmöglichkeiten beeinflussen. So kann z.B. Dringlichkeit ein
Motiv für die Wahl eines kurzen, sachlichen Befehls sein ('haltet
den Dieb!'), ebenso der Wunsch, jemanden anzuspornen ('tu'
dein Bestes!'). Für das Lateinische gibt es zu derlei Faktoren
keine Untersuchungen[59].

Obwohl es zweifellos möglich sein wird, bei gründlicherer
Untersuchung allerlei illokutive Nuancen zu ermitteln, ist es
doch die Frage, ob die Anwendung von Tests zu einer klaren
Abgrenzung von illokutiven Funktionen führen kann. Möglicherweise ist es vernünftiger, eine skalare Abfolge illokutiver
Funktionen anzunehmen, die sich beispielsweise vom expliziten,
mit lexikalischen Mitteln ausgedrückten Befehl bis hin zur
vorsichtigen Empfehlung erstreckt, vgl.

---

58 Vgl. Bolkestein (1980a, 41; 117; 131). Vgl. aber auch Anm. 7.
59 Für das Englische vgl. Brown-Levinson (1978, 100-106).

(68) iubeo te abire (Erteilung eines Befehls)

(69) abi ('geh weg')

(70) abeas si vis ('geh nur, wenn du willst')[60]

10.2.2.2. ZUSAMMENHANG ZWISCHEN SATZART UND ILLOKUTIVER FUNKTION

Ich beschränke mich hier auf die drei illokutiven Funktionen: assertiv, informationserfragend und direktiv. Abb. 3 zeigt, welche Satzarten mit welcher dieser illokutiven Funktionen vorkommen können. Den stärksten Beschränkungen unterliegen die imperativischen Sätze. Unklar ist, ob deklarative Sätze in informationserfragender illokutiver Funktion verwendet werden können; vgl. Bsp. (65) und (71):

(71) certe patrem tuum non occidisti ('Du hast deinen Vater bestimmt nicht umgebracht?', Suet. *Aug.* 33,1)

Sueton teilt uns mit, daß Augustus hier eine Frage gestellt hat: impliziert ist dabei, daß der Gefragte auch antwortete (näml. 'nein'). Wir wissen nicht, ob (71) ein normaler deklarativer Satz ist oder ob er, wie im Deutschen, mit einer deutlichen Frageintonation ausgesprochen wurde[61]. Ebenfalls der Untersuchung bedarf die Frage, welcher Bedeutungsunterschied zwischen deklarativen Sätzen mit direktiver illokutiver Funktion und imperativischen Sätzen vorliegt und unter welchen Umständen und in welchen Textsorten welche Ausdrucksweisen gewählt werden.

---

60 Ein Beispiel einer solchen Abstufung bei Franck (1980, 121).

61 Vgl. dt. Hans kommt heute abend heim ∤ ∤ Hans kommt heute abend heim? ∤ ∤ Kommt Hans heute abend heim? Zu *certe* 'interrogantis vel opinantis' vgl. TLL s.v. 930, 63ff. Es gibt keine eindeutigen Belege für Sätze mit *certe* und Fragepartikel (-*ne*, *num*).

Abb. 3:   Kombination zwischen Satzart und illokutiver Funktion
          (+ = kommt vor; - = kommt nicht vor)

Illokutive Funktion / Satzart	assertiv	informations-erfragend	direktiv
deklarativ	+	? certe non ...? (71)	+ Ind. Präs. pro imperativo (72) Ind. Fut. pro imperativo (73)
interrogativ	+ sog. rhe-torische Frage (74)	+	+ (75) (76)
imperativisch	−	−	+

(71)   certe patrem tuum non occidisti (Suet. *Aug.* 33,1)

(72)   itis, paratis arma quam primum viri ('geht, Leute, macht
       euch so schnell als möglich kampfbereit', Trag. inc. frag.
       34)

(73)   tu tamen ..., ut adhuc fecisti, nos consiliis iuvabis ('Du
       aber mußt mir wie bisher mit deinen Ratschlägen helfen',
       Cic. *Att.* 10,2,2)

(74)   numquid Pomponius istis audiret leviora, pater si vive-
       ret? ('Würde Pomponius freundlichere Worte zu hören
       bekommen, wenn sein Vater noch lebte?', Hor. *Sat.* 1,4,52f)

(75)   quin tu is accubitum? ('Geh essen', Pl. *Ps.* 891)

(76)   non tu abis ('Mach, daß du wegkommst', Pl. *Men.* 516)[62]

---

62 Weitere Belege bei Lodge, *Lex. Pl.* s.v. *non*, S. 193 a.E.. In direktiven
Fragesätzen kommt *non* sehr häufig vor, *nonne* sehr selten, *-ne* verhältnismäßig
oft.

10.3. ZUSAMMENHÄNGE ZWISCHEN DEN VERWENDUNGSWEISEN DER MODI

Ich habe oben bereits darauf aufmerksam gemacht, daß die gängigen Erklärungen der verschiedenen Verwendungsweisen der Modi von den semantischen Werten ausgehen, die für die einzelnen Modi angenommen werden und daß sie die verschiedenen Satzarten und illokutiven Funktionen, die oben genannt worden sind, zu wenig in Rechnung stellen. Das Problem, mit dem sich Ansätze dieser Art konfrontiert sehen, ist, wie die unterschiedlichen semantischen Werte ein und desselben Modus in unabhängigen Sätzen gegeneinander abgegrenzt werden können und welche Zusammenhänge zwischen ihnen bestehen. Diesen beiden Fragen wende ich mich zunächst zu (§ 10.3.1.). Der zweite Punkt betrifft die Zusammenhänge zwischen der Verwendung der Modi in unabhängigen und in abhängigen Sätzen. Die Anmerkungen von § 7.0.2. zu diesem Thema werden in § 10.3.2. vertieft.

10.3.1. UNTERSCHIEDE UND ZUSAMMENHÄNGE ZWISCHEN DEN VERWENDUNGSWEISEN DER MODI

Die Schwierigkeit, die verschiedenen Gebrauchsweisen der Modi zu unterscheiden, ergibt sich v.a. beim Konjunktiv, der, wie wir gesehen haben, in allen dreien der von uns abgegrenzten Satzarten (deklarativ, interrogativ, imperativisch) vorkommt. Ich werde mich auf den Konjunktiv beschränken. Bei der Beschreibung der Gebrauchsweisen des Konjunktivs gehen manche Linguisten von den Interpretationen dieses Modus in dessen jeweiligen Kontexten aus. Mehr oder minder vergleichbare Interpretationen werden, so gut es geht, geordnet und dann als eine bestimmte Verwendungsweise etikettiert. Dieser Ansatz gleicht dem Vorgehen bei den Kasus (S. 96). Repräsentanten dieser Verfahrensweise sind K.-St.. Oft werden Kontextelemente der Art, wie wir sie in § 10.2.2. beschrieben haben, angeführt. Daneben spielt nicht selten die Muttersprache des jeweiligen Wissenschaftlers eine große Rolle. Handford etwa führt als Argument für seine Auffassung, daß der Konjunktiv ein Bedeutungselement 'Absicht' besitze, an, daß 'there are other passages where translation 'I will' gives a perfectly good sense' (1946, 39)[63].

Eine zweite Gruppe von Linguisten erklärt die Gebrauchsweisen des lat. Konjunktivs soweit als möglich aus dessen Entstehungsgeschichte. Ein Repräsentant dieses Ansatzes ist Sz.. Ich gehe im folgenden zuerst auf diese diachronischen Erklärungen ein und komme dann auf einige synchronische Interpretationen zurück.

(i) Die Vorgeschichte des lat. Konjunktivs wurde und wird viel diskutiert (vgl. Sz. 329f)[64]. Einigkeit besteht darüber, daß seine Verwendung die Situationen umfaßt, die sich etwa im Griechischen auf Konjunktiv und Optativ verteilen, und daß der lat. Konjunktiv zu beiden auch viele formale Entsprechungen aufweist. Man schließt hieraus, daß der lat. Konjunktiv eine Verschmelzung des indogermanischen Optativs und Konjunktivs darstelle ('Synkretismus', engl. 'merger')[65]. Diese Auffassung liegt auch der Einteilung des Konjunktivkapitels bei Sz. zugrunde: a) 'Verwendungsweisen des alten Optativs': Wunsch, konzessive und irreale Verwendung (330-335) und b) 'Verwendungsweisen des alten Konjunktivs': Hortativ, Jussiv, Prohibitiv, Deliberativ (335-338)[66]. Der Unterschied in der Negation (*non/ne*) zieht sich, wie gezeigt, quer durch diese Einteilung.

(ii) Bei den im folgenden zu referierenden Auffassungen spielt die diachronische Erklärung keine Rolle. K.-St. unterscheiden drei Verwendungsweisen, nämlich den potentialen (I, 176-180), den volitiven (180-195) und den konditionalen (195; dieser beschränkt auf Impf. und Plusquamperf.) Konjunktiv. Für die drei Verwendungsweisen sehen sie einen gemeinsamen Nenner, nämlich daß sie 'etwas als gedacht, als vorgestellt bezeichnen' (169; vgl. Sz. 326: 'Modus der Vorstellung'). Dem Konj. gegenüber stehen der Indikativ und der Imperativ als 'Modus der Wirklichkeit' bzw. 'Modus des Befehls'. Andere unterscheiden

---

63 Vgl. auch seine Unterscheidung eines 'should/would-', eines 'can-' und eines 'may-Potentialis' (99-115).

64 Vgl. auch Scherer (1975, 67-81).

65 Sz. nennt auch noch den indogerm. Injunktiv; Scherer (1975, 85) bemerkt, daß der lat. Konjunktiv auch gewisse Verwendungsweisen des indogerm. Indikativs übernommen habe.

66 Ein Grund für die Einordnung des Deliberativs in dieser Gruppe ist das Vorkommen von Ausdrücken mit *debere*, die auf den ersten Blick vergleichbar scheinen (Sz. 338). Zum Unterschied zwischen *debere* und dem adhortativen Konj. s. Bolkestein (1980a, 38-40).

zwei Verwendungsweisen, nämlich volitive (Negation *ne*) und nicht-volitive (Negation *non*), die nicht auf eine gemeinsame Grundbedeutung zurückzuführen seien[67]. Ein dritter Ansatz sieht die verschiedenen Verwendungsweisen ausdrücklich als innerhalb eines Bedeutungskontinuums kontextuell determiniert an; die einzelnen Bedeutungsvarianten seien dabei nicht gut auf einen Nenner zu bringen[68]; die Einheit des Konjunktivs bestehe lediglich in seiner Oppositionsbeziehung zum Indikativ und Imperativ.

Meine eigene Auffassung ist mehr oder weniger schon auf S. 292f. angedeutet. Ich stelle fest, daß in deklarativen Sätzen eine Bedeutungsopposition zwischen z.B. (*non*) *facio:faciam:facerem* besteht. Diese Unterschiede habe ich bezeichnet mit den Begriffen 'faktisch', 'möglich', 'rein hypothetisch'. Auf dieselben Unterschiede stoßen wir in interrogativen Sätzen. In imperativischen Sätzen besteht keine Bedeutungsopposition *(*ne*) *facit:faciat*, wohl aber eine Opposition (*ne*) *faciat:faceret*. Hier geht es um die Gegenüberstellung von möglich und hypothetisch. Diese Ansicht ist wiedergegeben in Abb. 4 (vgl. auch Abb. 1 auf S. 287[69]).

Abb. 4

Modus / Satzart	Indikativ	Konjunktiv I (Präs./Pf.)	Konjunktiv II (Impf./Plus- quampf.)
deklarativ (*non*)	+	+	+
interrogativ (*non*)	+	+	+
imperativisch (*ne*)	–	+	(+)

---

67 Vgl. Lakoff (1968, 157) und Scherer (1975, 76).
68 Vgl. Sonnenschein (1910, 19f; 54-58). Verwandt ist der Ansatz von Handford (1946, 29).
69 Dieses Schema ist dem von Rubio (1968, 86) sehr ähnlich; dieser nimmt allerdings zu Unrecht an, daß der Indikativ auch in der imperativischen Satzart vorkommt; doch gibt es keinen Typ *ne facit*.

Ein Hinweis auf die Richtigkeit von Abb. 4 ist in einigen Eigenschaften zu finden, welche die Fragesätze in der indirekten Rede haben. Bei der Überführung in die indirekte Rede werden nämlich der Konjunktiv I und der Konjunktiv II aus Abb. 4 formal differenziert: dem Konjunktiv I entspricht ein Konjunktiv, dem Konjunktiv II eine Infinitivkonstruktion mit *-urum fuisse* oder Inf. + *potuisse*; der Indikativ der direkten Rede wird zum Infinitiv, vgl. (77) - (79)[70]:

(77) quonam haec omnia nisi ad suam perniciem pertinere? ('Worauf führe das alles hin, wenn nicht auf seinen eigenen Untergang?', Caes. *Civ.* 1,9,4) [˜quonam haec pertinent]

(78) quis hoc sibi persuaderet sine certa spe Ambiorigem ad eiusmodi consilium descendisse ('Wer könnte sich vormachen, daß Ambiorix ohne berechtigte Hoffnung auf einen Plan dieser Art gekommen sei', Caes. *Gal.* 5,29,5) [˜quis persuadeat]

(79) quid illum facturum fuisse si ... adversa pugna evenisset ('Was hätte er getan, wenn das Gefecht ungünstig ausgegangen wäre', Liv. 8,31,5) [˜quid fecisset]

10.3.2. MODI IN UNABHÄNGIGEN SÄTZEN UND IN EINGEBETTETEN PRÄDIKATIONEN

In Kap. 7 sind wir auf die Restriktionen eingegangen, die in abhängigen und unabhängigen Sätzen mit imperativischer Modalität hinsichtlich 'Kontrollierbarkeit' und Tempus bestehen; auch im vorliegenden Kapitel wurde hierauf hingewiesen (S. 298f.). In eingebetteten imperativischen Prädikationen mit Verbum finitum finden wir, wie gezeigt, als Modus den Konjunktiv (und die Negation *ne*). Ein einschlägiges Beispiel ist (80):

(80) hortatus sum ut ea quae sciret sine timore indicaret ('Ich habe ihn ermuntert, ohne Furcht preiszugeben, was er weiß', Cic. *Catil.* 3,8)

Ich beginne mit Nebensätzen in der Funktion Argument, bei denen der Modus festliegt und in den meisten Fällen begründet werden kann. Anschließend bespreche ich Nebensätze mit der

---

70 Vgl. Orlandini (1980, 121ff; 132ff).

Funktion Satellit, bei denen der Modus i.d.R. ebenfalls festliegt, und schließlich diejenigen Nebensätze, bei denen eine Wahlmöglichkeit beim Modus vorliegt.

(i) Bei vielen Verben mit den Bedeutungen 'sorgen für', 'beschließen', 'gestatten', 'wünschen', 'hoffen' ist es ausgeschlossen, daß die als Argument eingebettete Prädikation 'faktisch' ist. Es ist deshalb in gewissem Sinne 'konsequent'[71], daß - abgesehen von den bereits genannten Übereinstimmungen bei den Restriktionen - auch beim Modus die Verhältnisse denen bei den unabhängigen imperativischen Sätzen entsprechen: auch dort ist ja der 'nicht-faktische' Modus üblich. Im Gegenzug ist bei Verben wie *gaudere* und *dolere*, bei denen die eingebettete Prädikation eben auf etwas 'Faktisches' verweist, der Indikativ in den *quod*-Sätzen das 'Normale', vgl. Bsp. (81):

(81) sane gaudeo quod te interpellavi ('Ich freue mich wirklich, daß ich dich unterbrochen habe', Cic. *Leg.* 3,1)

Man beachte, daß die Negation in den eingebetteten Prädikationen bei *gaudere* u.ä. *non* lautet und daß Beschränkungen der oben genannten Art nicht existieren. Zu beachten ist auch der unterschiedliche Subordinator (*ut/quod*). Die 'Konsequenz', von der eben die Rede war, fehlt indes bei anderen Verbklassen, etwa bei den Verben für 'bewirken' und 'geschehen'. Bei der erstgenannten Verbgruppe finden wir in den eingebetteten Prädikationen sowohl die Negation *non* als auch *ne* (vgl. K.-St. II, 212f; 234f). Mit den Verben des Geschehens ist der Konjunktiv üblich (mit Negation *non*), obwohl nicht selten die Sachverhalte, auf die die eingebetteten Prädikationen verweisen, tatsächlich geschehen sind; ein Beispiel dafür ist (82):

(82) mihi ... valde optanti ... cecidit ut in istum sermonem ... delaberemini ('Es ist für mich ganz wunschgemäß gekommen, daß ihr auf dieses Gespräch verfallen seid', Cic. *de Orat.* 1,96)[72]

Man beachte, daß in keinem der angeführten Beispiele der Konjunktiv durch den Indikativ ersetzt werden kann; eben-

---

71 Man könnte auch andersherum argumentieren: Die Verwendung des Konjunktivs erübrigt sich, wenn das regierende Prädikat schon durch seine Bedeutung den Status des Nebensatzes deutlich macht. Hierin ist auch eine Ursache für das Verschwinden der Möglichkeit der Modusopposition im Spätlatein zu sehen (vgl. Bailard 1980, 9). Zur semantischen Motivation des Konjunktivs in Nebensätzen vgl. auch Kiss (1982, 42-50).

72 Zur Schwierigkeit einer Erklärung von *ut(non)* bei den Verben des Geschehens vgl. Haudry (1973, 163).

sowenig ist das Umgekehrte möglich.

In indirekten Fragen wird im klassischen Latein der Konjunktiv verwendet. Bei Plautus dagegen kommt bei denselben regierenden Verben scheinbar auch der Indikativ vor. Bei näherer Betrachtung zeigt sich aber, daß die regierenden Verben in den indikativischen Belegen einen eher parenthesenartigen Charakter haben; die Fragesätze sind somit direkte Fragen, bei denen der Indikativ regulär ist. Die Regel, daß bei echten abhängigen Fragesätzen der Konjunktiv steht, ist indes nicht semantisch motiviert[73].

(ii) Auch bei den meisten Nebensätzen mit der Funktion Satellit liegt der Modus fest; er hängt eng mit der Wahl des Subordinators (oder, bei Subordinatoren mit mehreren Bedeutungen, mit einer bestimmten Bedeutung des Subordinators) zusammen. Bei den meisten Nebensätzen ist die Negation *non*; eine Ausnahme stellen nur die sog. finalen Nebensätze dar, die mit *ne* negiert werden[74].

(83) quam (provinciam) iste ... ita vexavit ac perdidit ut ea restitui in antiquum statum nullo modo possit ('Er hat sie so verwüstet und zugrunde gerichtet, daß sie auf keine Weise in ihren alten Zustand zurückversetzt werden kann', Cic. *Ver.* 1,12)

Wie in (83) ist auch in vielen anderen Fällen der Inhalt der eingebetteten Prädikation 'faktisch'; der Konjunktiv in diesen Sätzen ist also, geht man von dem oben für ihn ermittelten semantischen Wert aus (S. 315), nicht erklärbar. In solchen Fällen müßte man also dem Konjunktiv eher eine 'morphosyntaktische' Funktion als eine 'morphosemantische' zuschreiben. Auch in Fällen wie (84) und (85) gibt es keine semantische Erklärung für den Konjunktiv.

(84) nec eorum quisquam adhuc inventus est cui quod haberet esset satis ('Unter ihnen hat sich noch keiner gefunden, dem das, was er hatte, genug war', Cic. *Parad.* 52)

(85) est oratoris, quaecumque res infinite posita sit, de ea posse dicere ('Der Redner soll in der Lage sein, über jede ihm vorgelegte Frage allgemeiner Art zu sprechen', Cic. *de Orat.* 2,66)

---

73 Vgl. hierzu Stephens (1985).
74 Finale Satellitensätze stimmen in mehrfacher Hinsicht mit eingebetteten imperativischen Prädikationen überein, so z.B. in den Beschränkungen beim Tempus (jedoch nicht hinsichtlich der Kontrollierbarkeit).

In (84) liegt ein sog. Nebensatz zweiten Grades vor, dessen Konjunktiv sich infolge einer Attraktion des Modus an den des regierenden Nebensatzes (*esset*) ergibt. (85) belegt die Regel, daß in Nebensätzen, die von einer Infinitiv- oder AcI-Konstruktion abhängen, oft der Konjunktiv steht. In dieselbe Kategorie gehört der Konjunktiv in der oratio obliqua (Negation *non*). Für all diese Fälle ((82) - (85)), in denen der Konjunktiv nicht auf der Basis seines für unabhängige Sätze angenommenen semantischen Wertes erklärt werden kann, muß eine andere Erklärung herangezogen werden, nämlich die, daß der Konjunktiv eine gewisse Zeit lang auch als formales Mittel diente, um Nebensätze als solche zu kennzeichnen[75].

Oben (S. 293) wurde darauf hingewiesen, daß in unabhängigen Sätzen die Opposition zwischen dem Konjunktiv des Präsens und dem des Imperfekts in gewissem Sinne eine 'atemporale' ist. In Nebensätzen dagegen haben wir es i.d.R. sehr wohl mit einem Tempusunterschied zu tun, der u.a. in der sog. Consecutio temporum zum Ausdruck kommt[76].

(iii) Bis jetzt haben wir uns mit Nebensätzen befaßt, bei denen keine Opposition zwischen Konjunktiv und Indikativ möglich ist. Daneben gibt es aber eine Reihe von Nebensätzen (Satellitensätze und Relativsätze), die mit Indikativ und Konjunktiv gebraucht werden können, und dies mit unterschiedlicher Bedeutung. Ich bespreche zuerst die Satellitensätze, dann die Relativsätze.

Indikativ und Konjunktiv finden wir in den mit *quod*, *priusquam* und *dum* eingeleiteten Nebensätzen; Beispiele sind (86) - (88) (die a-Sätze mit Ind., die b-Sätze mit Konj.):

(86) a urbs quae, quod in ea parte Fortunae fanum ... fuit, Tycha nominata est ('Eine Stadt, die Tycha benannt wurde, weil in dieser Gegend ein Tempel der Fortuna gestanden hat', Cic. *Ver.* 4,119)

b Aristides ... nonne ob eam causam expulsus est patria, quod praeter modum iustus esset? ('Ist nicht Aristides deswegen aus seiner Heimat vertrieben worden, weil er über das Maß hinaus gerecht gewesen sei', Cic. *Tusc.* 5,105)

---

75 Adams (1976b, 98) weist zurecht darauf hin, daß der Konjunktiv in den Nebensätzen im Lauf der Zeit abzunehmen scheint. Er verweist auf den Gebrauch des Indikativs in Nebensätzen, die in einen AcI eingebettet sind beim Anonymus Valesianus II.
76 Vgl. Perret (1964, 209-219).

(87) a quod ego ... priusquam loqui coepisti ... sensi ('Was ich
       gemerkt habe, bevor du zu sprechen begonnen hast',
       Cic. *Vat.* 4)

     b saepe magna indoles virtutis, priusquam rei publicae
        prodesse potuisset, extincta est ('Schon oft ist ein
        tüchtiges Talent dahingegangen, bevor es dem Staat
        nützen konnte', Cic. *Phil.* 5,47)

(88) a perpaucos dies, dum pecunia accipitur ... commorabor
       ('Ich werde ein paar Tage bleiben, bis mir das Geld
       ausgezahlt wird...', Cic. *Fam.* 3,5,4)

     b subsedi in ipsa via dum haec ... summatim tibi perscri-
        berem ('Ich sitze direkt an der Straße, um dir das
        kurz zu schreiben', Cic. *Att.* 5,16,1)

Für Beispiele s. K.-St. II, 383ff (*quod*), 366ff (*priusquam*), 380ff
(*dum*). In (86 b) und (87 b) kann der Konjunktiv damit erklärt
werden, daß die Prädikationen ganz klar nicht-faktiv sind. Die
entsprechenden indikativischen Beispiele zeigen dagegen eine
faktive Prädikation. Schwieriger zu erklären ist der Konjunktiv
in (88 b). Der *dum*-Satz scheint gegen einen *ut*-Satz austauschbar zu sein und deutet die Intention des Subjekts von *subsedi*
an. Vermutlich ist Cicero zum Zeitpunkt dieser Äußerung mit
dem Schreiben beschäftigt.

Bei den konjunktivischen Relativsätzen sind mehrere Arten
zu unterscheiden[77]. Die erste Subklasse bilden die Relativsätze
mit einem sog. 'finalen Nebensinn'. Beispiele sind (89) - (91):

(89) delegisti quos Romae relinqueres, quos tecum educeres
     ('Du hast Leute ausgewählt, die du in Rom zurücklassen,
     und solche, die du mit dir nehmen wolltest', Cic. *Catil.* 1,9)

(90) praeterea se missum a M. Crasso qui Catilinae nuntiaret
     ... ('Außerdem sei er von M. Crassus geschickt worden,
     um Catilina zu melden, daß ...', Sal. *Cat.* 48,4)

(91) oriens incendium qui restinguerent summos viros misimus
     ('Wir haben die besten Männer gesandt, um den entste-
     henden Brand zu löschen', Cic. *Phil.* 13,48)

In den Nebensätzen dieser drei Beispiele geht es um Handlungen,
die gegenüber der Hauptprädikation nachzeitig sind und die

---

77 Zu den konjunktivischen Relativsätzen vgl. Lambertz (1982, 465-472),
Lavency (1981a), Maurais (1980), Scherer (1975, 250), Touratier (1983b) und
E. Vester (1988).

von bestimmten Personen ausgeführt werden sollen; auch bei den Hauptprädikationen geht es um Handlungen (d.h. kontrollierbare und dynamische Sachverhalte). In den Fällen, wo im Hauptsatz ein Antezedent des Relativums vorhanden ist, könnte man den Relativsatz durch einen *ut*-Satz ersetzen[78].

Die folgenden Beispiele würden in den Grammatiken vermutlich als 'konsekutiv' beschrieben werden[79]:

(92) ego enim suscipiam et, ut spero, reperiam qui id quod salutis omnium causa statueritis, non pute<n>t esse suae dignitatis recusare ('Ich werde das übernehmen und hoffe, Leute zu finden, die nicht glauben, es sei ihrer würdig, das abzuschlagen, was ihr zum Wohle aller beschlossen habt', Cic. *Catil.* 4,8)

(93) multa ... e corpore exsistunt quae acuant mentem ('Im Körper gibt es vieles, das den Geist schärft', Cic. *Tusc.* 1,80)

(94) cum haec essent ita constituta, Verres tot annis atque adeo saeculis tot inventus est, qui haec non commutaret sed everteret ('Nachdem dies alles so bestimmt war, fand sich nach so vielen Jahren und sogar Jahrhunderten Verres, um dies nicht nur zu ändern, sondern sogar auf den Kopf zu stellen', Cic. *Ver.* 3,21)

In diesen Beispielen ist der Sachverhalt der Hauptprädikation nicht kontrollierbar; in den Relativsätzen geht es um Sachverhalte, die sich möglicherweise oder wahrscheinlich ergeben werden. Beide Gruppen, der sog. finale und der sog. konsekutive Relativsatz, haben gemeinsam, daß ihre Prädikation nicht-faktiv ist.

Bei den folgenden Beispielen ist das anders:

(95) Paetus ... omnes libros quos frater suus reliquisset mihi donavit ('Paetus hat mir alle Bücher geschenkt, die ihm sein Bruder hinterlassen habe', Cic. *Att.* 2,1,12)

(96) illi autem, qui omnia de republica praeclara atque egregia sentirent, sine recusatione ... negotium susceperunt ('Sie aber, die hinsichtlich des Staates nur ausgezeichnete und

---

78 Zu den Faktoren, die die Wahl zwischen *qui* und *ut* bestimmen, s. Elerick (1985).
79 Scherer (1975, 250) nennt Sätze dieser Art 'erläuternde, nicht etwa konsekutive Relativsätze'.

vortreffliche Ansichten hatten, übernahmen die Aufgabe ohne Weigerung', Cic. *Catil.* 3,5)

Im ersten Beispiel möchte Cicero nicht dafür bürgen, daß es wirklich um sämtliche von Paetus dem Bruder hinterlassenen Bücher geht, vielmehr geht diese Behauptung auf das Konto des Paetus. Im zweiten Beispiel zieht Cicero mit dem Konjunktiv keineswegs die Redlichkeit der *illi* in Zweifel, sondern deutet damit an, daß ihr Verhalten eine logische Folge ihrer Empfindungen war. *Sentiebant* als Mitteilung der Tatsache, daß die *illi* zur genannten Zeit eine bestimmte Einstellung hatten, wäre trivial oder sogar beleidigend: Hatten sie etwa diese Einstellung jetzt nicht mehr? Während also die finalen und 'konsekutiven' Relativsätze (Gruppe 1) nicht-faktiv sind, wird bei der vorliegenden zweiten Gruppe eine faktive Ausdrucksweise gleichsam vermieden. Mit dem eben genannten Fällen hängen die folgenden zusammen:

(97) vehementer Sullam probo, qui tribunis plebis sua lege iniuriae faciendae potestatem ademerit ('Ich stimme Sulla nachdrücklich zu, daß er durch sein Gesetz den Volkstribunen die Möglichkeit, Unrecht zu tun, genommen hat', Cic. *Leg.* 3,22)

(98) egomet qui sero ac leviter Graecas litteras attigissem tamen cum ... venissem Athenas complures tum ibi dies sum ... commoratus ('Obwohl ich mich erst spät und oberflächlich mit der griechischen Literatur befaßt habe, bin ich nach meiner Ankunft in Athen doch mehrere Tage da geblieben', Cic. *de Orat.* 1,82)

(97) ist ein Beispiel eines Relativsatzes mit kausalem Nebensinn, (98) eines mit konzessivem Nebensinn. Der kausale Nebensinn wird durch Kontextsignale vermittelt, so in (97) durch das bewertende Verb *probo*[80]; die konzessive Interpretation von (98) wird durch das nachfolgende *tamen* gestützt. In beiden Fällen wäre auch ein Indikativ möglich[81]; der Konjunktiv hat sich jedoch im Lauf der Zeit immer weiter ausgebreitet. Man beachte auch, daß wir es mit erläuternden Relativsätzen zu

---

80 Iordache (1977, 265-268) nennt als Kontextfaktoren für eine kausale Interpretation: bewertende Adjektive (*stultus*, *miser*), Adverbien (*male*, *iniuste*) und Substantive (*flagitium*). Hierher gehören auch das hervorhebende Pronomen *tu* und intensivierende Partikeln wie *quidem*. Der Hauptsatz ist oft ein Frage- oder Ausrufsatz. Der Relativsatz enthält manchmal Partikeln wie *ut*, *utpote* oder *quippe*. Im Perfekt (faktiv!) überwiegt der Indikativ.

81 Vgl. Iordache (Anm. 80) und Touratier (1980a, 344f).

tun haben (der Antezedent ist definit). Bei den vorher genannten Fällen ist das nicht (immer) so. Zu beachten ist auch, daß es in (97) und (98) um Ereignisse geht, die tatsächlich stattgefunden haben. Auch hier ist noch vieles zu untersuchen.

BIBLIOGRAPHISCHE INFORMATION

Zum Problem der Satzarten im Lateinischen im allgemeinen ist bis jetzt wenig geschrieben worden, s. Rubio (1968) und Scherer (1975); zum Zusammenhang von Satzart und illokutiver Funktion vgl. auch Bolkestein (1980a, Kap. 5). Allgemeine Untersuchungen zu den illokutiven Funktionen sind Franck (1980, Kap. 3), Lyons (1983, Kap. 16) und Searle (1969; 1976). Mehr Literatur gibt es zu den einzelnen Satzarten. Zu den exklamativen (und interrogativen) Sätzen (bei Pl.) ist die Lektüre von Vairel (1975) zu empfehlen; imperativische Sätze werden - wenn auch nicht mit den hier verwendeten Begriffen- ausführlich bei Löfstedt (1966) und Vairel (1975) behandelt. Sehr viel ist über die Modi gearbeitet worden. Vollständige Litera- turübersichten sind bei Calboli (1966; 1968; 1983) zu finden. Eine Übersicht über die Verwendungsweisen der Modi gibt Handford (1946). Viele Einzelprobleme werden bei Thomas (1938) be- sprochen. Ein Versuch, die verschiedenen Gebrauchsweisen des Konjunktivs formal darzustellen, ist Lehmann (1973). Eine neuere Übersicht über die Diskussion bei Touratier (1977; 1983b). Der im vorliegenden Kap. gewählte Ansatz ist am besten mit Rubio (1968) vergleichbar.

11. DAS TEMPUSSYSTEM

Im Mittelpunkt dieses Kapitels steht die morphosemantische Kategorie Tempus und deren Funktion beim lateinischen Verbum. Im ersten, mehr theoretischen Teil (§ 11.1.) werden die Begriffe 'Tempus' und 'Aspekt' definiert und die in § 2.4. gegebene Klassifizierung der 'Sachverhalte' verfeinert. In § 11.2. werden die einzelnen Verbformen behandelt. In § 11.3. gehe ich auf die Verwendung der Tempora in narrativen Texten ein, in § 11.4. auf die individuelle Verwendung der Tempora bei den einzelnen Autoren[1].

11.1. BEGRIFFSBESTIMMUNGEN

11.1.1. SACHVERHALT UND AKTIONSART

In § 2.4. haben wir 'dynamische' und 'nicht-dynamische' Sachverhalte kennengelernt; Beispiele sind (1) und (2), vgl. auch Bsp. (48) und (55) in § 2.4.:

(1)   Das Kind bekam ein Buch

(2)   Das Kind hatte ein Buch

In (1) ist die Rede von einer Veränderung, nämlich vom Übergang aus dem Zustand des 'Nicht-Habens' in den des 'Habens'; in (2) ist dagegen die Rede von einem Zustand. Mit den Kategorien 'dynamisch' (Bsp. (1)) vs. 'nicht-dynamisch' (Bsp. (2)) beschreiben wir, wie der durch die Kernprädikation zum Ausdruck gebrachte Sachverhalt in der Zeit verläuft.

Doch kann man die Kategorie der dynamischen Sachverhalte noch weiter unterteilen, nämlich in 'terminative' und 'nicht-terminative' Sachverhalte, vgl. (3) und (4):

---

1 Der Text dieses Kapitels basiert zum größten Teil auf Pinkster (1983b). Auf diese Arbeit wird im folgenden so wenig wie möglich verwiesen.

(3)   Das Kind schrieb ein Buch

(4)   Das Kind las ein Buch

In (3) wird eine Handlung beschrieben, die, sofern sie nicht unterbrochen wird, schließlich ihr natürliches Ende in der Fertigstellung des Buches findet (Konstituenten wie *ein Buch* in (3) werden oft 'effektive Objekte' genannt). Die Handlung von (4) dagegen kann zwar wie die von (3) an ein Ende kommen, sie resultiert jedoch nicht in einem 'natürlichen' Endprodukt. Dieser Unterschied zwischen (3) und (4) findet seinen Ausdruck auch in der Zufügbarkeit temporaler Bestimmungen. Zu (3) kann 'in drei Stunden' hinzugefügt werden, nicht aber 'drei Stunden lang'; bei (4) liegen die Verhältnisse umgekehrt.

(3') Das Kind schrieb *in drei Stunden* / **drei Stunden lang* ein Buch

(4') Das Kind las *?in drei Stunden*[2] / *drei Stunden lang* ein Buch

Die Kategorie der terminativen Sachverhalte kann weiter aufgegliedert werden in 'momentane' und 'nicht-momentane' Sachverhalte; dieser Unterschied zeigt sich an (5) vs. (3):

(5)   Das Kind fand ein Buch

(3)   Das Kind schrieb ein Buch

Während nämlich die Handlung von (3) abgebrochen werden kann, ist dies bei (5) nicht der Fall:

(5') *Das Kind hörte mit dem Finden eines Buches auf

(3") Das Kind hörte mit dem Schreiben eines Buches auf[3]

Die ermittelten Unterschiede zwischen den Sachverhaltstypen können schematisch wie folgt dargestellt werden[4]:

---

2 Dieser Satz könnte u.U. interpretiert werden als 'das Kind las in drei Stunden ein ganzes Buch'. Zum Niederländischen vgl. i. allg. Verkuijl (1972), zum (u.a.) Deutschen François (1985).
3 Vester (1983, 23-25) hat keine Belege für *desinere/desistere* mit momentanen Sachverhalten gefunden. Im Niederländischen und Englischen lassen sich terminative und nicht-terminative Prädikate auch noch mit Hilfe des *'bijna/almost*-Tests' gegeneinander abgrenzen. S. Pinkster (1983b, 281).
4 Zur Klassifizierung von Sachverhalten im allgemeinen s. Dowty (1979); für das Lateinische Vester (1983). Kritische Anmerkungen zur hier gegebenen Klassifikation der Sachverhalte finden sich bei De Groot (1983). Vgl. auch François (1985).

Abb.1: Sachverhaltstypen

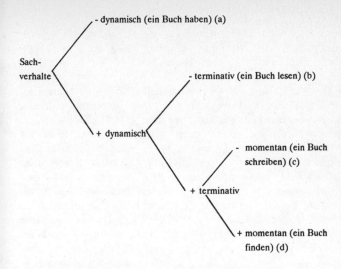

(vgl. Pinkster 1983b, 283)

Lat. Beispiele, die die genannten Unterschiede widerspiegeln, sind:

(6) duodequadraginta annos tyrannus Syracusanorum fuit Dionysius, cum ... ('38 Jahre lang war D. Tyrann von S., als', Cic. *Tusc.* 5,57) [(a): - dyn.]

(7) cum iam tot horas de uno genere ... dicam ('Wo ich schon so viele Stunden über einen Gegenstand spreche', Cic. *Ver.* 5,159) [(b): - term.]

(8) ut una hora ... reo ... spem ... praeciderem ('Daß ich binnen einer Stunde dem Angeklagten die Hoffnung raubte', Cic. *Ver.* 1,20) [(c): - mom.]

(9) ipse ... Tarraconem paucis diebus pervenit ('Er selbst gelangte in einigen Tagen nach T.', Caes. *Civ.* 2,21,4) [(d): + mom.]

Der Ehrlichkeit halber ist darauf hinzuweisen, daß der Unterschied zwischen nicht-dynamischen und nicht-terminativen Sachverhalten im Lateinischen nicht immer klar festzustellen ist. Im Deutschen ergibt sich der Unterschied daraus, daß nicht-dynamische Sachverhalte nicht in einer 'dabei sein, zu...'-

327

Phrase vorkommen können, während das bei dynamischen Sachverhalten möglich ist (vgl. *ich war dabei, ein Buch zu haben* mit *ich war dabei, ein Buch zu lesen*). Bei nicht-dynamischen Sachverhalten sind auch Adverbien die das Tempo (*celeriter* ('schnell')) oder die Art einer Handlung (*diligenter* ('sorgfältig')) angeben, nicht gut brauchbar. Hinreichend sind diese Kriterien aber nicht.

Die lateinische Sprachwissenschaft hat bis heute der Klassifikation von Sachverhalten und den o.g. Kriterien hierfür wenig Aufmerksamkeit geschenkt. In den Handbüchern (z.B. bei Sz. 303ff) wird eine mehr oder weniger intuitive Einteilung der Verben (nicht der Sachverhalte) in solche mit einer 'imperfektiven' und einer 'perfektiven' 'Aktionsart'[5] vorgenommen. 'Imperfektiv' fällt dabei im großen und ganzen zusammen mit 'nicht-dynamisch' und 'nicht-terminativ' aus Abb. 1, d.h. die Zweiteilung imperfektiv/perfektiv entspricht der Kombinierbarkeit mit Angaben der Zeitdauer ('*x Stunden lang*') bzw. mit Angaben der 'Zeit innerhalb welcher' ('*binnen x Stunden*'). Ein wichtiger Unterschied zwischen dem Ansatz von Sz. (und anderen) und dem hier gewählten liegt darin, daß dort von den Aktionsarten der Verben gesprochen wird, hier aber von den Sachverhalts-Typen. In § 3.1. (S. 39) habe ich schon darauf hingewiesen, daß die Hinzufügbarkeit von Bestimmungen wie den genannten nicht allein mit der Bedeutung des Verbs, sondern auch mit den Eigenschaften der vom Verb geforderten Argumente zusammenhängt. Vgl. *schreiben* in (3') und (10) mit singularischem bzw. pluralischem Objekt:

(3') *Das Kind schrieb drei Stunden lang ein Buch

(10) Das Kind schrieb drei Stunden lang Reime

Ein anderer wichtiger Faktor ist die Negation. In Sachverhalten mit dem Verb *venire* (plus evtl. Richtungsbestimmung) kommen i.d.R. keine Bestimmungen der Zeitdauer vor. Man vergleiche jedoch (11):

(11) Philippus nullus usquam nec nuntius ab eo per aliquot horas veniebat ('Philippus war nirgends zu sehen und einige Stunden lang kam auch keine Nachricht von ihm', Liv. 32,35,2)

Während 'kommen zu/nach' terminativ ist, ist 'nicht kommen' eben nicht-dynamisch und folglich mit einer Zeitdauer-Angabe

---

5 Zum Begriff 'Aktionsart' s.u. S. 339.

kombinierbar. Man darf also nicht mechanisch nur von der Verbform ausgehen.

Die Morphologie des Lateinischen stellt Mittel bereit, um von einem Verbstamm Verben abzuleiten, die sich in ihrer Bedeutung vom Verbum simplex unterscheiden und die auch zusammen mit ihren Argumenten einen anderen Sachverhalt bezeichnen. Beispiele sind die Ableitung der sog. Inkohativa mittels des Infixes -sc- aus nicht-dynamischen Simplicia (*calere* > *calescere* ('warm sein/warm werden')) und die Bildung der Kausativa durch Komposition mit *facere*, z.B. *calere* > *calefacere* ('warm sein/warm machen'). Dabei ändert sich auch der Sachverhaltstyp: *calere* ist nicht-dynamisch, *calescere* und *calefacere* sind terminativ. Ähnliche Unterschiede bestehen auch zwischen Aktiv und Passiv. Ein weiteres Beispiel sind die mit einem Präverb gebildeten Komposita, z.B. *edere* > *comedere* ('essen/aufessen'), *suere* > *consuere* ('nähen/zusammennähen'). Präverbien machen oft aus einem einstelligen Verb (oder einem zweistelligen, das eine 'reduzierte' einstellige Variante hat, s. S. 12) ein zweistelliges Verb (bzw. 'nicht-reduzierbares' zweistelliges Verb); in traditionellen Begriffen: sie machen aus Intransitiva Transitiva. Auch hier ist damit oft eine Änderung des Sachverhaltstyps verbunden, in dem diese Verben auftreten (nicht-dynamisch > terminativ) (vgl. Sz. 287; 304)[6].

Dem Unterschied zwischen den sog. perfektiven (d.h. terminativen) und imperfektiven (d.h. nicht-dynamischen und nicht-terminativen) Verben hat die lat. Grammatik viel Aufmerksamkeit gewidmet, ohne dabei jedoch viel verläßliche Ergebnisse zu erzielen. Sz. etwa bemerkt (303), daß die sog. 'perfektiven' Verben (d.h. die terminativen Sachverhalte) normalerweise kein Imperfekt aufweisen; wenn es dennoch bei ihnen vorkomme, sei es als iterativ oder konativ zu interpretieren. Ich komme hierauf in § 11.2.1.1.4. zurück. Allgemein wird festgestellt, daß bei bestimmten semantischen Verbklassen bestimmte Tempora vorherrschen. Das hängt natürlich mit der Tatsache zusammen, daß bestimmte Verben aufgrund ihrer Bedeutung besonders geeignet für bestimmte Kontexte sind; so konstituieren z.B. Verben des Erwägens oft (wenn auch nicht immer) den Hintergrund einer bestimmten Haupthandlung und kommen

---

6 Sz. und die meisten älteren Untersuchungen betrachten die Komposition mit einem Präverb als produktives Mittel zur Veränderung der 'Aktionsart' eines Verbum simplex (Sz. 304). Am weitesten geht hier Barbelenet (1913); eine gute Widerlegung bietet Van der Heyde (1926). Zum Verhältnis Aktiv : Passiv s. Vester (1985).

daher in Erzähltexten auch häufig im Imperfekt vor (vgl. §
11.2.1.1.4.)[7]. Vgl. Bsp. (12):

(12) sic primum existimabam ... Simul et verebar ... Itaque
... eram, ... exquirebam ... cognoscebam ... revertebar
... explicabam ... exspectabam ... erat in animo... . Cum
haec agerem, repente ad me venit Heraclius ('Zuerst war
ich der Meinung ... zugleich befürchtete ich .... Also war
ich ... überprüfte ... untersuchte ... Ich kam zurück auf
... ich klärte ... ich erwartete ... hatte vor. Als ich hiermit
beschäftigt war, kam plötzlich H. zu mir', Cic. *Ver.* 4,136f)

11.1.2. TEMPUS

Tempus ist eine deiktische Kategorie, welche den durch die
Prädikation ausgedrückten Sachverhalt in der Zeit situiert. Der
Sachverhalt kann dabei in Beziehung gesetzt werden zu dem
Zeitpunkt des Schreibens oder Sprechens, oder aber in Beziehung
zu einem anderen Zeitpunkt, der aus Kontext oder Situation
bekannt ist. So bedeutet *laudo* normalerweise, daß die Handlung
des Lobens gleichzeitig mit dem Sprechen stattfindet ('ich bin
(gerade) dabei, zu loben'), *laudaveram* dagegen, daß das Loben
vor einem Zeitpunkt stattgefundet hat, der selbst schon vor
dem Zeitpunkt des Sprechens lag ('Ich hatte gelobt - zu einem
Zeitpunkt, der vor der Gegenwart liegt'). Tempus ist m.a.W. eine
morphosemantische Kategorie, die die chronologische Ordnung
von Ereignissen ermöglicht. Dieses Ordnen von Sachverhalten
in der Zeit kann nicht nur mit Hilfe von Verbformen geschehen,
sondern auch mit lexikalischen Mitteln wie Temporaladverbien
(*heri* ('gestern'), *nunc* ('jetzt'), *postea* ('hernach'), *deinde*
('darauf')); in einigen Sprachen ist dies sogar die einzige Möglichkeit. Doch auch die einfache lineare Abfolge des Erzählens
ordnet Geschehnisse zeitlich, vgl. (13):

(13) veni, vidi, vici ('Ich kam (zuerst), sah (sodann) und siegte
(schließlich)')

---

7 Übersicht bei Sz. 302-304; kritische Anmerkungen bei Pinkster (1983b,
284f). Zu den bei Caesar im Impf. oder Perf. vorkommenden Verbarten s. Reinhold (1956).

In diesem Kapitel beschäftige ich mich jedoch nur mit dem Tempus als einer verbalen Kategorie.

Was die Situierung eines bestimmten Sachverhalts in der Zeit (und damit die Verbformen) betrifft, ist der Sprachbenutzer i.d.R. daran gebunden, wie sich die Ereignisse in der Wirklichkeit zeitlich zueinander verhalten. Dies zeigt sich etwa an der auf der Hand liegenden Unmöglichkeit von (14):

(14) *heri laudabo (*'Ich werde gestern loben')

Auf der anderen Seite ist es aber auch nicht so, daß der Sprachbenutzer überhaupt keine Wahl hat. So kann im Lateinischen genau wie im Deutschen das Imperfekt verwendet werden, ohne daß dazu ein zwingender Grund gegeben ist, vgl. Bsp. (15):

(15) sed si domi est, Demaenetum volebam ('Doch, wenn er zuhause ist, wollte ich gerne D. sprechen', Pl. *As.* 452)

Indem der Sprecher hier seinen Wunsch in der Vergangenheit situiert, wirkt dieser weniger dringend oder aktuell und damit bescheidener oder höflicher. Das Tempus kann so in gewisser Hinsicht wie die Kategorie Modus verwendet werden, nämlich, um die Haltung des Sprechers zum Ausdruck zu bringen[8].

Mit den Beispielen *laudo* und *laudaveram* habe ich gezeigt, daß im Lateinischen mit bestimmten Tempora entweder eine Beziehung zum Zeitpunkt des Sprechens (dem 'Hier und Jetzt') hergestellt werden kann, oder aber zu einem anderen Zeitpunkt, der selbst wieder in Beziehung zum Zeitpunkt des Sprechens gesetzt ist. In einigen Grammatiken wird der erste Typ (*laudo*) 'absolutes Tempus' genannt, der zweite (*laudaveram*) 'relatives Tempus'. Tatsächlich sind aber beide 'relativ', doch ist der letztere gleichsam zweistufig. Das lateinische Verb ist offensichtlich systematisch in zwei Dimensionen angelegt:

(i) Die meisten Verbformen vermitteln Information über die zeitliche Einordnung der Prädikation[9] gegenüber einem aus Kontext oder Situation bekannten Zeitpunkt in Vergangenheit, Gegenwart oder Zukunft;

(ii) Ein Teil der Verbformen, v.a. die des Indikativs, vermitteln außer der unter (i) genannten Information auch noch die über die zeitliche Situierung der Prädikation gegenüber dem Zeitpunkt

---

8 Präterita als Höflichkeitsformen kommen in sehr vielen Sprachen vor, s. Brown-Levinson (1978).
9 Ich verwende diese Formulierung der Kürze halber für: 'das durch die Prädikation Bezeichnete'.

des Sprechens (in Vergangenheit, Gegenwart, Zukunft).

> N.B. Mit den Konjunktivformen kann nur zwischen Gegenwart und Vergangenheit unterschieden werden, was hier außer Betracht bleibt.

Beispiele für diese zwei Dimensionen:

(i)   a Am Partizip läßt sich ablesen, ob die (eingebettete) Prädikation, zu der es gehört, vorzeitig, gleichzeitig oder nachzeitig gegenüber einer anderen Prädikation (i.d.R. der Hauptprädikation) ist: *profectus / proficiscens / profecturus* ('nach / während / vor seinem Aufbruch'). Partizipien enthalten keine Information darüber, zu welcher Zeit die betreffende Handlung stattgefunden hat: in *proficiscens dixit* ('beim Aufbruch sagte er') fand der Aufbruch in der Vergangenheit statt, in *proficiscens dicet* ('beim Aufbruch wird er sagen') dagegen in der Zukunft.

      b In vergleichbarer Weise zeigen Infinitive an, daß die Prädikation vorzeitig, gleichzeitig oder nachzeitig gegenüber der übergeordneten Prädikation liegt: Cicero dicit *Caesarem in Galliam profectum esse / proficisci / profecturum esse* ('Cicero sagt, daß Caesar nach Gallien aufgebrochen ist / aufbricht / aufbrechen wird').

      c Die finiten Verbformen des Perfektstammes zeigen in der Regel[10] an, daß die Prädikation vorzeitig gegenüber einem aus Situation oder Kontext bekannten Zeitpunkt ist, vgl. o. *laudaveram* und (16):

(16) rogo quid fecerit ('Ich frage, was er getan hat')

> N.B. S. auch (ii) a.

      d Die finiten Verbformen des Infectumstammes zeigen an, daß die Prädikation mit einem aus Kontext oder Situation bekannten Zeitpunkt gleichzeitig ist, vgl. o. *laudo* und (17):

(17)   rogavi, quid faceret ('Ich fragte, was er (gerade) tue')

> N.B. S. auch (ii) b.

(ii)   a Perfekt, Plusquamperfekt und Futur exakt situieren

---

10 Ausnahmen werden später behandelt.

eine Prädikation als vorzeitig gegenüber Gegenwart bzw. Vergangenheit bzw. Zukunft. Wenn ich sage *profectus eram*, bedeutet das, daß mein Aufbruch vor einem bestimmten Zeitpunkt der Vergangenheit stattgefunden hat.

b Präsens, Imperfekt und Futur situieren eine Prädikation in der Gegenwart bzw. Vergangenheit bzw. Zukunft. Entsprechend der in (i) d getroffenen Feststellung bedeutet etwa *proficiscebar*, daß ich zu einem bestimmten Zeitpunkt der Vergangenheit dabei war, aufzubrechen.

c Das Latein hat mit den periphrastischen Formen *profecturus sum*, *profecturus eram* und *profecturus ero* eine beschränkte Möglichkeit, Prädikationen nachzeitig gegenüber Gegenwart bzw. Vergangenheit bzw. Zukunft zu situieren.

Wir können den ermittelten Befund schematisch wie folgt wiedergeben:

Abb. 2: Infinite Verbformen (Partizip, Infinitiv)

vorzeitig	gleichzeitig	nachzeitig
profectus profectus esse	proficiscens proficisci	profecturus profecturus esse

Abb.3: Finite Verbformen (1. Pers. Sing. Ind.)

Situierung gegenüber Orientierungspunkt / Orientierungspunkt	vorzeitig	gleichzeitig	nachzeitig
Gegenwart	profectus sum	proficiscor	profecturus sum
Vergangenheit	profectus eram	proficiscebar	profecturus eram
Zukunft	profectus ero	proficiscar	profecturus ero

Abb. 3 kehrt in anderer Form wieder bei den Regeln zur Abstimmung der Zeiten von Hauptsatz und davon abhängigem konjunktivischem Nebensatz ('Consecutio temporum'); vgl. Abb. 4:

Abb.4: Consecutio temporum

Tempus des regierenden Satzes	Tempus des abhängigen Nebensatzes		
	vorzeitig	gleichzeitig	nachzeitig
Gegenwart Zukunft }	Perfekt	Präsens	periphrastisches Fut. (*laudaturus sim*)
Vergangenheit	Plusquamperfekt	Imperfekt	periphrastisches Fut. (*laudaturus essem*)

Abb. 3 ist zu entnehmen, daß das System einige scheinbare Redundanzen aufweist. Wo z.B. liegt der faktische Unterschied zwischen 'vorzeitig zur Gegenwart' (*profectus sum*) und 'gleichzeitig mit der Vergangenheit' (*proficiscebar*): es geht doch in beiden Fällen um Ereignisse in der Vergangenheit? Ebenso: wo liegt der Unterschied zwischen *proficiscar* und *profecturus sum* (der übrigens, wie gesagt, nicht häufig gemacht wird)? Ich komme auf diese Fragen in §11.2. zurück[11].

11.1.3. ASPEKT

Der Begriff Aspekt ist im Anschluß an die slawistische Linguistik in der zweiten Hälfte des vorigen Jahrhunderts zuerst in der griechischen, später auch in der lateinischen Grammatik aufgetaucht. In der Slawistik hatte die Unzulänglichkeit der Kategorie Tempus die Einführung dieses Begriffes[12] veranlaßt; er sollte der Klärung des Unterschieds zwischen Verbpaaren aus Simplex und Kompositum dienen, mit denen offensichtlich auf dieselbe Sache verwiesen werden kann; als Beispiel kann das Paradigma des russischen Verbs für 'schreiben' dienen (Abb. 5):

Abb.5:

Inf. Aktiv		pisatj	napisatj	'schreiben'
1. Pers. Sing.	Impf.	ja pisál	ja napisál	'ich schrieb'
	Präs.	ja pisjú	-	'ich schreibe'
	Fut.	ja búdu pisátj	ja napisjú	'ich werde schreiben'

Den Unterschied innerhalb der Verbpaare beschrieb man als 'im Vollzug befindlich' (linke Kolumne) vs. 'vollzogen' (rechte Kolumne) oder 'nicht abgeschlossen' vs. 'abgeschlossen' ('imper-

---

11 Zu zweidimensionalen Systemen dieser Art und den in ihnen vorkommenden Redundanzen vgl. Bull (1960) und King (1983).
12 Den die Gräzisten übrigens falsch verstanden haben, vgl. Ruijgh (1979).

fektiv' vs. 'perfektiv'). Die Annahme dieses Bedeutungsunterschieds erklärt zugleich, warum die Form *ja napisjú* (trotz der formalen Entsprechung zu *ja pisjú*) kein Präsens ist: ein abgeschlossenes Präsens ist nicht gut denkbar. In der Tat fungiert die Form als Futur.

G. Curtius war der erste, der den Bedeutungsunterschied zwischen dem griechischen Aorist und Imperfekt zu dem Bedeutungsunterschied bei den slawischen Verbpaaren in Beziehung gesetzt hat. Eine analoge Erklärung suchte man dann auch für den Bedeutungsunterschied zwischen dem Lateinischen Perfekt und Imperfekt, wobei man auch auf Termini der antiken Grammatiker hinwies. In diesem Sinne wurde dem Perfekt ein 'perfektiver Aspekt' zugeschrieben und dem Imperfekt ein 'imperfektiver Aspekt'. Man sieht, daß der Begriff Aspekt, der in den Grammatiken der slawischen Sprachen auf einen Unterschied innerhalb von *Verbpaaren* verweist, in die griechische und lateinische Grammatik eingeführt worden ist, um einen Unterschied zwischen *Formen* ein und desselben Verbs zu erklären.

> N.B. In § 11.1.1. (S. 328) habe ich darauf hingewiesen, daß die Begriffe 'perfektiv' und 'imperfektiv' auch verwendet werden, um lexikalische Eigenschaften von Verben zu beschreiben. Hierauf komme ich in § 11.1.4. zurück.

Die Frage, ob es Aspekte im Lateinischen nun tatsächlich gibt oder nicht, bzw. ob dieser Begriff notwendig ist, um den Gebrauch der verschiedenen Verbformen zu beschreiben, hat eine wahre Flut von Literatur hervorgerufen. Die communis opinio ist, daß in einer Vorphase des Lateinischen 'Aspekt' höchstwahrscheinlich eine produktive Kategorie gewesen ist, daß aber in dem Latein unserer Texte nicht mehr viel oder überhaupt nichts mehr von ihr zu verspüren ist: im klassischen Latein spielen Gleichzeitigkeit und Vorzeitigkeit die wichtigste Rolle. Jedoch ist in der Literatur die Tendenz weit verbreitet, bestimmte Verwendungsweisen von Verben, die statistisch gesehen eher Ausnahmen oder idiomatische Ausdrücke darstellen, als Relikte eines früheren Aspektsystems zu erklären. Ein Beispiel eines solchen idiomatischen Ausdrucks ist *dixerim* in (18):

(18) cuius ego iudicium, pace tua dixerim, longe antepono tuo

('Dessen Urteil ich, mit Verlaub, dem deinen weitaus vorziehe', Cic. *Tusc*. 5,12)

Dixerim kann in Belegen dieser Art nicht als vorzeitig gegenüber der Gegenwart aufgefaßt werden. Weitere derartige Fälle werden später behandelt.

Eine Erklärung für die Tendenz, das lateinische Tempus-system mit aspektualen Begriffen zu beschreiben, liegt vielleicht in dem unausgesprochenen Wunsch, im Lateinischen ähnliche Verhältnisse anzutreffen, wie sie im Griechischen gegeben sind. Indes bestehen auch für das Griechische beträchtliche Vorbehalte gegen die Kategorie Aspekt[13]. Zudem besteht ein wichtiger Unterschied zwischen dem Griechischen und dem Lateinischen darin, daß es im Griechischen fast immer um paarweise Verbformen geht, zwischen denen der Sprachbenutzer sozusagen die Auswahl hat; im Lateinischen ist das (mit Aus-nahme des Indikativs des Imperfekts und des Perfekts sowie einiger idiomatischer Gebrauchsweisen) nicht so. Vgl. die grie-chischen Beispiele mit Imperativ Präs. bzw. Aor. (19) und Infinitiv Präs. bzw. Aor. (20):

(19) a ἀναγνώσεται πρῶτον ὑμῖν τὸν τούτου νόμον, ἔιτα τοὺς ἄλλους ... ἀναγίγνωσκε ('Er wird auch zuerst sein Gesetz vorlesen, sodann die anderen .... Lies vor', Dem. 24,39)7

   b ἀνάγνωθι δὲ καὶ τούτους τοὺς νόμους ('Und lies auch diese Gesetze vor', Dem. 24,104)

(20) a ... οἱ μάγοι ἀνεβίβασαν αὐτὸν ἐπὶ πύργον καὶ ἀγορεύειν ἐκέλευον ('Die Magier führten ihn auf einen Turm und befahlen ihm, zu sprechen', Hdt. 3,75,1)

   b κεῖνον ... ἐκέλευον ἀναβάντα ἐπὶ πύργον ἀγορεῦσαι ὡς ... ('Sie befahlen ihm auf einen Turm zu steigen und zu sagen, daß ...', Hdt. 3,74,3)

Eine andere Erklärung für die Beliebtheit der Kategorie Aspekt liegt in der Vagheit des Begriffs selbst. Meist wird er be-schrieben als etwas von 'Tempus' Verschiedenes, z.B. als eine nicht-deiktische temporale Kategorie, die Erscheinungen wie 'Vollzug', 'Iteration' etc. umfaßt. In der lateinischen Grammatik wird v.a. mit den Begriffen 'Verlauf' und 'Vollzug' gearbeitet. Diese Begriffe sollen nun etwas näher betrachtet werden.

Priscian (6. Jh.n.Chr.) beschreibt die Funktionen des

---

13 Vgl. Ruijgh (1971). Die Beispiele (19) und (20) sind aus Rijksbaron (1984, 46, 102f).

Imperfekts und des Perfekts wie folgt:

(21) si incipiam in praeterito versum scribere et imperfectum eum (scil. versum) relinquam tunc utor praeterito imperfecto dicens 'scribebam versum'; ... continuo enim scripto ad finem versu dico 'scripsi versum' ('Wenn ich in der Vergangenheit mit dem Schreiben eines Verses beginne und ihn unvollendet lasse, dann verwende ich das Imperfekt und sage 'scribebam versum'; wenn ich ihn aber in einem Zug zu Ende geschrieben habe, sage ich 'scripsi versum', Prisc. 8,52f)

In diesem Beispiel für das Perfekt ist der Begriff 'vollzogen', 'fertig' vollkommen deutlich. Es ist aber keineswegs repräsentativ. Wir haben es hier mit einem 'terminativen' Sachverhalt zu tun, und in einem solchen Fall liegt eine 'resultative' Interpretation auf der Hand. Mit anderen Objektkonstituenten zu *scribere* oder bei anderen Verben liegt eine solche Interpretation weit weniger nahe, vgl. Bsp. (22) und (23):

(22) nostri praeceptores servum cervumque u et o litteris scripserunt ('Meine Lehrer haben servus und cervus mit uo geschrieben' - d.h. 'seruos', 'ceruos' - Quint. 1,7,26)

(23) tun heri hunc salutavisti? ('Hast du ihn gestern begrüßt?', Pl. *Am.* 717)

Gemeinsames Kennzeichen der Beispiele (21) - (23) ist, daß die in ihnen beschriebenen Sachverhalte vor dem Zeitpunkt des Sprechens beendigt sind, vorbei sind, oder daß wenigstens die Äußerung des Sprechers Bezug nimmt auf eine zum Äußerungszeitpunkt beendigte Phase einer Situation oder eines Ereignisses. Vgl. auch Bsp. (24):

(24) satis ... vixi: invictus enim morior ('Ich habe lange genug gelebt, denn ich sterbe unbesiegt', Nep. *Ep.* 9,4)

Der Sprecher ist keineswegs tot, spricht aber über sein Leben als etwas, das hinter ihm liegt; *satis vivebam wäre mit Sicherheit nicht möglich (s. auch § 11.3.1. zu (69) - (71)). Ein Beweis für das 'Beendigtsein' eines mit einem Perfekt gekennzeichneten Sachverhalts ist in der Distribution quantifizierender Bestimmungen wie *semel*, *bis* und *ter* zu finden. Diese kommen beim Perfekt, nicht aber beim Imperfekt vor, vgl. Bsp. (25 a-b):

(25) a sed fui ... bis in Bithynia ('Ich bin zweimal in B. gewesen', Cic. *Planc.* 84)

b *sed eram bis in Bithynia

Solche quantifizierenden Ausdrücke sind typischerweise 'im nachhinein' zu überschaubaren, abgeschlossenen Sachverhalten hinzufügbar (vgl. weiter § 11.2.1.1.5.).

Aus dem Vorstehenden ist zu entnehmen, daß, soweit lateinische Sprachwissenschaftler den antiken Begriff 'Abgeschlossenheit' zur Stützung einer Aspekttheorie verwendet haben, dabei nicht deutlich geworden ist, wo genau der Unterschied zwischen 'Abgeschlossenheit' und dem Begriff der 'Vorzeitigkeit' liegt, wie er in § 11.1.2. eingeführt wurde. Meines Erachtens ist der Unterschied nur ein terminologischer. Ich folgere denn auch, daß es näher liegt, die einzelnen Verbformen nach Möglichkeit mit Hilfe des zweidimensionalen Systems von § 11.1.2. zu erklären, als eine beiläufige Verwendung des Begriffs Aspekt zu versuchen.

11.1.4. EIN TERMINOLOGISCHER EXKURS

Ich habe bereits darauf hingewiesen (S. 328), daß die Begriffe 'imperfektiv' und 'perfektiv' in der lateinischen Sprachwissenschaft zur Bezeichnung des Bedeutungsunterschieds sowohl zwischen Verben als auch zwischen Verbalformen verwendet werden, d.h. sowohl für 'Aktionsart' (in etwa dem Begriff 'Sachverhalt' entsprechend) als auch für 'Aspekt'. Die Verwirrung ist aber tatsächlich noch größer. In vielen deutschen Publikationen (z.B. bei Sz. 300ff) umfaßt der Begriff 'Aktionsart' die beiden sonst (wie auch hier) als 'Aktionsart' und 'Aspekt' unterschiedenen Erscheinungen; im Gegenzug werden in französischen Arbeiten beide Erscheinungen unter dem Begriff 'aspect' zusammengefaßt. In englischsprachigen Untersuchungen wird manchmal unterschieden zwischen 'lexical aspect' (Aktionsart) und 'grammatical aspect' (Aspekt), doch nicht selten wird beides auch unterschiedslos unter 'aspect' zusammengenommen.

11.2. DIE EINZELNEN VERBFORMEN

11.2.1. DIE FORMEN DES VERBUM FINITUM

In diesem Paragraphen werden zuerst die Formen des Indikativs behandelt, sodann die des Konjunktivs und zum Schluß die des Imperativs. Innerhalb dieser Rubriken werden die Formen in folgender Reihenfolge angeordnet: Präsens, Futur, Futur exakt, Imperfekt, Perfekt und Plusquamperfekt.

11.2.1.1. INDIKATIV

11.2.1.1.1. PRÄSENS

(i) Das Präsens zeigt an, daß die Prädikation gleichzeitig mit der Zeit des Sprechens liegt oder gleichzeitig mit einer anderen Prädikation, die ihrerseits wiederum gleichzeitig zu dem Zeitpunkt des Sprechens ist, vgl. Bsp. (26):

(26) P. Servilius ... adest de te sententiam laturus ('P. Servilius ist hier anwesend, um über dich seine Stimme abzugeben', Cic. *Ver.* 1,56)

Hier war während Ciceros Äußerung P. Servilius persönlich anwesend. Daneben wird das Präsens ebenso wie im Deutschen verwendet:

(a) in Prädikationen, die auf allgemeine Situationen Bezug nehmen, z.B. *die Sonne geht im Westen unter*, *eine Schwalbe macht noch keinen Sommer*, u.ä., vgl. lat.:

(27) ut enim magistratibus leges, ita populo praesunt magistratus ('Wie die Magistrate den Gesetzen untergeordnet sind, so ist das Volk den Magistraten untergeordnet', Cic. *Leg.* 3,2)

(b) in Prädikationen, die auf eine zukünftige, gegenüber der Sprechzeit nachzeitige Situation Bezug nehmen, z.B. *ich komme morgen* (sog. Praesens pro Futuro, s.u. (ii)).

(c) in Prädikationen, die auf eine vergangene, vorzeitige Situation Bezug nehmen (sog. Praesens historicum), vgl. u. (iii).

Manche Linguisten haben aus diesem Befund den Schluß gezogen, daß das Präsens eine nicht-temporale Funktion habe, oder, anders gesagt, daß es innerhalb des Tempussystems die 'unmarkierte' Form sei und somit an die Stelle jeder anderen finiten Form treten könne[14]. Tatsächlich kann das Präsens jedoch nicht jede andere finite Form ersetzen.

(ii) Praesens pro futuro. Ein Beispiel ist (28):

(28) Lentulus Spinther hodie apud me; cras mane vadit ('Lentulus Spinther ist heute bei mir; morgen früh reist er ab', Cic. *Att.* 14,11,2)

Für Beispiele s. K.-St. I, 119; Sz. 307f (es überwiegen dynamische Sachverhalte, v.a. mit Bewegungsverben). In (28) wäre auch ein Futur möglich, doch besagt die Tatsache, daß hier zwei Tempusformen denkbar sind, nicht, daß zwischen ihnen nicht doch feine Unterschiede bestünden. Außerdem sind nicht in allen Verwendungssituationen beide Formen gleichermaßen gebräuchlich. So kann etwa das Futur regulär mit einer befehlenden illokutiven Funktion verwendet werden (vgl. § 10.2.1.1. und die folgenden §§), was beim Präsens nur ausnahmsweise der Fall ist (vgl. Sz. 326f). Es fällt auch auf, daß in den A Part-Passagen der Komödie *ibo* verwendet wird und nicht *eo*[15]. Weitere Untersuchungen zur Distribution von Präsens und Futur und ihrer gegenseitigen Austauschbarkeit sind notwendig.

(iii) Praesens historicum. In lateinischen Erzähltexten (Prosa und Dichtung) ist das Praesens historicum die meistgebrauchte Erzählzeit; seine Frequenz schwankt aber von Autor zu Autor und oft sogar innerhalb eines einziges Werkes. Ich beschränke mich hier auf die Frage, ob das Präsens jederzeit in Prädikationen gebraucht werden kann, die auf die Vergangenheit verweisen. Die Antwort ist negativ. Das historische Präsens kann normalerweise nicht verwendet werden, um eine Episode[16]

---

14 Vgl. Serbat (1975, 384f); Touratier (1983a).
15 Vgl. Pinkster (1985c, 187f).
16 Den Begriff 'Episode' lasse ich undefiniert; vgl. auch § 12.1.

einzuleiten (wenn auch manche Dichter und ebenso Tacitus da sehr weit gehen); vielmehr ist in diesem Fall ein klares Zeitsignal erforderlich, um Fehlinterpretationen auszuschließen. Dies muß nicht unbedingt ein explizites Vergangenheitstempus sein, auch ein temporaler Subordinator kann diese Funktion erfüllen, so etwa *ut* in (29):

(29) Turnus ut infractos adverso Marte Latinos defecisse videt ... attollit ... animos ('Als Turnus sah, daß die Latiner durch die Niederlage gebrochen waren und sie der Mut verließ ... wuchs sein Mut', Verg. *A.* 12,1-4)

N.B. Auch die Spitzenstellung von *Turnus* markiert hier den Beginn einer neuen Episode.

Ebensowenig kann das historische Präsens zum Abschluß einer Episode verwendet werden, es sei denn, die Grenze zur folgenden Episode wird mit anderen Mitteln markiert, z.B. mit einem unzweideutigen Einleitungssignal für eine neue Episode[17]. Insgesamt aber trifft es natürlich zu, daß das historische Präsens, Vorhandensein präteritaler Zeitsignale vorausgesetzt, in großem Maße zur Erzählung vergangener Ereignisse und Zustände verwendet wird. Doch bedeutet das nicht, daß zwischen präsentischem und präteritalem Tempus kein Unterschied bestünde. Die meisten Linguisten sind, m.E. zu Recht, der Auffassung, daß das Präsens benutzt wird, um den Eindruck des 'Augenzeugenberichtes' zu erwecken. Der Übergang vom präteritalen auf das präsentische Tempus macht die Erzählung lebendiger; auch die bloße Abwechslung in den Tempora verhindert, daß die Erzählung eintönig wird. Weitere Untersuchungen zum Wechsel des historischen Präsens mit den Vergangenheitstempora ist erforderlich, um den dabei sich ergebenden Effekt eingehender zu bestimmen. S. weiter § 11.3.2. (für Beispiele s. K.-St. I, 114-117; Sz. 306f).

11.2.1.1.2 DAS FUTUR

Ich beschränke mich hauptsächlich auf das sog. Futurum simplex (Futur I).

---

17 Vergil beendigt einige Bücher der Aeneis, darunter das letzte, mit einem historischen Präsens. Das Buchende betrachte ich als Grenzmarkierung.

(30) (apart gesprochen) ibo ad Diabolum, mandata dicam facta
ut voluerit/atque interea ut decumbamus suadebo .../poste
demum huc cras adducam ad lenam ('Ich gehe zu Diabolus
und erzähle ihm, daß geschehen ist, was er aufgetragen
hat, und schlage ihm vor, daß wir zusammen dinieren. Morgen schließlich bringe ich ihn hierher, zu Madame', Pl.
As. 913-915)

(31) (Pseudolus liest, daß seine Geliebte an einen makedonischen
Soldaten verkauft worden ist) '... ei rei dies/haec prae-
stituta est, proxuma Dionysia'. cras ea quidem sunt ... ille
abducturus est mulierem cras (' 'Dafür ist das nächste
Dionysusfest als Termin festgesetzt'. Aber das ist morgen
... Morgen wird er meine Freundin mitnehmen', Pl. *Ps*.
58-60; 82)

Bsp. (30) ist ein 'normaler' Beleg für das Futurum simplex in
Prädikationen, die, vom Sprechzeitpunkt aus gesehen, auf die
Zukunft verweisen oder die mit einem anderen, selbst wiederum
zukünftigen Zeitpunkt gleichzeitig sind (die sog. 'modalen'
Verwendungsweisen des Futurs belegen u. die Beispiele (32)-
(36)). Das periphrastische Futur (vgl. (31)) kommt viel seltener
vor als das Futurum simplex. Wie in (31), so ist fast immer
mit dem periphrastischen Futur eine Nuance 'Plan', 'Vorbe-
stimmtheit' oder 'Ziel' verbunden. Auch hier sind weitere
Untersuchungen notwendig. Beispiele finden sich bei K.-St. I,
160-162; Sz. 312.

Wenn das Futur mit einer 'modalen' Nuance gebraucht wird,
wird die Prädikation zwar als zukunftsbezogen gekennzeichnet
und hat i.d.R. auch Zukunftsbezug, aber die Haltung des Sprechers der Prädikation gegenüber ist derart, daß diese vom
Hörer nicht ausschließlich temporal interpretiert wird. Futurische
Äußerungen der ersten Person sind häufig als Äußerungen von
'Wille' oder 'Absicht' zu verstehen, solche in der 2. Person
als die Erwartung eines bestimmten Verhaltens des Angesprochenen und damit als 'Befehl', solche in der 3. Person als
Formulierung einer 'Möglichkeit' oder einer allgemeinen Regel. Beispiele hierfür sind (32) - (36):

(32) fatebor enim, Cato, me quoque in adulescentia ... quaesisse
adiumenta doctrinae ('Ich will nämlich zugeben, Cato,
daß auch ich in meiner Jugend Hilfe bei der Philosophie
gesucht habe', Cic. *Mur*. 63)

(33) si igitur tu illum conveneris, scribes ad me, si quid vide-

bitur ('Wenn du ihn also gesprochen hast, schreibe mir, wenn du meinst, daß sich die Sache rentiert', Cic. *Att.* 12,28,1)

(34) quaeret fortasse quispiam, displiceatne mihi legum praesidio capitis periculum propulsare ('Es wird vielleicht jemand fragen, ob es mir mißfalle, mit Hilfe der Gesetze eine Gefahr für Leib und Leben abzuwehren', Cic. *Clu.* 144)

(35) tamen excellet illud ... quod honestum, quod rectum, quod decorum appellamus ('Dennoch wird sich das als das Beste herausstellen, was wir als ehrenhaft, recht und anständig bezeichnen', Cic. *Tusc.* 2,30)

(36) haec erit bono genere nata ('Sie wird von guter Abkunft sein', Pl. *Per.* 645)

Man beachte, daß die Formulierung *quaeret fortasse quispiam* in (34) eine starke Ähnlichkeit mit dem -übrigens seltenen- Gebrauch des (potentialen) Konjunktivs in *dicat aliquis* ('es könnte jemand sagen', Liv. 9,4,12,) aufweist[18]. Weitere Untersuchungen zur Austauschbarkeit des Konjunktiv Präs. und des Imperativs einerseits sowie des Ind. Fut. andererseits ist notwendig. Für Beispiele vgl. K.-St. I, 142-144; Sz. 310f[19].

11.2.1.1.3. DAS FUTUR EXAKT

Das Futur exakt wird in Prädikationen verwendet, die vorzeitig liegen zu einem selbst wiederum zukünftigen Zeitpunkt. *Conveneris* in (33) ist ein 'normales' Beispiel. Daneben kommt das Futur exakt aber auch vor, ohne daß ein klar vorzeitiges Verhältnis vorliegt, vgl. (37) - (39):

(37) ... oratorem sic iam instituam, si potuero, ut quid efficere possit ante perspiciam ('Ich werde die Ausbildung des Redners so anlegen, wenn ich es vermag, daß ich zuvor betrachte, was er leisten kann', Cic. *de Orat.* 2,85)

---

18 K.-St. (I, 177f) zufolge ist *quaerat aliquis/quispiam* nicht belegt. Auch bei *dicere* ist *fortasse dixerit quispiam* gewöhnlicher (Cic. *Sen.* 8).
19 Die semantische Verwandschaft zwischen dem Konj. Präs. und dem Futur spiegelt sich in der historischen Entwicklung wider. Das lat. e-Futur der 3. und 4. Konjugation setzt formal vermutlich den idg. Konjunktiv fort (Leumann (1977), 573). Dieselbe Beziehung läßt sich auch an der Entwicklung vom Lateinischen zu den romanischen Sprachen beobachten (vgl. Fleischmann (1982) und Lyons (1983, 414ff)).

(38) ego cras hic ero./cras habuero, uxor, ego tamen convivium
('Morgen werde ich hier sein. Morgen werde ich doch
mein Festmahl halten, Frau', Pl. *Cas.* 786f)

(39) si ea (salus) praecisa erit, nusquam facilius hanc miser-
rimam vitam vel sustentabo vel, quod multo est melius,
abiecero ('Falls mir die Rettung versagt bleibt, kann ich
nirgendwo besser dieses elende Leben weiter fristen
oder, was viel besser ist, es wegwerfen', Cic. *Att.* 3,19,1)

Die Grammatiken (K.-St. I, 147-149; Sz. 323) nehmen an, daß
das Futur exakt sich ursprünglich vom Futur I im Aspekt
unterschied: das Futur I wäre demnach die 'imperfektive'
Variante gewesen, das Futur exakt die 'perfektive' (*faciam*
: *fecero* = 'ich werde mit der Ausführung beschäftigt sein'
: 'ich werde zur Ausführung bringen'). Die Handbücher stellen
auch übereinstimmend fest, daß dieser Unterschied schon zu
Plautus' Zeiten nicht mehr systematisch gemacht wurde; strittig
ist lediglich, in welchem Maße er noch existierte. Sz. z.B. meint,
daß (39) eine gute Illustration für die Fortexistenz des Aspekts
noch in ciceronianischer Zeit sei (ebenso Shackleton-Bailey
z.St.). Das Beispiel ist aber irreführend, da *sustentare* und
abicere zwei verschiedene Sachverhalte voraussetzen (nicht-
dynamisch vs. momentan): hieraus erklärt sich ein eventuell
zu verspürender Unterschied[20]. Charakteristisch ist auch, daß
die meisten Belege in der Komödie am Versende stehen. Auch
das spricht nicht für die Annahme eines systematischen Bedeutungsunterschieds zwischen Futur exakt und Futur I; manchmal
gibt es einen, manchmal nicht.

11.2.1.1.4. DAS IMPERFEKT

Das Imperfekt wird in Prädikationen verwendet, die Bezug
nehmen auf Situationen oder Ereignisse, die zu einem bestimmten
Zeitpunkt in der Vergangenheit (vgl. o. Bsp. (11)) oder gleichzeitig mit einem anderen - der Vergangenheit angehörenden-
Geschehen (vgl. o. Bsp. (17)) im Gang waren. Daß es tatsächlich
um noch im Gang befindliche Ereignisse geht, läßt sich mit

---

20 Bei Cicero ist der Gebrauch des Futur exakt ohne vorzeitige Bedeutung
beschränkt. Die meisten Belege sind vom Typ *de me videro*. Vgl. K.-St. I, 148;
Schuetz (1929) und Thomas (1938, 162-198).

Belegen beweisen, in denen das Imperfekt nicht durch das Perfekt ersetzt werden könnte, da dies eine der Realität widersprechende Aussage zur Folge hätte, vgl. Bsp. (40) - (42):

(40) extinctus pudor et, qua sola sidera adibam,/fama prior ('Verloren ist meine Keuschheit und mein früherer Ruf, mit dem allein ich nach den Sternen strebte', Verg. *A.* 4,322f)

(41) ergo in Graecia musici floruerunt discebantque id omnes nec qui nesciebat satis excultus doctrina putabatur ('Musiker standen dementsprechend in Griechenland in hohem Ansehen, alle nahmen Unterricht, und wer von Musik nichts verstand, galt als Mann von unzureichender Bildung', Cic. *Tusc.* 1,4)

(42) a (Eutychus:) quo nunc ibas? :: (Charinus:) exulatum ('Wohin warst du gerade unterwegs? :: Ins Exil', Pl. *Mer.* 884)

b (Eutychus:) quem (scil. Charinus) quidem hercle ego, in exilium cum iret, redduxi domum; nam ibat exulatum :: (Demipho:) An abiit? :: (Lysimachus:) etiam loquere, larva? ('Ich habe ihn, als er auf dem Weg ins Exil war, nach Hause zurückgeführt; denn er war schon unterwegs dorthin :: Und ist er nicht gegangen? :: Du machst noch den Mund auf, du Gespenst?', Pl. *Mer.* 980f)

In (40) würde das Perfekt *adii* zu Unrecht implizieren, daß Dido die Sterne erreicht hat; in (41) würde *didicerunt* zu Unrecht suggerieren, daß jedermann ein vollkommener Musiker wurde. Bei der Begegnung zwischen Eutychus und Charinus in (42) wäre ein *quo nunc iisti* absurd; Charinus ist ja im Moment der Begegnung gerade erst auf dem Weg; vgl. auch den Scherz *an abiit* in v. 981.

In spezifischen Kontexten und bestimmten Sachverhalten (v.a. terminativen) kann ein Impf. den Eindruck hervorrufen, daß die Handlung zwar im Gange war, daß sie aber nicht zu Ende geführt wurde. Das Imperfekt wird dann als 'konativ' interpretiert (Impf. de conatu); ein Bsp. ist (43):

(43) veniebatis igitur in Africam ... Prohibiti estis in provincia vestra pedem ponere ('Ihr wart also auf dem Weg nach Afrika ... Ihr seid daran gehindert worden, den Fuß in eure eigene Provinz zu setzen', Cic. *Lig.* 24)

Man vergleiche auch (44):

(44) ipsi ex silvis rari propugnabant nostrosque intra munitiones ingredi prohibebant. At milites legionis septimae testudine facta et aggere ad munitiones adiecto locum ceperunt ('Sie selbst kamen in geringer Zahl aus den Wäldern zum Kampf hervor und versuchten, die Unsrigen am Eindringen in die Befestigungen zu hindern. Aber die Soldaten der 7. Legion machten ein Schilddach, legten einen Wall an die Befestigungen und nahmen so den Platz', Caes. *Gal.* 5,9,5 f)

K.-St. (I, 121) führen *prohibebant* als Beleg für das Impf. de conatu an. Allerdings ist hier der Tempusgebrauch an sich völlig normal; *prohibebant* ist mit dem vorhergehenden *propugnabant* zu vergleichen und steht aus denselben Gründen: beide konstituieren den Hintergrund, vor dem die Soldaten ihre Aktion ausführen. Daß *prohibebant* konativ interpretiert wird, liegt an der nachfolgenden Information, die mit dem kontrastiven *at* eingeführt wird. Auch *ibas* in (42 a) könnte man konativ übersetzen ('Wo wolltest Du jetzt hingehen?'). Daß Charinus aber nicht an dem von ihm genannten Ziel ankommt, ergibt sich aus der Bühnensituation (*ire* + Richtungsbestimmung: terminativ) und nicht aus dem Imperfekt. Übrigens ergeben sich Möglichkeiten einer konativen Interpretation auch beim Präsens und beim Part. Präs. (Beispiele bei K.-St. I, 120-122)[21]. Ebenso wie die konative sind auch die iterative und andere Interpretationen des Imperfekts vollständig durch den Kontext determiniert. Ich gehe deshalb nicht weiter auf sie ein.

In den Grammatiken wird gelegentlich auch noch ein 'narratives' Imperfekt erwähnt (u.a. K.-St. I, 124; Sz. 317); ein Beispiel aus Sz. ist (45):

(45) (Diniarchus) sed obsecro hercle, Astaphium, i intro .../(Astaphium:) licet :: audin etiam? :: quid vis? :: di me perduint/qui te revocavi. non tibi dicebam "i" modo? :: /quidnam revocabas? improbu's nihilique homo:/tute tibi mille passum peperisti moram ('Aber beim Hercules, geh doch bitte hinein, Astaphium :: Mach ich :: Hör, noch

---

21 K.-St. (I, 120f) bemerken, daß die konative Interpretation des Präsens, Imperfekts und Part. Präs. nur bei intendierten Handlungen vorkommt 'beabsichtigte Ausführung einer Handlung'). Ein Beispiel eines konativ interpretierten Part. Präs. ist: ... si Lycomeden ... *multis cum lacrimis iter suum impedientem* audire voluisset ('wenn er auf Lycomedes hätte hören wollen, der ihn unter Tränenströmen aufhalten wollte', Cic. *Amic.* 75).

was :: Was ist? :: Die Götter mögen mich verdammen, daß ich dich zurückgerufen habe. Habe ich dir nicht soeben gesagt 'geh'? :: Warum hast du mich dann zurückgerufen? Du bist ein Taugenichts und Nichtsnutz. Du hast dir selbst eine Verzögerung um eine Meile verursacht', Pl. *Truc.* 329-334)

Die Situation ist so, daß Diniarchus' Äußerungen nicht besonders kohärent sind und er vergessen hat, daß er Astaphium ins Haus geschickt hat. Mit *dicebam* denkt er nun an den Moment (*modo*) zurück, als er ihr den Auftrag gab zu gehen. Astaphiums Reaktion ist hierauf abgestimmt (*revocabas*). Das Beispiel macht deutlich, daß unter 'Zeitpunkt der Vergangenheit' auch das subsumiert werden muß, was in der Vorstellung des Sprechers / Schreibers als vergangen gilt; dies ist manchmal schwierig zu rekonstruieren. In manchen Fällen, so auch hier, könnte das Imperfekt durch eine Perfektform ersetzt werden, ohne daß sich die Situation dadurch wesentlich änderte. Das bedeutet natürlich nicht, daß beide Ausdrucksweisen synonym wären. Auf die Funktion des Imperfekts in narrativen Texten komme ich in § 11.3.1. zurück.

Beispiel (15) von S. 331:

(15) sed si domi est, Demaenetum volebam

muß auf dieselbe Weise erklärt werden wie (45). Der Sprecher situiert seinen Wunsch in die Vergangenheit, hätte ihn aber auch in die Gegenwart situieren können (*volo*), was jedoch, wie gezeigt, ungleich direkter gewesen wäre (das Perf. *volui* ist natürlich ausgeschlossen). Bemerkenswert ist die Verwendung des Ind. Impf. in Prädikationen, die nicht stattgefunden haben, aber hätten stattfinden können (die also auch im -irrealen- Konjunktiv Plusquamperfekt stehen könnten). Beispiele dafür gibt es seit Cicero; sehr viele Fälle finden sich dann bei Tacitus (s. K.-St. II, 404f). Ein Beispiel ist (46):

(46) nec multo post urbem ingredienti offerebantur communes liberi nisi Narcissus amoveri eos iussisset ('Und nicht viel später hätten sich ihm beim Betreten der Stadt die gemeinschaftlichen Kinder gezeigt, wenn sie Narcissus nicht hätte entfernen lassen', Tac. *Ann.* 11,34,4)

Belege dieser Art müssen mit der oben beschriebenen Bedeutung des Imperfekts (zu einem bestimmten Zeitpunkt der Vergangenheit war ein Geschehen im Gange) erklärt werden. Das 'Sichzeigen' der Kinder war bereits in Gang gesetzt, wurde aber unterbrochen (vgl. zur *cum-* inversum-Konstruktion u. S.360 und zum Plusquamperfekt S. 353).

11.2.1.1.5. DAS PERFEKT

Ich habe das Perfekt oben als Mittel zum Ausdruck der Vorzeitigkeit gegenüber dem Sprechzeitpunkt charakterisiert. Prädikationen im Perfekt nehmen Bezug auf Vorgänge oder Zustände, die 'beendigt' sind, die 'vorbei' sind; dies folgt aus der Hinzufügbarkeit von Quantitätsausdrücken wie *bis* und *ter* (§ 11.1.3, Bsp. (25)). Auch die Hinzufügbarkeit andersartiger Ausdrücke, die gleichsam eine 'Gesamtübersicht' über den Sachverhalt voraussetzen, spricht hierfür, z.B. die von *non* ('nicht'), *paene* ('fast'), die von Modalbestimmungen (z.B. *prospere pugnavit*, 'er kämpfte mit günstigem Ergebnis')), wenn man auch in diesen Fällen nur von einer deutlichen Bevorzugung des Perfekts sprechen kann. Das Imperfekt scheint demgegenüber mehr ein Geschehen bzw. einen Zustand an sich zu akzentuieren, ohne es/ihn semantisch näher zu charakterisieren.

   Das Perfekt ist die umstrittenste Form des lateinischen Verbalsystems. Ich habe oben gezeigt (S. 338), daß Priscian (und andere Grammatiker) sowohl das Perfekt als auch das Imperfekt als 'Präterita' bezeichnen. Einige Linguisten leiten hieraus das Argument ab, daß das Perfekt keine Relation zur Gegenwart habe, sondern ein einfaches und pures Vergangenheitstempus sei, ohne semantische Aspekte wie 'abgeschlossen', 'beendigt', 'vorzeitig' etc[22]. Tatsächlich verhalten sich Perfekt und Imperfekt in bestimmten Punkten gleich. So korrespondieren etwa beide mit dem Inf. Perf. (vgl. 47 a (Perf.) und b (Impf.) vs. 47 c):

(47) a Socrates doctrinam amavit ('Sokrates hat die Weisheit geliebt')

   b Socrates doctrinam amabat ('Sokrates liebte die Weisheit')

   c aiunt Socratem doctrinam amavisse ('Man sagt, daß Sokrates die Weisheit liebte/geliebt hat')

---

22 Vgl. Serbat (1976b, 330-340).

Dem stehen jedoch die oben genannten Fakten gegenüber und auch das schon genannte Bsp. (16), wo *fecerit* klar eine Vorzeitigkeit gegenüber dem Sprechzeitpunkt ausdrückt:

(16)   rogo quid fecerit ('Ich frage, was er getan hat')

Meine Folgerung ist deshalb auch, daß es unmöglich ist, für das Perfekt einen semantischen Wert 'passé pur et simple' anzunehmen. Dafür gibt es zu viele Fälle, in denen unzweideutig von Vorzeitigkeit die Rede ist. Außerdem ist das Element der Vorzeitigkeit auch bei den anderen Formen des Perfektstammes präsent.

   Neben der eben genannten Auffassung ('Perfekt: passé pur et simple') existiert eine andere, u.a. von K.-St. und Sz. vertretene, derzufolge das Perfekt zwei gesonderte semantische Werte hat. Das Perfekt tritt ja in zwei verschiedenen Texttypen auf: in 'gegenwartsbezogenen' und in narrativen ('vergangenheitsbezogenen') Kontexten. Beispiele eines 'gegenwartsbezogenen' Kontextes sind (48) und (49):

(48)   ubi tu hunc hominem novisti? ('Wo hast du diesen Mann kennengelernt?', Pl. *Men*. 379)

(49)   quotiens tu me designatum, quotiens vero consulem interficere conatus es? ('Wie oft hast du mich als designierten Konsul umzubringen versucht, wie oft sogar, als ich Konsul war?', Cic. *Catil*. 1,15)

In diesen Belegen drückt das Perfekt aus, daß der Sachverhalt vor dem Sprechzeitpunkt stattgefunden hat. Im Deutschen werden solche Beispiele mittels des Perfekts übersetzt. Ein Beispiel für das Perfekt in narrativen Texten ist (50):

(50)   Orgetorix ... suam familiam ... coegit et omnes clientes ... conduxit. per eos ... se eripuit ('Orgetorix versammelte seinen Anhang und brachte seine ganze Klientel zusammen. Mit deren Hilfe entzog er sich ...', Caes. *Gal*. 1,4,2f)

Das Deutsche verwendet bei der Übersetzung solcher Ketten aufeinanderfolgender Ereignisse vorzugsweise das Imperfekt (Präteritum I) (vgl. auch § 11.3.1.). Die Verwendung des Perfekts in diesen zwei Kontexttypen hat, wie gesagt, viele Linguisten zu der Annahme geführt, daß das Perfekt zwei verschiedene semantische Werte besitze; sie unterscheiden demzufolge das sog. 'präsentische Perfekt' und das sog. 'historische Perfekt'.

   Zur Erklärung des angenommenen semantischen Doppelwertes des Perfekts wird meist auf die Vorgeschichte des

Formenbestandes beim Perfekt verwiesen. Dieser ist recht mannigfaltig und weist Formen auf, die kaum auf eine indogermanische Form zurückführbar sind (z.B. -*vi*), auf der anderen Seite aber auch Formen mit -*si* (*scripsi*, 'ich habe geschrieben'), die dem sigmatischen Aorist des Griechischen entsprechen, und reduplizierte Formen (*tetigi*, 'ich habe berührt'), die dem griechischen Perfekt entsprechen. Man nimmt nun an, daß das lat. Perfekt nicht nur die indogermanischen *Formen*, sondern auch die den Formen entsprechenden *Funktionen* des idg. Aorists und Perfekts bewahrt hat. Dieser Annahme steht natürlich der Einwand entgegen, daß die Verschmelzung (der 'Synkretismus') der ursprünglich voneinander geschiedenen Formen des Perfekts und des Aorists zu einem Paradigma besser zu erklären ist, wenn man annimmt, daß sie 'semantisch' zusammengefallen sind, als wenn man annimmt, daß diese Formen ihren ursprünglichen Wert bewahrt haben.

Es bleibt die Frage, wie bei Annahme eines einzigen semantischen Wertes das Auftreten des Perfekts in zwei verschiedenen Texttypen erklärt werden kann: Der Gebrauch des Perfekts in erzählenden ('vergangenheitsbezogenen') Texten und die gegenüber dem Imperfekt bestehenden Unterschiede in diesen Texten resultieren aus dem o. Abb. 3 für das Perfekt angegebenen Wert 'vorzeitig gegenüber', 'beendigt vor dem Sprechzeitpunkt'. 'Vorzeitigkeit gegenüber der Gegenwart' impliziert eo ipso auch 'vergangen'. Gerade diese Doppelnatur des Perfekts ermöglicht sein Auftreten in den zwei genannten Textarten (vgl. § 11.1.2.).

Ebenso wie beim Imperfekt (vgl. § 11.2.1.1.4.) ergibt sich auch beim Perfekt in bestimmten Kontexten oder bei bestimmten Sachverhaltstypen eine spezifische Interpretation:

(i) Das Latein hat eine Anzahl erstarrter Perfektformen, die in gegenwartsbezogenen Prädikationen auftreten. Das bekannteste Beispiel ist *memini* ('ich erinnere mich', 'ich gedenke'). Auch *novi* (Perfektform von *noscere* 'kennenlernen') wird meist so gebraucht ('ich weiß'). Diese Fälle sind natürlich Paradebeispiele für diejenigen Linguisten, die präsentisches und historisches Perfekt unterscheiden. Doch gerade ihr idiomatischer Charakter macht diese Formen ungeeignet, etwas für das System der klassischen Zeit zu beweisen (vgl. auch Bsp. (48) o.).

(ii) Wenn in einem gegenwartsbezogenen Kontext das Perfekt in einem terminativen Sachverhalt auftritt, haben wir es oft zu tun mit einem zum Sprechzeitpunkt bestehenden Zustand, der das Resultat einer vorangegangenen Handlung oder eines vorangegangenen Prozesses ist. *Novi* ('ich weiß') ist hierfür eigentlich schon ein gutes Beispiel; andere sind etwa *consuevi* ('ich pflege zu...') und, im Passiv, *occisus sum*, vgl. Bsp. (51):

(51) occisi sumus ('Wir sind erledigt', Pl. *Mil.* 172)

Jedoch tritt in einem narrativen Kontext auch hier die Vor-zeitigkeit der Handlung in den Vordergrund, vgl. Bsp. (52):

(52) duo ... reguli ... eo proelio ceciderunt. Octo elephanti capti, tres occisi (scil. *sunt*) ('In diesem Gefecht fielen zwei Prinzen. Acht Elephanten wurden erbeutet, drei getötet', Liv. 24,42,8)

Beispiele bei K.-St. I, 125f; Sz. 318[23].

(iii) Vor allem bei nicht-dynamischen Sachverhalten (Zustand) im Perfekt drängt sich in gegenwartsbezogenen Kontexten die Interpretation auf, daß der beschriebene Zustand zum Sprech-zeitpunkt *nicht* mehr gültig ist (sog. 'negatives' oder 'logisches' Perfekt), vgl. Bsp. (53):

(53) fuimus Troes, fuit Ilium et ingens gloria Teucrorum ('Es ist geschehen um uns Troer, um Troia und den gewaltigen Ruhm der Teukrer',Verg. *A.* 2,325f)

Ein anderes Beispiel ist *dixi* ('meine Rede ist zu Ende'). Beispiele bei K.-St. I, 125; Sz. 318[24].

(iv) Eine vierte Gruppe stellt die von manchen Linguisten angenommene ingressive Interpretation des Perfekts bei nicht-dynamischen Sachverhalten in narrativem Kontext dar; vgl. dazu Bsp. (54) aus Petersmann (1977, 178f):

(54) molestus fuit, Philerosque proclamavit ('er war lästig, und Phileros rief aus...', Petr. 43,1)

Das Perfekt wird indes in solchen Fällen nicht gebraucht, um

---

23 Die Form *occisus sum* ist natürlich mittels einer Präsensform von *esse* gebildet, doch stellen Part. Perf. + *sum* ein Ganzes dar; vgl. bereits Gellius 17,7,7: *at cum dico: 'factum est'*, *'subruptum est'*, *quamquam 'est' verbum temporis est praesentis, confunditur tamen cum praeterito et praesens esse desinit* ('Aber wenn ich sage 'factum est' oder 'subruptum est', verschmilzt das Verb 'est', obwohl es in der Gegenwartszeit steht, mit der Vergangenheit und hört auf, ein Präsens zu sein'). Neben den Formen *occisus sum/eram* entwickelte sich auch die formal präteritale periphrastische Form *occisus fui/fueram*. In den romanischen Sprachen sind die mit *occisus est* korrespon-dierenden Formen solche des präsentischen Passivs.

24 Bei Kühner-Holzweissig (1912, 805f) finden sich einige Belege mit *fuit*, die in etwa *factum/factus est* entsprechen.

eine ingressive Interpretation zu evozieren ('er begann lästig zu werden'), sondern einfach deswegen, weil in einer Reihe aufeinanderfolgender Ereignisse das Perfekt das normale Tempus ist (s. § 11.3.2.).

Diese in Wirklichkeit durch den Kontext und/oder den Sachverhaltstyp determinierten Interpretationen werden von den Anhängern der aspektuellen Auffassung als Beweis für diese herangezogen. Die unter (i) und (ii) genannten Fälle werden mit der resultativen Funktion des griechischen Perfekts verglichen, für Fälle wie den unter (iv) beschriebenen wird dagegen auf die ingressive Funktion des griechischen Aorists hingewiesen. Ich möchte demgegenüber betonen, daß die Fälle unter (i) - (iv) marginale Ausnahmen darstellen und daß diese Sonderfälle als das Resultat aus der Interaktion bestimmter Sachverhaltstypen und der Funktion des Perfekts (vorzeitig gegenüber/beendigt vor dem Sprechzeitpunkt) in einem bestimmten Kontext beschrieben werden können.

11.2.1.1.6. DAS PLUSQUAMPERFEKT

Das Plusquamperfekt wird verwendet, um Sachverhalte als vorzeitig gegenüber einem selbst wieder vergangenen Zeitpunkt zu situieren. Ein Beispiel ist (55):

(55) Darius in fuga cum aquam turbidam et cadaveribus inquinatam bibisset, negavit umquam se bibisse iucundius; numquam videlicet sitiens biberat ('Als Darius auf der Flucht verschlammtes und von Leichen verseuchtes Wasser getrunken hatte, behauptete er, niemals etwas Angenehmeres getrunken zu haben; offensichtlich hatte er nie mit Durst getrunken', Cic. *Tusc.* 5,97)

Mit dem Gebrauch des Imperfekts in Bsp. (46) vergleichbar ist das Auftreten des Plusquamperfekts in (56):

(56) praeclare viceramus nisi ... Lepidus recepisset Antonium ('Wir hätten einen prachtvollen Sieg errungen, wenn nicht Lepidus den Antonius aufgenommen hätte', Cic. *Fam.* 12,10,3)

11.2.1.2. KONJUNKTIV

Die Konjunktivformen treten in etwa derselben Weise wie die Formen des Indikativs auf; die Konjunktivformen des Perfektstammes zeigen also Vorzeitigkeit, die des Infectumstammes Gleichzeitigkeit an (ein Konjunktiv des Futurs und des Futur exakt existiert nicht. Ersatzweise werden die periphrastische Form auf -urus oder der Konjunktiv des Präsens bzw. des Perfekts verwendet).

Eine Ausnahme von dieser Regel stellt der Konjunktiv des Perfekts dar. Von ihm gibt es eine Reihe idiomatischer Verwendungsweisen, bei denen keine Vorzeitigkeit gegeben ist. Einige davon sind bereits in § 10.2.1.1. und § 10.2.1.3. genannt worden. Beispiel sind (57) - (59) (sog. potentialer Konjunktiv) und (60):

(57) cuius ego iudicium, pace tua dixerim, longe antepono tuo ('Dessen Urteil ich, mit Verlaub, dem deinen bei weitem vorziehe', Cic. *Tusc.* 5,12)

(58) sed fortasse dixerit quispiam tibi propter opes ... tuam tolerabiliorem senectutem videri ('Aber es könnte vielleicht jemand sagen, daß dir wegen deines Reichtums das Alter erträglicher scheine', Cic. *Sen.* 8)

(59) sic ego istis censuerim ... novam istam ... orationem fugiendam ('So dächte ich auch, daß diese den neuen Stil meiden sollen', Cic. *Brut.* 288)

(60) ne vos quidem, iudices, ii qui me absolvistis, mortem timueritis ('Ihr Richter, die ihr mich freigesprochen habt, dürft den Tod nicht fürchten', Cic. *Tusc.* 1,98)

Weitere Beispiele bei K.-St. I, 177; Sz. 189.
Da es keine befriedigende temporale Erklärung dieser Beispiele gibt, wird vielfach eine aspektuelle Erklärung gegeben, v.a. was das Verbot in (60) betrifft. K.-St. (I, 189) beschreiben das Perfekt als (wenigstens ursprünglich) 'momentan' und 'aoristisch'; vgl. auch Sz. 337[25]. Die Schwierigkeit einer solchen Erklärung

---

25 Zur aspektuellen Erklärung s. auch Handford (1946, 46f) und Calboli (1966, 293-308). Bedenken bei Grassi (1967, 220-224) und Coleman (1975, 133), der u.a. auf die ungleichmäßige Verbreitung der einzelnen Verwendungsweisen bei den verschiedenen Autoren verweist. Einen Hinweis auf einen aspektualen Charakter sieht man auch in dem Umstand, daß der sog. potentiale Konjunktiv des Perfekts im archaischen Latein nur sog. sigmatische (aoristische) Formen

liegt darin, daß sich nahezu keine Paare von ausschließlich im Tempus verschiedenen Ausdrücken bei ein und demselben Autor finden lassen.

In § 10.2.1.1. habe ich darauf hingewiesen, daß der Konjunktiv des Imperfekts in Prädikationen verwendet wird, die auf eine hypothetische Situation Bezug nehmen. Wir haben auch schon gesehen, daß der Indikativ des Imperfekts in Prädikationen verwendet werden kann, die auf die Gegenwart Bezug nehmen und dann den Eindruck von Nicht-Aktualität und Bescheidenheit hervorrufen (*volebam* in (15)). Die Verwendung des Konjunktiv Imperfekt kann als das nicht-faktive Gegenstück zu diesem Verwendungstyp des Indikativs betrachtet werden. Innerhalb des Systems ist es dann auch folgerichtig, daß die Vorzeitigkeit gegenüber dem Konjunktiv Imperfekt durch den Konjunktiv des Plusquamperfekts ausgedrückt wird. Beispiele für diese Verwendung des Konj. Impf. und Konj. Plusquampf. in der hypothetischen Periode sind (61) für die Gegenwart und (62) für die Vergangenheit:

(61) quodsi semper optima tenere possemus haud sane ... consilio multum egeremus ('Wenn wir aber stets das Beste haben könnten, bräuchten wir sicher nicht so oft einen Rat', Cic. *Part.* 89)

(62) in ipsa enim Graecia philosophia tanto in honore numquam fuisset nisi doctissimorum contentionibus dissensionibusque viguisset ('Denn in Griechenland selbst wäre die Philosophie niemals so in Ehren gestanden, wenn sie nicht aufgrund der Diskussionen und Meinungsverschiedenheiten der gelehrten Männer geblüht hätte', Cic. *Tusc.* 2,4)

Beispiele für die Verwendung im klassischen Latein bei K.-St. II, 399; dort auch Beispiele zur Verwendung im archaischen Latein[26].

---

wie *faxim* und *ausim* aufweist (Sz. 333) (Bedenken gegen dieses morphologische Argument bei Vairel (1980)).

26 In den Handbüchern wird viel Mühe an die Frage gewandt, wo die Grenzen zwischen 'potentialem' und 'irrealem' Konjunktiv liegen. In der Praxis sind diese jedoch oft nur schwer zu ziehen. Vgl. K.-St. II, 399-401; Sz. 662f. Für die historische Entwicklung vgl. Harris (1986).

11.2.1.3. IMPERATIV

Zu dem bereits im Kap. 10 Gesagten gibt es hier wenig hinzuzufügen. Zwischen *fac* und *facito* wird im allgemeinen ein Bedeutungsunterschied angenommen. Dieser Auffassung zufolge wird mit *facito* auf die entferntere Zukunft verwiesen; der Typ *ne fac* stelle den Befehl dar, eine im Gang befindliche Handlung abzubrechen. Es wäre also stets eine Entsprechung zu dem semantischen Wert des Infectumstammes ('Gleichzeitigkeit mit') gegeben. Man vergleiche hierzu jedoch S. 303.

11.2.2. DIE NICHT FINITEN VERBFORMEN (v.a. PARTIZIPIEN)[27]

In § 11.2.1.2. wurde schon darauf hingewiesen, daß Partizip und Infinitiv nicht die Fähigkeit haben, einen Sachverhalt in Vergangenheit, Gegenwart oder Zukunft zu situieren, sondern lediglich in Relation zu einem bereits feststehenden Zeitpunkt eine Gleichzeitigkeit (Präsens), Vorzeitigkeit (Perfekt) oder Nachzeitigkeit (Futur) ausdrücken (vgl. auch Abb. 2 auf S. 333).

11.2.2.1. PARTIZIP

Ich gebe für jedes Partizip im folgenden jeweils einen 'normalen' Beleg und lasse dann einige weniger gewöhnliche folgen. Die Erklärung erfolgt jeweils nach den Beispielen.

(i) Partizip Präsens

(63) a cogitanti mihi saepenumero et memoria vetera repetenti, perbeati fuisse, Quinte frater, illi videri solent ... ('Wenn ich, mein Bruder Quintus, wie ich es oftmals tue, die alten Zeiten bedenke und mir vergegenwärtige, so scheinen mir gewöhnlich die Männer sehr glücklich gewesen zu sein, die ...', Cic. *de Orat.* 1,1)

b ... senatus auctoritatem ... quam primum adveniens

---

27 Gerundium und Gerundivum lasse ich außer Betracht, da sie keine ausschließlich temporale Funktion haben können.

prodidisti ('das Ansehen des Senates hast du unmittelbar bei deiner Rückkehr verraten', Cic. *Dom.* 4)

c Sostratus ... pauca in praesens et solita respondens petito secreto futura aperit ('S. sprach für den Augenblick wenig und in gewöhnlichen Wendungen, aber nachdem er ein Gespräch unter vier Augen erbeten (und erreicht) hatte, eröffnete er ihm (Titus) die Zukunft', Tac. *Hist.* 2,4,2)

d legati ab Ardea veniunt ... auxilium ... urbi implorantes ('Es kamen Gesandte aus Ardea, um Hilfe für ihre Stadt zu erbitten', Liv. 4,9,1)

Manche Linguisten neigen dazu, das Part. Präs. von terminativen Verben (v.a. von momentanen) als vorzeitig zu interpretieren (Bsp. (63 b)). Von Vergil und Livius an verwenden einige Autoren auch von anderen Verbtypen das Part. Präs. in Fällen, wo der Sachverhalt streng genommen vorzeitig ist (63 c); gelegentlich hat das Part. Präs. sogar eine futurisch-finale Nuance (63 d). Weitere derartige Beispiele bei K.-St. I, 756f; Sz. 386f[28].

(ii) Partizip Perfekt

(64) a tum autem illo profecto Sulla procurante eius rem et gerente plurimis et pulcherrimis P. Sitti praediis venditis aes alienum eiusdem est dissolutum ('Dann aber wurden nach seiner (Sittius') Abreise, während Sulla seine Interessen vertrat und wahrnam, durch den Verkauf sehr vieler und herrlicher Grundstücke des Sittius dessen Schulden bezahlt', Cic. *Sul.* 56)

b qui nulla arte adhibita de rebus ante oculos positis vulgari sermone disputant ('Die ohne jede Methode in gewöhnlicher Sprache über Dinge sprechen, die klar zu Tage liegen', Cic. *Ac.* 1,5)

c fatebor enim, Cato, me quoque in adulescentia diffisum ingenio meo quaesisse adiumenta doctrinae ('Ich will nämlich zugeben, Cato, daß auch ich in meiner Jugend Hilfe bei der Philosophie gesucht habe, weil ich meinem Talent nichts zutraute', Cic. *Mur.* 63)

Das Partizip Perfekt wird sehr oft verwendet, ohne daß es

---

28 Zu Cicero vgl. Laughton (1964, 38-41). Vgl. auch Kap. 8, Anm. 28.

einen gegenüber der Hauptprädikation vorzeitigen Sachverhalt bezeichnet ((64 b)); diese Erscheinung zeigt sich besonders bei terminativen Verben[29]. Wir haben gesehen, daß auch der Indikativ Perfekt der terminativen Verben oft das Resultat einer Handlung bezeichnet (Bsp. (51) auf S. 352). Daneben existiert eine große Zahl von Deponentien und Semideponentien -unter ihnen viele eine geistige Tätigkeit oder einen geistigen Zustand bezeichnende (sog. 'Experiencer verbs')-, die stets im Part. Perfekt stehen, obwohl sie mit der Hauptprädikation gleichzeitig sind, z.B. *arbitratus, ratus* ('in der Meinung'), *veritus* (aus Furcht'), *diffisus* (64 c)[30]. Weitere Beispiele bei K.-St. I, 758-760; Sz. 391f.

(iii) Partizip Futur

(65) a si quidem etiam vos duo tales ad quintum miliarium quo nunc ipsum unde se recipienti, quid agenti, quid acturo? ('Wenn sogar ihr beiden, Männer von solcher Bedeutung, ihm bis zum 5. Meilenstein entgegengeht, (ohne daran zu denken) woher und wohin er eben jetzt unterwegs ist, was er tut, was er tun wird', Cic. *Att.* 8,9,2)

b P. Servilius ... adest de te sententiam laturus ('P. Servilius ist hier anwesend, um über dich seine Stimme abzugegen', Cic. *Ver.* 1,56)

c egreditur castris Romanus vallum invasurus ni copia pugnae fieret ('Die Römer zogen aus dem Lager aus, um den Wall zu stürmen, sofern sich nicht die Möglichkeit eines (regulären) Gefechtes ergäbe', Liv. 3,60,8)

Die Normalfälle, bei denen, wie in (65 a), die Rede von einem bevorstehenden Ereignis ist, sind im klassischen Latein selten. Dasselbe gilt für Fälle wie (65 b), die eher eine Intention zum Ausdruck bringen (final), vgl. S. 228. Beispiele für die Verwendung des Partizip Fut. in hypothetischen Sätzen finden sich seit Livius (65 c). Weitere Belege bei K.-St. I, 760-762; Sz. 390.

---

29 Dies gilt im besonderen Maße, wenn das Part. Perf. als Attribut auf Wortgruppenniveau auftritt, vgl. *positis* in (64 b).
30 Sz. 391 weist darauf hin, daß diese Erscheinung damit zusammenhängt, daß diese Verben 'imperfektive Aktionsart' haben, d.h. daß sie nicht-terminativ sind.

11.2.2.2. INFINITIV

Im Altlatein und später wieder in der augusteischen Dichtung findet sich der Infinitiv des Perfekts in Situationen, in denen normalerweise der Infinitiv des Präsens zu erwarten wäre. Die frühesten Belege stehen in Verboten bei Hilfsverben wie *velle* ('wollen') und *nolle* ('nicht wollen'); von den augusteischen Dichtern an steht er dann auch bei anderen Verben, z.B. bei *posse* ('können'), *curare* ('sich bekümmern um'), *decet* ('es ziemt sich'), *licet* ('es ist erlaubt') etc.. Beispiele sind (66) und (67):

(66) nei quis eorum Bacanal habuise velet ('Niemand von ihnen soll ein Bacchusfest abhalten', *SC. Bacch.* 4)

(67) tum certare odiis, tum res rapuisse licebit ('Dann kann man voll Haß kämpfen und gegenseitig die Habe plündern', Verg. *A.* 10,14)

Die Handbücher bringen diese Verwendung des Inf. Perf. in Verboten im Altlatein in Beziehung mit der Verwendung des Konj. Perf. bei Ausdrücken wie *ne feceris* (vgl. S. 354). In (67) steht *rapuisse* auf einer Ebene mit dem vorausgehenden *certare*. Die Zunahme dieser Erscheinung in der Dichtung seit Catull wird oft griechischem Einfluß zugeschrieben[31]. Sicher mitgespielt haben metrische Gründe. Hingegen sind Versuche, zur Erklärung der vorhandenen Belege die Begriffe der 'Vollendung' (z.B. K.-St. I, 133) oder evtl. der 'Vorzeitigkeit' heranzuziehen, nicht sehr überzeugend, mag diesen idiomatischen Gebrauchsweisen ursprünglich auch ein 'vorzeitiger' Gebrauch zugrunde gelegen haben. Die nicht bewußt literarischen Belege sind so selten, daß es sinnlos ist, sie zur Stützung einer Aspekttheorie heranzuziehen[32]. Für Beispiele s. K.-St. I, 133-135; Sz. 351f[33].

---

31 Vgl. Coleman (1975, 133).
32 Als Attraktion (Tempusharmonie) müssen Fälle wie *exquisisse oportuit* ('man hätte fragen müssen') erklärt werden, s. K.-St. I, 135; Bolkestein (1980a, 160, Anm. 16).
33 Weitere Beispiele: TLL s.v. *licet* 1360, 45ff; s.v. *possum* 155, 57ff.

11.3. DIE ROLLE DER TEMPORA IN NARRATIVEN TEXTEN

Die vorangegangenen Paragraphen haben die Funktion des Imperfekts und des Perfekts innerhalb des lateinischen Tempussystems beschrieben. Der vorliegende Paragraph widmet sich nun der Frage, wie diese beiden Verbformen in narrativen Texten verwendet werden. Hinsichtlich des historischen Präsens, von dem oben schon festgestellt worden ist, daß es nicht in jedem Fall in vergangenheitsbezüglichen Prädikationen verwendet werden kann, werde ich jetzt untersuchen, welche der echten Vergangenheitstempora (Imperfekt/Perfekt) es 'ersetzen' kann. Es folgt dann eine kurze Anmerkung zum Plusquamperfekt. Abschließend sage ich etwas über den sog. historischen Infinitiv.

11.3.1. IMPERFEKT UND PERFEKT ALS HINTERGRUNDS- UND VORDERGRUNDSTEMPORA

'Perfecto procedit, imperfecto insistit oratio': Die Verwendung des Perfekts als Tempus für fortschreitende Handlungen im Vordergrund und die Verwendung des Imperfekts als Tempus für Begleitumstände im Hintergrund sind für das Lateinische seit langem bekannt; Parallelen dazu gibt es in vielen Sprachen[34]. Die Verwendung des Imperfekts als Hintergrundstempus ergibt sich aus seiner Grundfunktion, eine Prädikation als zu einem bestimmten Zeitpunkt der Vergangenheit und gleichzeitig mit diesem geschehend zu charakterisieren. Mit dem Imperfekt gekennzeichnete Prädikationen bilden so den Rahmen, innerhalb dessen sich andere Ereignisse und Situationen vollziehen. In Kontexten, in denen auf eine oder mehrere Prädikationen im Imperfekt eine solche im Perfekt folgt, wird diejenige im Perfekt als das in einer vergangenen Situation eintretende Ereignis interpretiert (vgl. Bsp. (68 a)), ebenso wie in der sog. *cum*-inversum- Konstruktion der Nebensatz mit *cum* das in eine bestehende Situation hinein eintretende Hauptereignis bezeichnet, vgl. Bsp. (68 b):

(68) a tantos illa suo rumpebat pectore questus:/ Aeneas celsa
          in puppi iam certus eundi / carpebat (cf. *carpebant* in

---

34 Vgl. u.a. Weinrich (1964).

522) somnos rebus iam rite paratis./ Huic se forma dei
... obtulit ('So erging sich Didos Herz in bitteren
Klagen. Aber Aeneas, schon fest zur Fahrt entschlossen,
genoß auf dem hohen Heck seines Schiffes den Schlaf,
da schon alles ordnungsgemäß vorbereitet war. Ihm
erschien die Gestalt des Gottes', Verg. *A.* 4,553-556)

b iamque hoc facere noctu apparabant cum matres familiae
repente in publicum procurrerunt flentesque proiectae
ad pedes suorum omnibus precibus petierunt ne...('Und
schon bereiteten sie dies in der Nacht vor, als die
Frauen plötzlich auf die Straßen kamen, sich unter
Tränen den Männern zu Füßen warfen und flehentlich
baten, daß sie nicht ...', Caes. *Gal.* 7,26,3)

c tantus repente terror invasit, ut, cum Lentulus consul
ad aperiendum aerarium venisset ..., protinus... profu-
geret. Caesar enim adventare iam iamque et adesse
eius equites falso nuntiabantur ('Eine solche Panik
ergriff sie, daß der Konsul Lentulus, der zur Öffnung
des Staatsschatzes gekommen war, sofort aus der
Stadt floh. Es wurde nämlich fälschlicherweise gemeldet,
daß Caesar immer näherrücke und daß seine Reiterei
bereits da sei', Caes. *Civ.* 1,14,1)

Die Relation zwischen einer (oder mehreren) vorangehenden
Prädikation(en) im Imperfekt und einer auf diese folgenden im
Perfekt wird oft spezifiziert, so z.B. mit Konnektoren wie
igitur und *ergo*. In Kontexten mit der umgekehrten Tempusab-
folge (Perfekt - Imperfekt) liegt oft eine Interpretation der
imperfektischen Prädikation als Erläuterung oder Begründung
nahe[35]. Diese Beziehung kann durch Konnektoren wie *nam*
und *enim* expliziert werden, vgl. Bsp. (68 c). Steht eine Prädikation im Imperfekt vor oder nach einer solchen im Perfekt,
so ist die Relation zwischen diesen Prädikationen vergleichbar
mit derjenigen zwischen einem präsentischen Part. coniunctum

---

35 Diese generelle Regel ist nicht mechanisch anwendbar. Vergil beginnt
das 2. Buch der Aeneis so: *conticuere omnes intentique ora tenebant. / inde
toro pater Aeneas sic orsus ab alto* (*A.* 2,1f). *Conticuere* steht im Perfekt, da
nach Didos Aufforderung, von Troia zu erzählen (Ende des 1. Buches), jetzt
ein neuer Schritt in der Erzählung getan wird. *Tenebant* kennzeichnet den
Zustand, der aus *conticuere* resultiert und seinerseits den Rahmen für das
Perfekt *sic orsus* abgibt. *Tenebant* muß also in Beziehung zum Folgenden,
nicht zum Vorhergehenden gesetzt werden (trotz der Koordination). Man
könnte *tenebant* allerdings auch als eine nähere Erläuterung von *conticuere*
verstehen; es lägen dann dieselben Verhältnisse wie in Bsp. (70) vor (vgl. u.).

oder einer präsent. Abl. abs.-Konstruktion und der Hauptprädikation (im Perfekt).

Eine Prädikation im Perfekt verweist auf ein Ereignis oder eine Situation, die der Sprecher/Schreiber von seinem Standpunkt aus als abgeschlossen, als vorzeitig darstellt. Demzufolge wird, sofern der Kontext keine anderslautende Information enthält, eine aufeinanderfolgende Reihe von Prädikationen im Perf. so interpretiert werden, daß sie auf eine Abfolge nacheinander stattfindender Ereignisse verweist, die sich nicht gegenseitig überschneiden; vgl. Bsp. (50):

(50) Orgetorix ... suam familiam ... coegit et omnes clientes ... conduxit. per eos ... se eripuit ('Orgetorix versammelte seinen Anhang und brachte seine ganze Klientel zusammen. Mit deren Hilfe entzog er sich ...', Caes. *Gal.* 1,4,2f)

Innerhalb einer Reihe von Prädikationen im Imperfekt können solche Überschneidungen dagegen sehr wohl auftreten; solche Prädikationen bezeichnen i.d.R. keine aufeinanderfolgenden Sachverhalte, vgl. Bsp. (69):

(69) (Caesar) Aeduos ... in dicione videbat Germanorum teneri eorumque obsides esse apud Ariovistum .. intellegebat; quod ... turpissimum arbitrabatur ... Germanos consuescere Rhenum transire ... videbat; neque sibi homines ... barbaros temperaturos existimabat quin ...; quibus rebus quam maturrime occurrendum putabat ('Caesar sah, daß sich die Häduer in der Gewalt der Germanen befanden, und wußte, daß von ihnen Geiseln bei Ariovist waren. Das hielt er für sehr schmachvoll. Er sah, daß die Germanen sich daran gewöhnten, den Rhein zu überschreiten und war der Auffassung, daß diese Barbaren es nicht unterlassen würden, zu.... Diesen Dingen mußte man seiner Meinung nach schleunigst entgegentreten', Caes. *Gal.* 1,33,2-4)

Man kann wohl annehmen, daß bei Ereignissen oder Zuständen, die *nicht* aufeinander folgen, die Verwendung des Imperfekts notwendig ist (es sei denn, der Kontext enthält eine besondere Information), vgl. Bsp. (70):

(70) (Mercurius) hinc toto praeceps se corpore ad undas / misit avi similis, quae circum litora, circum / piscosos scopulos humilis volat aequora iuxta / haud aliter terras inter caelumque volabat / litus harenosum ad Libyae, ventosque secabat / ('Von hier warf er sich mit dem

ganzen Körper zu den Wogen hinunter, einem Vogel gleich, der bei den Ufern und bei den fischreichen Klippen tief über der Wasseroberfläche fliegt. Genauso flog er zwischen Himmel und Erde zur sandigen Küste Lybiens und schnitt durch die Winde', Verg. *A.* 4,253-257)

Mit *volabat* in (70) wird keine Handlung bezeichnet, die auf *se misit* (253f) folgte. Vielmehr handelt es sich um eine Spezifikation der Art und Weise von Merkurs Flug und nicht um eine Mitteilung des Faktums, daß er flog.

Die Funktion des Imperfekts ist es, eine Prädikation als 'in der Vergangenheit im Gang befindlich' kennzuzeichnen. Wenn nun eine Erzählung oder eine Episode mit einem oder mehreren Imperfekta beginnt, weckt das beim Leser die Erwartung, daß innerhalb des damit konstituierten Rahmens bestimmte Handlungen stattfinden werden. Das Imperfekt ist damit ein sehr geeignetes Mittel, die Einleitung eines Märchens zu markieren, wie es in (71) der Fall ist:

(71)   erant in quadam civitate rex et regina ('Es waren einmal in einer Stadt ein König und eine Königin', Apul. *Met.* 4,28)

Doch ist das Imperfekt in solchen Situationen auch manchmal ausgeschlossen; vgl. Bspp. (72) und (73):

(72)   Samia mihi mater fuit; ea habitabat Rhodi ('Meine Mutter stammte aus Samos; sie wohnte in Rhodos', Ter. *Eu.* 107)

(73)   Apud Helvetios longe nobilissimus fuit et ditissimus Orgetorix ('Bei den Helvetiern war der bei weitem angesehenste und reichste Orgetorix', Caes. *Gal.* 1,2,1)

Es wäre seltsam und würde jedenfalls etwas ganz anderes bedeuten, wenn (72) - überspitzt paraphrasiert - beginnen würde 'es war einmal eine Zeit, als ich eine Mutter aus Samos hatte' oder wenn in (73) von dem vorher noch nicht genannten Orgetorix gesagt würde, daß er zu einer bestimmten Zeit der reichste Mann war. Beides würde beim Leser die Frage evozieren: 'Und was passierte dann?'.

Es ist natürlich klar, daß gerade die Fälle, in denen nicht beide Tempora möglich sind, wichtige Aufschlüsse über deren Funktionen geben. Weitere Untersuchung ist hier noch nötig.

11.3.2. HISTORISCHES PRÄSENS

Das historische Präsens kommt überwiegend in Prädikationen vor, in denen ein Perfekt auch möglich wäre, d.h. bei abgeschlossenen, sukzessiven Ereignissen oder Zuständen. Ein Beispiel ist (74):

(74) Caesari cum id nuntiatum esset ... maturat ab urbe proficisci et quam maximis potest itineribus in Galliam ulteriorem contendit et ad Genavam pervenit. Provinciae toti quam maximum potest militum numerum imperat (erat omnino in Gallia ulteriore legio una), pontem qui erat ad Genavam iubet rescindi ('Als Caesar das gemeldet worden war, brach er eilends von der Stadt auf, begab sich auf größtmöglichen Tagesmärschen nach dem jenseitigen Gallien und erreichte Genf. Der Provinz befahl er, eine möglichst große Zahl von Soldaten zu stellen (im jenseitigen Gallien lag insgesamt nur eine Legion); die Brücke bei Genf ließ er abreißen', Caes. *Gal.* 1,7,1f)

Wir sehen in dieser Passage eine Mischung von explizit präteritalen und präsentischen Formen; die Präsenz der ersteren schließt jedes Mißverständis hinsichtlich der Situierung in die Vergangenheit aus. Besonders zu beachten ist hierbei die Form *nuntiatum esset*, die ausschließlich als vorzeitig gegenüber einem Zeitpunkt der Vergangenheit aufgefaßt werden kann. Das nachfolgende *maturat* kann deshalb auch nicht anders als präterital interpretiert werden. Die im historischen Präsens stehenden Handlungen sind sukzessive Handlungen; keine von ihnen kann sinnvoll als Hintergrundshandlung einer anderen aufgefaßt werden.

Die Auffassung jedoch, daß das historische Präsens ausschließlich 'anstelle' des Perfekts vorkommen kann, ist unrichtig, vgl. Bsp. (75):

(75) totis trepidatur castris, atque alius ex alio causam tumultus quaerit ('Im ganzen Lager herrschte Verwirrung und einer fragte den anderen nach dem Grund der Aufregung', Caes. *Gal.* 6,37,6)

Hier geht es nicht um sukzessive Handlungen; in Passagen dieser Art ist das Imperfekt nicht ungewöhnlich. Bei Vergil und anderen wird oft auch eine ganze Episode ins Präsens

transponiert[36], und zwar mit Vordergrunds- *und* Hintergrunds-
prädikationen, vgl. die Passage Verg. *A*. 4, 54-90:

(76)   his dictis impenso animum flammavit amore
55   spemque dedit dubiae menti solvitque pudorem.
       principio delubra adeunt pacemque per aras
       exquirunt; mactant lectas de more bidentis
       legiferae Cereri Phoeboque patrique Lyaeo,
       Iunoni ante omnis, cui vincla iugalia curae.
60   ipsa tenens dextra pateram pulcherrima Dido
       candentis vaccae media inter cornua fundit,
       aut ante ora deum pinguis spatiatur ad aras,
       instauratque diem donis, pecudumque reclusis
       pectoribus inhians spirantia consulit exta.
65   heu, vatum ignarae mentes! quid vota furentem,
       quid delubra iuvant? est mollis flamma medullas
       interea et tacitum vivit sub pectore vulnus.
       uritur infelix Dido totaque vagatur
       urbe furens, qualis coniecta cerva sagitta,
70   quam procul incautam nemora inter Cresia fixit
       pastor agens telis liquitque volatile ferrum
       nescius: illa fuga silvas saltusque peragrat
       Dictaeos; haeret lateri letalis harundo.
       nunc media Aenean secum per moenia ducit
75   Sidoniasque ostentat opes urbemque paratam,
       incipit effari mediaque in voce resistit;
       nunc eadem labente die convivia quaerit,
       Iliacosque iterum demens audire labores
       exposcit pendetque iterum narrantis ab ore.
80   post ubi digressi, lumenque obscura vicissim
       luna premit suadentque cadentia sidera somnos,
       sola domo maeret vacua stratisque relictis
       incubat. illum absens absentem auditque videtque.
       aut gremio Ascanium genitoris imagine capta
85   detinet, infandum si fallere possit amorem.
       non coeptae adsurgunt turres, non arma iuventus
       exercet portusve aut propugnacula bello
       tuta parant: pendent opera interrupta minaeque
       murorum ingentes aequataque machina caelo.
90   Quam simul ac tali persensit peste teneri...   (Verg. *A*.4,54-90)

---

36 Quintilian (9,3,11) betrachtet den Gebrauch des historischen Präsens
als eine Art Metapher (*transferuntur ... tempora*). Zum historischen Präsens
vgl. Kravar (1969).

Während *adeunt* und *exquirunt* am Beginn dieser - durch Perfektformen eingeleiteten - Passage kaum etwas anderes als sukzessive Prädikationen kennzeichnen können, ist das bei *est, vivit* und *uritur* in 66-68 nicht der Fall.

11.3.3. PLUSQUAMPERFEKT

Das Plusquamperfekt wird verwendet, um eine Prädikation als vorzeitig gegenüber einem vergangenen Zeitpunkt zu kennzeichnen, und zwar unabhängig davon, ob dieser durch das Imperfekt, das Perfekt oder das historische Präsens (bzw. den historischen Infinitiv) festgelegt wird.

11.3.4. HISTORISCHER INFINITIV

Der historische Infinitiv wird überwiegend in Prädikationen verwendet, in denen ein Imperfekt auch möglich wäre; doch gilt dies nicht ausschließlich (Sz. 367); vgl. Bsp. (77):

(77) venit Chremes postridie ad me clamitans: indignum facinus: comperisse Pamphilum pro uxore habere hanc peregrinam. ego illud sedulo negare factum. ille instat factum. denique ita tum discedo ab illo ut ... ('Am nächsten Tag kommt Chremes zu mir und schreit: eine Schande sei das, er habe erfahren, daß Pamphilus diese Fremde da als Frau halte. Ich tu' mein Bestes, es abzustreiten. Er beharrt darauf. Schließlich gehe ich so von ihm fort, daß ...', Ter. *An.* 144-148)

Es besteht kein Unterschied zwischen *negare* und dem folgenden historischen Präsens *instat.* Auch finden wir den historischen Infinitiv nach Ausdrücken, die typischerweise in Kombination mit dem Perfekt auftreten, wie *tum, vero, hinc* ('sodann') und dgl.[37].

---

37 Beispiele für den Gebrauch des historischen Infinitivs bei Livius gibt Viljamaa (1983, 38-51).

11.4.   DER TEMPUSGEBRAUCH BEI DEN EINZELNEN AUTOREN

In diesem Buch wird hauptsächlich das Latein der Zeit von 200 v. bis 100 n.Chr. berücksichtigt. In diesem Zeitraum existierte natürlich eine Fülle verschiedener Gattungen und Textarten mit einer je eigenen Textstruktur, welche die Distribution der einzelnen Tempora beeinflußt. Daneben spielt in der Dichtersprache und in der Prosa seit Sallust das stilistische Prinzip der Variatio eine wichtige Rolle[38]. Im Hinblick auf die § 11.3. genannten Erzähltempora bedeutet das, daß die Abwechslung zwischen den eigentlichen Vergangenheitstempora und dem historischen Präsens und Infinitiv als ein Mittel gebraucht wird, um (Teile von) Episoden in ein besonderes Licht zu setzen, vgl. Bsp. (78):

(78)   secundum orationem praetoris murmur ortum aliorum cum adsensu aliorum inclementer adsentientes increpantium et iam ... populi universi inter se altercabantur. Tum inter magistratus gentis ... certamen nihil segnius quam inter multitudinem esse ('Nach der Ansprache des Prätors erhob sich ein Gemurmel der Leute, von denen die einen zustimmten, während die anderen die Zustimmenden grob schalten, und schon stritten ganze Völkerschaften miteinander. Dann brach unter den Führern eine Debatte aus, die nicht minder heftig als die der Menge war', Liv. 32, 22,1f)

Man beachte das 'dramatisierende' *et iam* und den historischen Infinitiv *esse*. In diesem Text scheint das Prinzip 'immer eine andere Verbform' zu herrschen. Bei der Anwendung des Variatioprinzips gibt es individuelle Unterschiede; sie kommen in der Distribution des historischen Infinitivs zum Ausdruck: Bei Sallust gibt es Ketten aufeinanderfolgender Infinitive; bei Tacitus dagegen finden wir dasselbe Verfahren wie in dem Livius-Bsp. (78), nämlich die Abwechslung von isolierten Infinitiven mit anderen Verbformen. Das Prinzip der Variatio ist aber nicht so stark, daß Imperfekt und Perfekt entgegen den in § 11.3. gegebenen Regeln willkürlich verwendet werden könnten. Die Untersuchung einzelner Passagen sollte deshalb

---

38 Vgl. Chausserie-Laprée (1969, 403-410).

auch stets mit dem Versuch der 'normalen' Erklärung für den Gebrauch der einzelnen Tempora beginnen.

BIBLIOGRAPHISCHE INFORMATION

Für die Begriffe Tempus und Aspekt verweise ich auf Comrie (1976; 1985), Lyons (1983, v.a. 285ff), und Pinkster (1983b, 271-286). Eine Übersicht zu den meisten neueren Arbeiten ist zu finden bei Bertocchi (1980) und Pinkster (1983b). Die beste, leider nur schwierig zugängliche, Untersuchung zum Aspekt im Lateinischen ist Kravar (1980); vgl. auch Grassi (1967). Die beste Übersicht zu den Verwendungsweisen der Tempora ist m.E. immer noch Blase (1903). Die größte Aufmerksamkeit beanspruchen immer noch Imperfekt und Perfekt. Einen sehr dezidierten Standpunkt nimmt hier Serbat (1975; 1976a) ein. Vgl. auch Serbat (Hrsg.) (1980); ihmzufolge bezeichnet das Perfekt keine Vorzeitigkeit. Eine gute Widerlegung ist Poirier (1978). Zur Entwicklung des Tempussystems in den romanischen Sprachen ist die Lektüre von Harris (1978) zu empfehlen. Eine Monographie zum historischen Infinitiv ist Viljamaa (1983). Zum Partizip ist Laughton (1964) zu empfehlen.

12. ZUSAMMENHANG ZWISCHEN SÄTZEN

In den vorangegangenen Kapiteln haben wir uns mit dem Zusammenhang zwischen den Konstituenten innerhalb eines Satzes befaßt; dabei sind aber auch schon Erscheinungen zur Sprache gekommen, mit denen der Satzrahmen überschritten wird, z.B. die Definitheit/Indefinitheit eines nominalen Konstituenten (S. 143ff.) und die situationskonstituierende Funktion des Imperfekts (S. 360). Beobachtungen dieser Art berechtigen uns zu einer allgemeineren Feststellung: Die Tatsache, daß Sätze innerhalb von größeren Texteinheiten auftreten, hat Folgen für Struktur und Inhalt der Sätze selbst. Damit ist die Perspektive bezeichnet, aus welcher der Zusammenhang zwischen Sätzen in diesem Kapitel behandelt wird. Es besteht überdies eine klare Beziehung zwischen der hier zu behandelnden Kohärenz von Sätzen und dem Zusammenhang zwischen Texten in ihrer Gesamtheit, welcher Gegenstand etwa der Erzähltheorie und der Textlinguistik ist. Solche höherrangige Zusammenhänge werden hier nur am Rande berücksichtigt.

Bereits früher behandelte Erscheinungen werden in diesem Kapitel lediglich rekapituliert (§ 12.3.). Im Mittelpunkt des Kapitels steht eine Reihe von Erscheinungen, deren Hauptfunktion es ist, Zusammenhänge innerhalb eines Textes deutlich zu machen, also Konnektoren und anaphorische Pronomina, Adverbien und dgl. (§ 12.2.). Der erste Paragraph (§ 12.1.) handelt von den Begriffen 'Text' und 'Textzusammenhang'. In § 12.4. gehe ich schließlich auf die Übereinstimmungen ein, die sich beim Zusammenhang selbständiger Sätze und beim Zusammenhang von Teilsätzen (z.B. Haupt- und Nebensatz) zeigen.

12.1. TEXT UND TEXTZUSAMMENHANG

Menschen kommunizieren im allgemeinen miteinander in Einheiten, die mehr als nur einen Satz umfassen, oder, im Fall des Dialogs, zusammen mit den Sätzen des Dialogpartners eine Einheit bilden (z.B. in Frage-Antwort-Paaren). Sätze sind deshalb i.d.R. auch so aufgebaut, daß klar ist, daß und wie ein Satz B an einen vorausgehenden Satz A anschließt. So haben wir z.B. im Kapitel zur Wortstellung gesehen, daß Konstituenten, die aufgrund früherer Information bekannt sind, oft als Topic-Konstituenten vorne im Satz stehen. In der Textlinguistik, doch auch in Arbeiten aus Psychologie und *artificial intelligence*, ist die Frage, was genau eine Reihe von Sätzen zu einem zusammenhängenden *Text* macht, viel diskutiert worden. Eine notwendige, aber nicht hinreichende Bedingung ist die Existenz eines semantischen Zusammenhangs zwischen den Sätzen; sie müssen vom selben 'Gegenstand' handeln (dasselbe 'Thema' haben). Eine weitere Bedingung ist, daß zwischen den Satzinhalten eine temporale oder eine kausal/konsekutive Relation bzw. eine andere Relation dieser Art besteht oder doch wenigstens vom Hörer/Leser hergestellt werden kann[1]; vgl. Bsp. (1):

(1) a Es regnete. Wir blieben zuhause.

    b Es regnete. Also blieben wir zuhause.

Zwischen den beiden Sätzen in (1 a) kann auch ohne die Präsenz des Konnektors *also* (wie er in (1 b) vorhanden ist) eine konsekutive Relation hergestellt werden. Viel schwieriger ist es dagegen, zwischen den beiden Sätzen in (2 a) irgendeine Beziehung herzustellen:

(2) a Es regnete. Die Arbeitslosenrate sank nur wenig.

Doch kann durch einen nachfolgenden Satz eine solche Beziehung konstruiert werden, vgl. (2 b):

(2) b Es regnete. Die Arbeitslosenrate sank nur wenig. Düster schaute der Gewerkschaftsboß zum Fenster hinaus.

Wenn in einem Text der Zusammenhang zwischen aufeinanderfolgenden Sätzen nicht mit einem der in § 12.2. beschriebenen Mittel deutlich gemacht wird, haben wir ein *Asyndeton* vor uns[2], so etwa in Bsp. (1) a. Die Grammatiken unterscheiden verschiedene Sorten von Asyndeta (vgl. z.B. K.-St. II, 155-159; Sz.469-471), so etwa 'Asyndeton adversativum' (Bsp. 3) oder

---

1 Sprecher und Hörer gehen gewöhnlich davon aus, daß Zusammenhänge der genannten Art bestehen und sind auch bereit, nach solchen zu suchen, wenn sie sich nicht unmittelbar aus dem Gesagten ergeben (dies ist das sog. 'cooperative principle' von Grice (1975, 45)).
2 Der Begriff 'Asyndeton' wird auch für das Fehlen verbindender Konstituenten innerhalb eines Satzes verwendet, vgl. § 12.4.

'Asyndeton causale' (Bsp. 4). Solche Etikette erklären natürlich nichts, sondern verdeutlichen lediglich, daß im Text eine semantische Relation zwischen den Sätzen greifbar ist. Sie suggerieren zudem zu Unrecht, daß adversative, kausale und dgl. Relationen sich ihrer Art nach von den 'gewöhnlichen' temporalen Relationen zwischen (asyndetisch) aufeinanderfolgenden Sätzen unterscheiden.

(3) Caesar ... celeriter concilium dimittit. Liscum retinet ('Caesar entließ schnell die Versammlung; Liscus behielt er zurück', Caes. *Gal.* 1,18,1)

(4) supplicium in parricidas singulare excogitaverunt ... Insui voluerunt in culleum vivos ('Für Vatermörder haben sie sich eine einzigartige Strafe ausgedacht ... Sie setzten fest, daß sie lebendig in einen Ledersack eingenäht würden', Cic. *S. Rosc.* 70)

Oft existiert zwischen asyndetisch aufeinanderfolgenden Sätzen 'nur' eine temporale Beziehung, etwa 'Abfolge' in (5) und 'Gleichzeitigkeit' in (6):

(5) veni, vidi, vici (S. 330)

(6) hi propter propinquitatem et celeritatem hostium nihil iam Caesaris imperium exspectabant sed per se quae videbantur administrabant. Caesar ... decucurrit ('Wegen der Nähe und der Schnelligkeit der Feinde warteten sie nicht erst auf einen Befehl Caesars, sondern taten von sich aus, was nötig schien. Caesar ... kam eilends herab', Caes. *Gal.* 2,20,4-21,1)

Die Häufigkeit, mit der Asyndeta vorkommen, schwankt. Texte, die in einem 'periodischen' Stil verfaßt sind, weisen verhältnismäßig wenige auf. Relativ viele gibt es dagegen in den archaischen Texten, doch auch bei Seneca. Die Grammatiken beschreiben die hohe Frequenz in archaischen Texten vielfach als ein Kennzeichen umgangssprachlichen Einflusses und eines wenig entwickelten Stilniveaus. Doch ist mit solchen Generalisierungen Vorsicht geboten. Die Häufigkeit des Asyndeton hat klar auch etwas mit persönlichen Vorlieben zu tun, siehe das Beispiel Senecas. Zur Illustration dieser Häufigkeitsschwankungen gebe ich in Abb. 1 den Befund hinsichtlich der Verwendung expliziter Satzverbindungen bzw. Asyndeton wieder,

wie er in Passagen von vergleichbarer Länge aus Cic. *Att.*,
Liv. und Sen. *Ep.* ermittelt wurde[3].

Abb. 1: Asyndeton in drei Textabschnitten

	Cic.	Liv.	Sen.
Asyndeton	68	42	107
'Syndeton'	42	57	41

Das Asyndeton wird, - auch von Autoren mit 'periodischem'
Stil - verwendet, um den Effekt der Schnelligkeit und Spannung
zu erzielen (vgl. Sz. 469):

(7)　Mittuntur ad Caesarem confestim ab Cicerone litterae
　　　... Obsessis omnibus viis missi intercipiuntur. Noctu ... tur-
　　　res ... excitantur ... Quae deesse operi videbantur perfi-
　　　ciuntur. ('Zu Caesar wurde von Cicero sofort eine Nach-
　　　richt geschickt. Da aber alle Wege besetzt waren, wurden
　　　die Boten abgefangen. Nachts wurde Türme errichtet. Was
　　　an den Wällen noch zu fehlen schien, wurden vollendet',
　　　Caes. *Gal.* 5,40,1f)

Diese Erscheinung kommt in vielen Sprachen vor[4].

Es ist nun jedoch nicht nur so, daß Menschen unter normalen
Umständen in größeren Einheiten als Einzelsätzen kommunizieren
(näml. in 'Texten') und daß deshalb zwischen den einzelnen
Sätzen eine explizite oder implizite semantische Beziehung
besteht: auch das Textganze ist wieder in kleinere Einheiten
gegliedert, die inhaltlich eng zusammenhängen. Narrative Texte
etwa lassen sich in aufeinanderfolgende 'Episoden' gliedern
und viele schriftliche Texte sind gleichsam in 'Paragraphen'
unterteilt. Solche 'Textsegmente' werden vielfach mit bestimmten
Mitteln explizit miteinander verbunden. Diese entsprechen
z.T. denjenigen, die den Zusammenhang zwischen Einzelsätzen
markieren, z.T. sind sie von ihnen verschieden. Bei der Besprechung von Cic. *Att.* 1,5 (S. 259) haben wir gesehen, daß

---

　　3 Cic. *Att.* 1, 1-5 (178 Zeilen i.d. Oxf.-Ed.); Liv. 1, 48-53 (195 Z.);
Sen. *Ep.* 1-5 (181 Z.). Aus Abb. 1 geht hervor, daß die Satzlänge bei Seneca
am kürzesten und bei Livius am längsten ist.
　　4 Vgl. Longacre (1982, 35) zur geringen Frequenz von Konnektoren an
Höhepunkten des Erzählens.

Cicero abrupt und ohne jede Überleitung aufeinanderfolgende Informationen über verschiedene seiner Verwandten gibt. Dies ist offenkundig möglich, weil Cicero und Atticus über genügend gemeinsames Wissen verfügten und Atticus auch hinreichend auf diese Art der Informationsvermittlung eingestellt war. An anderen Stellen verwendet Cicero Thema-Konstituenten, um Atticus auf die Einführung eines neuen Themas aufmerksam zu machen (Satz 4 *quod ad me scribis de sorore tua*; Satz 7; Satz 9; Satz 13; Satz 18). Innerhalb der thematisch zusammenhängenden Textsegmente verwendet Cicero dann regelmäßig Konnektoren und andere Satzverbindungen (Satz 2 *nam*; Satz 3 *quare*; Satz 5 *quem*; Satz 6 *itaque*; Satz 8 *enim*; Satz 10 *sed*; Satz 11 *etenim*; Satz 12 *sed*; Satz 14 *sed*; Satz 15 *autem*; Satz 16 *autem*; Satz 17 *quam*; Satz 19 *id*). Es zeigt sich hier also ein unterschiedlicher Einsatz der Mittel, um den Zusammenhang zwischen den einzelnen Textsegmenten und denjenigen innerhalb der Textsegmente zu markieren. Von den einzelnen Autoren können diese Mittel unterschiedlich gehandhabt werden[5]. So ist ein bekanntes Mittel Caesars zur Verknüpfung von Episoden der resümierende Ablativus absolutus des Typs *hoc facto*. In Vergils Äneis fällt dagegen der Gebrauch von *interea* auf, vgl. (8):

(8)   tum Cererem corruptam undis Cerealiaque arma
       expediunt fessi rerum, frugesque receptas
       et torrere parant flammis et frangere saxo.
       Aeneas scopulum interea conscendit ...
       ('Von der Mühsal ermattet entladen sie dann vom Wasser
       verdorbenes Korn und das Küchengerät und machen sich
       daran, das geborgene Korn am Feuer zu rösten und es mit
       einem Stein zu mahlen. Unterdessen erstieg Äeneas einen
       Fels ...', Verg. *A*. 1,177-80)[6]

Eine weitere Möglichkeit, eine neue Episode kennzuzeichnen,

---

5 Bei Seneca *Phil*. beträgt der Anteil 'koordinierender Konjunktionen' am Gesamtwortschatz 7,86 %, bei Seneca *Trag*. 6,07 %. Zu den 'koordinierenden Konjunktionen' sind hier auch die Koordinationen auf Wortgruppenebene gerechnet; dennoch ist der Prozentunterschied angesichts der hohen Zahl der Wörter auffällig (S. die 'Lütticher Lexica'). Zu den Übergängen zwischen einzelnen Episoden und den bei den Historikern dafür verwendeten Ausdrücken vgl. Chausserie Laprée (1969, 15-124).

6 Austin z. St. meint, - unter Hinweis auf TLL s.v. 2183, 52ff -, daß *interea* bei Vergil oft bedeute 'and now', d.h. sukzessive Ereignisse verbinde; vgl. jedoch Kinsey (1979). Auch wenn *interea* ganz gewöhnlich 'unterdessen' bedeutet, ist es doch ein typisches Signal für den Übergang zu einer neuen Episode.

besteht in der Verwendung genauer Orts- oder Zeitangaben, vgl. (9):

(9) L. Genucio Ser. Cornelio consulibus ab externis ferme bellis otium fuit ('Unter dem Konsulat des L.G. und des Ser.C. herrschte im Hinblick auf auswärtige Kriege fast vollkommene Ruhe', Liv. 10,1,1)

Der Zusammenhang zwischen Episoden und anderen Texteinheiten und die dafür verwandten Mittel werden im folgenden nicht weiter untersucht. Wir beschränken uns nun auf diejenigen Mittel, die der Kennzeichnung von Satzzusammenhängen dienen.

12.2. ZUSAMMENHÄNGE, DIE DURCH AN- BZW. ABWESENHEIT BESTIMMTER KONSTITUENTEN HERGESTELLT WERDEN

In diesem Abschnitt wenden wir uns einigen Mitteln zu, die dem Zusammenhang aufeinanderfolgender Sätze explizieren; wir betrachten aber auch die sog. Ellipse, d.h. das Phänomen, daß gerade das Fehlen eines Elements in einem Satz B dessen Abhängigkeit von einem vorausgegangenen Satz A vergrößert.

12.2.1. LEXIKALISCHER ZUSAMMENHANG

Die einfachste Form des lexikalischen Zusammenhangs ist die Wiederholung eines Substantivs (eines Namens usw.) im folgenden Satz. Streng genommen fehlt allerdings in diesem Fall ein Signal, das verdeutlicht, daß ein Zusammenhang mit dem vorhergehenden Satz besteht. Wir finden diese einfache Form im Lateinischen nicht sehr oft (wegen des literarischen Charakters der überlieferten Texte?). Ein Beispiel für sie ist (10):

(10) Septimo die, cum iter non intermitteret, ab exploratoribus certior factus est Ariovisti copias a nostris milibus passuum quattuor et XX abesse. Cognito Caesaris adventu Ariovistus legatos ad eum mittit ('Am siebten Tage ununterbrochenen Marsches wurde er von den Kundschaftern benachrichtigt, daß Ariovists Truppen 24 Meilen von den unsrigen entfernt

seien. Als Ariovist von Caesars Anrücken erfuhr, schickte er Gesandte zu ihm', Caes. *Gal.* 1,41,5-42,1)

Anstelle wörtlicher Wiederholung treffen wir auch die Setzung von Synonymen an[7]. Beispiele sind *metus/timor* in (11) und *concilium/conventus* in (12):

(11) nam profecto aut metus aut iniuria te subegit, Silane, consulem designatum genus poenae novum decernere. De timore supervacaneum est disserere ('Denn zweifellos hat dich, S., einen designierten Konsul, entweder deine Befürchtung oder ihr Unrecht dazu gebracht, für eine neue Art der Strafe zu plädieren. Über die Furcht brauchen wir nicht sprechen', Sal. *Cat.* 51,18f)

(12) sic Siculorum civitatibus Syracusas aut Messanam aut Lilybaeum indicitur concilium: praetor Romanus conventus agit ('So wird für die Städte Siziliens in Syrakus, Messina oder Lilybaeum eine Versammlung anberaumt. Der römische Prätor führt den Vorsitz', Liv. 31,29,8)

Eine weitere Form der Wiederholung ist die Verwendung von *homo*, eines 'allgemeinen' oder semantisch 'leeren' Substantivs, das einem anaphorischen Pronomen sehr nahekommt[8]. Ein gutes Beispiel -da noch ein anaphorisches Pronomen folgt- ist (13):

(13) videt (Curio) ... Verrem; appellat hominem et ei ... gratulatur ('Curio sieht Verres. Er spricht den Mann an und beglückwünschte ihn', Cic. *Ver.* 19)

Daneben gibt es Fälle, wo es nicht nur um Wiederholung geht, sondern mit der Wiederholung zugleich eine neue Eigenschaft angeführt wird. Eine extreme Form dieses Verfahrens ist die gelehrte Umschreibung von Personen, die wir v.a. in der Dichtung finden, vgl. (14) und (15):

(14) illae Epicuri propriae ruinae: censet enim eadem illa individua et solida corpora ferri deorsum suo pondere ad lineam; hunc naturalem esse omnium corporum motum; deinde ibidem homo acutus ... attulit rem commenticiam ('Das sind Epikurs eigene Fehler: Er meint, daß die unteilbaren und massiven Körper durch ihr Eigengewicht senkrecht nach unten fallen; das sei die natürliche Be-

7 Beispiele bei Mendell (1917, 22; 36f).
8 Vgl. TLL s.v. *homo* 2882, 13ff; Mendell (1917, 36). Vgl. *res* bei Caesar in Verbindungen wie *qua re animadversa* (*Civ.* 1,83,5).

wegung aller Körper; sodann präsentiert am gleichen Ort der Schlaumeier noch eine Erfindung', Cic. *Fin.* 1,18f)

(15) speluncam Dido dux et Troianus eandem deveniunt ('Dido und der Führer der Troianer (sc. Äneas) kommen zur selben Höhle', Verg. *A.* 4,165f)

Diese Formen lexikalischer Wiederholung können nicht nur die Funktion haben, den Zusammenhang zwischen Nominalgruppen zu verdeutlichen; mit Substantiven, oft Geschehenssubstantiven, kann auch auf einen ganzen vorangegangenen Satz bzw. eine ganze Passage verwiesen werden, vgl. (16) und (17):

(16) nec ut iniustus in pace rex, ita dux belli pravus fuit; quin ea arte aequasset superiores reges ('Er war als Führer im Krieg nicht so schlecht, wie er als König im Frieden ungerecht war; er wäre sogar in jener Kunst den früheren Königen gleichgekommen, (wenn nicht ...)', Liv. 1,53,1)

(17) (Es spricht Liscus) quin etiam quod necessario rem coactus Caesari enuntiarit, intellegere sese (scil. *Liscus*) quanto id cum periculo fecerit, et ob eam causam quam diu potuerit tacuisse. Caesar hac oratione Lisci Dumnorigem ... designari sentiebat ('Was den Umstand betreffe, daß er Caesar die Sache unter Zwang mitgeteilt habe, begreife er sehr wohl, wie gefährlich das für ihn sei, und er habe deswegen so lange wie möglich geschwiegen. Caesar merkte, daß mit diesen Worten des Liscus Dumnorix gemeint sei', Caes. *Gal.* 1,17,5-18,1)

In (17) weist das Allerweltswort *'rem'* in Liscus' Rede auf seine vorangegangene Mitteilung zurück; *hac oratione* verweist sogar auf die gesamten Darlegungen des Liscus. Man beachte, daß das Geschehenssubstantiv *oratione* durch ein anaphorisches Pronomen näher bestimmt wird[9]; dies findet sich oft.

Im letzten Abschnitt haben wir verschiedene Formen der Wiederholung betrachtet. Eine schwieriger zu beschreibende Art des lexikalischen Zusammenhangs ist diejenige, bei der Worte desselben Bedeutungsfeldes aufeinander bezogen werden, wenn sie im selben sprachlichen Umfeld vorkommen. Ein Beispiel hierfür ist die 'assoziative Anapher', die auf S. 144 behandelt wurde; vgl. Bsp. (18):

---

9 Beispiele für anaphorisch verwendete Geschehenssubstantive finden sich bei Rosén (1983, 87-89).

(18) Hans hat ein Haus gekauft. Das Dach muß repariert werden,
aber sonst ist alles gut in Schuß.

'Das Dach' (man beachte den bestimmten Artikel im Dt.) ist
natürlich auf 'ein Haus' zu beziehen. Vgl. auch Bsp. (19), in
dem Vitruv die Konstruktion eines Bades erklärt und sukzessive,
und zwar ohne anaphorische Konstituenten, dessen Hauptbe-
standteile einführt, die als 'Sub-Topics' des Haupt-Topic *Bad*
betrachtet werden können:

(19) a   nunc insequentur balineorum dispositionum demon-
strationes ('Es folgt jetzt die Beschreibung der Konstruktion von Bädern', Vitr. 5,9,9)

    b   primum elegendus *locus* est ... ('Zuerst muß ein Platz
ausgesucht werden', ibid. 5,10,1)

    c   Ipsa autem *caldaria tepidariaque* lumen habeant ... ('Die
Warm- und Laubäder müssen Licht haben', ibid. 5,10,1)

    d   *Suspensurae caldariorum* ita sunt faciendae ...('Die
schwebenden Böden der Warmbäder sind so zu kon-
struieren ...', ibid. 5,10,2)

    e   *Concamarationes* vero si ex structura factae fuerint,
erunt utiliores ('Die Gewölbe aber sind besser, wenn
sie aus Mauerwerk gemacht werden', ibid. 5,10,3)

    f   magnitudines autem balneorum ('Die Größe der Bäder
aber ...', ibid. 5,10,4)

    g   *laconicum sudationesque* sunt coniungendae tepidario
('Das Laconium und die Schwitzbäder sind mit dem
Tepidarium zu verbinden', ibid. 5,10,5)

Nur in f wird expressis verbis ein Bezug zum Topic *Bad* hergestellt (*balneorum*); in den übrigen Fällen ist dieser Bezug
lediglich implizit gegeben.

Einen etwas anderen Fall stellen die Wörter dar, die in
gegenseitiger komplementärer Beziehung stehen, vgl. Bsp. (20):

(20) video exadvorsum Pistoclerum et Bacchidem :: qui sunt
in lecto illo altero? :: interii miser :: novistine hominem? ('Ich sehe mir gegenüber Pistoclerus und die Bacchis
:: Wer ist auf jenem anderen Bett? :: Ich bin verloren,
ich unglücklicher :: Kennst du den Mann?', Pl. *Bac.* 835ff)

In dieser Passage ist die Rede von zwei Paaren, die belauscht
werden, und *hominem* bezeichnet die Hälfte des einen Paares,

auf das zuerst mit *qui* (Plur.) Bezug genommen wurde[10].

Die Beispiele (18) - (20) machen klar, daß der Zusammenhang eines Textes in erster Linie auf der Einheit des Themas beruht; der Hörer/Leser wird so instand gesetzt, aufgrund schon gegebener Information eine Erwartung im Hinblick auf das Kommende aufzubauen. Im Zuge dieses Prozesses ist er dann in der Lage, die spätere Information in sein bereits vorhandenes Wissen einzupassen. Die Beschreibung dieses Phänomens ist schwieriger als das oben beschriebene der Wiederholung. Es kommt zwar regelmäßig vor, tritt aber als Mittel zur Stiftung von Zusammenhängen viel seltener auf, als die im folgenden zu behandelnden Mittel.

12.2.2. ANAPHER UND SUBSTITUTION

Auf die Anapher (und die mit ihr verwandte Deixis) wurde oben S. 145 schon eingegangen. Beispiele für Anapher sind (21) - (23):

(21) ad eas res conficiendas Orgetorix deligitur. Is sibi legationem ad civitates suscepit ('Zur Ausführung des Unternehmens wird Orgetorix gewählt. Er übernahm es auch, als Gesandter zu den Nachbarstaaten zu gehen', Caes. *Gal.* 1,3,3)

(22) venit magnis itineribus in Nerviorum fines. Ibi ex captivis cognoscit quae apud Ciceronem gerantur ('Er gelangte in großen Tagesmärschen ins Gebiet der Nervier. Dort erfuhr er von Gefangenen, was bei Cicero vorging,' Caes. *Gal.* 5,48,2)

(23) Eodem tempore a P. Crasso, quem ... miserat ad Venetos, Venellos ... quae sunt maritimae civitates ... certior factus est omnes eas civitates in deditionem ... esse redactas ('Zur selben Zeit wurde er von P. Crassus, den er zu den Venetern, Venellern, ... geschickt hatte, zu Stämmen, die Küstenbewohner sind, davon unterrichtet, daß all diese Stämme zur Unterwerfung gezwungen worden seien', Caes. *Gal.* 2,34)

---

10 Zu den in (18) - (20) illustrierten Arten von Zusammenhang vgl. Conte (1981, 49-51) mit Literaturhinweisen und Hannay (1985).

Is in (21) ist ein selbständiges anaphorisches Pronomen, das dem dt. Personalpronomen der 3. Person vergleichbar ist; *ibi* in (22) ist ein anaphorisches Adverb; *eas* in (23) ist ein anaphorisches Pronomen in der Funktion Attribut.

Von Anapher im eigentlichen Sinne sprechen wir, wenn ein Konstituent des vorhergehenden Satzes wiederaufgenommen, aber nicht lexikalisch wiederholt wird: in (22) verweist *is* auf *Orgetorix*, nimmt also Bezug auf dieselbe Person. In (23) verweist *ibi* auf *Nerviorum fines*. Die Anapher ist somit ein Mittel, um die 'Referenzidentität' von Personen und Sachen zu bezeichnen. Der Unterschied zwischen Anapher und lexikalischer Wiederholung besteht darin, daß ein lexikalischer Konstituent eine eigene Bedeutung besitzt, während anaphorische Wörter lediglich auf einen anderen Konstituenten im Kontext verweisen: '*is*' und '*ibi*' bedeuten nur dann etwas, wenn wir wissen, wer oder was mit *is* und *ibi* gemeint ist. Wir haben jedoch in Bsp. (13) gesehen, daß der Unterschied zwischen der Anapher und semantisch 'leeren' Substantiven wie *homo* nicht allzu groß ist. Zur Anapher im weiteren Sinne können wir auch die einschlägige Verwendung von *idem* ('derselbe'), *talis* ('ein solcher'), *alter* ('der andere') und *ceteri* ('die übrigen') rechnen, mit denen zwar (abgesehen von *idem*) nicht die Referenzidentität zweier Dinge bezeichnet, aber doch ein Element der Beziehung zwischen ihnen eingeführt wird[11].

Der relative Anschluß hat dieselbe Funktion wie die anderen Anaphern (vgl. S. 125). Er wird von den Autoren in unterschiedlichem Maße gebraucht; Livius etwa verwendet ihn bedeutend häufiger als Seneca[12]. Im Deutschen hat auch der Unterschied 'definit:indefinit' vielfach eine Textzusammenhänge konstituierende Funktion (vgl. S. 143ff.).

Die oben genannten anaphorischen Pronomina werden nicht nur verwendet, um die Referenzidentität von Personen oder Sachen auszudrücken, sondern auch, um auf größere Passagen eines Satzes oder sogar eines Textes zurückzuverweisen, ähnlich wie die in (16) und (17) angeführten Fälle von lexikalischer Wiederholung; wir sprechen in solchen Fällen von '*Substitution*'[13]. Vgl. Bsp. (24) - (26):

(24) postero die castra ex eo loco movent. idem facit Caesar

---

11 Vgl. die Kategorie der 'comparatives' in Halliday-Hasan (1976, 76-87).
12 Vgl. Sz. 185f.
13 In etwa vergleichbar mit dem Begriff 'substitution' bei Halliday-Hasan (1976, 88-90).

('Am folgenden Tag brachen sie von diesem Ort auf. Dasselbe tat Caesar', Caes. *Gal.* 1,15,1)

(25) illi ita negant vulgo ut mihi se debere dicant. Ita quiddam spero nobis profici ('Man verweigert ihm allgemein Unterstützung mit dem Hinweis, daß man mir verpflichtet sei. Ich hoffe also, daß uns das etwas nützt', Cic. *Att.* 1,1,1)

(26) Acutilianam controversiam transegeris (hoc me etiam Peducaeus ut ad te scriberem admonuit) ('Du wirst den Konflikt mit A. regeln (Auch Peducaeus hat mich gebeten, dir das zu schreiben)', Cic. *Att.* 1,4,1)

In (25) ist es schwierig, zu sagen, worauf genau *ita* sich zurückbezieht; es ähnelt in gewissem Sinne den konsekutiven Konnektoren wie *ergo*, die in § 12.2.5. zur Sprache kommen[14]. Ein Beispiel der Substitution eines Verbums durch ein Verbum ist (27):

(27) amat a lenone hic :: facere sapienter puto ('Er liebt was bei dem Kuppler :: Das macht er, mein ich, gescheit', Pl. *Poen.* 1092)

Zu solchen Fällen vgl. auch S. 16 und *facit* in (24). Bei bestimmten Sachverhalten kann auch *fieri* ('geschehen') in dieser Weise verwendet werden.

12.2.3. KATAPHORISCHER ZUSAMMENHANG

Das Gegenstück zur Anapher und den anderen Mitteln des Rückverweises ist die Kataphter: die Verwendung von Ausdrücken, die vorausweisen und so einen Erwartungshorizont für den Hörer/Leser stiften; Beispiele sind (28) - (30):

(28) Ita fac, mi Lucili: vindica te tibi ('Mach es so, mein Lucilius: beanspruche dich für dich selbst', Sen. *Ep.* 1,1,1)

(29) sed te id oro, Hegio :: quid vis? ... :: ausculta, tum scies ('Aber ich bitte dich, Hegio :: Was willst du? :: Hör zu, dann weißt du's', Pl. *Capt.* 337-8)

(30) Hoc idem significat Graecus ille in eam sententiam ver-

---

14 Vgl. Sz. 513f.

sus: ('Dasselbe kommt in jenem bekannten griechischen
Vers folgendermaßen zum Ausdruck' (es folgt ein Zitat),
Cic. *Div*. 2,25)

S. auch § 12.2.5.

12.2.4. ELLIPSE

Der Begriff 'Ellipse' ist ebenso umstritten wie die genaue
Abgrenzung von 'Ellipse' und 'Brachylogie'; zu den verschiedenen
Kriterien verweise ich auf die Handbücher[15]. Ich verstehe
unter Ellipse das Fehlen eines (oder mehrerer) Konstituenten
in einem Satz B, der im vorhergehenden Satz A (u.U. auch
vorher) auf die eine oder andere Weise ausgedrückt worden
ist und der syntaktisch oder semantisch ohne Kenntnis des
Kontextes nicht weggelassen werden kann. Ein anderer Begriff
für Ellipse ist 'Zero-Anapher'. Oft bleiben auch Konstituenten
unausgedrückt, über deren Inhalt ohnehin (d.h. ohne Rückgriff
auf den Kontext) Klarheit besteht, z.B.:

(31) melius Graii atque nostri (scil. *iudicant*) ('Das Urteil der
      Griechen und unserer Landsleute ist besser (als das der
      Perser)', Cic. *Leg*. 2,26)

Diese Fälle betrachte ich nicht als Ellipse und lasse sie außer
Betracht. In vielen Fällen geht es bei Ellipse um das Fehlen
eines Arguments, besonders des Subjekts zu einem Prädikat. Unter diesem Gesichtspunkt wurde auf die Erscheinung schon
auf S. 10 hingewiesen. Sie ist aber nicht auf Argumente beschränkt. Auch Prädikate können fehlen, ebenso die Kernkon-
stituenten von Nominalgruppen, wie die folgenden Beispiele
zeigen. In (32) fehlt das Subjekt[16], in (34) das Objekt, in
(35) das indirekte Objekt, in (36) das Prädikat[17] und in (37)
der Kernkonstituent einer Nominalgruppe[18].

(32) Caesar primo ... proelio supersedere statuit; cotidie tamen

---

15 K.-St. II, 549ff; Sz. 822-826. Ich verwende den Begriff 'Ellipse' mit
der in der heutigen Sprachwissenschaft üblichen Bedeutung, d.h. zur Bezeichnung einer 'Ergänzung aus dem Zusammenhang', wofür Sz. (824) den Begriff
nicht verwendet sehen will. Vgl. auch Tuomi (1975).

16 Weitere Beispiele bei K.-St. I, 3-7.

17 Eine Übersicht zu den weglaßbaren Prädikaten, die nicht aus dem
Zusammenhang zu ergänzen sind, gibt Sz. 419-425, vgl. auch K.-St. I, 8-15.

18 Bsp. (37) kann evtl. auch als *ein* Satz aufgefaßt werden.

equestribus proeliis quid hostis virtute posset et quid nostri auderent periclitabatur ('Caesar beschloß zunächst, einem Entscheidungskampf auszuweichen. Dennoch erprobte er täglich in Reiterkämpfen, was die Feinde zu leisten imstande seien und was die unseren wagten', Caes. *Gal.* 2,8,1f)

(33) Qui clamores tota cavea nuper in ... M. Pacuvi nova fabula! ... stantes plaudebant in re ficta ('Welches Geschrei neulich im ganzen Theater bei der Aufführung eines neuen Pacuvius-Stückes! Man applaudierte stehend einer erdichteten Sache', Cic. *Amic.* 24)

(34) Haec cum pluribus verbis flens a Caesare peteret, Caesar eius dextram prendit; consolatus rogat finem orandi faciat ('Als er Caesar immer wieder unter Tränen darum bat, ergriff dieser seine Rechte; er beruhigte ihn und bat ihn, mit seinen Bitten aufzuhören', Caes. *Gal.* 1,20,5)

(35) Dat negotium Senonibus reliquisque Gallis ... ut ... se ... de his rebus certiorem faciant. Hi constanter omnes nuntiaverunt manus cogi ... ('Er trug den Senonen und den übrigen Galliern auf, ihn über diese Vorgänge zu unterrichten. Diese berichteten ihm fortwährend, daß man Truppen aushebe', Caes. *Gal.* 2,2,3f)

(36) At propero :: et pol ego item ('Aber mir pressiert's :: und mir, beim Pollux, auch', Pl. *Per.* 224)

(37) vos exemplaria Graeca nocturna versate manu, versate diurna ('Nehmt die griechischen Muster des Nachts und bei Tag zur Hand', Hor. *Ars* 268f)

Auf S. 2 habe ich gesagt, daß nicht nur Verben eine bestimmte Valenz besitzen, sondern daß dies auch für Adjektive und Substantive gilt. Die zu einem Substantiv gehörenden notwendigen Konstituenten können oft fehlen, da sie impliziert sind. Beispiele sind (38) - (40):

(38) esto :: causam proferre non potes? ('Also gut :: du kannst keinen Grund nennen?', Cic. *S. Rosc.* 73)

(39) At regina ... caeco carpitur igni: multa viri virtus animo multusque recursat gentis honos. Haerent infixi pectore vultus verbaque ('Aber die Königin wird verzehrt von einem unsichtbaren Feuer; immer kommen ihr der Mut des Mannes und seine edle Abkunft in den Sinn; sein

Gesicht und seine Worte haften ihr fest im Herzen',
Verg. *A.* 4,1-5)

(40) Magnitudines autem ad copiam hominum oportet fieri
('Die Abmessungen (eines Forums) müssen aber auf die
Zahl seiner Besucher abgestimmt sein', Vitr. 5,1,2)

Ein Substantiv wie *causa* setzt stets etwas voraus, dessen
Ursache oder Grund es ist; ebenso ist *vultus* immer das Gesicht
einer bestimmten Person und *magnitudo* immer die Größe einer
bestimmten Sache[19].

12.2.5. KONNEKTOREN UND ANDERE PARTIKELN

Unter *Konnektoren* verstehe ich Wörter wie *autem* ('aber'),
ergo ('also'), und *et* ('und weiter') bei Einleitung selbständiger
Sätze. In den Lateingrammatiken werden diese Wörter 'koordinierende Konjunktionen' genannt. Ein Teil von ihnen ist mit
den sog. *Koordinatoren* formal identisch und bedeutungsähnlich
(z.B. *et* ('und'), *sed* ('aber'), *aut* ('oder')). Koordinatoren verbinden Konstituenten innerhalb selbständiger Sätze, sofern die
Konstituenten dieselbe syntaktische oder semantische Funktion
haben, z.B. *acies* und *sensus* in (41):

(41) eiusque radiis acies vestra sensusque vincitur ('Durch
deren (sc. der Sonne) Strahlen wird eure Sehschärfe und
euer Wahrnehmungsvermögen abgestumpft', Cic. *Rep.* 6,19)

Zur Koordination vgl. auch S. 45 und unten S. 390[20]. Im Gegensatz zur Koordination verbinden Konnektoren aber, wie gesagt,
selbständige Sätze. Ein anderer Teil der Konnektoren ähnelt
in der Bedeutung den anaphorischen Adverbien; so ist z.B. *ergo*
semantisch in etwa vergleichbar mit *ideo* ('deswegen'). Es gibt
aber klare syntaktische Unterschiede zwischen diesen beiden
Gruppen; zwei seien hier genannt[21]: Anaphorische Adverbien
können im Prinzip selbständig als 'Satz' vorkommen (vgl. das
stereotype dt. Frage-Antwort-Muster 'warum?::darum'; sie sind
also satzwertig, vgl. S. 48). Außerdem kommen sie in korrela-
tiven Mustern vor (z.B. *ideo* ... *quia* ('deswegen ... weil'),
d.h. in Korrespondenz mit Subordinatoren. Dies ist bei Konnek-

---

19 Beispiele bei Mendell (1917, 98).
20 Koordinatoren verbinden auch 'Teilsätze', vgl. S. 391f.
21 Dazu vgl. Pinkster (1972c, 153-163).

toren nicht möglich: wir finden keine Verbindungen wie *ergo
... quia oder *quia ...ergo[22]. Allerdings gibt es Wörter, die
sowohl als Adverb als auch als Konnektor vorkommen, so
etwa vero ('wirklich', 'aber'), dessen Funktion sich in einem
Text auch nicht immer unzweideutig feststellen läßt.

Die Konnektoren können in verschiedene semantische
Klassen eingeteilt werden. Ich führe hier jeweils einige Beispiele
an und verweise im übrigen auf die Handbucher und für die
einzelnen Wörter auf den Thesaurus[23]:

a) additive Konnektoren: et, atque, -que ('und')[24], neque ('und
   nicht'), et ... et ('sowohl ... als auch'); etiam ('auch'); praeterea ('außerdem'); item ('ebenso')
b) adversative Konnektoren: sed, at ('aber'), autem ('aber')
c) disjunktive Konnektoren: aut, vel ('oder')
d) kausale Konnektoren: nam ('denn'), enim ('denn, nämlich')
e) konsekutive Konnektoren: itaque ('deshalb'), igitur, ergo
   ('also')
f) kontinuative Konnektoren: deinde, tum ('darauf')

Von diesen Konnektoren können manche nebeneinander im
selben Satz vorkommen (z.B. deinde autem), andere schließen
sich aufgrund ihrer Bedeutung gegenseitig aus (*igitur autem)[25].
Neben den Bedeutungsunterschieden gibt es auch syntaktische
Unterschiede zwischen den einzelnen Konnektoren. Manche
können etwa nicht in solchen Relativsätzen vorkommen, die
nach dem Hauptsatz stehen. Wir finden z.B. nicht *qui igitur
und *qui ergo. Andere können dagegen in solchen Verbindungen
auftreten.

Schließlich ist noch darauf hinzuweisen, daß auch andere
Partikeln den Textzusammenhang, sei es rückverweisend, sei
es vorausweisend, explizieren können. Quidem[26] ('zwar') und
sane ('gewiß') sind Beispiele für Partikeln, die eine bestimmte
Erwartung beim Leser wecken können. Oft folgt dann auf
diese Partikeln ein adversativer Konnektor wie sed oder ein

---

22 Zu den Ausnahmen s. Pinkster (1972c, 157).
23 Vgl. K.-St. II, 1-145; Sz. 469-526.
24 Zur Beschreibung der Unterschiede und Übereinstimmungen zwischen
et, atque und -que s. Coseriu (1968).
25 Eine Reihe von Beobachtungen findet sich bei Pinkster (1972c, 155-
164). Die Kombination von Konnektoren wird von Sz. unter der Rubrik 'Pleo-
nasmus' aufgeführt (799f). Eingehende Untersuchungen der syntaktischen
Eigenschaften der Konnektoren fehlen noch.
26 Zu quidem s. K.-St. I, 623f und Solodow (1978).

anderer Ausdruck, der deutlich macht, daß es um einen Gegensatz geht, vgl. Bsp. (42):

(42) nam quod me hortaris ad memoriam factorum ... meorum, facis amice tu quidem mihique gratissimum; sed mihi videris aliud tu honestum ... iudicare ('Daß du mir meine Taten in Erinnerung rufst, ist freundschaftlich von dir und für mich sehr angenehm; doch scheinst du mir eine andere Auffassung davon zu haben, was ehrenvoll ist', Cic. *Att.* 8,2,2)

Die Fragepartikeln *num* und *nonne* enthalten einen Hinweis auf die erwartete Antwort ('nein' bzw. 'ja'); die Fragepartikel *an* deutet dagegen an, daß jemand nicht mit einer Äußerung (oder einer Implikation einer Äußerung) eines vor ihm Sprechenden einverstanden ist, vgl. (43):

(43) credam istuc si esse te hilarum videro :: an tu esse me tristem putas? ('Ich will das glauben, wenn ich dich fröhlich sehe :: glaubst du etwa, daß ich traurig bin?', Pl. *As.* 837)

12.3. ANDERE FORMEN DES ZUSAMMENHANGS

Ich nenne hier noch einige andere Aspekte der lateinischen Sätze, die ebenfalls den Textzusammenhang fördern. Unter anderen Gesichtspunkten sind sie alle schon früher behandelt worden.

12.3.1. TEMPUS

In Kap. 11 (S. 360ff.) haben wir gesehen, daß das Imperfekt eine Handlung oder einen Zustand in einen bestimmten Moment der Vergangenheit situiert. Beginnt eine Episode mit dem Imperfekt, so weckt das die Erwartung, daß ein in der Folge zu berichtendes Ereignis (das meist im Perfekt oder historischen Präsens steht) vor dem Hintergrund der Imperfekt-Handlung stattfinden wird. In bezug auf diese wird die neue Handlung/der neue Zustand temporal oder kausal bzw. konsekutiv interpretiert werden. Bei der umgekehrten Abfolge der Tempora wird der Text im Imperfekt als nähere Begründung oder Erklärung des Vorhergehenden ausgelegt werden. Wir haben auch gesehen, daß aufeinanderfolgende Perfektformen, sofern nicht ausdrücklich eine andere Relation hergestellt wird, als sukzessiv (im vorliegenden Zusammenhang könnten wir sagen: als kontinuativ) begriffen werden. Die Tempora, v.a. die Anordnung der Tempora, verleihen also dem Text eine bestimmte Struktur, die natürlich auch mit anderen Mitteln, oder in Kombination mit anderen Mitteln, zustandegebracht werden kann[27].

12.3.2. WORTSTELLUNG

In Kap. 9 haben wir gesehen, daß Konnektoren und anaphorische Konstituenten ihren Platz oft vorne im Satz haben. Dasselbe gilt für Konstituenten, die aus dem vorhergehenden Text (oder anderswoher) bekannt sind und deshalb für die pragmatische Funktion Topic in Betracht kommen. Sie fungieren so gleichsam als 'Aufhänger' der neuen Information. Des weiteren werden auch Konstituenten, die in Kontrastbeziehung zum Vorangegangen stehen, oft am Satzanfang plaziert. In § 12.1. habe ich gezeigt, daß bei der Einführung eines neuen Themas (einer neuen Episode) die erste Stelle im Satz eigens für einen Themakonstituenten reserviert werden kann. Die Abfolge der Konstituenten in einem Satz wird somit in erheblichem Maße durch das Bemühen bestimmt, den Zusammenhang mit dem Vorangegangen deutlich hervortreten zu lassen.

12.3.3. KONTINUITÄT DER PERSPEKTIVE

In diesem Paragraphen behandle ich drei verschiedene Erscheinungen, bei denen es in der einen oder anderen Form um Parallelen zwischen zwei aufeinanderfolgenden Sätzen geht. Auf

---

27 Zur textstrukturierenden Funktion der Tempora s. De Beaugrande-Dressler (1981, 74f). Vgl. auch Rosén (1980, 48) zur Beziehung zwischen Imperfekt und geringer Häufigkeit von Konnektoren bei Plinius d. J.

S. 75f. wurden die Verben behandelt, bei denen zwei Konstruktionen möglich sind, u. zwar ohne klaren Bedeutungsunterschied. Dabei habe ich darauf hingewiesen, daß wenigstens bei einem Teil dieser Verben die Konstruktion eines Satzes B durch die Struktur des vorangehenden Satzes A bestimmt wird, vgl. (44) und (45):

(44) castra ab urbe haud plus quinque milia passuum locant; fossa circumdant; fossa Cluilia ... appellata est ('Sie legen das Lager nicht weiter als fünf Meilen von der Stadt entfernt an; sie umgeben es mit einem Graben; dieser wird fossa Cluilia genannt', Liv. 1,23,3)

(45) ad eam multitudinem urbs quoque amplificanda visa est. Addit duos colles, Quirinalem Viminalemque; inde deinceps auget Esquilias, ibique ipse, ut loco dignitas fieret, habitat. Aggere et fossis et muro circumdat urbem ('Angesichts zu dieser großen Zahl schien auch die Stadt erweiterungsbedürftig. Er fügte zwei Hügel hinzu, den Quirinal und den Viminal; anschließend erweiterte er den Esquilin und nahm dort selbst seine Wohnung, um dem Platz Ansehen zu verleihen. Mit Wall und Graben und einer Mauer umgab er die Stadt', Liv. 1,44,3)

In (44) ist *castra* im ersten Satz als Objekt gesetzt. Im folgenden Satz wird wieder *castra* als Objekt von (*fossa*) *circumdant* gewählt, so daß *fossa* 'automatisch' in den Ablativ tritt, obwohl semantisch der Akkusativ ebenso möglich gewesen wäre. Die Erklärung der Konstruktion von *circumdat* mit *urbem* als Objekt in (45) ist etwas komplizierter. *urbs* wurde bereits im vorangehenden Text eingeführt. Im *circumdat*-Satz wird nun das Subjekt des unmittelbar vorhergehenden Satzes beibehalten, so daß *urbs* für die Funktion Subjekt nicht in Betracht kommt. Vielmehr erfüllt es jetzt die Funktion Objekt (*aggere* ist also Komplement). Es scheint nun bei dreistelligen Verben die Funktion Objekt 'wichtiger' zu sein als die Funktion Komplement und das bereits eingeführte *urbs* kommt daher eher für diese Funktion in Frage als *aggere*[28]. Es zeigt sich hier somit das Bemühen, die *Perspektive* konstant zu halten, das Streben nach syntaktischer '*Harmonie*' über die Satzgrenze hinaus; in den vorliegenden Fällen äußert sich das in der Wahl der Objektsfunktion für den bereits eingeführten Begriff

---

28 Zur Hierarchie der syntaktischen Funktionen der Argumente (Subjekt -> Objekt -> 3. Argument) s. Dik (1978).

(*castra* bzw. *urbs*), d.h. in der Konstruktion Akk.+ Abl. bei *circumdare*. Aufgrund desselben Prinzips kann auch die Konstruktion: (Dat.) + Akk. bei *aspergere* (statt Akk.+ Abl.) in Bsp. (46) erklärt werden:

(46) igitur horum siderum diebus si purus atque mitis aer genitalem illum lacteumque sucum transmisit in terras, laeta adulescunt sata; si luna qua dictum est ratione roscidum frigus aspersit admixta amaritudo ut in lacte puerperium necat ('Wenn also an den Tagen dieser Gestirne reine und milde Luft jenen lebensspendenden milchigen Saft zur Erde führt, dann wachsen froh die Saaten; wenn aber der Mond auf die beschriebene Weise kalten Tau fallen läßt, dann tötet diese Beimischung von Säure wie bei der Milch das junge Gewächs', Plin. *Nat.* 18,282)

In diesem Beispiel ist aufgrund des Kontrastes zu *genitalem ... sucum* im Vorgängersatz *frigus roscidum* der am ehesten für die Funktion Objekt in Betracht kommende Konstituent. Man beachte, daß in (44) - (45), wenn nicht das Subjekt des Vorgängersatzes beibehalten worden wäre, die Konstituenten, die jetzt Objekt sind, zum Subjekt einer passiven Konstruktion hätten werden können. Das hier aufgezeigte Streben nach Konstanthaltung der Perspektive bei solchen Verben ist nicht obligatorisch, aber bei der Strukturierung aufeinanderfolgender Sätze doch sehr dominant und verdient weitere Untersuchung[29].

Dasselbe Streben - Konstanthalten der Perspektive -, bestimmt möglicherweise (z.T.) die Wahl zwischen Aktiv und Passiv, bei der ja Subjekt und Objekt hinsichtlich des Prädikats gleichsam die Plätze zu tauschen scheinen. Hier spielt aber noch ein anderer Faktor mit, nämlich die Tatsache, daß im Passiv der Konstituent, der im Aktiv Subjekt ist, i.d.R. fehlt (vgl. S. 26). Das Prinzip 'Konstanthalten der Perspektive' könnte etwa erklären, warum in (47) die Form *scinditur* gewählt ist, während anschließend die Form *advolvunt* folgt:

(47) procumbunt piceae, sonat icta securibus ilex fraxineaeque trabes cuneis et fissile robur scinditur, advolvunt ingentes montibus ornos ('Es stürzen die Kiefern nieder, die Steineiche dröhnt vom Axthieb, die Eschenstämme und das spaltbare Eichenholz werden mit Keilen gespalten, und

---

29 Zu diesen Verben und zum Prinzip der 'Harmonie' s. Bolkestein (1985).

vom Gebirge her rollen sie riesige Eschen herbei', Verg.
A. 6,180-82)

Im Rahmen der Handlung des Bäumefällens wird *fissile robur*
auf eine Ebene mit *ilex* und *piceae* gestellt, d.h. zum Subjekt
gemacht; bei einem Handlungsverb wie *scindere* ist dann das
Passiv notwendig. Anschließend beginnt eine andere Art von
Handlung; mit *advolvunt* verändert sich die Perspektive. Auch
hier ist noch weitere Untersuchung nötig[30].

Wir haben gesehen, daß die Wahl zwischen den Kasuskonstruktionen bei dreistelligen Verben wie *circumdare* und
die Wahl zwischen Aktiv und Passiv bis zu einem gewissen
Grade von der Struktur des umgebenden Kontextes abhängt. Eine
etwas andere Form der Einflußnahme des Kontextes auf die Wahl
zwischen syntaktisch verschiedenen, semantisch aber gleichen
Konstruktionen treffen wir beim *Nominativus cum Infinitivo*
(NcI) (vgl. S. 194ff.) an:

(48) a legatus Romanos Helvetios vicisse dixit ('Der Gesandte
sagte, daß die Römer die Helvetier besiegt hätten')

b Romani Helvetios vicisse dicti sunt ('Man sagte, daß
die Römer die Helvetier besiegt haben')

c Romanos Helvetios vicisse dictum est ('Es ist gesagt
worden, daß die Römer die Helvetier besiegt haben')

Die *NcI*-Konstruktion (48 b) kann gewählt werden (notwendig
ist das jedoch nicht unbedingt, der AcI ist nicht ausgeschlossen)
bei der Antwort auf eine Frage nach der Identität der Leute,
welche die Helvetier besiegt haben (*qui dicti sunt Helvetios
vicisse?*), oder nach der Identität der Leute, die von den Römern
besiegt worden sind, also dann, wenn nach der Identität von
Konstituenten der eingebetteten Prädikation gefragt wird. Der
AcI wird dagegen gewählt, wenn es um die Identität des Be-
richterstatters geht, wenn also die Identität eines Konstituenten
der Hauptprädikation in Frage steht. In einer solchen Situation,
d.h. wenn der Fokus auf einem Konstituenten des regierenden
Satzes liegt, ist der NcI ausgeschlossen. Es ist zu erwarten,
daß der NcI überwiegt beim relativen Anschluß und bei anderen
Formen der Fortsetzung eines Konstituenten, über den anschließend in indirekter Rede etwas berichtet wird[31].

---

30 Vgl. Granger (1983, 292-299) und Pinkster (1985a).
31 Bsp. (48) ist aus Bolkestein (1983b); Originalbelege in Bolkestein (1981a).

12.4. ZUSAMMENHANG ZWISCHEN SÄTZEN UND INNERHALB VON SÄTZEN (KONNEKTOREN, KOORDINATOREN UND SUBORDINATOREN)

In den Grammatiken wird im allgemeinen kein klarer Unterschied zwischen der 'Koordination' von Konstituenten innerhalb eines Satzes und der 'Verbindung' selbständiger Sätze gemacht. So werden z.B. unter der Überschrift 'Asyndeton' sowohl Fälle behandelt wie die oben genannten Beispiele (3) - (6), als auch eindeutige Fälle von 'Konstituentenverbindung', wie Bsp. (49):

(49) quippe qui ... sex, septem diebus ... multitudini in odium ... venerit ('Da er sich doch binnen 6,7 Tagen den Haß der Volksmenge zugezogen hat', Cic. *Att.* 10,8,6)

Für weitere Beispiele vgl. K.-St. II, 149-155. Es ist übrigens oft nicht einfach festzustellen, mit welcher Art von Verbindung wir es zu tun haben, man vergleiche nur die o.g. Beispiele (5) und (37). Im Kapitel 'Kopulative Beiordnung' bei K.-St. (II, 3-50) finden wir dementsprechend sowohl Beispiele wie (50) als auch solche wie (51)[32]:

(50) (Remos) paratosque esse et obsides dare et imperata facere ('Sie seien bereit, Geiseln zu stellen und die Befehle auszuführen', Caes. *Gal.* 2,3,3)

(51) ... crebri ad eum rumores adferebantur litterisque item Labieni certior fiebat + AcI ('Ihm wurden häufig Gerüchte zugetragen und ebenso wurde er durch Briefe von Labienus in Kenntnis gesetzt, daß ...', Caes. *Gal.* 2,1,1)

In (50) liegt Koordination im engere Sinne vor; die Konstituenten *obsides dare* und *imperata facere* haben dieselbe syntaktische und semantische Funktion gegenüber *paratos esse* und können deshalb auch koordiniert werden (vgl. S. 45). In (51) haben wir es demgegenüber mit zwei vollständigen Prädikationen zu tun, die zusammen als ein Hauptsatz betrachtet werden, da es naheliegt, den AcI auch auf den Teilsatz *crebri ... adferebantur* zu beziehen. Auch in solchen Fällen ist es manchmal schwer zu entscheiden, ob 'Konstituentenverbindung' (Koordination von zwei Teilsätzen) wie in (51) oder 'Satzverbindung' vorliegt. Ein deutliches Beispiel für das letztere ist (52):

---

32 Eine vorzügliche Darstellung von *et* bietet der Thesaurus-Artikel von J. B. Hofmann.

(52) Et tu hoc loco laudas Milonem et iure laudas ('Auch du lobst Milo in diesem Zusammenhang und das zu Recht', Cic. *Sest.* 86)[33]

Doch wird nicht nur der Unterschied zwischen additiver Satzverbindung und (Konstituenten-)Koordination oft vernachlässigt; auch bei adversativen und disjunktiven Partikeln wird oft nicht hinreichend unterschieden. Die Grammatiken sprechen in all diesen Fällen pauschal von 'Konjunktionen'.

Unterschieden werden dagegen die sog. subordinierenden kausalen Konjunktionen wie *quia* (in diesem Buch 'Subordinatoren' genannt) und die sog. koordinierenden kausalen Konjunktionen wie *enim* (in diesem Buch 'Konnektoren' genannt). Dieser Unterschied ist syntaktisch ja auch viel deutlicher als der bei den im vorigen Abschnitt genannten Wörtern. Semantisch gesehen sind *quia* und *enim* natürlich vergleichbare Mittel. Es ist in gewissem Sinne eine Frage des Geschmackes, ob ein Autor sich für die subordinierende ('hypotaktische') oder die 'parataktische' (d.h. für selbständige, durch Konnektoren verbundene Sätze) Version entscheidet.

BIBLIOGRAPHISCHE INFORMATION

Allgemeine Informationen über Satzzusammenhänge bieten De Beaugrande-Dressler (1981; mit zahlreichen Literaturhinweisen), Halliday-Hasan (1976), denen ich zum Teil folge, und Longacre (1982). Eine gute, dem Stand der Forschung entsprechende Monographie für das Lateinische existiert nicht. Mendell (1917) widmet lexikalischen Zusammenhängen viel Aufmerksamkeit; wichtig für diesen Punkt ist auch Nye (1912) zu Livius. Über Konnektoren habe ich selbst geschrieben (Pinkster 1972c, 153-178). Eine eigene Erwähnung verdient Hand (1829-1845!). Die Rolle des Kontextes bei der Wahl zwischen alternativen Konstruktionen wird in einer Reihe von Artikeln Bolkesteins angesprochen (1981a; 1983b; 1985).

---

33 Wir neigen oft dazu, ein satzeinleitendes *et* mit 'auch' oder 'und weiter' o.ä. zu übersetzen.

Optativ 314

optativische Funktion s. illokutive Funktion

Ort (Bestimmung oder Argument des -es) 41; 176
- semantische Funktion 21

paradigmatisch 12

Parataxe 152, Anm. 3; 391

parenthetisch gebrauchte Verben 308f

Participium coniunctum 218; 226f

Partikeln
- als Signale für illokutive Funktionen 294f; 299ff; 306; 309f

Partizip
- Futur 358
- Perfekt 357f
- Präsens 229, Anm. 30; 356f
- dominantes 122f; 198ff; 242
- als Prädikativum 218
- proleptisch gebraucht 230f
- und Adverbialsatz 236ff
- sog. Partizipialkonjunktionen 238

Passiv 13f; 18f; 25f; 388f

Patiens 20f

Perfekt
- Konjunktiv 354f
- Indikativ 349ff; 360ff
- erstarrte Formen 351
- historisches 350f; 360ff
- historische Entwicklung 350f
- ingressives 352f
- negatives 352
- 'passé pur et simple' 350
- präsentisches 350f

perfektiv 328f

Perfektstamm 332

Peripherie 4

Perspektive 387ff

pluit 33

LITERATUR

Abkürzungen:

K.-St. = Kühner, R. & C. Stegmann (1912), *Ausführliche Grammatik der lateinischen Sprache II Satzlehre* (2 Bde)

Sz. = Szantyr, A. (1965), *Lateinische Syntax und Stilistik*, München, Beck

TLL = Thesaurus Linguae Latinae, München

Adams, J.N.
 (1976a) 'A typological approach to Latin word order', *IF* 81, 70-100
 (1976b) *The Text and the Language of a Vulgar Latin Chronicle*, London, Institute of Classical Studies

Allerton, D.J.
 (1982) *Valency and the English Verb*, London, Academic Press

Allwood, J. e.a.
 (1977) *Logic in Linguistics*, Cambridge, University Press

Anscombre, J.C. & A. Pierrot
 (1984) 'Y a-t-il un critère de performité en latin', *Linguisticae Investigationes*, 8, 1-19

Anthonissen, I. & M. Kater
 (1986) 'Stofadjektieven als Praedicativum', (Universiteit van Amsterdam, ms.)

Austin, J.L.
 (1962) *How to Do Things with Words*, Cambridge, Mass.

Axelson, B.
 (1945) *Unpoetische Wörter*, Lund, Gleerup

Bailard, J.
 (1980) 'The Subjunctive in Latin and French noun clauses: the role of semantic opacity in syntactic change', in: *Contemporary Studies in Romance Languages*; Proc. of the 18th Ann. symp. on Rom. languages, Indiana, Bloomington (1980), 2-15

Baldi, Ph.
 (1979) 'Typology and the Indoeuropean preposition', *IF* 84, 49-61
 (1983) 'Speech perception and grammatical rules in Latin', in: Pinkster, H. (Hrsg.) (1983), 11-26

Barbelenet, D.
 (1913) *De l'Aspect Verbal en Latin Ancien et Particulièrement dans Térence*, Paris

Bartsch, R.
 (1972) *Adverbialsemantik*, Frankfurt a.M., Athenäum

Beaugrande, R.-A.de & W.Dressler

(1981)   *Einführung in die Textlinguistik*, Tübingen, Niemeyer

Bednara, E.

(1906)   'De sermone dactylicorum Latinorum quaestiones I, II', *ALL* 14, 317-60; 532-604

Bennett, C.E.

(1910; 1914) *Syntax of Early Latin I, II*, Boston (Nachdr. Hildesheim, Olms, 1966)

Benveniste, E.

(1962)   'Pour l'analyse des fonctions casuelles: le génitif latin', *Lingua* 11, 10-18

Bergh, B.

(1975)   *On Passive Imperatives in Latin*, Uppsala, Almquist & Wiksell

Bertocchi, A.

(1980)   'Some problems about verbal aspect', in: Calboli, G. (Hrsg.) (1980), 141-62

Bicker, G.

(1984)   *Das Adjektiv im Deutschen*, Frankfurt a.M.,Lang

Blase, H.

(1903)   'Tempora und Modi', in: Landgraf, G. (Hrsg.) *Historische Grammatik der lateinischen Sprache*, Leipzig, Teubner, 97-312

Blatt, F.

(1952)   *Précis de Syntaxe Latine*, Lyon, IAC

Blüher, G.

(1967)   'Syntaktische Nachweise durch Bezugsanalyse', *Gymn.* 74, 24-33

Blümel, W.

(1979)   'Zur historischen Morphosyntax der Verbalabstrakta im Lateinischen', *Glotta* 57, 77-125

Boas, H.U.

(1975)   *Syntactic Generalizations and Linear Order in Generative Transformational Grammar*, Tübingen, Narr

Boley, J.

(1985)   'Hittite and Indo-European Place Word Syntax', *die Sprache* 31, 229-41

Bolkestein, A.M.

(1976a) 'The relation between form and meaning of Latin subordinate clauses governed by verba dicendi', *Mnem.* 29, 155-175; 268-300

(1976b) 'AcI and *ut*-clauses with verba dicendi in Latin', *Glotta* 54, 263-91

(1977a) Rez. Happ (1976), *Kratylos* 21, 137-146

(1977b) 'The difference between free and obligatory *ut*-clauses', *Glotta* 55, 321-50

(1977c) 'De herkenbaarheid van illokutieve funkties in het Latijn', *Apophoreta Leeman*, Amsterdam, 59-72

(1977d)   'Syntaktische en semantische eigenschappen van komplementen van verba sentiendi in het Latijn: overeenkomsten en verschillen met verba dicendi', *Handelingen Vlaamse Filologenkongres* 31, 112-20

(1979)   'Subject to Object Raising in Latin', *Lingua* 47, 15-34

(1980a)   *Problems in the Description of Modal Verbs. An Investigation of Latin*, Assen, van Gorcum

(1980b)   'De ab urbe condita-konstruktie in het Latijn', *Lampas* 13, 80-98

(1980c)   The 'ab urbe condita' construction in Latin: A strange type of Raising', in: S. Daalder & M. Gerritsen (Hrsg.), *Linguistics in the Netherlands*, Amsterdam, North-Holland Publ., 83-96

(1981a)   'Embedded Predications, displacement and pseudo-argument formation in Latin', in: Bolkestein, A.M. e.a. (1981), 63-112

(1981b)   'Factivity as a condition on an expression rule in Latin: The underlying representation of the 'ab urbe condita' construction in Latin', in: Bolkestein, A.M. e.a. (1981), 205-33

(1983a)   'Dative and genitive possessors in Latin', in: Dik, S.C. (Hrsg.) (1983), 55-91

(1983b)   The role of discourse in syntax: Evidence from the Latin Nominativus cum Infinitivo', in: Ehlich, K. & H. van Riemsdijk (Hrsg.), *Connectivity in Discourse and Syntax*, Tilburg, U.P., 111-40

(1985)   'Discourse and case-marking; three-place predicates in Latin', in: Touratier, C. (Hrsg.), 191-225

Bolkestein, A.M. et al.

(1976, 1978) 'Verslag grammatika-enquête', *Lampas* 9, 358-89; 11, 288-324

(1981)   *Predication and Expression in Functional Grammar*, London, Academic Press

Bolkestein, A.M., C. de Groot & J.L. Mackenzie (Hrsg.)

(1985)   *Predicates and Terms in Functional Grammar*, Dordrecht, Foris

Bolkestein, A.M. & R. Risselada

(1985)   'De tekstuele funktie van valentie: Latijnse drieplaatsige predikaten in kontekst', *TTT* 5, 161-76

(1987)   The pragmatic motivation of semantic and syntactic perspective', in: Bertucelli Papi, M. & J. Verschueren (Hrsg.), *The Pragmatic Perspective*, Amsterdam, Benjamins, 497-512

Booy, G.E.

(1974)   'Zinsbepalingen in 't Nederlands', *Spektator* 3, 619-46

Bossong, G.

(1980)   'Syntax und Semantik der Fundamentalrelation: Das Guarani als Sprache des aktiven Typus', *Lingua* 50, 359-79

Brettschneider, G. & Chr. Lehmann (Hrsg.)

(1980)   *Wege zur Universalienforschung* (Festschrift Seiler), Tübingen, Narr

Brown, P. & S. Levinson

(1978)   'Universals of language usage: Politeness phenomena', in: Goody, E.N. (Hrsg.), *Questions and Politeness*, Cambridge, U.P., 56-289

Brugmann, K.

(1918)   *Verschiedenheiten der Satzgestaltung nach Maßgabe der seelischen Grundfunktionen in den indogermanischen Sprachen*, Sächsische Berichte 70, Nr. 6

Bulhart, V.

(1956)   'Ausdrucksweisen für das prädikative Verhältnis im Lateinischen', *W.St.* 68, 47-64

Bull, W.E.

(1960)   *Time, Tense and the Verb*, Berkeley

Calboli, G.

(1962)   *Studi Grammaticali*, Bologna, Zanichelli

(1965)   'Questioni di linguistica latina', *Quaderni dell' Istituto di Glottologia*, Bologna 8, 67-86

(1966, 1968) 'I Modi nel Verbo Greco e Latino 1903-66', *Lustrum* 11, 173-349; 13, 405-511

(1972)   *La Linguistica Moderna e il Latino. I Casi*, Bologna, Patròn

(1981)   'Le frasi interrogativo-esclamative latine e l'infinito', in: Ch. Rohrer (Hrsg.) (1981), *Logos Semantikos. Studia Linguistica in honorem E. Coseriu*, IV, Madrid-Berlin, Gredos-de Gruyter, 133-53

(1983)   'Problemi di grammatica latina', *ANRW* 29, 1, 3-177

Calboli, G. (Hrsg.)

(1980)   *Papers on Grammar I*, Bologna, Clueb

(1988)   *Papers of the Third Colloquium on Latin Linguistics* Amsterdam, Benjamins

Chafe, W.L.

(1970)   *Meaning and the Structure of Language*, Chicago, University Press

(1976)   'Givenness, contrastiveness, definiteness, subjects, topics, and point of view', in: Li, C.N. & S. Thompson (Hrsg.), *Subject and Topic*, New York, Academic Press, 25-56

Charpin, F.

(1977)   *L'idée de Phrase Grammaticale et Son Expression en Latin*, Lille, Paris

Chausserie-Laprée, J.R.

(1969)   *L'Expression Narrative chez les Historiens Latins*, Paris

Clark, H.H. & E.V. Clark

(1977)   *Psychology and Language*, New York, Harcourt etc.

Coleman, R.G.

(1975)   'Greek Influence on Latin Syntax', *TPhS* 101-56

Comrie, B.

(1976)   *Aspect*, Cambridge, U.P.

(1977)   'In defense of spontaneous demotion: The impersonal passive', in: Cole, P. & J.M. Sadock, *Grammatical Relations*, New York, Academic Press, 47-58

(1981a) *Language Universals and Linguistic Typology*, Oxford, Blackwell

(1981b) 'The theoretical significance of the Latin accusative and infinitive: a reply to Pillinger', *JL* 17, 345-9

(1985)   *Tense*, Cambridge, U.P.

Conte, M.E.

(1981)   'Sull' anafora', in: *Studi di Grammatica Italiana*, Firenze, Accademia della Crusca, 37-54

Coseriu, E.

(1968)   'Coordinación latina y coordinación románica': *Actas III Congr. Esp. Estud. clás.* III 35-57

Dik, S.C.

(1978)   *Functional Grammar*, Amsterdam, North-Holland

(1980)   *Studies in Functional Grammar*, London, Academic Press

(1983)   'Two constraints on relators', in: Dik, S.C. (Hrsg.) (1983), 267-98

Dik, S.C. & J.G. Kooy

(1979)   *Algemene Taalwetenschap*, Utrecht, Aula

Dik, S.C. et al.

(1981)   'Teaching Verbs', in: Hoekstra, T. et al. (1981), *Perspectives on Functional Grammar*, Dordrecht, Foris, 203-35

Dik, S.C. (Hrsg.)

(1983)   *Advances in Functional Grammar*, Dordrecht, Foris

Dönnges, U. & H. Happ

(1977)   *Dependenz-Grammatik und Latein-Unterricht*, Göttingen, Vandenhoeck & Ruprecht

Dooley, R.A.

(1982)   'Options in the pragmatic structuring of Guarani sentences', *Lg* 58, 307-31

Dowty, R.D.

(1979)   *Word Meaning and Montague Grammar*, Dordrecht, Reidel

Dressler, W.

(1969)   'Eine textsyntaktische Regel der indogermanischen Wortstellung', *ZVS* 83, 1-25

(1971)   'Über die Rekonstruktion der indogermanischen Syntax', *ZVS* 85, 5-22

Ebeling, C.L.

(1957)   'On Case Theories', *Museum* 62, 129-44

Eden, P.T.

(1975)   *Virgil, Aeneid VIII*, Leiden, Brill

Ehlich, K.

(1982)   'Anaphora and deixis: Same, similiar or different?', in: Jarvella, R.J. & W. Klein (Hrsg.) (1982), *Speech, Place and Action*, London, John Wiley, 315-338

Eklund, S.

(1970)   *The Periphrastic, Completive and Finite Use of the Present Participle in Latin*, Uppsala, Almquist & Wiksell

Elerick, C.

(1985)   'Latin relative clauses of purpose: lexical, syntactic and stylistic determinants', in: Touratier, C. (Hrsg.) (1985), 289-306

Engel, A.

(1914)   *De Quinti Horatii Flacci Sermone metro accommodato*, diss. Breslau

Ernout, A. & F. Thomas

(1953^2)   *Syntaxe Latine*, Paris, Klincksieck

Feltenius, L.

(1977)   *Intransitivizations in Latin*, Uppsala, Almquist & Wiksell

Fillmore, Ch.J.

(1972)   'Subjects, speakers and roles', in: Davidson, D. & G. Harman, *Semantics of Natural Language*, Dordrecht, Reidel

Fleischmann, S.

(1982)   *The Future in Thought and Language*, Cambridge, U.P.

Flobert, P.

(1975)   *Les Verbes Déponents Latins des Origines à Charlemagne*, Paris, Belles Lettres

Fraenkel, E.

(1968)   *Leseproben aus Reden Ciceros und Catos*, Rome, Ed. Storia e Letteratura

Franck, D.

(1980)   *Grammatik und Konversation*, Tübingen, Narr

François, J.

(1985)   'Aktionsart, Aspekt und Zeitkonstitution' in: Schwarze, Chr. & D. Wunderlich, (Hrsg.), *Handbuch der Lexikologie*, Königstein, Athenäum

Fugier, H.

(1978)   'Les constructions prédicatives en Latin', *Glotta* 56, 122-43

(1983)   'Le syntagme nominal en Latin classique', *ANRW* 29, 1, 212-69

(1988)   '*Quod, quia, quoniam* et leurs effets textuels chez Cicéron', in: Calboli, G. (Hrsg.)

Fugier, H. & J.M. Corbin

(1977)   'Coordination et classes fonctionelles dans le système nominal latin', *BSL*, 72, 245-73

Garcia Hernandez, B.

(1983)   'El desplazamento secuencial de fui (= ivi)', *Act. VI Congr. Esp. Estud. clás.*, Madrid, Gredos 331-40

Gerlach Royen, C.

(1929)   *Die nominalen Klassifikationssysteme in der Sprachen der Erde*, Mödling bei Wien

Givón, T.

(1981)   'On the development of the numeral 'one' as an indefinite marker', *Fol. Ling. Hist.* 2, 34-54

Givón, T. (Hrsg.)

(1983)   *Topic Continuity in Discourse: A Quantitative Cross-language Study*, Amsterdam, Benjamins

Görler, W.

(1982)   'Beobachtungen zu Vergils Syntax', *WüJbb.* NF 8, 69-81

Granger, S.

(1983)   *The 'be + past participle' Construction in Spoken English with Special Emphasis on the Passive*, Amsterdam, North Holland

Grassi, C.

(1967)   *Problemi di Sintassi Latina*, Firenze, La Nuova Italia

Greenbaum, S.

(1969)   *Studies in English Adverbial Usage*, London, Longman

Greenberg, J.H.

(1963)   'Some universals of grammar with particular reference to the order of meaningful elements', in: Greenberg (Hrsg.) (1963)

Greenberg, J.H. (Hrsg.)

(1963)   *Universals of Language*, Cambridge, Mass. MIT, 73-113

Greule, A.

(1982)   *Valenz, Satz und Text*, München, Fink

Grice, H.P.

(1975)   'Logic and conversation', in: Cole, P. & J.L. Morgan (1975) (Hrsg.), *Speech Acts*, New York, Academic Press, 41-58

Groot, A.W. de

(1948)   'Structural linguistics and word-classes', *Lingua* 1, 427-500

(1956a) 'Classification of the uses of a case illustrated on the genitive in Latin', *Lingua* 6, 8-65

(1956b) 'Classification of cases and uses of cases', *For Roman Jakobson*, Den Haag, 187-94

Groot, C. de
(1983)   'Typology of states of affairs', in: Bennis, H. & W.U.S. van Lessen
          Kloeke (Hrsg.) (1983), *Linguistics in the Netherlands*, Amsterdam,
          North-Holland, 73-81
Guiraud, C.
(1978)   Rez. Happ (1976), *RPh* 52, 106-11
Håkanson, L.
(1986)   'Adverbs in Latin poetry', *Eranos* 84, 23-56
Halliday, M.K. & R. Hasan
(1976)   *Cohesion in English*, London, Longman
Handford, S.A.
(1946)   *The Latin Subjunctive*, London, Methuen
Handius, F.
(1829-45) *Tursellinus seu de particulis latinis commentarii* (4 Bde.), Leipzig
          (Nachdr. Amsterdam, Hakkert, 1969)
Hannay, M.
(1985)   'Inferability, discourse-boundness, and subtopics', in Bolkestein,
          De Groot, Mackenzie (Hrsg.), 49-63
Hansén, J.
(1982)   *Les Adverbes Prédicatifs Français en -ment*, Gothenburg, U.P.
Happ, H.
(1976)   *Grundfragen einer Dependenzgrammatik des Lateinischen*, Göttingen,
          Vandenhoeck & Ruprecht
(1977)   *Zur Erneuerung der lateinischen Schulgrammatiken*, Frankfurt
          a.M., Diesterweg
Harris, M.B.
(1975)   'Some problems for a case grammar of Latin and early Romance',
          JoL 11, 183-94
(1978)   *The Evolution of French Syntax. A Comparative Approach*, London,
          Longman
(1982)   'The 'past simple' and 'present perfect' in Romance', in: Harris,
          M.B. & N. Vincent (Hrsg.) (1982), 42-70
(1986)   'The historical development of conditional sentences in Romance',
          Romance Philology 39, 405-36
Harris, M.B. (Hrsg.)
(1976)   *Romance Syntax: Synchronic and Diachronic Perspectives*, Salford,
          U.P.
Harris, M.B. & N. Vincent (Hrsg.)
(1982)   *Studies in the Romance Verb*, London, Croom Helm
Haudry, J.
(1973)   'Parataxe, hypotaxe et corrélation dans la phrase latine', *BSL* 68,
          147-86

Hawkins, J.A.

(1978)   *Definiteness and Indefiniteness*, London, Croom Helm

(1979)   'Implicational universals as predictors of word order change', *Lg* 55, 618-48

(1980)   'On implicational and distributional universals of word order', *JL* 16, 618-235

(1984)   *Word Order Universals*, New York, Academic Press

Heberlein, F.

(1986)   'Über 'Weglaßbarheit' und 'Notwendigkeit' in einer lateinischen Valenzgrammatik', in: Krafft, P. & H.J. Tschiedel (Hrsg.) *Concentus Hexachordus*, Regensburg, Pustet, 33-77

Heilig, E.

(1978)   *Untersuchungen zur Valenz und Distribution lateinischer und deutscher Verben*, Diss. Tübingen

Heilmann, W.

(1973)   'Generative Transformationgrammatik im Lateinischen', *AU*, 16, 46-64

Heine, R.

(1972)   'Vermutungen zum Lateinischen Partizip', *Gymn.* 79, 209-38

Helbig, G. & J. Buscha

(1984)   *Deutsche Grammatik*, Leipzig, Enzyklopädie

Helbig, G. & W. Schenkel

(1969)   *Wörterbuch zur Valenz und Distribution deutscher Verben*, Leipzig, Bibl. Institut

Hengst, D. den

(1976)   'Verslag grammatika enquête, genitivus', *Lampas* 9, 377-89

Hey, O.

(1908)   'Wortgeschichtliche Beobachtungen', *ALL* 15, 443-67

Heyde, K. van der

(1926)   *Composita en Verbaal Aspect bij Plautus*, Amsterdam

Hindelang, G.

(1978)   *Auffordern: die Untertypen des Aufforderns und ihre sprachlichen Realisierungsformen*, Göppingen, A. Kummerle Verlag

Hoberg, U.

(1981)   *Die Wortstellung in der geschriebenen deutschen Gegenwartsprache*, München, Hueber

Hoff, F.

(1983)   'Interrogation, interrogation rhétorique et exclamation en Latin', in: Pinkster, H. (Hrsg.) (1983), 123-131

Honselaar, W.

(1980)   *Valenties en Diathesen*, Diss. Universiteit van Amsterdam

413

Horrocks, G.C.

(1981)   *Time and Place in Homer*, New York, Arno Press

Ibrahim, M.H.

(1973)   *Grammatical Gender*, Den Haag, Mouton

Iordache, R.

(1977)   'Relatives causales ou relatives consécutives', *Helmantica* 28, 253-79

Janson, T.

(1979)   *Mechanisms of Language Change in Latin*, Stockholm, Almquist & Wiksell

Jensen, J.T.

(1983)   'Case and thematic role in Latin: evidence from passive constructions', *IULC*

Jong, J.R. de

(1979)   *Aspekten van de Nominale Groep in een Funktionele Grammatika*, doktoraalscriptie Universiteit van Amsterdam

(1982)   'Wordorder within the Latin Ablative Absolute construction', in: Daalder, S. & M. Gerritsen (Hrsg.) (1982) *Linguistics in the Netherlands* (1982), Amsterdam, North-Holland, 95-101

(i. Ersch.) 'A case study in adjective placement in Latin'

Kaczmarkowski, M.

(1985)   *Nominalne Grupy Syntaktyczne Laciny Okresu Klasycznego*, Lublin, KUL

Keenan, E.L.

(1976)   'Towards a universal definition of subject', in: Li, Ch.N. (Hrsg.) (1976), *Subject and Topic*, New York, Academic Press, 303-33

Kienpointner, M.

(1985)   *Kontrastive Darstellung lateinischer und deutscher Prädikativa im Rahmen der Dependenzgrammatik*, Innsbruck, MISIN 4

Kilby, D.

(1981)   'On case markers', *Lingua* 54, 101-34

King, L.D.

(1983)   'The semantics of tense, orientation and aspect in English', *Lingua* 59, 101-54

Kinsey, T.E.

(1979)   'The meaning of *interea* in Vergil's Aeneid', *Glotta* 57, 259-65

Kiparsky, P. & C. Kiparsky

(1971)   'Fact', in: Steinberg, D.D. & L.A. Jakobovits (Hrsg.) (1971), *Semantics*, Cambridge, U.P.

Kiss,S.

(1982)   *Tendances évolutives de la syntaxe verbale en latin tardif*, Debrecen,U.P.

Koll, H.G.

(1965) 'Zur Stellung des Verbs im spätantiken und frühmittelalterlichen Latein', *Mittellateinisches Jahrbuch* 2, 241-72

Kooij, J.G.

(1971) *Ambiguity in Natural Language*, Amsterdam, North-Holland

Korhonen, J.

(1977) *Studien zu Dependenz, Valenz und Satzmodell* (2 Bde.), Frankfurt a.M., Lang

Kravar, M.

(1969) 'Nochmals zum historischen Präsens im Lateinischen', *Ziva Antika* 29, 25-9

(1980) *Pitanja Glagolkoga Vida u Latinskom Jeziko*, Ziva Antika Monogr. 6

Kroll, W.

(1916) 'Der potentiale Konjunktiv im Lateinischen', *Glotta* 7, 117-152

Kroon, C.H.M.

(1987) *Rarum dictu: The Latin Second Supine Construction*, Doktoraal-skriptie Univ. v. Amsterdam

Kühner, R. & F. Holzweissig

(1912) *Elementar-, Formen- und Wortlehre*, Hannover (Nachdr. Darmstadt, W.B.G.)

Kurylowicz, J.

(1949) 'Le problème du classement des cas', Nachdruck in: *Esquisses Linguistiques*, Warschau, 1960, 131-50

Kurzová, H.

(1981) *Der Relativsatz in den Indogermanischen Sprachen*, Hamburg, Buske

Lakoff, R.T.

(1968) *Abstract Syntax and Latin Complementation*, Cambridge, Mass. (MIT)

Lambertz, T.

(1982) *Ausbaumodell zu Lucien Tesnières 'Eléments de Syntaxe Structurale'*, Gerbrunn bei Würzburg, A. Lehmann

Laughton, E.

(1964) *The Participle in Cicero*, Oxford, U.P.

Lavency, M.

(1981a) 'La proposition relative du latin classique', *A.Cl.* 50, 4455-468

(1981b) 'Le génitif adnominal en latin classique', *Cahiers du Dép. Pédagogique de l'Université Catholique de Louvain*, 4 bis, 3-11

(1983) 'Synchronie et diachronie dans les constructions en *qui* du latin classique', in: R. Jongen et al. (Hrsg.), *Sprache, Diskurs und Text* (Akten 17. Ling. Koll. Brüssel 1982, I), Tübingen, Niemeyer, 81-6

Lebreton, J.

(1901) *Etudes sur la Langue et la Grammaire de Cicéron*, Paris (= Hildesheim, Olms, 1979)

Lehmann, Chr.

(1973)   *Latein mit abstrakten Strukturen*, München, Fink

(1979)   'Zur Typologie des Lateinischen', *Glotta* 57, 237-53

(1982)   *Thoughts on Grammaticalisation* I, Köln, AKUP 48

(1983)   'Latin preverbs and cases', in: Pinkster, H. (Hrsg.) (1983), 145-61

(1984)   *Der Relativsatz*, Tübingen, Narr

(1988)   'Latin subordination in typological perspective', in: Calboli, G. (Hrsg.)

Leumann, M.

(1940)   'Zur Vorgeschichte der lateinischen Finalsätze mit *ut*', *Mélanges Ernout*, 231-5 (= *Kleine Schriften*, 1959: 57-60)

(1977)   *Lateinische Laut- und Formenlehre*, München, Beck

Limburg, M.J.

(1985)   'On the notion 'relator' and the expression of the genitive relation', in: Bolkestein, A.M., C. de Groot, J.L. Mackenzie (Hrsg.), 147-63

Linde, P.

(1923)   'Die Stellung des Verbs in der lateinischen Prosa', *Glotta* 12, 153-78

Linden, v.d., J.A.M.

(1955)   *Een Speciaal Gebruik van de Ablativus Absolutus bij Caesar*, Diss. Amsterdam

Lodge, G.

(1924)   *Lexicon Plautinum* (Nachdruck Hildesheim, Olms, 1971)

Löfstedt, L.

(1966)   *Les Expressions du Commandement et de la Défense en Latin et leur Survie dans les Langues Romanes*, Helsinki

Longacre, R.E.

(1982)   *The Grammar of Discourse*, New York, Plenum

Lundström, S.

(1982)   *Ein textkritisches Problem in den Tusculanen*, Uppsala, Almquist & Wiksell

Lyons, J.

(1968)   *Introduction to Theoretical Linguistics*, Cambridge, U.P.

(1980; 1983) *Semantik I, II*, Aus dem Engl. von B. Asbach-Schnitker, J. Boase und H.E. Brekle, München, Beck

Mallinson, G. & B.J. Blake

(1981)   *Language Typology*, Amsterdam, North-Holland

Man, A.G. de

(1965)   *Accipe ut reddas*, Ars grammatica, Groningen, Wolters

Marle, J. van & G.A.T. Koefoed

(1980)   'Over Humboldtiaanse taalveranderingen: Morfologie en de creativiteit van de taal', *Spektator* 10, 111-47

Marouzeau, J.

(1949)   *L'Ordre des Mots dans la Phrase Latine III*, Paris, Les Belles Lettres

(1953)   *L'Ordre des Mots en Latin*, Volume Complémentaire, Paris, Les Belles Lettres

Matthews, P.H.

(1974)   *Morphology*, Cambridge, U.P.

(1981)   *Syntax*, Cambridge, U.P.

Maurais, J.

(1980)   'Les 'relatives finales du Latin', in *Mélanges Lebel*, Quebec, Éd. du Sphinx, 231-40

Maurel, J.P.

(1982)   'Datifs libres et datifs liés en latin', *Cahiers de Grammaire*, Toulouse-Le Mirail 4, 59-92

(1985)   'Où le génitif et l'ablatif n'ont pas la même qualité', *CILL* 11,1-2, 245-86

Meier-Fohrbeck, Th.

(1978)   *Kommentierende Adverbien. Ihre semantischen und pragmatischen Aspekte*, Hamburg, Buske

Meillet, A.

(1948)   *Linguistique Historique et Linguistique Générale*, Paris, Honoré Champion

Mendell, C.W.

(1917)   *Latin Sentence Connection*, Yale U.P.

Menge, H.

(1965)[14]   *Repetitorium der lateinischen Syntax und Stilistik*, München, Hueber

Merguet, H.

(1962)   *Lexicon zu den Reden Ciceros*, Hildesheim

Moreux, B.

(1976)   *Cas ou Tours Prépositionnels dans la Langue des Orateurs Attiques*, Thèse Paris III

Nägelsbach, K. & J. Müller

(1905)   *Lateinische Stilistik*, Nürnberg

Neubauer, F.

(1977)   'Aspekte der Klassifikation von Adjektiven', in: Heger, K. & J.S. Petöfi (Hrsg.), *Kasustheorie, Klassifikation, Semantische Interpretation*, Hamburg, Buske, 231-59

Ney, J.W.

(1983)   'Optionality and choice in the selection of order of adjectives in English', *General Linguistics* 23, 94-128

Nichols, J.

(1982)   'Prominence, cohesion and control: Object-controlled predicate nom-
          inals in Russian', in: Hopper, P.J. & S.A. Thompson (Hrsg.) (1982),
          Studies in Transitivity, New York, Acad. Press, 319-50

Nisbet, R.G.M.

(1923)   'Voluntas fati', *AJPh* 27-43

Nye, J.

(1912)   *Sentence Connection Illustrated chiefly by Livy*, Yale U.P.

Orlandini, A.

(1980)   'On rhetorical questions', in: Calboli, G. (Hrsg.), 103-40

(1983)   'Une analyse sémantique et pragmatique des pronoms indéfinis en
          Latin', in: Pinkster, H. (Hrsg.) (1983), 229-243

Panhuis, D.G.

(1981)   'Wordorder, genre, adstratum: The place of the verb in Caesar's
          topographical excursus', *Glotta* 59, 295-308

(1982)   *The Communicative Perspective in the Sentence. A Study of Latin
          Word Order*, Amsterdam, Benjamins

Pepicello, W.J.

(1977)   'Raising in Latin', *Lingua* 42, 209-18

Perret, J.

(1964)   'Présent et imparfait dans le subjonctif latin', *Latomus* 23, 197-212

Perrochat, P.

(1932)   *Recherches sur la Valeur et l'Emploi de l'Infinitif Subordonné en
          Latin*, Paris, Belles Lettres

Perrot, J.

(1978)   'Ordre des mots et structures linguistiques', *Languages* 50, 17-26

Petersmann, H.

(1977)   *Petrons Urbane Prosa*, Wien, Akademie

Pillinger, O.S.

(1980)   'The accusative and infinitive in Latin: a refractory complement
          clause', *JoL* 16, 55-83

Pinkster, H.

(1971)   Rez. Lakoff (1968), *Lingua* 26, 383-421

(1972a)   'Het Latijnse naamvalssysteem', *Lampas* 5, 28-47

(1972b)   'Participia in het Latijn', *Lampas* 5, 48-54

(1972c)   *On Latin Adverbs*, Amsterdam, North-Holland

(1980)   'Naamvallen in een valentiegrammatica', *Lampas* 13, 111-29

(1982)   'The use of the so-called ablativus qualitatis in the function Prae-
          dicativum', in: *Actus* (Festschrift Nelson), Utrecht 247-56

(1983a)   'Praedicativum', in: Pinkster, H. (Hrsg.) (1983), 199-217

(1983b)   'Tempus, Aspect and Aktionsart in Latin', *ANRW* 29, 1, 270-320

(1984a)   'Het Latijnse passief', *Lampas* 17, 420-32

418

(1984b)   *Latijnse Syntaxis en Semantiek*, Amsterdam, Grüner

(1985a)   'The discourse function of the passive', in: Bolkestein, A.M. et al. *Syntax and Pragmatics in Functional Grammar*, Dordrecht, Foris, 107-18

(1985b)   'Latin cases and valency grammar - Some problems', in: Touratier, C. (Hrsg.) , 163-89

(1985c)   'The development of future tense auxiliaries in Latin', *Glotta* 63, 186-208

(1986a)   'Three notes on the Latin subjunctive', *Revue, Informatique et Statistique dans les Sciences Humaines* 22, 147-56

(1986b)   'Ego, tu, nos. Opmerkingen over het gebruik van subjektpronomina, in het bijzonder in Cicero de Oratore II', *Lampas* 19, 309-22

(1987)   'The strategy and chronology of future and perfect tense auxiliaries in Latin', in: Harris, M. & P. Ramat (Hrsg.), *The Historical Development of Auxiliaries*, Berlin, Mouton/de Gruyter (1987)

(i. Ersch.) 'Non-accusative second arguments of two-place verbs in Latin', *Quadernos de Filologia Clásica*

Pinkster, H. (Hrsg.)

(1983)   *Latin Linguistics and Linguistic Theory*. Proceedings of the First International Colloquium on Latin Linguistics (Amsterdam 1981), Amsterdam, Benjamins

Plank, F.

(1979a)   'Encoding grammatical relations: acceptable and unacceptable non-distinctness', in: Fisiak, J. (Hrsg.), *Historical Morphology*, Den Haag, Mouton

(1979b)   'The functional basis of case and declension classes: from Latin to Old-French', *Linguistics* 17, 611-40

(1985)   'Prädikativ und Koprädikativ', *Zeitschrift für germanistische Linguistik* 13, 154-185

Poirier, M.

(1978)   'Le parfait de l'indicatif: un passé accompli pur et simple', *REL* 56, 369-79

Prat, L.C.

(1975)   'Le subjonctif latin en phrase libre', *REL* 53, 12-6

Priess, H.

(1909)   *Usum adverbii quatenus fugerint poetae latini quidam dactylici*, Diss. Marburg

Quirk, R. et al.

(1972)   *A Grammar of Contemporary English*, London, Longman

Ramat, P.

(1980)   'Zur Typologie des pompejanischen Lateins', in: Brettschneider, G. & Chr. Lehmann (Hrsg.), 187-91

Reinhold, H.

(1956)   'Zum lateinischen Verbalaspekt', *ZVS* 74, 1-44

Riemann, O.

(1886)   'La question de l'impératif en *-to*', *R.Ph.* 10, 161-87

Risselada, R.

(1984)   'Coordination and juxtaposition of adjectives in the Latin NP', *Glotta* 62, 202-31

Rosén, H.

(1980)   'Exposition und Mitteilung - The Imperfect as a thematic tense-form in the letters of Pliny', in: Rosén, H. & H.B. *On Moods and Tenses of the Latin Verb*, München, Fink, 27-48

(1981)   *Studies in the Verbal Noun of Early Latin*, München, Fink

(1983)   'The mechanism of Latin nominalization', *ANRW* 29, 1, 178-211

Ross, J.R.

(1967)   *Constraints on Variables in Syntax*, PhD. Cambridge Mass. (Repr. Indiana University Linguistics Club)

Rubio, L.

(1968)   'Los modos verbales latinos', *Emerita* 36, 77-96 (= Rubio, 1976: 42-64)

(1976)   *Introducción a la Sintaxis Estructural del Latín* II, Barcelona, Ariel

Ruijgh, C.J.

(1971)   *Autour de te Epique*, Amsterdam, Hakkert

(1979)   Rez. Hettrich (1976), *Gnomon* 51, 217-27

Rijksbaron, A.

(1981)   'Relative clause formation in ancient Greek', in: Bolkestein, A.M. et al. (1981), 235-59

(1984)   *The Syntax and Semantics of the Verb in Classical Greek: an Introduction*, Amsterdam, Gieben

Saltarelli, M.

(1976)   'Theoretical implications in the development of Accusativus cum Infinitivo constructions', in: Luján, M. & F. Hensey (Hrsg.), *Current studies in Romance linguistics*, Washington DC, Georgetown U.P., 88-99

Sanders, W.

(1973)   *Linguistische Stiltheorie*, Göttingen, Vandenhoeck & Ruprecht

Sassen, A.

(1982)   'Over constructieverbedding en stadiumpredikaten', *Spektator* 12, 25-49

Schäfler, J.

(1884)   *Die sogenannten syntaktischen Gräzismen bei den Augusteischen Dichtern*, Programm Amberg

Scherer, A.

(1975)   *Handbuch der Lateinischen Syntax*, Heidelberg, Winter

Schmidt-Radefeldt, J.

(1977)   'On so-called 'rhetorical' questions', *Journal of Pragmatics* 1, 375-92

Schuetz, H.

(1929)   'Die Konjunktiv- und Futurformen auf *-ero*, *-erim* im Lateinischen', *Glotta* 17, 161-90

Searle, J.

(1969)   *Speech Acts*, Cambridge, U.P.

(1976)   'A classification of illocutionary acts', *Language and Society* 5, 1-23

Serbat, G.

(1975)   'Les temps du verbe en Latin', *REL* 53, 367-90; 54, 308-52

(1976b) 'Das Präsens im lateinischen Tempussystem', *ZVS* 90, 200-21

(1978)   Rez. Happ (1976), *REL* 56, 90-114

(1981)   *Cas et Fonctions*, Paris, PUF

Serbat, G. (Hrsg.)

(1980)   *Le sens du parfait de l'indicatif en Latin*, Paris, Civilisations I

Siegert, H.

(1959)   'Lat. *esse* und *adesse* als Bewegungsverba', *MH* 9, 182-91

Siewierska, A.

(1984)   *The Passive. A Comparative Linguistic Analysis*, London, Croom Helm

Solodow, J.B.

(1978)   *The Latin Particle quidem*, American Classical Studies no. 4, Boulder, Johnson Co.

Sommerfeldt, K.E. & H. Schreiber

(1977)   *Wörterbuch zur Valenz und Distribution der Adjektive*, Leipzig, Bibliografisches Institut

(1980)   *Wörterbuch zur Valenz und Distribution der Substantive*, Leipzig Bibliografisches Institut

Sonnenschein, E.A.

(1910)   *The Unity of the Latin Subjunctive: a Quest*, London, Murray

Stankiewicz, E.

(1960)   'Linguistics and the study of poetic language', in: Sebeok, T.A. (Hrsg.), *Style in Language*, Cambridge, Mass. 69-81

Stein, G.

(1979)   *Studies in the Function of the Passive*, Tübingen, Narr

Stephens, L.

(1985)   'Indirect questions in old Latin: Syntactic and pragmatic factors conditioning modal shift', *Illinois Cl.St.* 10, 195-214

Stockwell, R.P., Schachter, P. & B. Partee

(1973)   *The Major Syntactic Structures of English*, New York, Holt etc.

Strunk, K.

(1977)   'Heterogene Entsprechungen zwischen indogermanischen Sprachen', *ZVS* 91, 11-36

Stumpf, P.

(1976)   'System und Gebrauch', *JF* 81, 100-35

Svennung, J.

(1936)   *Untersuchungen zu Palladius und zur lateinischen Fach- und Volkssprache*, Uppsala, Almquist & Wiksells

Tesnière, L.

(1959)   *Eléments de Syntaxe Structurale*, Paris, Klincksieck

Théoret, M.

(1982)   *Les Discours de Cicéron. La Concurrence du tour casuel et du tour prépositionnel*, Montréal, U.P.

Thesleff, H.

(1960)   *Yes and No in Plautus and Terence*, Helsinki, Academia

Thomas, F.

(1938)   *Recherches sur le Subjonctif Latin*, Paris, Klincksieck

Toorn, M.C. van den

(1969)   'De bepaling van gesteldheid', *Nieuwe Taalgids* 62, 34-40

Touratier, Chr.

(1977)   'Valeurs et fonctionnement du subjonctif latin I', *REL* 55, 370-406

(1978)   'Quelques principes pour l'étude des cas', *Langages* 12, 50 (Linguistique et Latin), 98-116

(1980a) *La Relative. Essai de Théorie Syntaxique*, Paris, Klincksieck

(1980b) 'Note sur le passif latin', *Lalies* 1, 15

(1983a) 'Analyse d'un système verbal (les morphèmes grammaticaux du verbe latin)', in: Pinkster, H. (Hrsg.) (1983), 261-81

(1983b) 'Valeurs et fonctionnement du subjonctif latin (suite): II - en proposition subordonnée', *REL* 60, 313-35

Touratier, Chr. (Hrsg.)

(1985)   *Syntaxe et Latin*, Marseille, Univ. de Provence (J. Laffitte)

Tuomi, R.

(1975)   *Studien zur Textform der Briefe Ciceros*, Turku, Yliopisto

Untermann, J.

(1980)   'Das Adjektiv und eine Ode des Horaz', in: Brettschneider, G. & Chr. Lehmann (Hrsg.), 338-50

Väänänen, V.

(1977)   *Ab epistulis ... Ad sanctum Petrum. Formules prépositionnelles latines étudiées dans leur context social*. Helsinki, Acad. Fenn.

(1981[3]) *Introduction au Latin Vulgaire*, Paris, Klincksieck

Vairel-Carron, H.

(1975)   *Exclamation, Ordre et Défense*, Paris, Les Belles Lettres

(1978) 'Du subjonctif parfait 'aoristique' au subjonctif parfait de moindre actualisation', *RPh* 52, 308-30

(1979) 'Moindre actualité et moindre actualisation', *Revue Roumaine de Linguistique* 24, 563-84

(1980) 'Le subjonctif parfait de moindre actualisation dans les comédies de Plaute et de Térence', *RPh* 54, 122-38

(1981) 'Les énoncés prohibitifs au subjonctif', *RPh* 55, 249-72

Vaughan, A.G.

(1942) *Latin Adjectives with Partitive Meaning in Republican Literature*, New York (Repr. Kraus, 1966)

Vendler, Z.

(1980) 'Telling the fact', in: Searle, J.R. et al. (Hrsg.), *Speech Act Theory and Pragmatics*, Dordrecht, Reidel, 273-90

Verkuyl, H.L.

(1972) *On the Compositional Nature of the Aspects*, Dordrecht, Reidel

Vester, E.

(1973) *On Definiteness in Latin and Greek*, doktoraalscriptie Amsterdam

(1977) 'On the so-called participium coniunctum', *Mnem.* 30 (1977), 243-85

(1981) Rez. Happ (1976), *Mnem.* 34, 169-74

(1983) *Instrument and Manner Expressions in Latin*, Assen, Van Gorcum

(1985) 'Agentless passive constructions', in: Touratier, Chr. (Hrsg.) (1985), 227-40

(1988) 'Relative clauses : a description of the indicative-subjunctive opposition', in: Calboli, G. (Hrsg.)

Vester, H.

(1987) 'Zum Verhältnis von Prädikativum und Adverbialbestimmung', *Gymn.* 94, 346-66

Viljamaa, T.

(1983) *Infinitive of Narration in Livy. A study in Narrative Technique*, Turku, Ann. Univ. Turkuensis

Vincent, N.

(1976) 'Perceptual factors and word order change in Latin', in: Harris, M. (Hrsg.) (1976), 54-69

Wackernagel, J.

(1892) 'Über ein Gesetz der indogermanischen Wortstellung', *IF*, 1, 333-436

Wales, M.L.

(1982) 'Another look at the Latin accusative and infinitive', *Lingua* 56, 127-52

Warner, R.

(1980) 'Word order in old Latin: copulative clauses', *Orbis* 29, 1-2, 251-63

Watt, W.S.

(1962) 'Notes on Cicero *ad Atticum* 1 and 2', *Cl.Q.* NS 12, 252-62

Waugh, L.R.
  (1977)   *A Semantic Analysis of Word Order*, Leiden, Brill
Wehr, B.
  (1984)   *Diskursstrategien im Romanischen*, Tübingen, Narr
Weinrich, H.
  (1964)   *Tempus* (2. Aufl. 1971), Stuttgart, Kohlhammer
Wilkinson, L.P.
  (1963)   *Golden Latin Artistry*, Cambridge, U.P.
Wistrand, M.
  (1979)   *Cicero Imperator*, Gothenburg

UTB
FÜR WISSEN
SCHAFT

Fachbereich
Linguistik

32 Porzig: Das Wunder der Sprache
(Francke). 8. Aufl. 1986. DM 26,80

80 Kutschera: Sprachphilosophie
(W. Fink). 1975. DM 24,--

102 Brekle: Semantik
(W. Fink). 3. Aufl. 1982. DM 12,80

105 Eco: Einführung in die Semiotik
(W. Fink). 5. Aufl. 1985. DM 26,80

128 Dobois: Allgemeine Rhetorik
(W. Fink). 1974. DM 19,80

130 Gülich/Raible:
Linguistische Textmodelle
(W. Fink). 1977. DM 19,80

200/201/300 Lewandowski:
Linguistisches Wörterbuch 1–3
(Quelle & Meyer). 4. Aufl. 1984/85.
je Band DM 29,80

325 Kapp (Hrsg.):
Übersetzer und Dolmetscher
(Francke). 2. Aufl. 1984. DM 22,80

328 Plett: Textwissenschaft und
Textanalyse
(Quelle & Meyer). 2. Aufl. 1979.
DM 22,80

366 Kloepfer: Poetik und Linguistik
(W. Fink). 1975. DM 14,80

450 Werlich: Typologie der Texte
(Quelle & Meyer). 2. Aufl. 1979.
DM 10,80

483 Fluck: Fachsprachen
(Francke). 3. Aufl. 1985. DM 22,80

716 Heringer/Öhlschläger/Strecker/
Wimmer: Einführung in die
praktische Semantik
(Quelle & Meyer). 1977. DM 26,80

819 Koller: Einführung in die
Übersetzungswissenschaft
(Quelle & Meyer). 3. Aufl. 1987.
Ca. DM 29,80

824 Leisi: Paar und Sprache
(Quelle & Meyer). 2. Aufl. 1983.
DM 19,80

886 Völzing: Begründen, Erklären,
Argumentieren
(Quelle & Meyer). 1979. DM 22,80

994 Mattheier: Pragmatik und
Soziologie der Dialekte
(Quelle & Meyer). 1980. DM 22,80

1159 Bühler: Sprachtheorie
(Gustav Fischer). 1982. DM 26,80

1349 Lühr: Neuhochdeutsch
(W. Fink). 1986. DM 24,80

1411 Gadler: Praktische Linguistik
(Francke). 1986. DM 16,80

1415 Snell-Hornby:
Übersetzungswissenschaft
(Francke). 1986. DM 34,80

1441/1442 Felix/Fanselow:
Sprachtheorie 1/2
(Francke). 1987.
Je Band ca. DM 29,80

Preisänderungen vorbehalten.

Das UTB-Gesamtverzeichnis erhalten Sie bei Ihrem Buchhändler oder direkt von UTB, 7000 Stuttgart 80, Postfach 80 11 24.

UTB
FÜR WISSEN
SCHAFT

Fachbereich
Literaturwissenschaft

Daemmrich/Daemmrich:
Themen und Motive in der Literatur
UTB-GROSSE REIHE
(Francke). 1987. DM 48,--

Muschg: Tragische Literatur-
geschichte
UTB-GROSSE REIHE
(Francke). 5. Aufl. 1983. DM 48,--

73 Dithmar: Die Fabel
(Schöningh). 6. Aufl. 1984. DM 14,80

81/82 Vogt (Hrsg.):
Der Kriminalroman 1/2
(W. Fink). 1980/81, je DM 14,80

103 Lotmann: Die Struktur
literarischer Texte
(W. Fink). 2. Aufl. 1986. DM 25,80

133 Hempfer: Gattungstheorie
(W. Fink). 1973. DM 19,80

163 Iser: Der implizite Leser
(W. Fink). 2. Aufl. 1979. DM 16,80

303 Warning (Hrsg.):
Rezeptionsästhetik
(W. Fink). 2. Aufl. 1979. DM 19,80

305 Link: Literaturwissenschaftliche
Grundbegriffe
(W. Fink). 3. Aufl. 1985. DM 26,80

580 Pfister: Das Drama
(W. Fink). 4. Aufl. 1984. DM 24,80

636 Iser: Der Akt des Lesens
(W. Fink). 2. Aufl. 1984. DM 19,80

640 Schulte-Sasse/Werner:
Einführung in die Literatur-
wissenschaft
(W. Fink). 3. Aufl. 1985. DM 19,80

692 Jauß: Ästhetische Erziehung
und literarische Hermeneutik
(W. Fink). 1977. DM 19,80

904 Stanzel: Theorie des Erzählens
(Vandenhoeck). 3. Aufl. 1985.
DM 27,80

1191 Warning/Wehle (Hrsg.):
Lyrik und Malerei der Avantgarde
(W. Fink). 1982. DM 29,80

1208 Breuer: Geschichte der literarischen Zensur in Deutschland
(Quelle & Meyer). 1982. DM 29,80

1227 Geier: Methoden der
Sprach- und Literaturwissenschaft
(W. Fink). 1983. DM 19,80

1257 Forget (Hrsg.):
Text und Interpretation
(W. Fink). 1984. DM 22,80

1054 Kittler (Hrsg.): Austreibung
des Geistes aus den Geistes-
wissenschaften
(Schöningh). 1980. DM 16,80

1435 Steinecke: Romanpoetik von
Goethe bis Thomas Mann
(W. Fink). 1987. Ca. DM 19,80

1414 Meyer:
Nietzsche und die Kunst
(Francke). 1987. Ca. DM 29,80

Preisänderungen vorbehalten.

Das UTB-Gesamtverzeichnis erhalten Sie bei Ihrem Buchhändler oder
direkt von UTB, 7000 Stuttgart 80,
Postfach 80 11 24.